重塑组织

进化型组织的创建之道

[比] 弗雷德里克·莱卢 著
（Frederic Laloux）

进化组织研习社 译

陆维东 审校

REINVENTING
ORGANIZATIONS

A GUIDE TO CREATING ORGANIZATIONS

INSPIRED BY THE NEXT

STAGE OF HUMAN CONSCIOUSNESS

人民东方出版传媒
People's Oriental Publishing & Media
东方出版社
The Oriental Press

目　　录

赞　誉

开拓者！游戏改变者！才华横溢！这几年我读过的关于组织设计与领导力模式的最令人激动的书。可持续性？员工参与度？创新？这种优雅而简约的工作方式毫不费力地实现了上述热望，并且在超越传统底线衡量指标的同时，将心灵真正地融入了工作。如同一项禅宗练习，需要自律才能学会做得更少，本书展示了"放下"将如何回馈你、你的组织、你的利益相关者，以及整个世界。

——珍妮·韦德（Jenny Wade）博士，*Changes of Mind* 作者

人们一直问我"第五层级"或"高阶段"组织在现实中是什么样的，弗雷德里克·莱卢这本蕴含丰富研究成果的书能最好地回答这个问题。这是一本既刺激又令人鼓舞的著作！

——罗伯特·凯根（Robert Kegan），哈佛大学成人学习米汉教席教授，*In Over Our Heads* 作者

像《重塑组织》这样的书十年内只会出现一本。全面彻底而又才华横溢！它是一部为了更觉悟的时代而写的《从优秀到卓越》。书中揭示的未来组织模式让人倍感振奋并充满希望。

——诺曼·沃尔夫（Norman Wolfe），*The Living Organization* 作者

本书提供了一套既全面又非常实用的正在涌现的商业世界观。如果想创建一个新范式组织，这里有你需要知道的一切！

——理查德·巴雷特（Richard Barrett），
巴雷特价值观中心创始人兼主席

弗雷德里克·莱卢给全世界的商业人士和专业工作者发出了一个信号。他通过详细地描述现今非同寻常的最佳实践为组织发现了一个更好的未来。

——比尔·托伯特（Bill Torbert），*Action Inquiry* 作者

弗雷德里克·莱卢的青色组织非常接近一种我称作"觉醒组织"的模式，这是一种不但能在集体智慧范式下绽放的组织与文化，而且还能帮助集体智慧的展开。它可以作为新世界观的助产士，该世界观能让人类有意识地进化到一个更高的层级，在那里，世界服务于每一个人。

——约翰·瑞纳什（John Renesch），未来学家、
FutureShapers 公司创始人、14 本书（包括
The Great Growing Up）的作者

当变化的速率以指数的方式加速增长时，为了效率和可复制而设计的老旧的组织与教育模式正在崩溃。只有少数的管理界领袖在探索未来，而弗雷德里克·莱卢就是其中的一位。这本书的确与众不同！

——比尔·德雷顿（Bill Drayton），Ashoka 创始人

前　　言

　　这是一部非常重要的著作，在许多方面具有深远的意义，它不仅贡献了开创性的研究、洞见、指导方针和建议，还提出了很多同样重要的疑问和议题。在当下人类（宇宙）进化的时点上，关于意识、文化和社会系统的极其深远的改变已经越来越多地涌现出来；同时，相应的研究和著作也逐渐增多，但毫无疑问，这是一部出类拔萃的作品。在世界范围内，发生在意识领域的非同寻常的转变推动了一些不同规模的新型组织的诞生，而弗雷德里克·莱卢（Frederic Laloux）的工作则正是聚焦于这些组织的价值观、实践与架构等方面。不少人感受到了现有管理模式中存在的深层限制，并且渴望将更多的意识带入组织运营之中，但是他们也很想知道这么做的可能性以及具体的实践方法，而弗雷德里克·莱卢实际上就为此提供了一本既详尽又实用的手册。

　　这本书相当实用，但是请不要误会，实际上它也建立在可靠的进化与发展理论的基础之上。最近的 30 年间，有不少书描述了更宏大的社会层面的意识转变（不单单是在组织的维度），比如《宝瓶同谋》（*The Aquarian Conspiracy*）*、《转折点》（*The Turning Point*，by Gregg Braden）、《绿化美国》（*The Greening of America*，by Charles Reich）等具有开创性的作品。然而，其中存在着一个主要而意义深远的差异，那就是发展理论的研究愈加确信地指出：人们原来普遍认为过去四五十年间在意识和文化领域只单独发生了一次重要转变，而实际上却存在两次，它们依次涌现，被冠以不同的名称，比如多元与整合、个人主义与自治、相对性与系统观、人类联结与灵活流动、绿色与青色、4.5秩序与5.0秩序等。如果稍微调整一下让·盖博瑟（Jean Gebser）**所用的术语，人类的意识迄今共有六次转变：原始的、魔幻的（部落的）、神话的（传统的）、理性的（现代的）、多元化的（后现代的）和整合的（后—后现代的），而发展心理学家越来越多地发现上述两次转变其实是在人类意识进化的长河中最近才出现的。

　　人类社会在每个发展阶段上都是以整体的方式演进的，同时这些阶段的基本形式也重复地发生在个人的层面，所有人都从阶段1开始，然后逐次成长到他或她所在文化的平均发展水平（有些人更低，有些人则更高）。每一个阶段拥有不同的价值观、需求、动机、道德、世界观、自我结构、社会类型、文化网络，以及其他的基本特征。上面我提到了人类历史上最近发

---

　　* 已发行中文版。——译者注
　　** 德国哲学家、语言学家和诗人。——译者注

生的两次基本转变：多元化阶段形成于 20 世纪 60 年代，标志着后现代的发端；而整合阶段是新近才显现的（依然很罕见），代表着超越后现代主义及其基本信条的新阶段的肇始（不管它最终将会以何种形式呈现）。

我需要指出其中的一个意义重大的差异，那就是绝大部分早期的著作多是从后现代的视角预告了一个社会的转变，而相对来说，这只是一种简化的人类进化观。莱卢的书则是基于整合的视角并根植于进化与发展理论的精熟理解，以及整合理论中所说的AQAL（All Quadrants，All Levels，所有象限与所有层面）。

顾名思义，后现代主义是紧随现代主义时期之后的人类发展阶段，并且在许多方面前者对后者有着强烈的批判。西方的现代主义始于文艺复兴时期，兴盛于启蒙运动（一个"理性与革命的时代"），启蒙运动所带来的进步超越了先前神话文本的宗教性的传统发展时期：要知道在当时纸上的《圣经》就是不容置疑的真理，人类有一个并且只有一个拯救者，同时"没有人能够不通过教会获得救赎"，教会的教义将真理赋予所有的领域，涵盖了艺术、社会规范、科学和宗教。经过启蒙运动，代议制民主取代了君主制，人身自由替代了奴隶制（大约在1770—1870 年的百年间，地球上所有的理性—工业社会废除了奴隶制，这是在之前人类历史上的任何社会类型中都没有发生过的现象），同时现代实验科学代替了天启式的神话型宗教（作为严肃真理的源头），另外出现了马克思·韦伯（Max Weber）所说的"价值领域的分化"（即艺术、道德和科学的分化，因此每个领域均能在教会教义的融混之外探索自身的逻辑和真理。曾经的教士甚至拒绝透过伽利略的望远镜观察天穹，然而，成百上千的研究者还是开始了自己的探索，知识爆炸发生在当今所有的被称为"现代科学"的学科之中，如地质学、物理学、化学、生物学、心理学和社会学）。

现代科学是如此的成功，以至于其他主要的人类存在与知识领域——从艺术到道德——都逐渐被其侵蚀和占领了，而科学主义相信唯有科学能够提供一切有价值的真理。很快地，"现代性的尊严"（价值领域的分化）就崩塌为"现代性的灾难"（价值领域的分裂），导致了韦伯著名的所谓"祛魅的世界"。

这样的状况持续了将近 300 年，科学领域伟大的进步与令人惊叹的发现交织在一起，但与此同时还原论与科学物质主义开始将所有其他的领域视为已死的、过时的、幼稚的和原始的。"社会达尔文主义"（适者生存的概念应用到了人类存在的方方面面）逐步隐秘地侵袭了人类全部的人文学科、道德伦理和社会政治，也包括两大新型的经济体系——资本主义和社会主义。科学物质主义是指世界上所有的现象（包括意识、文化和创造力）都可以简化为物质的原子以及它们之间的交互作用，而这些也只有透过科学方法才能弄清楚。就这样，科学物质主义以及抱持同样信念的自由政治给接下来的 3 个世纪设定了基调。

直至 20 世纪 60 年代，不仅科学物质主义的统治遭到挑战（因为它自身也只是一种文化建构，同时被神化了，它并不是通向宇宙真理的唯一入口），而且所有神话型宗教时期留存下来的屈辱也受到质疑（其中有些被现代主义处理了，有些又被现代主义所加强），包括对女性和其他少数族裔的压迫、对自然和环境的有害掠夺、平等公民权利的缺失，以及物质主义的普遍控制等。后现代主义激进地抨击上述状况，并试图治愈它们。发展心理学家发现这个新事物浮出水面的驱动力是人类已经发展到了一个更发达的新阶段（以多元化、个人主义、相对主义和后现代的不同名称来指代）。当然，这并不是说后现代主义标榜的所有主张都是正确的，只是相较之前典型的现代（以及在当今个人发展阶段中的现代期）理性主义结构来说，它的思维模式更加复杂成熟，更有包容性，能够接纳更多的视角。

这个更包容的新发展阶段推动了第一波著作的问世，它们均认为"一个伟大的新范式与重要的意识转变"诞生了。这些书在20世纪70年代和80年代开始面世，有几部我已经在前面提到了，通常它们都有一个很明显的模式，那就是将历史截然分成两段。一段是所谓的"旧范式"："分析—分裂的"、"牛顿—笛卡儿式的"、"抽象—智性的"、"碎片化的"和"阳性的"，这些造成了从核战争到龋齿的所有人类问题。另外一段是"新范式"："有机的"、"整体的"、"系统的"、"包容的"和"阴性的"，而这些将带来几乎一切人类病症的根本救赎和天堂般的自由。进一步来说，两者之间的选择——旧范式与新范式——是人类面临的唯一的基本抉择，而更早的历史阶段（比如部落时代）只是新范式的早期简化版，只是被激进的现代版本所抑制和摧毁了。

在很大程度上，这些书多由婴儿潮世代*的作者写就，记录了他们参与的转变：即在不同程度上保留下来的魔幻、神话和理性范式中加入了新涌现的后理性与后现代范式，而且婴儿潮世代是第一代接触该理念的人群（在现今西方文化中，属于多元化—后现代阶段的人群大约占总人口的 20%，现代—理性主义有 30%～40%，40%～50% 归于神话型阶段，而剩余的 10% 处在魔幻期）。

这些早期的著作都有些共同点。由于将人类的选择只是简单地分为旧范式和新范式两大类，他们把所有的人类问题都怪罪于现代性以及启蒙运动引发的新范式，这严重地扭曲了事实，因为当前人类面临的真正糟糕的文化问题主要是由神话文本结构所造成的，包括种族中心的"神之选民"、压迫女性、奴隶制、战争和环境破坏。在有些方面，现代技术与那些神话式动机的结合让事情变得更加致命（比如奥斯维辛集中营，它并不是现代的世界中心式伦理的产物，因为后者鼓吹无论种族、肤色、性别和信仰，人人平等；它反而是神话式种族中心主义所造成的，宣扬内圈"神之选民"与外围异教徒的差别，以及那些缺乏灵魂的异教徒可以被谋害或杀死，并且不管采取传教式的皈依还是大张旗鼓的十字军东征，圣战才是最重要的事等）。在许多方面，现代化的过程消除了神话式种族中心所造成的欺辱（比如奴隶制），以及采取了一种特别的先前罕见的现代心态——"宽容"，但是后现代性全盘否定了现代性（以及理性的

---

* 在二战之后的 1946—1964 年间出生的美国人。——译者注

启蒙运动价值观），从某种意义上说，这让事态变得相当糟糕。

不过，在其他方面，由于自身更高层次的视角，后现代不仅给科学带来了进步，而且给予了几乎所有其他的学科同等的重视（有时甚至于走得太远，宣称根本没有真理，只存在不同的诠释，因此必须囊括所有的学科）。在它推动公民权利、环保主义、同性恋与残障者权益时，更高的道德伦理至少有可能与一个更高的人类发展阶段携手登上前台。这些就是所有的"新范式"书籍欢呼雀跃的进步。谁能责怪他们的一厢情愿呢？谁又能设想到整个世界已进入人类历史上第四或第五次主要转变阶段的多元化时期，并且它并不像"新范式"所说的能完全取代以前的阶段，只是与之并存呢？该时期和之前的阶段有一些共同的特点，有可能马斯洛会称之为受"匮乏式需求"的驱动，而克莱尔·格列夫（Clare Graves）*的追随者或许会指出这仍处于"第一层级"。

然而，现代发展心理学家开始注意到一些最初令人困惑继而震动人心的趋势：在那股奔向后现代—多元化阶段的潮流中，很小的一部分（2%~3%）开始展现出人类历史上从未有过的特质。格列夫将这个新涌现的层次称为"意义层面里程碑式的飞跃"，而马斯洛则指出那就是"存在性价值"。所有先前阶段（魔幻、神话、理性和多元化）的运行都源于一种稀缺与匮乏，而这种被不同的研究者称为"综合的"、"整合的"、"自发的"、"第二层级"、"包容的"和"系统的"新层次运作于一种彻底

---

* 1914—1986，心理学家，成人发展理论创立者。——译者注

7

的丰盛感之上，似乎其四周充溢着真善美，就像有人在其心理账户里存入了 10 亿美金，简直太富裕了，心里想的就是不断去分享。

另外，所有第一层级的阶段都觉得它们自己的真理和价值观是世上存在的唯一真相，除此之外均是错误的、幼稚的，甚至愚蠢的。而这种新的整合阶段凭直觉认为先前所有的价值结构从它们自身的角度来看都是真实重要的，它们都有所贡献，都是"部分的真实"。因此，无论后现代—多元化阶段是多么想把自己看作"包容一切"的，但它本质上依然痛恨理性与神话型价值观；而实际上整合阶段倒是的确包含了它们，或者说拥抱了它们，在自己的整体世界观里给它们留出了空间。这是历史上第一次涌现出来的真正具有包容性和非排斥性的人类意识阶段，甚至可以说，它将会改变一切。

慢慢地（速度也越来越快），第二代"新范式"书籍开始问世，作者包括早期的先锋詹姆斯·马克·鲍德温（James Mark Baldwin）和让·盖博瑟，接着是后来的一批哲学家、心理学家和神学家，例如尤尔根·哈贝马斯（Jurgen Habermas）、亚伯拉罕·马斯洛、比德·格里菲斯（Bede Griffiths）、韦恩·蒂斯代尔（Wayne Teasdale）和艾伦·库姆斯（Allan Combs），我本人也写了一些。与第一波"新范式"书籍不同，第二波拥有更为精熟的心理学成分，囊括了至少四到五个发展阶段，有的甚至达到九或十个阶段（肯定超过第一波的新旧范式两个阶段）；除此之外，一系列的发展路线或多元智能也会在那些发展阶段交相呈现（比如认知智能、情绪智能、伦理智能、运动智能和灵性智能等）。他们也给科学与灵性的整合找到了空间，而不再是相互简化（既不是将所有的精神现象解释为量子力学或脑神经可塑性，也不是把所有的科学还原到一个神秘兮兮的基础，而是科学与灵性都被当作不可化约的重要领域）。同时他们都将第一波"新范式"书籍视为对后现代—多元化阶段的描述，而非针对真正的整合—系统阶段。

弗雷德里克·莱卢的著作显然属于第二波的群体，但它的重要性远不止于此。过去的一二十年，我们看到有越来越多的书籍聚焦于商业与某种"新范式"的结合（绝大多数还是第一波的作品，逐渐有一些属于第二波）。然而，莱卢的著作超越了我所注意到的其他任何作品，它涵盖了所有的四个象限（下面会解释）、至少五个层级的意识和文化、若干条发展路线与多元智能以及不同类型的组织架构，并且次第演绎了从魔幻期到神话期、理性期、多元时期和整合期等不同阶段的特点。当然，该书着墨最多的还是新近涌现出来的整合阶段，它纯熟而详尽地描述了似乎是围绕着整合阶段的特点（个人世界观、文化价值、个人与集体行为以及社会结构、流程和实践）建立起来的商业组织。这是一部真正具有开创性的作品！

接下来也许需要简要介绍一下"象限、层级和路线"。正如莱卢所说，这些形式元素来自于我的整合理论，该理论是一系列跨文化探索的成果，透过数百个前现代、现代和后现代文化以及不同的人类意识与文化图谱，试图呈现出人类构成的"完整地图"。具体的做法是将所有已知的地图都搜集起来，然后用每一张图去填补另外一些图的缺失和空白，这样就产生了一张完整的地图，诚实地包容了体现所有人类主要潜能的基本维度、层级和路线。该框架囊括了五大基本维度——象限、发展层级、发展路线、意识状态和类型。

象限指的是可以用来观察任何现象的四个主要视角：个人和集体的内在与外在。这些可以用若干代词来指称并介绍：个人的内在是一个"我"空间（包括反观自我时注意到的所有主观想法、感受、情绪、主意、意象和经验）；集体的内在是一个"我们"空间（指主体间共享的价值观、语义、规范、伦理以及理解，往往构成了一个群体的"文化"或"亚文化"）；个人的外在是一个"它"空间（涵盖所有关于个人生命体的"客观的"或"科学的"事实和数据——一个大脑边缘系统、两片肺叶、两个肾脏、一颗心脏、这么些多巴胺、那么多血清素和葡萄糖等，当然除了这些"客观的"组成部分，个人行为也包括在内）；还有集体的外在是一个"它们"空间（包含所有客体间的系统、流程、语法、规则、外在关系、技术—经济模式、生态系统和社会习俗等）。

不单单是所有人类，其实所有人类的活动、学科以及组织都可以通过这个四象限镜头来观察，结果同样是富有启发性的。根据整合理论，任何事物的全面解释均需要透过这些视角来观察——第一人称（"我"）、第二人称（"你"或"我们"）以及第三人称（"它"和"它们"）。绝大多数人类学科只是承认这些象限中的一个或两个，而忽视或否定其他象限的真实存在。例如，在意识研究领域，差不多存在着两个不同的研究者群体，一种认为意识只是右上象限或多种客观的"它"流程的产物（即人类大脑与其活动）；另一半人则相信意识本身（左上象限或主观的"我"空间）是首要的，而所有客体对象（比如大脑）的呈现发生在意识领域之中。整合理论则保留了两类观点的正确性，两个象限（以及另外两个象限）同时一起发生，并且作为整体中的关联方相互影响。试图将所有的象限缩减为单个象限的做法属于"象限绝对主义"，是简化主义的一种可鄙形式，它混淆的东西比自己澄清的还要多；然而，若能看到所有的象限交互形成并且"四相进化"就更有可能弄清楚长期困扰我们的难题（从身心问题到科学与灵性的关系到进化机制本身）。

莱卢很小心地整合了所有的四个象限，并且在不同组织类型中详细地描述了每个象限，当然最终还是聚焦于领先的整合阶段。正如他写道，"四象限模型显示了心智模式（左上象限或'我'）、文化（左下象限或'我们'）、行为（右上象限或'它'）和系统（右下象限或'它们'）之间是如何深度地错综缠绕、相互影响的。任何维度发生的一个改变都会波及其余"。他继续指出神话期与现代组织理论聚焦在"硬的"外在事实（右半边的两个象限），而后现代的相应理论则重在介绍内在的心智模式和文化（左半边的两个象限），但是往往有些过于投入（就像后现代主义者通常之所为），宣称只有文化才是重要的。只有深思熟虑的整合型组织才有意识地融合了全部的四个象限（莱卢在本书的研究中也非常难得地包涵了所有的四个象限）。虽然完全觉察到了全部的象限，许多整合论作者还是将重点放在左半边象限的意识层级和世界观，忽略了右半边象限的行为、流程和实践，而恰恰这些是协助整合的左半边维度自然涌现的必要因素。莱卢指出了整合组织的文化塑造（左下象限"我们"）与组织中那些精神权威的整合式的楷模效应尤其相关，同时右下象限或"它们"空间中的支持性组织架构、流程和实践也不可或缺。

对于层级和路线，莱卢写道，"许多研究者在他们的探索中发现人类的进化经历了不同的阶段。目前我们关于人类发展阶段的知识变得尤为坚实，特别是肯·威尔伯（Ken Wilber）和珍妮·韦德（Jenny Wade）两位思想家在对照与比较过所有主要的发展阶段模型后，已经发现了其中很强的集中度……在描述发展阶段时，我主要借用了韦德和威尔伯的元分析法，也简略地触及了每个阶段的不同面向——世界观、需求、认知发展以及伦理发展"。

莱卢适时地邀请我们要特别小心所谓"一个阶段"的涵义。正如霍华德·加德纳（Howard Gardner）指出：在不同的阶段或层级，不单只有一条发展路线，而是有多条路线或多元智能，每条路线都相当不同，有着不同的特点和阶段结构。这个理念逐渐流行，实际上也获得了每一个发展心理学家的认同。但有趣的是，尽管各种路线是不同的，它们却都透过同样的基本意识阶段来发展。暂且让我们给这些阶段简单地编个号，或者，就像整合理论通常的做法那样，你可以赋予它们一个颜色名称（比如红色、橙色或绿色）。比方说，在这个例子中，有着七个主要发展阶段，同时还有十来条不同的发展路线交织其间（认知、情感、伦理、价值观、需求和灵性……）。每一条路线（如认知、伦理和情感）的进化都贯穿于每个发展阶段，因此我们就有红色认知、红色伦理和红色价值观（红色是第三个发展阶段），但橙色（第五阶段）认知的人也可以处于红色（第三阶段）传统伦理的发展阶段。

　　人类所有的多元智能通过"实现层级"来发展。比如认知的发展是从感觉运动智能开始的，经过图像、符号、基模、规则、元规则，直至系统性网络。这一点很值得强调，因为莱卢的书中提到运作在整合或者青色阶段的组织已不再使用"支配者层级"，而在今天的组织中这种老板—下属式的关系依然是普遍存在的。然而支配者层级的消失并不意味着一切层级的缺位。例如，在格列夫的著作中，我们可以看到整合或者进化型组织（即青色组织）的一个典型特征就是嵌套层级的回归，哪怕在绿色后现代多元主义中该层级也几乎被完全清除了。（后现代主义者完全没有能够区分开支配者层级和实现层级，前者的确可恶，而后者却是世界上自然成长、发展和进化的基本形式，正如从原子到分子、细胞再到有机体一样。后现代主义者把所有的层级都当成全然的罪恶给扔掉了，这是平等主义多元化阶段的一个特征，也是它的弱点之一。）

不过，虽然进化型组织已经涌现，传统的层级依然遍地都是，充斥着每个角落。就像埃里奥特·杰奎斯（Elliott Jacques）* 在其书中用经验证实了绝大多数组织的结构都类似，在科层制底端的人通常在基层或者生产线上工作，中间层级充当中层管理的工作，而上层则担任高管（包括首席执行官、首席财务官和首席运营官）。这些新型组织移除了所有层级（整个科层制），构建了通常 10 到 15 人的团队。所有团队中的每个人都能为公司做出任何决策，包括销售、市场、招聘、研发、薪酬制定、解聘、人力资源职能、设备采购和社群关系等，实际上，在这样的组织中，几乎所有的重大决策都是由团队成员制定的。这让每个团队以及团队中的每个人都变得更加整合，因为只要事先咨询过可能被该决定影响的人（然而他们不需要听从每条建议），他们就能在自己胜任的任何层级采取行动。莱卢的工作揭示了不少伟大的发现，其中之一就是当支配者层级被移除后，实现层级将滋长茂盛起来。于是一家 500 人的公司不是只有 1 个 CEO，而是拥有 500 个 CEO，任何人有突破性的主意都可以去实施，这是一种真正的自主管理的做法，也是书中那些组织取得惊人成就的一项法宝。那在中层和高层发生了什么呢？通常，他们已经不存在了，那些层级已经被重新配置。

我已经说过，这本书是整个第二波"新范式"作品中最重要的著作之一。虽然莱卢率先承认我们并不知道书中描写的所有特点、流程和实践是否真实地刻画了未来青色-进化型组织的

---

* （1917—2003）工业心理学家、管理学者与精神病学者。——译者注

结构和形式，但我认为这项研究值得被每一位研究组织和组织发展的学者（无论是偏向整合还是传统）所认真对待。从AQAL（所有象限与所有层面）的角度来看，还没有哪本同类的书能与之比肩。祝贺弗雷德里克·莱卢写就了这本引人入胜的著作，希望该书能帮助许多的读者汲取灵感，创造出更多由新一波意识所激发出来的商业、学校、医院或非营利组织，进而转化整个世界。

肯·威尔伯

科罗拉多州　丹佛

2013 年秋

引文 一个全新组织模式的出现

> 与既有的现实斗争，你永远不能改变什么。想要改变，
> 就建立一个全新的模式，让现有的模式变得过时。
>
> ——理查德·巴克敏斯特·富勒
> （Richard Buckminster Fuller）

伟大的希腊哲学家与科学家亚里士多德在写于公元前 350 年的论著中宣称女人的牙比男人的少。[1]今天我们知道这毫无道理，但是在将近 2000 年里，在西方世界，它都被认为是智慧而被接受。然后某一天，有个人产生了一个最革命性的想法：让我们数一下吧！

科学的方法——构建一个假设然后验证它——是如此深入地根植于我们当今人类的思维中，以至于我们觉得难以想象，聪明的人们怎么会去盲目信任权威而不去把臆想拿去验证。那

时候的人们可能还没有那么聪明吧！请原谅我们这样想。可是在如此苛刻地评判他们之前，让我们自问：未来的后代也会这么嘲笑我们吗？我们也是以过于简单的方式理解世界的思想的囚徒吗？

有理由相信我们也许真的是。举个例子，让我问你一个简单的问题：一个人有多少个脑子？我猜你的回答是"一个"（或者，如果你怀疑这是一个捉弄人的问题，回答可能会是"两个"，即经常说的左脑和右脑）。人类现有的知识是我们有三个脑：当然我们的头颅里有一个大的脑；接着我们的心脏里有一个小的脑，另外一个在我们的肠子里。后两个相对来说小多了[2]，但尽管如此，它们彻底是自主神经系统。

有趣的地方在于：心脏里的脑和肠子里的脑是最近才被发现的，尽管从技术角度看，它们本该在很早之前就被发现了。发现它们，只需要一具尸体、一把刀和一个初级的显微镜。实际上，肠子里的脑在很久之前（19世纪60年代）就被一位名叫奥尔巴赫（Auerbach）的德国医生发现了。他的发现继而又被两位英国同行贝利斯（Bayliss）和斯塔林（Starling）所改进。然后，离奇的事情发生了。医学界莫名其妙地忘记了肠子里的脑。一个世纪以来，他们彻底地忽视了它！直到20世纪90年代末期，一位美国神经系统科学家迈克尔·格尔森（Michael Gerson）才与其他人一起重新发现了它。

医学界怎么能忘记一个脑的存在呢？我相信这与我们所处时代的信仰系统有关：在一个等级制的世界观里，一个人只能有一个脑指挥，就像每个组织的核心只能有一个老板。虽然俗语常说"我打心眼儿里知道"、"我肠子都悔青了"，但是如果我们相信世界需要清晰的等级制度来运作的话，那么有三个自主的脑并肩工作是不可能的。我们发现（或再次发现）另外两个脑的时代，正是互联网成为我们生活的主导力量的时代，这或许不只是巧合。互联网时代已经促成了一种新的世界观——一种可以去思考分布式智能而非自上而下的等级制的可能性。持有这种世界观，我们就可以容许自己有不止一个脑且它们能够以共享智能的方式共同工作的想法。

我们不是很能理解中世纪的人们怎么会相信亚里士多德关于女人比男人牙少的说法。但是看起来，像他们一样，我们有可能也是我们自己的思想的囚徒。因为"只能有一个脑"的观念，现代科学家忽视了用显微镜仔细观察，正如伽利略同时代的人拒绝用望远镜观察，因为那简直不可思议：我们这个上帝创造的星球竟然不是宇宙的中心。

人类现有组织模式的局限

我的兴趣在于组织和合作，而不是医学或天文。但是概念性的问题是一致的：有没有可能目前的世界观限制了我们对组织的思考方式？要是我们改变自己的信仰系统，我们是否能够创造出一种更强大、更有灵魂、更有意义的方式来一起工作？

在很多方面，这是一个怪异且几乎不讨好的问题。在过去的千万年里，人们一直生活在饥饿的边缘及瘟疫的恐惧中，总是受到旱灾抑或只是一场流感的摆布。然而几乎像突然冒出来的一样，在过去的两个世纪里，现代化给人类带来了史无前例的财富和寿命的延长。所有这些非凡的进步并非来自于个人行为，而是出自人们在组织中的合作：

- 自由市场经济中大大小小的商业已在西方世界创造出了前所未有的财富，目前又正在使得印度、中国、非洲及其他地方的千百万民众脱离贫穷。我们建立了不可思议的错综复杂的供应链，越来越多地将每个人联系在一起，为国家之间的和平所做的贡献可能超过了之前任何的政治努力。

- 研究中心、制药公司、医院、医学院、健康保险公司等密集的组织网络，编织了一个在百年前无法想象的高度复杂的医疗系统。在过去的一个世纪里，这个网络帮助美国人的平均寿命延长了将近20年，婴儿死亡率降低了90%，孕产妇死亡率降低了99%，而古老的瘟疫，如小儿麻痹症、麻风病、天花及肺结核，大多成为了历史教材，甚至在世界上最贫穷的国家也是这样。

- 在教育领域，学校的网络——幼儿园、小学、中学、大学及研究生院——为数百万的青少年及儿童带来曾经是极少数人才享有特权的教育机会，在人类历史上从未有过面向每一个孩子的免费公共教育系统。现在我们认为理所当然的高文化水平，在历史上是前所未有的。

- 世界各地的非营利组织几十年来取得了引人瞩目的成长，比营利组织更快速地创造了工作岗位。越来越多的人为了追求那些对他们和对世界有意义的目标，而贡献着时间、精力和金钱。

现代组织在不到两个世纪里——人类发展长河中的一瞬间——为人类带来了震撼人心的进步。如果没有组织作为人类合作的载体，人类历史上新的进步将无一实现。

话又说回来，很多人感觉到目前我们运作组织的方式已经绷到了极限。我们也越来越由于组织生活而梦想破灭。对于那些长期辛劳在金字塔底层的人们，调查的结果始终是：工作总让人感到恐惧和乏味，没有激情或意义。呆伯特（Dilbert）卡通能成为文化偶像，更说明了组织让工作变得悲惨和无聊的程度，而且问题并不仅仅存在于金字塔底部。在为组织的领导者提供咨询和教练的15年里，我发现了一个肮脏的秘密：金字塔顶部的生活并没有更令人满意。在光鲜外表和虚张声势的背后，这些手握权力的公司领导者的生活也是那么折磨人。他们的疯狂行为往往是其极度空虚的内心的可怜掩盖，权力游戏、内部政治和明争暗斗最终让每个人都受伤。不论在顶端还是在底部，组织往往成了无止境地追求小我的阵地，而对我们灵魂的深层呼唤则表现冷漠。

本书并非在责骂因贪婪而变得疯狂的大企业。在政府机关或非营利组织工作的人对他们的工作环境也并不更加热情高涨。甚至那些有

凭直觉，我们知道管理过时了。在21世纪的黎明的曙光里，我们知道管理的程序和惯例看起来有点儿荒唐。这就是为什么呆伯特（Dilbert）卡通里的滑稽动作或者《办公室》电视剧里的有趣情节如此熟悉和令人难堪。

——加里·哈默尔（Gary Hamel）

着高尚使命感的职业也未能幸免于对组织的梦想破灭，教师、医生、护士陆续离开了他们的职业阵地。我们的学校在很大程度上不幸成为了没有灵魂的机器，老师和学生只是在那里简单地走走过场。我们已经把医院变成了冰冷、官僚的机构，组织剥夺了医生和护士从内心去关怀照顾病患的能力。

触动本书相关研究的几个问题

我们目前尝试解决组织问题的方式似乎常常使得事情变得更糟而不是更好。大部分组织已经经历了很多轮的变革计划、合并、集权和分权、新的信息技术系统、新的使命描述、新的计分卡或者新的激励体系。好像我们已经把目前运行组织的方式拉伸到了它的极限，而这些传统的处方经常看起来是问题的一部分，而不是解决方案本身。

我们渴望更多更彻底的好方法能用到组织之中。但那是现实可能的吗？抑或只是良好的愿望？如果最终能创造出一种可以激发更多人类潜能的组织，那么这种组织会长什么样子呢？我们如何将其变为现实呢？这些问题就是本书的焦点。

对我而言，这些不仅仅是学术讨论，更是非常实用的议题。越来越多的人渴望创造出有灵魂的组织，只是不清楚该如何开始。多数人需要的不是被说服新型公司、学校及医院存在的必要性，而是需要这一定能做到的信心以及对一些非常具体的现实问题的建议。如果等级制的金字塔过时了，那有什么其他的架构可以取而代之呢？如何做出决策呢？每个人都应当做有意义的决定，而不是少数几个高层，但这不是一剂制造混乱的处

方吗？晋升和薪资调整怎么办？我们能找到有效处理这些事务
又不带来办公室政治的方法吗？如何能让会议富有成效、令人
振奋，在会上能说出自己的肺腑之言而不只是为了自我而争辩？
如何能让组织的宗旨真正成为员工做任何事的中心，而避免经
常由貌似高尚的使命描述所激起的玩世不恭？我们需要的不仅
仅是一种新型组织的某些宏伟蓝图，还需要针对诸多类似现实
问题的具体答案。

　　从这个实用角度入手也并不妨碍我们考虑更宏大的社会及
环境影响。人类从事商业的行为已经超出了我们所在星球的承
载能力。我们的组织大规模地耗尽自然资源，破坏生态系统，
改变气候，枯竭水储量和珍
贵的表层土。我们正在与未
来玩一场冒险外交策略的游

> 在动荡的时代里最大的危险不是变化
> 不定，而是继续按照昨天的逻辑采取行动。
> ——彼得·德鲁克（Peter Drucker）

戏，赌更多的科技能够修复现代化给地球造成的创伤。从经济
学的角度来看，一个以有限资源来支撑永远增长的模型是一定
会碰壁的；最近的金融危机可能只是未来更大地震的提前微颤。
也许这并不是夸张，而是可悲的现实——很多物种、生态系统
以及将来人类种族自身的存亡，依赖于我们迈向更高形式的意
识的能力，并且以此为基础采取新的合作方式来修复我们与世
界的关系，以及由我们一手造成的伤害。

进化过程中的组织（第一部分）

　　爱因斯坦有一句名言：用当初产生问题的同样的意识水平
是不能解决该问题的。也许我们需要进入一个意识的新阶段、

新的世界观，才能重塑人类的组织。对于某些人来说，社会能够转换到另外一个世界观，并且基于该世界观创造出一个崭新组织模式的想法，可能只是少数人的一厢情愿。然而，在人类历史上这恰恰已经发生过数次，而且有迹象表明另一次心智模式的转变——伴随着一种新型的组织模式——很有可能即将来临。

一大批学者——心理学家、哲学家、人类学家及其他——已经仔细剖析了人类意识的旅程。他们发现在大概 10 万年的历史中，人类已经经历了诸多依次出现的阶段。在每一阶段人类应对世界的能力——认知、道德以及心理——都有一个跃迁。然而到目前为止，不知道为什么研究者们却忽略了一个重要维度：每次转换到一个新阶段，人类都会发明一种新的合作方式、一种新的组织模式。本书的第一部分就旨在梳理这个脉络：人类的意识是如何进化的，以及在进化的道路上我们是如何一步步创造出新的组织模式的。（这些依次出现的模式在今天仍然存在，因此这个历史角度可以帮助我们更好地理解当今各种类型的组织以及目前管理领域的诸多争论。）

让人越来越着迷的是：对于人类意识的下一个发展阶段，也就是我们正开始迈入的阶段，发展心理学有很多话要说。这下一个发展阶段涉及驯服我们的"小我"以及寻求更本真、更完整的生命。如果说过去是对未来的某种指引，那么当我们成长到意识的下一个发展阶段时，应该也能开发出一个与之相应的组织模式。

实证研究——先锋们给大家的教益（第二部分）

本书的第二部分实用而具体地描述了组织在下一个新阶段是如何运营的。巧合的是，未来不仅即将开启——其实它已经萌发于当下。两年来，我研究了一些先锋组织，它们在很大程度上已经开始以一种符合人类发展下一阶段的新型组织模式来运营。当开始研究这些先锋组织时，我试图回答的问题是：

> 意识的下一个发展阶段所塑造的组织是什么样子、什么感觉？是否已经能够以有价值的细节来描述它们的架构、实践、流程以及文化（也就是将这一组织模式总结出来并加以概念化），从而帮助其他人建立类似的组织？

当开始甄别先锋组织时，我并不清楚自己可以期望得到些什么。这个领域刚刚出现，我能找到一些好的样板吗？我会不会纠缠于一些规模又小、历史又短的组织以至于无法得出任何有意义的洞见呢？我觉得相对严格的遴选标准在任何情况下都是必需的——否则研究得出的结果可能没有太大的价值。能够进入这一研究的组织，可以来自任何地区或任何领域（商业、非营利、教育、医疗、政府），但是需要聘用至少 100 人以上[3]，且在本质上具备人类下一个发展阶段特征的架构、实践、流程及文化，并据此经营至少 5 年以上。

我的担忧后来被证明是没有事实根据的。12 个被研究的组织（详见 2.1 章可以有个概览）远远超越了上述标准。很多组织已经按照这些突破性的原则经营了很长一段时间，有的已有

30 或 40 年，并且不只拥有一小撮人，而是拥有几百甚至几千名员工。

另一个惊喜则是：我原本打算在服务行业找到大部分的案例——医疗保健或者教育——这样的工作常常容易有使命感，组织崇高的宗旨也会帮助人们超越更为自私的个人动机。然而，我很高兴自己错了，在这些先行者中有营利性的公司，也有非营利性组织；有零售商、制造型企业、能源公司和食品生产商，也有学校和一些医院。

另外我惊奇地发现这些组织并不知晓彼此。我本来想的是，如果我能找到这样的先行者，他们可能会知道有类似想法的同侪，并能在一起交流见解和经验。实际上，当知道自己不是唯一质疑当今管理实践的人时，他们一般都很开心。我会开玩笑地把这些组织想成一些老电视剧里友好的外星人，他们在人群中已经生活了很久，虽然被赋予了超能力，但很孤单，并且也没有被人认出来。或许时代正在追赶他们，或许现在我们终于准备好想看清他们究竟是谁：不仅是友好而尴尬的外来者，而且也是我们共同未来的先行者。

研究这些案例牵涉到两组问题（在附录 1 中列出）。第一组有关组织研究中被广泛讨论的 45 种实践和流程，它们是关于：

- 关键的支撑性组织流程，例如战略、市场、销售、运营、预算及控制；
- 主要的人力资源流程，包括招聘、培训、评估及薪酬；

●重要的日常管理实践，比如会议、信息流以及办公空间。

对这45个领域中的每一个，本研究都试图识别先锋们的实践与传统的管理方法有什么异同。研究方法刻意设计得广泛又开放：考虑到论题的新颖性，本研究审视了组织研究中通常予以考虑的架构、实践及文化的全部范围，而没有任何预设的观点。本研究基于公开可获得的资料、内部文件、访谈以及实地访问。

剧透警告

先锋组织中的每一家自身都是那么令人惊艳，都值得用一整本书来讲述它的故事。当然除了收集案例之外，作为研究的一部分，我很想知道是否可以收获更多：是否有一些模式及共性可以指向某种具有内在一致性的新模型？除了启发外，先行者们能否为那些立志创建有灵魂组织的人提供一个样板呢？

答案是肯定的，这一点很清楚。这些先锋组织各自探索，互不相识；他们活跃在根本不同的领域和地区；有的只有上百名员工，然而也有的机构员工数达上万人。尽管如此，经过反复地试错，他们竟然

> 本书中研究的组织就像是那些老电视剧中的外星人——就生活在我们中间，虽然有超能力但尚未被认出来。

提出了相似度惊人的架构和实践，我为此感到非常兴奋：这意味着一个内在一致的组织模式即将诞生，这既不是一套理论模型，也不是一个乌托邦式的想法，而是一个从更高的人类意识

阶段去运行组织的非常落地的方法，我们可以相当具体地描述它。如果承认人类的进化有一定的方向，那么此时我们有可能已经掌握了某种意义非凡的东西：那就是未来组织的雏形，以及工作本身未来的蓝图。

写这本书的时候，我充分意识到了世界正处于这个新兴现象的初期，因此并没有打算以此书为即将到来的组织模式提供一个确定性的刻板描述。随着更多的组织开始在这个领域内开拓创新、更多的研究者从不同的角度去观察，以及随着社会的整体进化，肯定会有更丰富的内容和纹理被添加到画面之中。但我相信：哪怕是现在，我们手上已经拥有了一张蓝图，可以凭借它引导创业者们创建一个让工作更加多产、充实、有意义的组织。而那些想要创建新型组织的领导者，不再需要从一张白纸开始，他们可以从本书第二部分相当详尽的描述中汲取灵感，该部分全面总结了以新的方式构建组织的原则、架构、实践和文化。

必要条件（第三部分）

关于如何将这一新型组织变为现实的历程，本书的研究也获得了不少有趣的洞见（基于第 2 组研究问题——见附录 1）。运行这个新模式的必要条件是什么？如果你正计划开创一个组织，并想从一开始就避开旧模式直接从新的基础出发，你可以从这些先行者身上学到什么？或者，如果你领导着一个规模不等的既有组织，并正在考虑向新模式转型，那么启动并让同事们参与这一历程的好办法有哪些呢？这些正是本书第三部分要讨论的问题。

　　如果要解决当今时代那些令人生畏的问题，我们就需要新型的组织——更有意义的商业、更有灵魂的学校以及更有成效的非营利组织。任何打破框框、勇于创新的人都有可能碰到阻碍并被称为理想家或傻瓜。人类学家玛格丽特·米德（Margaret Meade）曾经说过："永远不要怀疑一小群坚定的人能改变世界。实际上，世界一向是由这些人所改变的。"如果你恰好是他们中的一员，如果你被感召去创造一个彻底的更有灵魂、意义和成效的工作场所，那么我希望本书能为你提供"使命必达"的额外信心，愿它作为一本实用的指导手册伴随你的历程。我坚信世界已经准备好了，正等你行动！

—— 第一部分 ——

历史与发展的视角

1.1章 变化中的范式：过去与现在的组织模式

所见非所信，所信即所见！

你所看见的，不是事物的原貌，而是透过了你自身的镜头。

——埃里克·巴特沃斯（Eric Butterworth）

我们能够创造出将工作场所常见病理问题一扫而光的组织吗？没有内部政治、官僚主义和明争暗斗，没有压力和倦怠，没有屈从、愤恨和冷漠，没有高层的装腔作势和基层的单调沉闷。有没有可能重新塑造组织，创建出一种使工作更有成效、更充实和有意义的新模式？我们能否创造出有灵魂的工作场所——学校、医院、商业及非营利机构——人们的天赋能在那里开花结果而自身的使命获得尊重？

如果你是一个组织的创始人或领导者，并且渴望创造非同一般的工作场所，那么在很大程度上这将取决于你对上述问题的回应！周围的许多人也许会对此类想法嗤之以鼻，觉得是痴心妄想，还会试图劝说你不要尝试。"人永远是人。"他们会说，"人都有自我，会玩权术，喜欢批评、指责和传播谣言，啥时候这都不会改变。"谁又能反驳这些呢？但另一方面，我们也都经历过团队合作的巅峰时刻，成就来得那么开心和毫不费力。人类的独创性没有极限，有时候突破性创新灵光乍现，完全不知道灵感来自何方。谁敢说我们就不能创造出一个更加令人兴奋的工作场所呢？

那么究竟应该听从哪种声音呢？是否有可能从已知的管理大陆开辟出一条通往新世界的航路呢？或是因为在我们已知的世界以外别无他有，你会从世界的边缘掉下去？*

我意外地发现，其实部分的答案并非通过眺望未来，而是来自于回顾过去。在历史的航程中，人类已经多次创造出如何合作并完成工作的方式——每次都涌现出一种卓越的组织新模式。更重要的是，历史的角度暗示着一种新的组织模式可能正蓄势待发，即将来临。

有趣的是，打开该历史视角的钥匙并非出自组织发展史，而是来源于历史及发展心理学等更广泛的领域。结果发现：贯穿整个历史，人类所创造出的组织类型与相应的世界观和意识状态紧密相连。作为一个物种，人类每次一改变认知世界的方

＊ 历史上有种说法是大西洋远抵"世界的边缘"，探险的海员担心他们会一直航行到地球的边上，然后掉下去。——译者注

式，就会带来更加有力量的组织类型。

许多人——历史学家、人类学家、哲学家、神秘主义者、心理学家和脑神经科学家——已经开始埋头钻研这个最令人着迷的议题：人类是如何从最早期的意识状态进化到现代的复杂意识的？（有些人也问及相关的一个问题：今天的人类是如何从出生时相对简单的意识形式进化到成人的完全成熟的意识的呢？）

学者们从每一个可能的角度研究了这些问题。其中，著名的亚伯拉罕·马斯洛（Abraham Maslow）研究了人类的需求是如何沿着基础的生理需求到自我实现来进化的。其他人的研究则聚焦于某一方面的发展，如世界观（盖博瑟 Gebser 及其他人）、认知能力（皮亚杰 Piaget）、价值观（格列夫 Graves）、道德发展（科尔伯格 Kohlberg、吉利根 Gilligan）、自我认同（洛文杰 Loevinger）、精神性（福勒 Fowler）、领导力（库克-格罗伊特 Cook-Greuter、凯根 Kegan、托伯特 Torbert）等。

他们在探究中一致发现人类的进化遵循不同的阶段。我们并非像树木一样连续不断地生长，而是以突变的形式来进化，就像一条毛毛虫变为蝴蝶，或者小蝌蚪变成青蛙一样。目前我们关于人类发展阶段的知识变得尤为坚实。尤其是两位思想家——肯·威尔伯（Ken Wilber）和珍妮·韦德（Jenny Wade）——在对照与比较过所有主要的发展阶段模型后，已经发现了其中很强的集中度。每个模型研究的可能是山的某一面（比如一位研究需求，另一位研究认知），但那是同一座山峰。

虽然他们给不同阶段起的名字可能略微不同，或者有时候细分或者重组的方式有所差异，但是现象背后的本质是相同的，就像华氏温标和摄氏度用不同的标志来显示水在某个点冻结而在另一个点沸腾。这种发展的观点已被大量的数据所支持，例如简·洛文杰（Jane Loevinger）、苏珊·库克-格罗伊特（Susanne Cook-Greuter）、比尔·托伯特（Bill Torbert）、罗伯特·凯根（Robert Kegan）和其他的学者已经用若干种文化下不同组织和公司环境中千千万万的人验证了该阶段进化理论。

在历史上每次人类过渡到新的意识阶段都开辟出一个全新的时代。在每个节点的各个方面都发生了改变：社会（从家庭纽带到部落宗族到帝国君权到民族国家）、经济（从觅食到园艺、农业和工业化）、权力结构以及宗教的角色。不

> 哲学家、来自许多智慧传统的神秘主义者、心理学家以及脑神经科学家都已开始埋头研究这个最令人着迷的问题：人类意识是如何从洞穴生活的时代进化到今天的？

过，有一个方面尚未吸引到很多的注意力：伴随人类意识的每一个新阶段，人们合作的能力也实现了突破，同时出现了新的组织模式。我们今天所熟知的组织只是人类当前的世界观和发展阶段的表达形式。在此之前还存在过其他的模式，而且所有证据都显示将来还会有更多的模式出现。

那么，人类历史上过去和现在的组织模式——以及未来的模式可能是什么样的呢？在本章中，我将带领你快速浏览一下人类意识的主要发展阶段以及相应的组织模式。我诠释的方式借鉴了很多的研究者，当然主要来自韦德（Wade）和威尔伯

（Wilber）的精彩分析，将简要地涉猎每个发展阶段的不同方面，比如世界观、需求、认知和道德发展等。我将每个阶段及与之对应的组织模式都赋予了一个名字和一种颜色。为阶段命名总是让人头疼，一个简单的形容词永远不能抓住人类意识某一阶段所有的错综复杂的现实。我选取了自认为能贴合每个阶段的形容词，一些借鉴于现有阶段理论中的标签，另一些则是我自己的创造。整合理论经常用一种颜色而不是名字来指称某个阶段，不少人发现这种色彩式命名易于记忆。因此，贯穿全书，我常将某一阶段用一种对应的颜色来称谓（但这不应混淆事实——加入此段为了避免任何误解——我描述意识阶段的方式综合了不同学者的成果，虽然大部分兼容，但也许并非完全与整合理论的描述方式相一致）。

反应-红外范式[1]

　　这是人类的最初发展阶段，跨度大约从公元前 10 万年到公元前 5 万年，那时人们生活在家庭亲属关系的纽带之中（其中有一些幸存于当今世界的偏远地区，对他们的观察构建了我们对该阶段的认知）。这种短小的纽带通常只包括几十个人，一旦超过这个数量，事情就开始变得糟糕起来，因为在该阶段人们处理复杂关系的能力是非常有限的。自我意识还没有完全形成，人们并不将其自身视为完全独立于他人或环境（以至于有人将这个时期浪漫化，视它为存在于二元论时代之前的乐土，而忽略了此阶段中极高的暴力和谋杀率）。觅食是生存的基础，这个模式不需要劳动分工（除了妇女负责生儿育女之外），因此在这个阶段还没有所谓的组织模式。实际上，在纽带内也没有等级，并没有长者或首领来领导。

在当今的世界只剩下很少的一些人群以这种范式来生活。然而，儿童心理学家的研究表明，该阶段相当于新生婴儿期，他们通过类似的意识状态参与世界，自我的概念还没有完全与母体及环境脱离。

魔幻-品红范式[2]

大约 15000 年前（可能在世界的某些地方更早），人类开始切换进入一个被有些作者称为"魔幻"的意识阶段，该阶段对应于从小家庭纽带到上至数百人的部落宗族的转变。从心理学与认知学来看，这代表了人类处理复杂事务的能力向前迈进了一大步。在这个阶段，很大程度上自我已从生理和情感上与他人分化开来，但他仍然坚持将自身视为宇宙的中心。因果关系被笨拙地理解，于是宇宙充满了神灵和魔幻：云跟着我移动，坏天气是神灵对我所做坏事的惩罚。为了安抚这个魔幻的世界，部落以仪式性的行为以及遵循长者、巫师来寻求安慰。人们主要活在当下，并混杂着一些过去，但很少设想未来。认知上还没有抽象和分类，对庞大的数字没有概念。死亡不被看做是特别真实的，因此对人的死亡的恐惧感明显缺失（这可以解释持续的高暴力和谋杀率）。组织在这个阶段仍不存在。任务的分工依然十分有限，尽管长者享有特别的地位并具有某种程度的权力。

这一阶段是大约3～24个月大的孩子所能经历到的。此时，他们取得了感觉动作的分化（我咬自己的手指和我咬毯子不同）和情感的分化（我不是妈妈，虽然她在的时候我觉得特别的安全）。在充分的养育下，大部分儿童的成长将超越这个阶段。

冲动-红色范式[3]

人类历史上另一个大超越就是转向冲动的红色范式。它带来了第一个酋邦及帝国的雏形，时间大约在1万年前，从此首次出现了所谓的"组织生活"（我称之为红色组织）。

现在自我意识已经完全孵化出来了，人们有了彻底与他人及周遭世界分离的意识。起初，这种领悟是令人恐惧的：死亡第一次变得那么真实，如果自己只是与整体相分离的一小部分，那么我也许会受苦或者死亡。在这个阶段世界被视为充满危险，一个人的需求能否被满足依赖于强壮和坚韧。世界的硬通货是武力。如果比你更强大，我就能命令你来满足自己的需求；如果你更强大，我就要服从并期待你能照顾我。情感上仍然十分粗陋，人们经常通过发怒与暴力来表达自身的需求，而对他人的感受大多浑然无知。主要的取向依然停留在当前——我要它，现在就要——但借助使用武力、操纵或屈服等简单策略，这种冲动能够对未来稍加影响。奖励与惩罚等简单的因果关系已能被人理解，思维方式是两极化的，形成了非黑即白的世界观，例如强与弱、我的方式和你的方式等。

伴随着自我意识的分化，角色的分化成为可能——换句话说，有意义的劳动分工成为了可能。现在有了首领，也有了基层士兵，奴隶大规模地进入了视野，使得能够将任务分离出来，分配给相邻部落被打败并俘虏的敌人去做。这导致了历史上的酋邦的出现，它们能够统治几百人、几千人甚至几万人。在当今世界，冲动-红色的运作模式仍然能从许多部落社会以及生活在发达国家的凋敝社区里的成年人身上找到，那里的环境没有为儿童提供充分的养育来超越该阶段。每种范式都有其甜蜜点和最适合的环境。冲动-红色模式尤其适合敌对的环境：作战区、内战、失败国家、监狱或者城市中的暴力街区。

红色组织

在冲动-红色意识下形成的红色组织最初是以小型占领军的形式出现的，与此同时，相对强大的酋邦逐渐成长为帝国的雏形。今天的红色组织可以在街党和黑帮中找到，它们甚至能借用现代化的工具和思想——想想有组织的犯罪中武器和信息技术的使用——但是其架构及实践仍然主要是由冲动-红色范式所塑造。

红色组织的特征是什么呢？它们的凝聚力来自于在人际关系间持续使用武力。狼群提供了一个很好的譬喻：就像"头狼"需要使用武力来维护自己在狼群中的地位[4]，一个红色组织的首领必须展示出压倒性的武力且让他人臣服于其意志来保障自身的地位。一旦他的力量受到质疑，其他人就会试图推翻他。为了加强某种稳定性，首领在其周围安插家庭成员（这些人相对更忠诚），并通过分享战利品来换取其效忠。他亲密的侍卫成员们轮流照管其人民，保证他们的服从。总体来说，红色组织没有正式等级，也没有职位头衔。这样的组织扩展性并不是太好，因为它们很难控制与首领隔开三四层的人。尽管红色组织可以极其强大（尤其是在敌对的环境下，后期发展阶段的组织形式反而容易分崩离析），但由于人们行事方式的冲动本质（我想要它，所以要拿走它），它们天生是脆弱的。首领必须定期借助于残酷和惩罚的公开展示，因为只有恐惧和屈服才能让组织不瓦解。关于他的绝对权力的神话故事经常被传扬，让底层的士兵不想去争夺更高的奖赏。

以当下为中心的特点使得红色组织不擅长规划和战略，但当面对新威胁和能用粗暴方式追求的新机会时，它们反应迅速。因此红色组织能够很好地适应混乱的环境（在内战或者在失败国家中），但并不适合需要运用筹划与战略达成复杂成果的稳定环境。

服从-琥珀色范式[5]

每一次范式的切换都打开了人类前所未有的新能力和可能性。当服从-琥珀色的意识阶段出现后，人类就从依赖园艺生存的部落社会跃迁至农业、国家与文明、机构、科层制及组织化宗教的时代。按照发展心理学的观点，大部分当代发达社会中的成年人都是依循此范式行事的。

在服从-琥珀色时期，现实是通过牛顿们的眼睛来感知的。人们能够理解因果关系[6]并领会线性时间（过去、现在与未来），还能预想未来。这是农业得以出现的土壤：耕作需要从今年的收成里保留种子的自律与远见，这样才能获得来年的食物。农业生产出的卡路里盈余容许供养一群统治者、管理者、牧师、战士以及手艺人，这引发了从酋邦向国家与文明的转变，最早开始于大约公元前 4000 年的美索不达米亚。

服从-琥珀色意识发展出了更深入的对他人感受和观念的觉察。儿童心理学先驱皮亚杰（Piaget）给我们提供了一个关于服从-琥珀色认知的典型实验。将一个双色球放置在儿童和成人之间，绿色的一面朝向儿童，红色的一面朝向成人。在琥珀色阶段之前，儿童还不能从他人的视角来观察世界，他会说自己和对面的成人看到了同一个绿色球。大约在六七岁时，那些于健康养育环境下成长的儿童将学会通过他人的眼睛来看世界，能够正确地识别出成人所看到的红色球面。

在心理学的意义上，该实验所带来的暗示是极其丰富的。我能够识别自己的视角和角色并且清楚与你的差别，我也可以想象其他人如何看待我，个人的自我和价值感如今主要基于他人的看法，我将为在自己的社交圈里获得赞赏、接纳和归属感而奋斗。服从-琥珀色阶段的人将群体规范内在化，主要关注一个人是否有和群体相适应的正确的外表、行为及思想。红色的二元思维仍然存在，但个人的"我的方式还是你的方式"被集体的"我们或他们"所取代。红色的自我中心主义让位于琥珀色的种族中心主义。肯·威尔伯是这样说的：

> 关怀照顾从我扩张到了我的群体——但是没有更进一步！如果你是群体的一员——我的神话、我的意识形态中的一员——那么你也被"拯救"了。然而，如果你属于一个不同的文化、不同的群体、不同的神话或不同的上帝，那么你将会被诅咒。[7]

在服从-琥珀色阶段，之前冲动的红色自我如今已能够在公众面前和私人场合运用自律和自制。琥珀色社会有公认的正确的行为方式，同时拥有基于该行为方式的简单道德。服从-琥珀色的世界观是静态的：针对公正的世界制定出不变的法律，并且事情要么是对的、要么是错的。做正确的事，你将在此生或来世得到奖赏；而做错了事或者说错了话，你就会受到惩罚甚至被群体驱逐，还可能此后将受苦受难。人们将规范和道德内在化，当走入歧途时，他们就会感到内疚和羞愧。决定对错的权力如今与某个角色相联系，而不是一个强有力的个体（在红色阶段曾经如此），这就像牧师的长袍，不论谁穿，都意味着权力。

正如同从红色向琥珀色的转变，任何重要的视角切换既是一种解放，也会让人心生恐惧。于是，为了在一个有着因果关系、线性时间以及关注他人视角的世界中获得安全感，琥珀色的自我就需要寻求秩序、稳定和可预测性。它试图通过机构和官僚体制建立控制，在严格定义的角色和身份中寻求庇护。琥珀色社会倾向于用社会阶层、种姓制度或者严格的性别差异来划分等级，使社会高度阶级化。比如在一些地区，出生像抽奖一样，孩子呱呱落地时就已命定属于哪个种姓，从此，人生的每一件事都已经安排好了——应当如何举止、思考、穿着、饮食以及婚嫁都必须与该种姓保持一致。

在动荡不安的当今社会，不少人认为琥珀色的确定性是迷人的庇护所，因此呼吁人们重返固定模式的道德价值观。然而，持有这种观点的人却忽视了传统社会设定的严格的社会与性别规范及其造成的巨大的不平等。至少，在一个循规蹈矩的琥珀色社会中，作为一名女性、同性恋者、"贱民"或是一个自由思想者，也许都会有不愉快的经历。

琥珀色组织

琥珀色组织的出现带来了两个主要的突破：组织开始制订中长期计划，并且创造出了稳定且可衡量的组织架构。据此，琥珀色组织达成了前所未有的，甚至超出任何红色组织所能想象的成就。历史上，大型灌溉系统、金字塔以及中国的万里长城都是此类组织修建的。服从-琥珀色组织经营着殖民世界的航运、商栈和种植园，天主教会也是基于该模式而建立的——可以说，它是西方世界最典型的琥珀色组织，工业革命早期的大型工场也是按照这一范式经营的。琥珀色组织在今天依然十分常见：大部分政府机构、公立学校、宗教组织以及军队都是按照服从-琥珀色的原则和实践来运行的。

琥珀色突破 1：长期视角（稳定的流程）

红色组织是高度机会主义的，它们一般看不到比几天或几周的计划更远的"战利品"。琥珀色组织却能够承担长期项目——修建教堂可能需要两个世纪去完成，抑或在千里之外创建殖民商栈网络以促进贸易流通。

这种突破与流程的发明紧密相关。有了流程，我们能够将过去的经验复制到未来。去年的收获将是今年的样板，明年的课堂可以用今年的课程计划来运行。有了流程，关键的知识不再依赖于某个特定的个人，它植根于组织中且能代代相传。流程中的任何人都可以被其他人所取代，甚至凭借一种有序的继承方式，首领也是可替代的，因此一些琥珀色组织往往能够存活数个世纪。

在个人层面上，一个以服从-琥珀色范式行事的人，会为了秩序和可预测性而奋斗，并以怀疑的眼光看待变化。对琥珀色组织同样如此，它格外适应稳定的环境，因为能够根据过去的经验规划未来。它们基于一种隐含的假设来运营：世界是（或者应当是）不变的，并且存在着一种正确的做事方式，过去有效的，未来依然会有效。当环境变化时，这样的做事方式就不灵验了。琥珀色组织很难接受变化的需求，那种存在一种正确的做事方法的定见使它们在竞争中惴惴不安。历史上，琥珀色组织为优势和垄断地位而战，今天依然倾向于带着疑虑面对竞争。

琥珀色突破2：规模与稳定性（正式的等级制度）

在红色组织中，权力结构因个人谋求影响力而持续地变动，而服从-琥珀色组织以正式的头衔、固定的等级以及组织结构图使权力稳定了下来。总体结构就像一个严格的金字塔，从老板到下属有层叠的正式汇报线。教皇之下有红衣主教，红衣主教下面有大主教，然后有主教，再就是牧师。工厂经理命令部门主管，然后从部门主管到车间主任、线长、工段长和操作工逐级监督。底层士兵对首领的个人效忠已不再需要，士兵们已经将其岗位整合进等级制度之中。即使教皇很虚弱，牧师也不能阴谋陷害并取而代之。更大的组织成为可能，能管理成百上千的工人，可以跨越遥远的距离去运营。人类最初的全球化组织——从天主教到东印度公司——就是基于服从-琥珀色范式建立的。

计划与执行被严格分开：思考在高层，做事在下层，高层做出的决策通过连续的管理层级传递下来。在红色组织中来自上层的持续的暴力威胁让位于更为精细和详尽的控制机制。完整的规则被制定出来，一些员工被指定来确保合规以及对不遵守规则之人采取纪律措施及惩罚。如果迟到，扣除部分工资；再迟到，停工一天；第三次迟到，那么你将会被开除。

> 为什么每次我只要（工人）一双手（来干活），他们却带着一个脑袋？
> ——亨利·福特（Henry Ford）

在服从-琥珀色隐含的世界观里，工人们大都是懒惰、不诚实、需要指导的。他们必须被监督，并被告知应该做什么。在琥珀色组织的眼里，参与式管理是愚蠢的。管理必须靠命令和控制来达成结果；一线的工作是狭窄又常规的，不需要创新、批判性思维与自我表现（并且经常被劝阻）；信息共享仅限于需要的范围；人是可以有效交换的资源；个人的天赋不被认可也不被发展。

比起后面发展阶段的优点，上述听起来似乎有相当的局限性，但相较于红色组织，这可是重大的进步。哪怕是在组织底层从事常规工作的人也感到高度的解放。在红色组织中，人们不得不没日没夜地为了保护自己的地盘（甚至生存）与老板、同级和下属斗争。而相对来说，琥珀色组织的秩序和可预见性就像是安全的天堂。人们不再需要提防可能来自四面八方的难以预料的威胁与危险，大家只需要遵循规则。

红色组织像狼群，而对于琥珀色来说，一个好的组织就应该像军队一样来运作。严格的等级制度必须有清晰的命令链条、正式的流程和明确的规则来界定谁能做什么。为了确保部队以良好的秩序前进，金字塔底层的士兵不许质疑与提问，要严格遵守命令。

社会面具

规模和稳定成为可能。因为在服从-琥珀色范式下，人们满足于待在自己的盒子里，不去争夺更高的奖赏。处于该阶段的人靠他们的角色和在组织中的位置来被人识别。琥珀色组织已经发明和普及了增强角色识别的头衔、级别和制服。主教的长袍标志着穿戴者已经不再是牧师；远远望去，将军的制服也几乎不可能与中尉或者列兵的制服相混淆；直至今日，工厂里的工厂主、工程师、会计、工段长以及机器操作工都倾向于不同的穿着。当穿上衣服，我们似乎也套上了一个显而易见的身份与社会面具，同时将人们期望的行为内化于等级和行当。作为一名工人，我不仅仅是穿着与工程师不同，吃饭也在工人的食堂，而他在职员餐厅吃饭。在这些地方，谈话的主题、玩笑以及自我表现的类型都极为不同。人们以戴面具为代价换来了社会的稳定性，面具使我们学会远离自己独特的个性，远离个人的渴望、需求和感受，与此同时，我们又拥抱了一个社会认可的自我。

历史上，这种组织内的等级分层往往伴随着社会阶级的分化：牧师来自农民阶级，而主教及红衣主教则出于贵族。组织的职级阶梯带来显著的差距——一个属于工人阶级的男人（当然也包括女人）将不能爬上管理的职位。幸运的是，这种严格的社会分层在现代社会消失了，但今天的琥珀色组织依然倾向于复制等级分层，尽管采用的方式更加微妙。例如，在政府机构、学校或军队内，一定级别以上的职位通常要求特定的证书或者相当年限的服务期限。晋升可能绕过最胜任的那一个，而给到恰好符合所谓正确标准的人。

我们相对他们

在服从–琥珀色范式中，社会归属至高无上。你要么是群体的一部分，要么不是——这就是"我们"相对于"他们"。这种隔离带于琥珀色组织中无处不在——护士相对医生和行政管理者、业务线相对职能部门、市场营销相对财务部、前线相对总部、公办学校相对私立学校等。为了转移群体内部的冲突，问题和错误通常被归咎于其他外部群体。琥珀色组织内存在着明显的孤岛，人们待在不同的孤岛上互相怀疑彼此。琥珀色组织重建信任的方式就是通过控制——建立流程，并让孤岛之间的人必须遵守。

如果说在琥珀色组织内部存在着壁垒，那么它们和外部世界之间则应该有一条鸿沟。它们试图在任何可能的地方自给自足，建立一个简单、不需要外部世界的地方。早期的汽车厂拥有自己的橡胶种植园和钢铁厂，运营自己的面包房，并提供社会住房。员工也属于组织，聘用默认是终身制的，人们的社会生活大多以组织为中心。因此被组织开除可能带来双重的威胁：受雇者不仅会冒丢掉赋予其身份的工作的风险，而且将离开自己植根于其间的社会结构。就算不被指责背叛，那些决定离开组织的人也常常备感困惑。今天的琥珀色组织——它们通常以政府机构、宗教组织、公立学校以及军队的形式存在——会更温和一些，不过仍然将终身聘用作为其隐性或显性的规范，内部员工的社会生活围绕着组织生活来展开。因此，对于那些不满足于琥珀色组织的人来说，决定离开往往是一个相当痛苦的过程——犹如凤凰涅槃。

成就–橙色范式[8]

橙色阶段的世界展现出新的面貌。人们不再认为宇宙亘古不变，并由永恒的规则所支配，反而更像是一个复杂的钟表机芯，其内部运作机制和自然法则能够被探究和理解。那里没有绝对的对与错，尽管有一些东西明显优于它者。有效性取代道德成为了决策的准绳：对世界的运行理解越透彻，我就越能取得成就；最好的决策能够获取最高的产出。生命的目标是不断前进，是以社会认可的方式成功，是出好自己手里的牌。

皮亚杰（Piaget）主持的一次实验很好地描述了在这个新范式中出现的认知转换。对此，肯·威尔伯（Ken Wiber）是这样解说的：

> 参与实验者拿到了三杯清澈的液体，并被告知这三杯液体可以用某种方式混合产生黄色，然后参与者被要求调试出黄色。具体运思期的儿童（皮亚杰对于琥珀色认知的词汇）会开始简单又杂乱无章地混合这些液体。而形式运算期的青少年（也就是那些掌握了橙色认知的人）则会首先在头脑中形成一个事实的大致的图景，即先尝试将 A 杯与 B 杯混合，然后 A 杯与 C 杯、B 杯与 C 杯等。如果你问他们，他们会说诸如"呃，我需要一次试完所有不同的组合"。

> 这意味着人们能够开始想象不同的可能世界，同时第一次掌握了"如果……将会怎样"以及"好像"等思维方式。各种各样的理想化的可能性被打开了。你可以想象自己还能成为什么！青春期是一段狂野的时光，不仅仅是因为性意识的苏醒，还因为可能的世界打开了青少年的心灵之眼——那是"理性与革命的时代"。[9]

有了认知能力，一个人能够质疑权威、群体规范以及沿袭下来的现状。在西方的文艺复兴时期，成就-橙色思维开始质疑服从-琥珀色世界中基督教的确定性，一开始仅限于非常小的少数群体，主要是科学家和艺术家的圈子。但随着启蒙运动和工业革命的来临，橙色思维就在受教育人群里广泛地出现了。二战以后，西方世界中更大比例的人口转向了成就-橙色范式，也成为当今大多数商业和政治领导人的主流世界观。

橙色认知打开了科学探索、创新以及创业的闸门。仅仅两个世纪——整个人类历史的瞬间——它就带给我们前所未有的物质上的富足，并将人类的平均寿命延长了几十年，在工业化国家中消除了饥饿和瘟疫，且至今仍然在发展中国家快速复制着它的魔力。

站在更高的阶段来看，每个范式都有它的阴暗面。成就-橙色范式的阴影在今天很难被忽视：公司的贪婪、政治的短见、过度杠杆、过度消费以及对地球资源和生态系统的不计后果的开发利用等。然而，我们不应当忽视该阶段带来的巨大解放：它使我们摆脱了"权威一定正确"的想法（转而依赖洞察世界复杂机制的专家意见），并带来对揭示的真理保持怀疑的一剂良药。它允许人类第一次在追求真理时不用管宗教教条和政治权威，也无须再冒着生命危险。人类开始能够质疑且可以超越出生的环境，突破此前由性别与社会地位施加的思想和行为。红色的视角以自我为中心，琥珀色以道德为中心，而橙色则有可能带来以世界为中心的视角。

橙色认为所有的个体都应当拥有追求自身人生目标的自由，而且各领域的佼佼者都能够攀上高峰。然而实际上，成就-橙色并未能完全如其承诺的那样颠覆传统的服从-琥珀色世界。人们总是希望被视为社会成功人士，这样的心理需求使得他们愿意接受部分的社会传统：那些取得成功的人通常乐于再度创造多种形式的社会阶层——迁入享有特权的社区、参加会员专属俱乐部，或者将孩子送进昂贵的私立学校。橙色人士通常怀疑宗教教规，然而许多没有信仰的人，如果宗教能为其带来社会利益，就会保持宗教关系（也是一种防备策略，以防宗教终究拥有一些真理）。

这个阶段的世界观无疑是唯物主义的——只有那些能被看到和触摸到的才是真实的。由于难于相信无法被实证或观察的东西，成就-橙色怀疑任何形式的精神性和超越性。由于不受内在灵性问题的阻碍，加上对于成功的渴望，人类的自我在此阶段达到了顶峰。在这个物质的世界，通常多就是好。我们默认的生活的假设是下个目标的达成就能带来幸福（获得下一次升职、找到伴侣、搬进新房，或者买辆新车）。在橙色阶段，人们有效率地生活在对未来的期待之中，似乎必须不停地做事以达成自我设定的目标，内在的鞭策始终萦绕心头，不断地消耗着生命。我们几乎很少回到当下去品味橙色为自己带来的礼物和自由。

橙色组织

街党和黑帮是当代红色组织的典型，天主教、军队以及公立学校系统是琥珀色组织的样板，而现代跨国公司则是橙色组织的化身。随便挑选一个当今耳熟能详的品牌——比如沃尔玛、耐克或者可口可乐——极有可能你就会碰到一个从架构、实践到文化深受成就-橙色世界观所影响的组织。

至于成就方面，琥珀色组织已经超越了任何的红色组织以及它们的想象，而橙色组织又逐步迈上了一个新高度，取得了全新数量级的成果。这完全得益于它额外的三大突破，即创新、责任与精英制。

橙色突破1：创新

皮亚杰的液体混合实验表明：橙色范式的人能够生活在充满可能性的世界里，今天尚未发生的结果，未来的某一天却可以实现。他们敢于质疑现状并制定措施去改善它。令人毫不奇怪的是橙色组织的领导者会经常提到"改变和创新并不是威胁反而是机遇"。总的来说，橙色组织开辟了一个史无前例的创新时代，激发了过去两个世纪巨大的财富创造。琥珀色组织中不存在的部门在此阶段被创造出来（在今天大部分的琥珀色组织中仍然不存在）：研发、市场营销以及产品管理部门。琥珀色组织完全是流程驱动，而橙色组织则是流程驱动与项目驱动兼而有之。

橙色组织保留了管理金字塔作为它们的基础架构，但同时借助项目组、虚拟团队、跨职能行动、专家职能以及内部顾问等方式加速了沟通与创新的培育，从而在一定程度上突破了僵硬的职能与等级制的障碍。

橙色突破 2：责任

一个微妙又深刻的变化发生在领导力与管理风格上。琥珀色的命令与控制演变成了橙色的预测与控制。为了比竞争者更多更快地创新，有效地激发组织中更多大脑的聪明才智就成为了一种竞争优势。组织里的大部分人必须拥有灵活的行事空间，而且必须被授权和

> 当我给大臣下一道命令时，让他自己想办法去实现。
>
> ——拿破仑·波拿巴

给予信任去思考和执行，于是目标管理就流行起来。高层管理者制定总体方向并逐级下达目标及里程碑，以期达成目标的产出。在某种程度上，管理者只看重目标是否达成，而并不在乎目标将如何达成。这种心态催生了如今大量的为人熟知的确定目标（预测）及跟进（控制）的管理流程，例如战略规划、中期规划、年度预算周期、KPI 以及平衡计分卡等。在成就-橙色世界观中，人们的驱动力来自物质上的成功。毫不意外的是，橙色组织创造出了许多激励员工达成目标的激励手段，包括绩效评估、奖金计划、质量奖以及股权期权。简而言之，琥珀色组织仅依赖大棒，而橙色组织还掏出了胡萝卜。

自由的突破是真实的。经理和员工被赋予运用自身创造力和天赋的空间，并可以自主选择达成目标的途径，这些能够使工作变得更加有趣。当激励方案确定以后（个人目标和组织目标相匹配），员工与管理者之间通常对立的关系就会由于共同利益目标的建立而变得缓和起来。

遗憾的是，现实经验表明橙色组织并不总是按照目标管理

的承诺来运作。自我的恐惧常常会破坏良好的意图。成就－橙色领导者在理念上认为决策权应当下放，以激发员工的创新和工作动力，想法很完美；然而在实践中，领导者对于放弃控制的恐惧却往往胜过了对他人能力的信任，因此他们仍然习惯于高高在上地做决策，虽然将这些决策授权给级别更低的人可能效果更好。

另外预算流程旨在设定每个人的目标，那么给予人们灵活的运作空间是相当重要的一部分，原则上这没问题，但凡是经历过预算流程的人都清楚，上述理念在现实中失败得有多快。当高层要求各部门制订他们的预算时，人们就会开始玩丢沙包的游戏——先把目标设得尽可能低，以确保自己能够实现目标并拿到奖金。部门数字还未汇总，管理层就会武断地强压更高的目标（管理层一般会确保这个目标超过给股东的承诺，以保证自己也能拿到奖金），而下属只能无奈接受。人们没有机会坦率地讨论目标的可行性，只是互相交换因担忧而虚假猜测的预算表。在这样的过程中，预算流程并不能达成其关键目的，即让员工肩负责任并热忱于实现结果。

橙色突破 3：精英制

橙色组织运作的基础前提是具有革命性的精英制度。原则上，任何人都可以升迁，没人注定一辈子必须待在原来的位置上。传达室的小伙子也有机会成为 CEO——甚至是个姑娘或者少数族裔。这使得人才池戏剧性地扩大了，因为没有人从一开始就被排除出局。普遍的想法是：应当发挥所有人的天赋，并且每个人都应当被放在组织架构内一个合适的位置，这样他们就能对整体作出最大的贡献。从琥珀色阶层化转换至橙色精英制的过程中，诞生了现代人力资源管理，包括相关流程与实践的一系列工具，如绩效评估、激励体系、人力资源规划、人才管理、领导力培训，以及接班人计划等。

简直难以言表精英制理念的历史意义，它是社会公平的一次突破，它赋予了人们选择最适合自身天赋和志向的职业的权利（至少原则上是这样）。而在上一个发展阶段，人们往往无暇顾及其志向，只能不得不投身于终生的雇佣关系之中。橙色组织中的员工对自己的职业生涯负责，期望每隔几年能在组织内部变换职位，如有必要，他们也会离开组织，到外部去寻找新的机会。

精英制也极大程度上废除了等级阶层的符号。过去显示一个人等级的制服被相对难区分的商务装所替代。由于人们在职业生涯中经常变换职位，从而削弱了原先服从-琥珀色组织中以个人在金字塔中的等级和职位进行识别的做法。

> 我的理念就是：为了成功，一个人必须每时每刻地保持成功的形象。
> ——巴迪·凯恩（Buddy Kane）
> （电影《美国丽人》中的"地产之王"）

取而代之的是，人们更倾向于戴上职业面具。一个人的外表必须看上去忙碌、镇定又干练，能够随时掌控局面。理性比什么都重要，情绪、疑惑和梦想都统统被隐藏在面具后面，如此一来我们就不会轻易受伤。人们的自我认同感不再与等级和头衔混同在一起，而是融合于一种新的需求：希望自己被他人视为有能力及成功的，并随时准备着下一次晋升。

在大多数的工作场所，尽管完全意义上的制服已经不再流行，但表明身份的符号依然存在。高级经理通常有宽敞的拐角办公室，享受着预留的停车位，获得慷慨的股票期权，出差坐头等舱，而他们的下属只能坐经济舱，在大办公室的小格子间里辛苦工作。特殊待遇并非与精英制不协调：领导者对于组织的成功影响最大，因此他们必须被赋予实现其成就的手段，况且，这是他们应得的。如果你足够聪明又相当勤奋，这些福利也将属于你。

组织是机器

成就-橙色的世界观将组织比作机器，这一点继承自还原式科学观和工业化时代。我们用以谈论组织的术语是相当工程化的，这揭示了在当今世界里"组织是机器"的隐喻是多么的深刻（尽管是无意识的）。我们谈论单元与层级、投入和产出、效率与成效、拉动控制杆及移动指针、加速和刹车、限定问题及方案扩散化、信息流和瓶颈以及再造与缩减规模。领导者和顾问一起设计组织。人是资源，就像机器上的齿轮，必须被仔细匹配到组织结构图上。变化必须是计划好的，并用蓝图画出来，然后按照计划小心实施。如果某些机器的运行低于预期节奏，则可能"软"干预的时候到了——偶尔的团队建设——如同添加机油以润滑齿轮。

机器的隐喻，听起来似乎没有人情味，却揭示了橙色组织能动高效的本质（而对于琥珀色组织，我们则会联想到严格、不变的成套规则和等级制度）。虽然橙色组织也给活力、创意和创新留出了空间，但机器的隐喻表明这些组织无论多么充满动力，却依然缺乏生机和灵魂。

每一个范式都有适应其世界观的领导风格。冲动-红色组织需要掠夺成性的领导者，服从-琥珀色需要家长式的威权；而与机器隐喻合拍的是，成就-橙色领导者倾向于用工程学的视角看待管理。这个阶段的领导风格是典型的目标导向，关注解决有形的问题，完成任务的重要性高于人际关系的维护；它看重冷静的理性，谨防情感的流露，也不鼓励对目的和意义的质疑。

橙色的阴暗面

就任何新的范式而言，它闪耀的光芒越多，投射的阴影也就越大。橙色的阴暗面之一就是"创新也疯狂"。虽然人类大多数的基本需求已被满足，但商业却依旧试图创造越来越多的需求，浮躁地鼓吹更多的物质占有、最新的时尚和更年轻的身体会让我们更加幸福和完整，其实我们并不需要那么多东西。我们越来越清晰地觉察到：无论从财政还是生态的角度，这种基于虚造需求的经济是不可持续的。我们已经到了一个为了增长而增长的阶段，这种状况在医学上意味着癌症的爆发。

另一个阴暗面在于仅以金钱和社会认可来衡量成功。当增长和盈亏底线成为了全部，当成功的人生只限于到达顶峰的一小撮精英，我们一定会在生活中经历一种空虚感。中年危机是橙色组织生活的典型病症：我们玩了 20 年的成功游戏并相互激烈地竞争，突然间意识到自己到不了顶峰，或者山顶的风光压

根不是想象的那个样子。总体上，橙色组织可以成为自我表现
与获得满足的载体，然而年
复一年地将工作简化为目标
与数字、里程碑和最后期限，

> 现在的人们有办法活着，却越发不知
> 道为什么而活。
> ——维克多·弗兰克（Victor Frankl）

以及一个又一个变革项目和跨职能行动时，有些人就会怀疑所
有这一切的最终意义，并且渴望能够有所超越。

　　鉴于过去十年中出现的公司丑闻，有人会补充说：现代组
织最明显的阴暗面是个人和集体的贪婪。一小撮 CEO 永远给自
己开更高的薪酬，他们游说政府以获取更有利的规则，贿赂监
管者，玩弄政府以偷漏税款，疯狂并购以控制所在行业，并对
供应商、顾客和员工滥用权力。

多元-绿色范式[10]

　　成就-橙色范式以一种"有效或无效"的标准取代了琥珀色
的"对与错"的绝对真理，而多元-绿色世界观则认为这还是过
于简单了，生命不仅仅是成功或失败。多元-绿色敏锐地意识到
橙色世界观给人类和社会带来的阴暗面：物质主义、社会不平
等与社群的丧失。

　　多元-绿色对人们的感受高度敏感，它坚信所有的观点都应
平等地受到尊重，它寻求公平、平等、和谐、社群、合作与共
识。拥有该视角的个体会尽力培育与每个人的紧密又和谐的人
际纽带，并找到归属感。橙色口头承诺以世界为中心的立场，
而绿色想要将其兑现。个人不仅能够打破传统角色的牢笼，还

能倾覆种姓、社会等级、父权制、制度化宗教以及其他需要消解的结构。在 18 世纪后期及 19 世纪的工业化国家，拥有多元-绿色世界观的一小群人开始为废除奴隶制、女性解放、政教分离、信仰自由以及民主而战。肯·威尔伯这样描述到：

> 随着转向理性和世界中心主义的道德观，我们看到了现代解放运动的兴起——解放奴隶、女性和贱民。不是仅仅对于我或我的部落、我的神话与我的宗教来说什么是正确的，而是无论种族、性别、阶级和信仰，对于整个人类而言什么是公正与正确的。

> 由此，大约从 1788 年到 1888 年，奴隶制于短短的 100 年间在地球上所有的理性工业化社会中被法律所禁止和根除了。在前传统/自我为中心（红色）和传统/种族为中心（琥珀色）的道德立场看，奴隶制是完全可以被接受的，因为平等的尊严和价值没有延伸到所有的人，而仅限于你的部落、你的种族或与你选择的神相关的那些人。但是从后传统的立场来看，奴隶制简直谬误，完全不可容忍……

> 几乎是一个原因，我们可以看到文化范畴内女权主义与女性运动的兴起……一般可追溯至 1792 年的沃斯通克拉夫特（Wollstonecraft），也正是大规模解放运动的一致开始的时期……

> 同样地，民主曾经在大多数情况下简直是部荒诞小说。早期的希腊人没有这种普世主义，如果我们回顾一下希腊的"民主"，每三个人就有一名奴隶，妇女儿童同样排除在

"民主"之外。农业的基础无法支撑奴隶解放。[11]

在 18 世纪后期和 19 世纪，仅有一小部分精英以多元-绿色范式行事，但它却深刻地塑造了西方思想。在 20 世纪，这种范式所影响的人数稳步增长，尤其是在反文化的 60 年代和 70 年代，有些人相当狂热地拥护它。尽管橙色在如今的商业和政治中仍然占据主导，但绿色在后现代学术思想、非营利组织、社会工作者和社群活动积极分子中非常盛行。

以绿色视角行事的人注重关系甚于结果。例如，成就-橙色做决策时习惯自上而下，尊重客观事实和专家意见，并且会借助模拟演练；而多元-绿色则欣赏自下而上的流程，收集所有人的看法，同时试图将相反的观点统合成最终的共识。橙色赞美果断的领导力，而绿色则坚持认为领导应当服务于被领导的对象。它的立场是高尚的，并以慷慨、同理与关怀之心对待他人。它坚持认为鉴于世界上存在着持续的不平等、贫穷及歧视，除了以自我为中心追求职业生涯与成功，人生一定还有更多更有意义的事情可以去追求。

然而这个阶段也有明显的自相矛盾之处。它坚持认为所有的观点都应该被平等对待，然而当他人滥用了它的宽容以提出无法容忍的想法时，它就卡壳了。绿色倡导的兄弟情谊很少能得到红色自我中心主义和琥珀色确定性的回应，甚至橙色蔑视其为绿色理想主义。绿色与规则的关系是模棱两可甚至相冲突的：规则总是以专制和不公平而告终，但是完全废除规则又被证明是不切实际的，可能会打开滥用之门。绿色范式有力地打破了旧有的结构，然而在制订实际替代方案时却常常不那么有效。

绿色组织

多元-绿色视角和权力与等级制并不那么吻合，它的理想是将两者都废除掉。有些人已经尝试采取了激进的步骤——抛弃琥珀色与橙色模式，重新从一张白纸开始。**如果权力的不平等总会导致高层对基层的统治，那就让我们废除等级制并授予每个人完全相同的权力。让所有的员工持有公司同比例的股份，所有的决策必须达成共识，没有人处于领导者的位置（或者，如果需要，领导岗位轮值）。**一些激进的实验已经尝试按照这些思路去开创新的未来：例如，在 19 世纪末 20 世纪初的合作社运动（对工业革命所带来的明显的不平等的回应）或者在 19 世纪60 年代出现的公社（被当时的反主流文化潮所启发）等。事后我们知道，这些极端形式的平等主义组织是不成功的，未能达到足够规模，也并未持续多长时间。[12] 毫无疑问，在大规模群体的个人之间试图达成共识是相当困难的，它几乎总是以令人煎熬的会议和最后陷入僵局而告终。而为了推动事务的进展，权力游戏就会在幕后爆发。我们不能简单地奢望权力乖乖地离开，如同九头蛇，砍掉了它的头，另一个头就会从其他地方冒出来。

极端的平等主义已被证明是个死胡同，然而就像以前的发展阶段一样，绿色世界观也提出了它自身的开创性的组织模式，在其之前的橙色范式上又增添了三个突破。在过去的十年中，有不少基于绿色实践和文化运行的组织进入人们的视野，其中最著名和最成功的公司当属西南航空（Southwest Airlines）、班杰利（Ben & Jerry's）和康泰纳零售连锁店（The Container Store）。

绿色突破 1：授权

绿色组织虽然保留了橙色的精英制等级结构，但是将大多数决策权下放给一线员工，让他们可以做出广泛的决策而无须管理层的审批。在前线战壕里的人直接接触各式各样的琐碎的日常问题，因此绿色组织信任他们能比远在他方的专家琢磨出更好的解决方案。例如，西南航空的地面团队由于被授权对旅客问题寻找创新解决方案而扬名于业界，而大多数航空公司的同行们却不允许脱离规则手册来做事。

大范围的去中心化和授权并不是一件容易的事，高层及中层管理者被明确地要求分享权力，放弃部分的控制。为了能够有效地运转，公司发现需要将所谓的"绿色领导力"非常清晰地描述出来，并且期望中高层管理者都拥有这种领导力。绿色领导者不仅应当是冷静的问题解决者（如同橙色领导者），他们还应当是服务型领导者，能够倾听下属的声音，授权给他们，并且激励和发展他们。绿色组织将相当多的时间和精力投入到帮助管理者成为服务型领导上：

> ● 经理岗位的候选人在他们的思维方式和行为方面被严格筛选：他们是否乐于分享权力？他们能够谦虚地领

导吗？

● 绿色组织经常为新上任的经理投资一笔不小的培训预算来教导他们服务型领导的思维方式和技巧；

● 使用360度反馈来评估经理，从而使得老板对自己的下属负责；

● 在一些创新的公司，经理不是由上级任命的，而是来自于下属的抉择：下属在面试完准候选人后[13]选择他们自己的老板。这种做法自然地引导经理成为一名服务型领导者。

绿色突破2：价值驱动的文化以及有感召力的宗旨

强大的共享型文化是保持授权型组织不会瓦解的胶水。绿色组织信任一线员工在若干共享价值观的指引下会做出正确的决策，而不需要依赖一本厚厚的规章制度。

一些人对于共享价值观的概念已经幻想破灭并且嗤之以鼻，这是因为许多橙色组织越来越多地感到压力，于是被迫跟随潮流：他们定义一套价值观，也张贴在办公室的墙上和公司网站上，但在触及利益底

> 文化把战略当成早餐。
> ——彼得·德鲁克（Peter Drucker）

线时却轻而易举地忽视它。然而在绿色组织中，领导者真诚地依照共享价值观做事，你会遇到不可思议的有活力的文化，那里的员工在赞赏和授权的状态下做出贡献，结果通常是惊人的，研究表明价值驱动型组织能够在利润率上远胜于同行。[14]

在很多案例中，绿色组织把设置有感召力的宗旨作为工作

的核心。西南航空认为自己不仅仅从事运输业务，它坚持认为公司实际上在做"自由"的事业，帮助客户到达如果不是因为西南航空低廉的票价他们不可能去的地方。班杰利（Ben & Jerry's）不只是关乎冰激凌，它也跟地球和环境有关。

橙色组织以战略和执行为王，而对于绿色组织而言，公司文化至高无上。绿色组织的 CEO 们宣称推行文化和共享价值观是他们的主要工作。由于对文化的关注，绿色组织将人力资源（HR）的角色提升到了中心位置。人力资源总监往往是高管团队中有影响力的一员，也是 CEO 的顾问，他带领相当大的团队在以员工为中心的流程方面精心策划内容充实的人力投资，比如培训、文化倡导、360 度反馈、接班人计划以及员工士气调查等。

绿色突破 3：多利益相关者的视角

橙色认为营利的公司就应当以股东的视角来运营，而经理人主要的（有些人认为是唯一的）义务是为投资者赚取最大化的利润。亚当·斯密（Adam Smith）的"看不见的手"往往被用来解释为什么服务于股东就能使所有利益相关者受益。绿色组织则坚信在所有利益相关者中没有等级制，企业不仅需要对投资者负责，还应对管理者、员工、顾客、供应商、当地社区、整个社会和环境负责。领导者的角色必须做出正确的抉择以使所有利益相关者获益。

如今，每一个大公司都不得不公布其企业社会责任报告。绿色组织认为社会责任是它们如何做好生意的不可或缺的部分，而恰恰相反，橙色组织则常常认为这样的报告只是一项分散精力的义务。社会责任常常处于绿色组织使命的核心，它提供了激励他们创新并成为更好的企业公民的动力。绿色组织与其位于发展中国家的供应商一起改善当地生产条件及阻止使用童工，它们尝试减少碳排放和节约使用水资源，并且努力再循环利用其产品并减少包装。绿色组织的领导者断言"多利益相关者视角"短期可能带来高成本，但从长远来看，将给所有利益相关方（包括股东）带来更好的回报。

主导的隐喻——家庭

成就-橙色将组织视为机器，而多元-绿色组织的主导隐喻则是家庭。倾听绿色组织领导者的发言，你一定会注意到这个隐喻是多么频繁地以这样或那样的形式冒出来：比如员工是同一个家庭的组成部分，大家在一起，随时准备帮助彼此解决困难，为了彼此而来到这里等。在西南航空，以其特有的方式展现"服务者之心"的八个规条之一就是员工要"拥抱西南航空大家庭"。诊断中心的业界领先者达维塔（DaVita）已经在公司上下高度一致地执行着绿色组织的原则和实践[15]，并用"社区"作为隐喻。尽管它的规模很大，公司还是管自己叫村庄，将41000 名员工称作公民。公司总部被称为"达维塔之家"，而董事会主席兼 CEO 肯特·西里（Kent Thiry）被称作"村庄的市长"（他的功绩在于推行绿色文化将公司从 1999 年濒临破产带到今日的成功）。

从红色到绿色：组织模式的共存

我们所了解的组织其实是一个非常晚近的现象，历史上的人类大部分时间都在忙于狩猎和收割，那时超负荷的电子邮件和冗长乏味的预算会议还不见踪影。总体而言，仅在不久前我们才进入农业时代，甚至那时候组织也很少跨出家庭结构之外。直到工业革命，组织才开始雇佣大量的人力资源，而作为学术领域之一的管理实际上也仅仅在过去 50 年间才繁荣起来。

当我们以图表的形式将人类和组织意识的前后阶段按时间轴表现出来时，其结果让人震惊：进化看起来是加速的，而且加速度越来越快。如果这个趋势仍然继续下去，我们很有可能在有生之年能够亲身经历超越绿色的一个或两个新阶段。

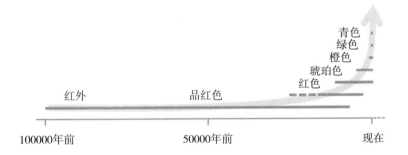

这张图还揭示了另外一个有趣的现象：此前人类历史上从未有过这么多采用不同范式行事的人生活在彼此的身旁。组织也是如此：如果我们用心观察，在同一座城市里就能发现红色、琥珀色、橙色以及绿色组织肩并肩地工作着。

　　宽泛地概括一下，我们可以说：在发达社会，冲动-红色组织仅存留在法律活动的边缘，服从-琥珀色仍然主要呈现在政府机构、军队、宗教组织和公立学校系统中，成就-橙色则无疑是从华尔街到普通商业企业的主导范式，而多元-绿色组织的实践正在逐步进入非营利组织的世界以及商业领域。下面的表格总结了四种组织模式，列出了它们的突破点和主导的隐喻，并且展示了在当前的情境之外，很有可能将会有一种新的模式涌现出来。

	目前实例	主要突破	主导隐喻
红色组织 首领持续运用武力以保持队伍的秩序。恐惧是组织的黏合剂。高度快速反应、聚焦短期。混乱的环境下繁盛	黑帮 街党 部落武装	劳动分工 命令式权威	狼群
琥珀色组织 在等级制的金字塔中的高度正式的角色。自上而下的命令和控制（做什么，怎么做）。借助严格的流程，稳定高于一切。未来是过去的重复	天主教 军队 大多数政府机构 公立学校系统	正式的角色（稳定的可衡量的等级体系） 流程（长期的视角）	军队
橙色组织 目标是打败竞争者；取得盈利和增长。创新是处于领先的关键。目标管理（命令和控制做什么；将如何做的自由留给员工）	跨国公司 私立学校	创新 责任 精英制	机器
绿色组织 在经典的金字塔结构中，聚焦于文化与授权，以达成非凡的员工激励	文化驱动型组织（例如西南航空、班杰利……）	授权 价值驱动型文化 利益相关者模型	家庭
青色组织（进化型组织） ？	？	？	？

1.2章　关于发展阶段

一个更高的发展阶段，并非天生就"更好"，就像我们不能说一个青少年比一个蹒跚学步的幼儿"更好"一样。然而，事实仍然是青少年能够做到更多，因为他比一个三岁小孩更能复杂地思考问题。任何发展阶段都没错，问题是哪个发展阶段更适合手头的任务。

——尼克·皮特里（Nick Petrie）

在讨论进化-青色这个人类意识的新阶段之前，我们需要在探索之路上先暂停一下。事先澄清一些东西能帮助我们更好地了解人类进化的过程，也有助于避免误解。当有些人初次接触到人类进化中的次第阶段的概念时，他们是如此着迷于那些概念，以至于常常任意地运用，把现实过分简单化，用一个个的模型对号入座。而另外一些人则有截然不同的反应，他们对这种把人贴上标签放到不同的盒子里的模型感到不舒服。

让我们先剔除一个挡在探索之路上的潜在误读：次第的发展阶段似乎意味着有些人在某些方面比别人好，这让不少人感到忐忑。这种担心是有道理的。作为人类，我们借一个群体比其他群体"更好"的名义，通过殖民、奴役、种族主义、性别歧视的手段做了太多彼此伤害的事情。

人类意识按照次第的阶段在不断地进化，有大量的不可否认的证据支持着这个事实。问题并不在于这些发展阶段的真实性，而在于我们如何看待这些阶梯。当认为后来的阶段比前一个阶段"更好"时，我们就陷入了困境，而一种更有帮助的解读是：它们是一些"更复杂"的回应世界的方式。例如，以多元-绿色行事的人能综合人们相互冲突的视角和观点，而这对于处于冲动-红色阶段的人来说是几乎不可能做到的。同时，每个阶段都有其亮点和阴影，也伴随着健康及有害的表现。例如现代的橙色阶段对地球的伤害就超过了前面任何阶段之所能。

另外一种避免执著于阶段的办法是承认每个阶段都很好地适应了特定环境。假设我们困在内战之中，而暴徒正在袭击我们的房子，那么冲动-红色显然是当时最适合的思考和行动的模式，这样才能最好地保护自己。不过，等到了后工业社会的和平时代，红色就不如后来的阶段那样有用武之地了。

人类进化的复杂性

正如地图仅仅是对地域的简化描述一样，关于阶段和颜色的讨论也仅仅是对现实的一种抽象表达，它能提供一些注释，帮助我们理解复杂的底层现实，但它并不能提供完整的现实写照。在前面的章节里，我带着大家进行了一次人类进化的旋风之旅，通过逐一地描述发展阶段，可能会给人留下一个印象：人类（甚至是整个社会）在某个时间段只用一套模型来运行。但研究表明——上帝保佑！——我们人类是如此奇妙与复杂，不能被简化为单一的阶段：

- 每一个范式包含并超越前一个。因此，当我们学会了成就-橙色的行为方式，我们依然有能力在适当的时候用服从-琥珀色或冲动-红色来对事情做出反应。甚至相反的情况在一定程度上也能发生：假如我们被处于更进化阶段的人（比如多元-绿色）所围绕，那么我们可能会暂时表现出绿色的行为，尽管当时自己还未进化到该阶段。

- 人类的发展有许多维度——认知、道德、心理、社会、精神等方面——而我们不一定在所有的维度用相同的速度成长。举例来说，我们可能已经内化了橙色的认知并能运用到创新的过程中，但在精神层面，我们仍旧追随琥珀色的天主教原教旨主义信仰。

基于上述原因，当听到人们说某人是绿色、橙色或者琥珀色的时候，我就会感到局促不安。充其量，我们可以说（我已经尽了一切努力坚持这样的陈述）在某个特定的时刻有人以一种范式来"做事"。唐·贝克（Don Beck）是发展心理学家克莱尔·格列夫（Clare Graves）的学生，他用了一个精辟的比喻：如果进化是音乐的话，发展阶段就是不同的音符，在特定的频率下振动。人类就像琴弦，能够弹奏出多种不同的音符，其音符范围取决于每个人已经可以承受的张力的程度。

我们还要记住，即使是共处一个阶段（也就是发出同一个音符）的人看到的世界也是彼此不同的，尽管实际上他们共享着某些认知、道德或心理特征。一个右翼的天主教原教旨主义者和一个左翼工会领袖也许都遵守同样的服从-琥珀色的确定性的世界观，但几乎对待每个问题都能得出相反的结论。在鸡尾酒会上，衣着光鲜的华尔街交易员、性格内向的科学家和时尚的平面设计师可能没有太多的共同话题，尽管他们三个极有可能都通过成就-橙色的镜头看世界。我们可以通过整合后进阶段的视角来纵向地发展，但在同一个阶段里的横向发展也有很大的空间——比如从一个不宽容和狭隘的琥珀主义者向慷慨和开放的琥珀主义者进化。

阶段的转变

是什么触发一个人对更高、更复杂的意识阶段保持开放并不断成长的呢？据研究，纵向成长的触发点往往发生在现有世界观无法解决重大生活挑战的时候。当面对这样

> 你在生活中遇到的每一个挑战都像一个岔路口。你可以选择往哪个方向走——可以后退，也可以前进，选择崩溃，抑或是突破重围。
>
> ——Ifeanyi Enoch Onuoha

的挑战，我们要么成长到一个能为自己的问题提供解决方案的更加复杂的视角，要么试图忽略或者逃避，反而更加顽固地依赖现有的世界观（或者甚至退返到以前令人安心的简单的世界观）。

以服从-琥珀色向成就-橙色的转变为例：当一个人效忠于数个群体（比如家人、朋友、工作和教会）而其中两个或者多个群体的准则产生了矛盾时，由于琥珀色世界观的深度不够，就会莫衷一是，难以驾驭了；某些问题不可能同时既是对的又是错的，于是他可以简单地选择与某个群体站在同一阵营而与其他的群体划清界限以此重塑单一的信仰，或者可以开始质疑这一绝对规则的有效性。

对于个人来说，在认知、心理和道德层面转化到新的阶段往往是一个巨大的进步，因为摒弃陈规并且试验新的世界观需要极强的勇气；同时在一段时间里，任何事情都显得不确定且令人困惑，过程也许是孤独的，因为我们有可能会失去与家人及朋友的亲密关系，他们不再与我们有关。成长到新的意识状态总是一个高度个性化、独特甚至有点神秘的过程，不能强加于任何人。即便他人揣着最好的意愿，也不能强求任何人在意识上发生进化——这对教练和顾问来说是一个残酷的事实，因为他们希望通过信念和说服的力量帮助组织的领导者接受更复杂的世界观。我们能做的只是创造一个建设性的有利于向更高阶段发展的环境，如果一个人身边的同伴都用一种更复杂的视角来看世界，同时他又能在足够安全的氛围里探索内心的冲突，那么他在意识状态上产生"飞跃"的机会就会高得多。[1]

应用于组织的发展阶段论

为了避免将问题过分简单化，我们也需要谨慎对待将发展阶段理论应用于组织的问题。有时候我会被问道："这个组织或那个组织是什么颜色的呢?"我总是小心翼翼地先重申当自己在讨论以某个特定阶段比如琥珀色、橙色或绿色运营组织的时候,我指的是它的组织系统与文化,而不是组织里的人。当观察到一个组织的架构、做事方式及其文化元素时,我们便可以大致得出该组织所信奉的世界观。让我们以薪酬为主题来说明这一点:

- 如果一位老板能够一时兴起自由地决定增加或减少工资,那就符合冲动-红色的范式。
- 如果员工的工资是固定的且由员工的职位等级(或者文凭)所决定,听起来则像服从-琥珀色。
- 一个强调如果员工达到预定目标就能获得个人奖励的系统可能是来自于成就-橙色的世界观。
- 注重团队奖励的做法则与多元-绿色的世界观相一致。

当我们不单单用这个滤镜来研究薪酬,而且去观察组织所有的架构、做法和文化时,就会发现它们并不是随机分布的,而是聚集在一个重心周围,这个重心就是组织的发展阶段,它定义了其内部绝大部分的实践。

> 如果你接纳了一种工具,也就意味着你接受了潜藏在这种工具内的管理哲学。
> ——克莱·舍基(Clay Shirky)

比如我在谈论一个橙色组织的时候,所聚焦的就是这个重心。再明确一下,当我说起某个"橙色组织"时,并不意味着那个工作场所发生的日常互动全都与成就-橙色范式相一致，也不是说组织内所有员工都已达到或者按照橙色视角来做事。绝非如此！不同的人会在不同的时刻用不同发展阶段的做法处理他们的日常互动。"橙色组织"一词仅仅意味着该组织的大部分架构、实践与流程和成就-橙色范式相一致。

在大型组织里，某些部门或区域的运作重心会和组织内的其他部分不一样。举个典型的例子：一家大型跨国公司的总部可能在绝大多数时候其运营依从橙色的视角，而旗下的一些工厂却仍然沉浸在琥珀色的经营理念中。因此我们应当始终注意不要过于简单化，而要明确知道标签指的是什么（以及不包含什么）。

向上或者向下牵引的领导力

那又是什么决定了组织运作的阶段呢？答案是该组织的领导人所处的个人发展阶段，也就是他们看待世界的视角。不管是有意或者无意，领导者们推行的组织架构、做法和文化都符合他们个人应对世界的模式，并且自认为是合理的。

这意味着一个组织的进化程度不可能超越其领导人的发展阶段。给组织定义一系列共享价值观和使命宣言的做法就是很好的例证：因为这种做法很流行，橙色组织中的领导人越来越觉得有必要专门成立工作小组来拟定公司使命和若干价值观。但实际上只有多元-绿色范式才在决策时真正参考组织的价值观和使命宣言；而在橙色组织里，决策的准绳是成功，即是否实现最高回报或者底线目标。橙色组织的领导人对于价值观可能只会停留在嘴边，当遇到实际的挑战，需要他们不得不在利润和价值观之间做出选择时，这些领导人通常都会选择前者，他们不可能支持一种植根于未来发展阶段的行事方法和文化（在这里指的是价值观驱动的文化）。[2]

领导者拉动组织向自己个人的意识发展阶段靠近的方向有两个：他们可以拖先进阶段做法的"后腿"（如上文的例子一样，让该做法失效），另外他们也可以引领组织向前走。领导者推行的组织架构、做

> 当你改变了看待事物的方式，你所面对的事物也就改变了。
> ——韦恩·戴尔（Wayne Dyer）

法和文化能帮助员工采用更复杂的范式去工作，而这些是员工个人还无法完全整合的。假如在大多数情况下我是一个以服从-琥珀色视角看世界的中层经理，那么在正常情况下，我与下属的相处风格就是相当等级制的，一般会明确地告诉他们应该做什么和需要怎么做。假如现在我为一家绿色组织工作，那里的领导鼓励我授权给下属，同时我又看到周围的其他经理给予下属大量的自由空间；每年两次，我会收到360度的全方位反馈表，有些来自我的直接下属，他们会反馈我的授权程度如何（这会影响我的奖金）；每半年，我被要求和自己的团队坐在一起讨论我们在公司价值观的实践上做得怎样（包括授权）。在这样一种强烈的多元-绿色文化与实践的背景下，我很可能会拥护一些绿色的管理技能和行为。所处的环境影响了我，引领我用更复杂的范式去处理事情。而且也许随着时间的推移，当哪天我准备好了，该环境就会帮助我成长并真正融入更进化的范式里。

这才是组织真正的天赋所在：能够引领人们勇于挑战自我，并实现他们独自无法取得的成就。这个洞见启发我们也许能利用绿色和青色组织的意识状态来治疗现代化给当今世界带来的创伤，对此我们充满希望。

1.3章　进化-青色

21世纪最激动人心的突破将不会来自技术，而是源于
对"生而为人的意义"的更加开阔的理解。

——约翰·奈斯比特（John Naisbitt）

人类进化的下一阶段与马斯洛需求层次论提到的"自我实现"阶段相对应，该阶段已被贴上了各种各样的标签，比如真实的、整合的或者青色的。[1] 在马斯洛需求层次论中，"自我实现"处于最上层（但他后来暗示还有另一个层次"自我超越"），但是其他研究者和思想家已经信心满满地确认：进化并不会就此停止（附录2简短描述了随后的进化阶段）。马斯洛和其他研究者都赞同：

> 在青色阶段，自我开始更加灵活可变了，减少了绝对的固执。
>
> **——威廉·托伯特（William Torbert）**

从绿色向青色的转变，在人类进化历程中无论如何都将会是一

块重要的里程碑——它的意义如此重大，以至于格列夫（Graves）和后来的学者称绿色以及之前的所有阶段为"一阶"意识；而自青色开始的阶段称为"二阶"。所有"一阶"意识都认为自己的世界观是唯一正确的，而其他人都错得可怕。[2] 转变到青色阶段的人有史以来第一次能够接受这样的事实：即在意识层面存在着进化，并且在进化的旅程中存在着一种动力，推动人类以更复杂、更精致的方式来回应世界（因此我将使用"进化的"这个词来形容该阶段）。

调服自我的恐惧

每一次转变都出现在我们能够到达一个新的制高点并以更广阔的视角来认识这个世界的时候。就像鱼一样，只有当它跃出水面时才能看到水。获得一个新的视角需要我们从那些曾经占据全部生命的东西中抽离出来。举例来说，当拥有冲动-红色世界观的人内化了规则意识，不再只是放任地满足其自身需求时，他们就进化到了服从-琥珀色范式；向成就-橙色范式的转变则发生在琥珀色个人不再一味认同群体规则的时候；而当我们学会不再执著于自我的时候，才有可能迈向进化-青色的范式。通过保持一定的距离来观察自我，我们就能发现自我是如何利用恐惧、野心和欲望来操纵生命的。我们也就能学着弱化自己对于控制、假面与迎合的需求；我们不再混同于个人的自我，并且不再让自我的恐惧条件反射式地控制自己的生活。在这个过程中，我们将留出空间去倾听他人的智慧以及自己内心的声音。

是什么取代了恐惧？那是一种相信生命本自富足的能力。

所有的智慧传统都揭示了一个深刻的真相，即人类可以有两种基本的生活方式：要

> 恐惧是屋子里最廉价的一间房，我愿意看到你生活在更好的境况之中。
> ——哈菲兹（Hafez）

么生活在恐惧和匮乏之中，要么生活在信任和富足之中。在进化-青色阶段，我们跨越了这条鸿沟并学会减少自己控制人和事的心理需求。我们开始相信：即使发生了意外情况或者自己犯了错，事情也会朝好的方向发展；要不然，那也是生活给了我们一次学习与成长的机会。

以内在正当性为指南

当混同于自我时，我们就会被外部因素驱赶着做决定——在乎他人会怎么想或者可以取得什么样的成果。在冲动-红色人群的眼中，一个好决策意味着能让我得到想要的东西。对于服从-琥珀色来说，所做的决策必须符合社会规范，不被个人所在的家庭、宗教或者社会阶层认同的决定往往会引发罪恶感和羞耻感。在成就-橙色的世界观中，有效性和成功是制定决策的衡量标准，而在多元-绿色范式中，判断的标准又变成了归属感与和谐性。

而在进化-青色范式中，制定决策的衡量标准由外部转移到了内部。现在我们关注的是内在正当性：这个决定是正确的吗？我对自己够真实吗？这与我所感受到的内在召唤相一致吗？我是在服务世界吗？随着自我恐惧的减少，我们就有能力不去绞尽脑汁权衡所有的可能结果，而作出看似有风险实则与自己的

内心信念有共鸣的决定。在感觉不是很好或者需要自己仗义执言和行动的情境中，我们进化出了一种灵敏度，哪怕会面临他人的反对或者成功率看起来极低，我们能依然尊重内心的正直与真实。

他人的认可、成功、财富以及归属感被视为令人愉快的体验，但同时它们也是诱惑自我的陷阱。与前几个阶段有所不同，在进化-青色阶段，这种排序被翻转了：我们不靠追求认可、成功、财富和归属感来过日子，我们选择好好地生活，而认可、成功、财富和爱或许只是其副产品。

生活是一场逐步展开的旅程

在前几个发展阶段，对爱、认可和成功的追求缓慢而坚定地塑造着我们的生活，直至生命的终点，诗人梅·萨顿（May Sarton）曾经将此形容为"戴着他人的面具"。在青色阶段，我

> 我现在成为了自己。这需要时间，很多年，也辗转了许多地方，我曾经失去了自己，动摇过，戴着他人的面具……
> ——梅·萨顿（May Sarton）

们朝向内在正当性的旅程激发了一些灵魂去探寻我是谁以及什么才是人生目的等问题。人生的终极目的不是成功或者被爱，而是能够最真实地表达自己，活出真实的自我，尊重自己的天赋与使命，并且服务于人类以及我们的世界。在青色阶段，生命被看作是一段个人与集体朝向我们真实本质不断发展的旅程。

在一个宣称只要我们敢想就能成就一切所愿的时代，这无疑就像一场哥白尼革命。如果选择"走向青色"，那么我们就不

需要为生活设定目标，也不用念叨着应该选择什么样的生命方向，而是学会放下并去聆听生命，体悟它想要通过我们活出怎样的精彩。作家、教育家兼社会活动家帕克·帕尔默（Parker Palmer）在自己的著作《让生命发声》（*Let Your Life Speak*）中曾有一段关于人生与天命的非常美好的描写：

> 在理解天命的背后，存在着一个小我不想听到的真相，因为它会威胁到小我的生存空间：所有人都有一个不同于日常意识的"我"的生命，一个试图透过"我"这个容器来表达的生命……
>
> 需要花时间和艰辛的体验才能感知到两者之间的差别——去感知潜行在我称之为生活的经验表层底下的那个更深入、更真实的生命，而它也正等待着被你承认。[3]

许多人在向青色阶段转化的过程中会练习禅修、定心、武术、瑜伽或者只是徜徉于大自然中，为的是找到一个安静的空间，能让心灵吐露真言并给予指引。以这样的视角生活并联结到深沉使命感的人能够无所畏惧地追求自己的天命。随着他们的小我得到调服，他们并不害怕失败，反而会担心不敢去尝试。借用克莱尔·格列夫（Clare Graves）爱用的话来说，以青色范式行事的人"有壮志但并不野心勃勃"。

具有青色意识的人朝着自身的真实本质不断地成长，其工作也是为了实现自己的使命，这些就是他们的内驱力，这种力量甚至会让那些不具备相同视角的人感到惊讶。另外，当遇到妨碍其成长的人或者与他们所理解的生命方向不一致的情境时，他们有时会变得不耐烦。

基于优势

当我们为人生设立的目标与内在的深层自我毫无关联时，当我们戴着面具想努力成为他人时，我们就无法汲取到自我的力量。不可避免地，我们就会发现自己有所缺失，于是投入大量的精力去试图克服自身的弱点，或者为了没能成为自己想成为的人而自责或者怪罪别人。

当把生命看作一场迈向自己真实本质的旅程时，我们就能更加温和、更加实际地看待自身的局限性，并且能与它们和平共处。生命并没有要求我们成为异于自己内在的任何模样。我们可以试着少关注一些身边的人或环境的错误与缺失，而将注意力转移到当下有什么是美好和有潜力的；我们能够用同理心和欣赏来代替评判。心理学家们也在讨论从填补缺失的范式转变到发挥优势，这种转变正逐渐在不同的领域内产生深远的影响，比如从管理到教育，从心理学到医疗保健——一切都基于这样的前提：作为人类，我们并不是那些有待解决的问题，而是等待绽放的潜能。

优雅地面对逆境

当生命被视为一场探索之旅时，我们便能够学会更加优雅地应对生活中的挫折、错误以及障碍，并且逐渐产生出一个深刻的领悟：并没有所谓的"错误"，有的只是一份体验，它可以指引我们去了解更深入的关于自己和关于世界的真相。在前几个发展阶段中，生命中出现的各种障碍（疾病、糟糕的老板、艰难的婚姻）被看作是命运的骰子投掷出的不公平的结果。面对它们时，我

> 带着适当的谦卑，我们接受自己没有能力掌控这个世界……我们接受"失去"是生活的一部分。我们也不再害怕逆境或痛苦，因为历练之后，是新的学习、新的成长、新的希望与新的生活。
>
> ——丹尼斯·巴基（Dennis Bakke）

们心怀愤怒、羞愧或者抱怨，而这些情绪也破坏了我们与他人以及与自己的联结。在青色阶段，障碍却被看作是生命试图教导我们认识自己和世界的一种方式。我们愿意放下愤怒、羞愧和抱怨，因为这些只是保护小我的有效盾牌，而对灵魂来说却是不高明的老师。我们完全有可能亲自参与制造了目前的问题，我们可以接纳这种可能性，并且想知道从中可以学到什么以利于自己的成长。在早期的那些范式中，我们时常说服自己一切都进展顺利，直到一个问题如雪球般越滚越大，最后像雪崩一样击中我们，迫使生活产生改变。相反，我们现在就可以从生命旅程中持续遇到的问题里学习和成长，同时尝试着根据现实不断地做一些微调。在前面的发展阶段中，个人层面的改变常常让人倍感威胁，而在进化-青色阶段，这往往是来自个人成长之旅的一种欢愉的张力。

超越理性的智慧

为了找到能产生最佳成果的决策，橙色阶段推崇理性为王，这一点无人质疑。除了事实和逻辑推理，其他的任何洞见都是"非理性"的，必须加以摒除。然而讽刺的是，橙色组织对结果

的孜孜以求却常常遮蔽了它们看清现实真相的能力。在用来帮助作出复杂决策的大量信息中，我们不能觉察到那些与自身世界观不一致的信息，或者也意识不到一些与自我投射出的（自己也相当执著的）未来蓝图不相符的信息。往往整面墙都被写满了，而人们却对这些线索视而不见（或者不敢讲出来）。由于进化-青色组织并不过于执著结果，它们也就可以相对容易地接受现实中有时令人不快的真相，只有这样，信息和数据才能够更加精准地辅佐理性思考。

除了事实和数字，青色阶段的认知能利用更多的资源来支持决策的制定。橙色现代科学的观点认为情绪会影响理性推理的能力，所以要谨慎地处理情绪；而绿色范式有时会走向另一个极端，在它凭借"右脑"的感觉制定决策时，拒绝利用"左脑"的分析式方法。青色则乐于利用所有认知的

> 直觉是一种神圣的天赋，而理性则是位忠实的仆人。然而，我们却创造了一个崇尚仆人而忘记天赋的社会。
> ——阿尔伯特·爱因斯坦

领域，有些洞见是通过分析的方式获得，而如果我们学会探寻情绪的意义的话，有些智慧则来自于情绪：为什么我会愤怒、恐惧、雄心勃勃或者兴奋？这揭示了哪些关于我自己或者变化中的情境的信息？

直觉里也有智慧。现实的本质是复杂、模糊、矛盾、非线性的，而直觉尊重这些特点。我们可以无意识地与一些模式相连接，而理性的头脑无法做到这一点。与逻辑思维一样，直觉就像可以被训练的"肌肉"：当我们学着去关注自己的直觉、尊

重它们，并去探询可能蕴含其间的真相与指引时，更多直觉性的答案便会浮出水面。

许多人相信有些答案隐藏在更深层的源头里。不少智慧传统和超个人心理学相信如果我们不是简单地问一个问题，而是带着问题去生活，那么宇宙凭借其丰盛性可能会用我们意想不到的事件和共时性或者在梦里和禅修中产生的文字与图像给我们提供暗示。意识的不寻常状态——禅修境界、静思状态、梦幻体验、心流、高峰体验——在任何意识发展阶段都能够发生，然而从青色阶段开始，人们经常会采用定期练习的方式来加深自己在这些状态中的体验，从而楔入全方位的人类经验。[4]

另一个认知突破则是面对矛盾情境进行推理的能力，从而以更复杂的包容式的思维超越了简单的黑或白的判断。

呼吸现象为这两种思维方式的差异提供了一个简洁的说明。在黑或白的思维中，我们把一呼一吸看作是对立的；而在包容式的思维中，我们将它们看成是两个相互需要的元素：吸入空气越多，呼出的就越多。我们容易理解呼吸这对"矛盾"，然而对于生活中的一些重大矛盾而言，也许就不是那么显而易见了，只有发展到了青色阶段，我们才能真正地理解以下的关系：自由与责任、独处与合群、利己与利他。

进化-青色将无所畏惧的理性和能够在情绪、直觉、事件以及矛盾中发现的智慧放到了一起，其世界观从橙色的理性-简化主义和绿色的后现代主义翻转到了整体认知的方式。

追求完整性

在人类的旅程中，打破对小我的认同是迈向解放的一大进步，然而这个过程也伴随着分离。处于青色阶段的人往往会敏锐地感觉到各种各样的分离已经在很大程度上将自己的生命碎片化了，并且让我们付出了太高的代价。我们用忙碌的自我压制了安静的灵魂的声音，我们的文化推崇头脑而忽略身体，我们往往重视阳刚的力量却看轻阴柔的价值，我们已经忘却了与所在社区的互动，也失去了与大自然的内在联结。

青色阶段深切地渴望着完整性，包括统合小我与更深层的自我、脑身心的整合、全面培养内在的阴性和阳性力量、人际关系中自我的完整呈现，并且还要修复我们与生命及大自然的破碎关系。

转化到青色阶段的过程往往伴随着一种对于超越性精神领域的开放，同时也能够深刻感知到：在某些层面上，我们彼此相互联结，都属于同一个大的整体。虽然听起来有点矛盾，在打破一连串的认同之后，我们尝试着成为完全独立且真实的自己，但又领悟到我们其实都是世界万有的一部分。

这种对完整性的渴望不合于现在大多数职场所塑造出来的分离感（尽管是无意识地），比如过分强调自我和理性而否定精神与情感，以所在的工作部门、级别、背景或业绩来区分人的三六九等，隔离职业身份与私人身份，把组织从它的竞争者及所处的生态系统中抽离出来等。我们使用的词汇往往道出了真相：在组织里我们经常谈论所谓的"工作与生活的平衡"，这个说法表明当我们把自己隔离于真正重要的事物之外时，工作中的生活（生命力）也就所剩无几了。对于正在向青色阶段转变的人来说，职场中的这种分离感往往让人痛苦不堪，于是他们选择离开组织生活，转而投身于某种形式的自由职业，这样的一种环境将更有利于他们发现自身以及他人的完整性。

人际互动中的完整性

处于进化-青色阶段时，我们能够超越评判与宽容的对立两极。在早期阶段中，如果与他人持有不同见解，我们往往会带着评判与他们相处，坚信自己是正确的，而他们肯定错了。因此，我们的任务就是去说服、教导和修正他们，甚至弃之而去。或者我们也能用宽容的名义以及绿色的理想主义来掩饰分歧，同时声明所有的真理具有同样的正当性。而在青色阶段，我们能够超越这种极端化的做法并整合非评判的更高真理吗？答案是肯定的，我们可以检视自己的信念，发现它在揭示真相上似乎更为优越，但同时也能够拥抱他人，因为我们同属于本质上拥有平等价值的人类。

在没有评判的情况下，人际关系便呈现出一种崭新的质量。我们的聆听不再只是局限于为了更好地去说服、修正或者拒绝他人而收集信息。我们可以创造一个远离评判的安全的共享空间，在这里我们的深度聆听能够帮人找到他们自己的声音和真知灼见，就像他们帮助我们一样。在橙色范式中，我们已经挣脱了压迫性的规范的琥珀色团体。现在我们有机会在新的基础之上重建社群，从而使大家能够聆听彼此并且展现真实的自我与完整性。

面向生命和大自然的完整性

矛盾的是，我们越忠实于独特的自己，就越明白我们只是更为宏大的事物——互相联结的生命与意识之网——的一种表达，这种认识让人既兴奋又痛苦。我们看到了人类的愚蠢和傲慢，试图把自己凌驾于其他的生命之上。现在我们能够理解人类与生命及自然之间的关系已被破坏到多么严重的程度，我们努力去修复这种关系，不是因为道德责任，而是源于一个内在的觉知，它让我们意识到人类与大自然是一个整体，不能分离。我们试图在宇宙中为人类找到一个更真实和谦卑的位置。与生命及自然的关系的重整常常会推动我们去追求一种更为简朴的生活，更少被那些我们曾以为必需的财产所役使，并且我们最终会领悟到真正的富足不在于拥有多少物质资财，而是源自能够滋养我们心灵的那些关系。

对于进化型组织的意义

在本书的 1.1 章中，我们探讨过历史上屡次新出现的组织模式都取得了之前的组织模式所无法想象的成就。许多研究者——比如克莱尔·格列夫（Clare Graves）、威廉·托伯特（William Torbert）、苏珊娜·库克-格鲁特（Susanne Cook-Greuter）以及基思·艾格尔（Keith Eigel）——经过实证研究揭示了一种有趣的现象：在既定的组织模式中（比如橙色组织），人们的个人发展阶段越高，他们的效能就越高。举例来说，托伯特就发现大型企业的 CEO 所处的发展阶段在很大程度上决定了公司关键转型项目的成功（而在研究中，进化-青色阶段的领导者是迄今为止最成功的转型推动者）。[5]克莱尔·格列夫用不同的方法得出了相似的结论，他基于每个人最常运用的范式将人们分组，并让他们一起完成复杂的任务。

> 我选了一群思维方式相似的人，然后把他们放到各种情境里……在这些情境中，他们需要针对问题提供多个解决方案……你瞧，当结果开始出现时，我发现了一个最为奇特的现象：青色人群找到的解决方案比所有其他类型的人（红色、琥珀色、橙色和绿色）找到的方案加起来还要多，这真是令人难以置信。并且我还发现他们给出的解决方案的质量也是出奇的好……另外，青色小组达成一项解决方案所花费的平均时间也惊人地少于其他任何小组。[6]

它说明了对于之前的范式行之有效的进化法则同样适用于进化-青色：我们的世界观和认知越是复杂高级，我们就越能有效地解决问题。

这是一条让组织倍感希望的消息，尤其是当某个组织不只是内部成员个人处于青色阶段，该组织本身的运作也遵从青色的原则与做法时。基于对青色人群的理解，我们可以尝试做一些推测，看看哪些要素能够用来定义一个进化-青色组织。自我的调服可能会对我

> 公司的运营要么基于小我的恐惧，要么源自灵魂的爱。
>
> ——理查德·巴雷特（Richard Barrett）

们如何架构和运营组织产生深刻的影响。现今不少企业弊病都可以追溯到由恐惧小我所驱动的行为：公司政治、官僚的规章与流程、无休止的会议、分析瘫痪症、秘藏信息、一厢情愿、忽视问题、缺乏真实、小团体和内讧、决策权集中于高层等。进化型组织*则更少受到小我的驱使，因此我们可以期待这些组织能将上述的某些弊病抛至身后。一般来说，进化型组织与权力的关系会有一种根本性的转变。当信任取代恐惧时，金字塔式的层级制是否还能提供最优的组织架构呢？我们是否仍然需要那些给今天的领导者提供控制感的全部的规则与政策、详细的预算、目标以及路线图呢？也许，当小我的恐惧不再介入时，组织的运作将会变得更为简单。

由于进化-青色人群正忙于探索自己内在的使命，他们很有可能只与那些拥有清晰且高贵的宗旨的组织同行。我们可以预见到进化型（青色）组织在决策时必将以此宗旨为指导性原则，而非利润率、增长率或市场份额；并且也能合理地推断它们将追求完整性和社群建设，从而支持人们在工作中可以完全呈现真实的自我，同时又能身处充满滋养的关系之中。

以上的推测基于我们所知道的透过青色视角看待世界的个体。值得庆幸的是，我们现在可以跨越纯粹的头脑推理了，本书的第二部分所讲述的一些组织已经按照这种范式在运作。第

---

　　* 本书中的进化型组织即为青色组织或进化-青色组织，三者通用。——译者注

二部分检视了 12 个非同凡响的先锋组织的架构、实践及文化，并且详细描述了在现实中进化型组织会长成什么样。如此一来，就能有一套现成的可供复制、效仿并改进的样板来帮助那些有使命感的人去创造令员工满意的更有灵魂的组织。

—— 第二部分 ——

进化型组织的架构、实践与文化

2.1章　三项突破与一个隐喻

当时机成熟时，思想的威力将势不可挡。

——维克多·雨果

迄今为止，人类在组织设置上经历了四种协作方式，分别基于四种非常不同的世界观：冲动-红色、服从-琥珀色、成就-橙色和多元-绿色。每一种组织模式都带来了重大的突破，使人们能够处理更复杂的问题，并取得了前所未有的成就（1.1章的最后总结了不同模式的重要突破和核心隐喻）。

随着越来越多的人以进化-青色的视角看待这个世界，我们认为将会有更多的青色组织浮出水面。那它们将会带来怎样的突破呢？又用什么样的隐喻可以捕捉到它们的本质？下面是一些从先锋青色组织的研究中呈现出来的概括性的答案。

新的隐喻：组织是个生命系统

成就-橙色把组织比作机器，而多元-绿色用家庭作为隐喻。在前期的调研中，几位进化-青色组织的创始人均明确提到需要一个新的隐喻。显然将组织视为机器让人感到乏味和压抑，这些创始人根本不想扮演那种关键的 CEO 的角色，需要去扳动杠杆，像推动齿轮运转一样驱使下面的员工行动起来。另外，从进化-青色的视角来看，家庭的隐喻依然让人感觉不舒服。正如我们所知，家庭并不总是能够带出人性中更好的面向，而且往往或多或少地功能失调。举例来说，如果我是你的老板，你向我汇报，这难道意味着我是父亲而你是孩子吗？绿色强调充满关爱的服务型领导力，但在青色世界观的眼里，我不愿做组织中任何人的父亲，哪怕是一个充满关爱的父亲。

进化型组织的创始人使用一个不同的隐喻来描绘他们有志于去创造的工作场所。他们在谈论自己的组织时，极其频繁地称其为一个活生生的有机体或生命系统。生命带着它所有的进化智慧管理着深不可测又妙不可言的生态系统，朝着更加完整、复杂和有意识的方向进化。变化自然而然地发生着，无处不在，无时不有，它来自于每一个细胞、每一个有机体的自组织的要求，不需要中央用命令和控制的方式去发出指令或扳动杠杆。

这个隐喻完全打开了新的视野。想象一下，如果我们不再把组织设计成没有灵魂、笨重的机器，那它应该像什么呢？如果我们对待组织像对待活的生命体，如果让它们用自己生命进化的力量来驱动，那组织将能成就什么，我们的工作又将会有怎样的体验呢？

进化-青色组织的三大突破

本书在前期关于一些先锋进化-青色组织的案例研究揭示了以下三个重大突破：

- **自主管理**：青色组织发现有效运行的关键是基于同侪关系的系统，既不需要层级也不需要达成共识，即便规模很大，也是如此。
- **完整性**：组织一向鼓励人们仅仅带着狭隘的"专业"自我来到工作场所，而把自我的其他部分扔在门外，并且需要我们经常展现出阳性的果断、决心和力量，同时隐藏自己的怀疑和脆弱。理性规则为王，而我们自身的情感、直觉与灵性部分通常是不受欢迎和不合时宜的。相反，青色组织发展出一套体系和做法，邀请人们展现内在的完整性，用自己的"全人"去工作。
- **进化宗旨**：青色组织被视为有生命并具有自己的方向感。组织成员被邀请去聆听与理解组织想成为什么以及想要服务于怎样的宗旨，而不是企图预测和控制未来。

上述突破通过一些日常的具体实践表现出来，时而微妙、时而彻底地背离了传统的管理方式。这些实践将在下面的篇章中通过先锋青色组织的故事和真实的案例来进行介绍。2.2章和

2.3 章将描述如何自主管理，2.4 章和 2.5 章则详述在追求完整性方面的实践，2.6 章会介绍组织的进化宗旨，而 2.7 章将讨论青色组织"软性"的方面——组织文化。

对各种实践的概览感兴趣的读者可以参考附录 4，在那里列举了进化-青色组织与传统组织在以下三方面的差别：关键职能流程（战略、创新、营销与销售）、人力资源流程（招聘、绩效管理与薪酬）以及日常工作的关键做法（会议、决策与信息流）。

本书所研究的组织

正如戏剧中的主角，本书所研究的组织将在接下来的章节中粉墨登场。让我在这里先逐一介绍每个组织所处的行业、所在地与规模等（在后面的阅读中遇到这些组织时，也可以提供参考）。

AES
能源领域—全球— 40000 名员工—营利性

AES 由罗杰·桑特（Roger Sant）和丹尼斯·巴基（Dennis Bakke）于 1982 年在美国创立，之后迅速成长为世界上最大的发电与输配电企业之一，数十个电厂遍布全球，拥有 40000 名员工。

BSO/Origin
IT 咨询—全球— 10000 名员工（1996）—营利性

BSO/Origin 由埃克哈特·文增（Eckart Wintzen）于 1973

年在荷兰成立。他在 1996 年将公司卖给飞利浦之后离开，当时该公司的业务遍及 20 个国家，并拥有 10000 名员工。

博组客（Buurtzorg）
健康医疗—荷兰— 7000 名员工—非营利性

博组客是由若斯·德布洛克（Jos de Blok）与一组护士在 2006 年建立的非营利组织，为老人和病人提供家庭护理服务。它已经成为荷兰最大的居家照护组织。

ESBZ
学校（7—12 年级）—德国— 1500 名学生、员工和父母—非营利性

ESBZ 是柏林的一家政府资助的学校，在校长玛格丽特·拉斯菲尔德（Margert Rasfeld）的主持下成立于 2007 年，因其创新的课程与组织模式备受国际赞誉。

FAVI
金属制造—法国—500 名员工—营利性

FAVI 专注于黄铜铸造产品，是一家 1957 年创建于法国北部的家族企业。1983 年，让-弗朗索瓦·佐布里斯特（Jean-François Zobrist）被任命为首席执行官，他对组织进行了彻底的改造。该工厂主要为汽车行业生产变速箱拨叉。

海利根菲尔德（Heiligenfeld）
精神卫生医院—德国—600 名员工—营利性

海利根菲尔德目前在德国中部运营一个康复中心及四

个精神卫生医院。公司于 1990 年由乔希姆·加卢斯卡（Joachim Galuska）博士和弗里兹·朗（Fritz Lang）创建。加卢斯卡曾试图在传统精神卫生医院实现他的愿景——即心理健康问题的整体解决方法，但没有成功。

合弄制（Holacracy）
组织运作模式

合弄制是一种新型的组织运作模式，最初由布赖恩·罗伯逊（Brian Robertson）与他在费城创办的三元软件公司（Ternary Software）的团队共同开发。后来罗伯逊把该公司的经营管理转交给了新的领导团队，自己又联合他人创立了一家集培训、咨询和研究于一体的公司——HolacracyOne，致力于推广这种新型组织模式。目前合弄制已经在几大洲被规模不同的营利和非营利性组织所采用。

晨星（Morning Star）
食品加工—美国—400 ~ 2400 名员工—营利性

晨星由克里斯·鲁夫（Chris Rufe）成立于 1970 年，从用一辆卡车运送西红柿起家。今天，它在美国的西红柿加工和运输领域占据着压倒性的市场份额。如果你曾经在美国享用过比萨或意大利面，那很可能已经品尝过晨星的产品。

巴塔哥尼亚（Patagonia）
服装—美国— 1350 名员工—营利性

伊冯·乔伊纳德（Yvon Chouinard）也许是历史上最不

像商人的商人，他在 1957 年开始创业，从生产攀岩钉开始。这家总部位于加利福尼亚的公司已经成长为一家领先的户外服饰生产商，并承诺给环境带来正向的影响。

RHD
助人服务—美国— 4000 名员工—非营利性

RHD（Resources for Human Development，简称 RHD）是一家总部位于费城的非营利组织，它遍布美国 14 个州，通过各类家庭、庇护所以及诸如针对精神障碍、成瘾康复和无家可归等领域的项目服务于有需要的人。它由罗伯特·菲什曼（Robert Fishman）于 1970 年成立。

雅音（Sounds True）
媒体—美国—90 名员工与 20 条狗—营利性

雅音创建于 1985 年，通过发行灵性大师的录音、书籍、网络课程和音乐来传播灵性智慧，创始人塔米·西蒙（Tami Simon）目前依然拥有和领导着这家公司。

升旭液压（Sun Hydraulics）
液压元件—全球—900 名员工—营利性

升旭液压由两名工程师成立于 1970 年，专业设计与生产液压插装阀和歧管。如今，它是一家上市公司，在美国的佛罗里达（总部）、堪萨斯，以及英国、德国及韩国均设有工厂。

由于方法论的原因，本书涉及的深度研究对象是至少拥有
100 名雇员的组织（当然，为了满足对数量的要求，我算上了雅
音公司的 20 条狗，至于更多关于雅音与狗的故事以及为何如此
计算的原因，将会在 2.4 章具体阐述）。后面的一些章节在相关
的地方会偶尔提及其他组织的典型实践，比如日本的互联网公
司 Ozvision，还有勇气与复兴中心（the Center for Courage & Re-
newal），这是一家非营利性教育组织，专门支持帕克·帕尔默
（Parker Palmer）服务于教育、医疗卫生、神职人员及商业等领
域的领导者的事业；Realize! 是荷兰的一家小型组织顾问公司，
而 Valve 则是一家位于西雅图的游戏软件公司，还有其他的一些
组织。

在上面列举的组织中，AES 和 BSO/Origin 为我们提供了独
特的经验，尽管结局有些不幸。他们用青色进化型的做法和架
构运行了 20 多年，取得了令人瞩目的成就，然而新的领导人又
使其退回到传统的管理模式。如今这两家公司已然没有留下多
少先锋青色的风范了。它们的这段旅程为青色实践的必要条件
提供了相当有价值的洞察，本书的第三部分将会讨论这个话题。

在本书的第一部分，我将组织与人类发展阶段相联系的方
法同样也适用于进化-青色组织。为了方便起见，当提到"青色
组织"时，我并不是指那里所有人以及他们的所有的日常互动
都符合进化-青色的范式。正如 1.2 章中的讨论，人性是非常复
杂的，很难简化为一个单一的标签（幸亏如此）。其实我想说的
是该类组织有相当多（如果不是绝大部分）的架构、实践以及

文化特征和进化型-青色的意识阶段相一致。

　　我研究的机构中有几家接近是纯"青色"的，而大多数则属于混合型——它们在某些领域持续采用进化-青色的创新实践，而在其他领域则采用更传统的橙色—绿色的做法。一个极端的例子是那家西红柿加工企业——晨星：其推动并完善自主管理这个突破点到了极致的程度，但并没有追求其他两个青色的突破点，因此称之为绿色-青色组织可能更加准确。其他一些组织也有类似的情况。所幸这并没有影响研究，虽然在一些组织中，青色的某些元素有所缺失，但总体而言，在每一个领域，我们有足够多的重叠部分，从而可以使全貌得以浮现。基于它们的创新，进化-青色组织的模型足以被细致地描述出来，因而为其他想要以此模式运作的组织提供了具有操作性的指导。甚至我们已能区分不同的架构和实践，并且总结出哪些适用于所有类型的组织，哪些又需要调整以适应特定的公司或行业特征。

2.2章　自主管理（架构）

为什么那么多人玩命干活，仅仅是为了能够逃离工作奔向迪斯尼？为什么视频游戏比工作更受欢迎？……为什么那么多人边工作边憧憬着退休，日复一日，年复一年？

原因既简单又让人心酸。我们已经把工作场所变成了一个不仅没有快乐而且令人泄气的地方，员工只是听命照办，没什么途径参与决策，也没有办法充分发挥才能。相较而言，人们当然更愿意从事那些能让他们感觉在一定程度上有所掌控的活动。

在大部分我接触到的组织内部仍然存在凌驾于员工之上的办公室，坐在里面的大人物经常不跟员工商讨就做出一些即将严重影响他们生活的决定。

——丹尼斯·巴基（Dennis Bakke）

权力集中在高层，把员工分成有权和没权的两拨人，这给组织带来瘟疫般蔓延而又经年难愈的沉疴痼疾。权力被视为值得拼抢的稀缺商品，而这一点总能把人性中的阴暗面激发出来：个人野心、政治、猜疑、恐惧和贪婪。在组织底层，激发出来的则是无权无力感的两个孪生兄弟：顺从和愤恨。为了与上层权力抗争，底层权力开始结盟，从而产生了工会，而上层权力又在企图击破工会联盟的力量。

我们在很多组织中目睹的普遍缺乏工作驱动力的现象则是权力分配不均的一个副作用。对少数几位幸运儿来说，工作是快意的自我表现之所，是与同道中人共同追寻生命意义的地方；而对更多的不幸者而言，每天的工作无异于苦役，只是为换取薪水而"出租"的几个小时的生命。全球劳动者的工作现状就是一个浪费天资与能量的悲哀故事。

如果你觉得这种说法耸人听闻，那就来看一下人力资源咨询公司韬睿惠悦 2012 年所做的一项调查。为测评员工敬业度（以及影响敬业度的关键因素，比如员工对高管的信心和员工所感受到的高管对其福祉的关注），该公司调查了 29 个国家的 32000 名企业员工。总的结论是：只有约三分之一的人专注投入工作（35%），更多的人属于"淡漠"或积极"脱离"状态（43%），其余 22% 的人感到"不被支持"。此项调查并非反面个案，类似测评已进行多年，某些年度结果更惨。组织研究专家、畅销书作者加里·哈默尔（Gary Hamel）将此类调查结果贴切地称为"管理的耻辱"。

多元化绿色组织通过将决策权下放至金字塔底层——即通

过授权来解决权力不平等问题——常常可以达到更高的员工敬业度。但授权意味着某个高层必须足够智慧或高尚才能将其权力部分地授予别人。试想，如果权力不是一种零和游戏，结果又会如何呢？如果我们创造的组织架构和实践根本就不需要授权呢？如果这种设计的出发点原本就是让每个人都掌握权力，没有人是无权无力的呢？这也是青色组织的首要突破：通过实行无人掌握凌驾于他人的权力的架构和做法超越权力不平等的老问题，而结果看似矛盾但很有意思，作为一个整体，这种组织的力量反而会显著地增强。

本章将详述使自主管理成为可能的架构——我们今天所熟知的金字塔结构、职能部门、高管团队、项目团队会变成什么样子？下一章（2.3章）将会描述自主管理所需要的具体做法：在这些新架构中，由谁来做哪些决定，信息如何流动，如何评估、晋升员工以及如何决定薪酬等。

案例：从橙色到青色

源于荷兰的居家照护组织博组客，也许是一个现成的能够说明组织形态从今天的主流成就-橙色向进化-青色转化的最好实例。

首先介绍一下它的背景情况：从19世纪开始，荷兰的每个社区都有一个护士上门照顾病人和老人。社区护士和家庭医生以及医院系统密切合作，一起构成了荷兰医疗健保系统的核心。在20世纪90年代，负责支付大部分医疗费用的医疗保险机构想出一个符合逻辑的主意：为什么不把这些独立的护士们组织起来呢？毕竟从规模到技术互补方面，这样做都有显而易见的好处。当一个护士休假、生病或仅仅需要好好睡一晚上时，就可以找到别人代班。如果一个人工作量超高而另一个工作量刚好处于低谷时，组织可以出面来平衡工作量，况且不可能每个护士都了解所有的病理类型，组织起来还可以做到技能互补。

　　很快，小型护士组织为了规模效应开始合并，护士组织的数量在 5 年内从 1990 年的 295 个迅速下降到 1995 年的 86 个。成就-橙色思维也随之一点点生根。任务不断专业化：有人负责接收新病人并决定护士应该如何服务他们；新招来的计划员负责给护士制订每天的日程，优化她们从一个病人家到另一个病人家的路程；呼叫中心员工开始负责接听病人电话；由于组织规模的扩张，区域经理和总监被任命为老板来监管现场工作的护士们。为确保计划的准确性并提高效率，每一种照护干预都规定了时间：例如，有一个公司规定静脉注射时间严格控制为 10 分钟、洗澡 10 分钟、包扎伤口 10 分钟、更换压力袜 2.5 分钟。为了降低成本，对这些不同的护理（当时叫做"产品"）根据专业技术进行了分级：有经验和工资较高的护士只从事难度更高的"产品"，工资较低的护士则进行其他所有的操作。为了跟踪效率，每个病人家门上都有一个条形码，护士在护理完每个病人后必须根据她们交付的"产品"进行扫码。所有活动都在中央系统中存有时间记录，可以进行远程跟踪和分析。

　　在追求规模经济和技能的成就-橙色组织看来，所有这一切变化都是如此地顺理成章，但结果却让病人和护士都很痛苦。病人失去了原来与护士的个人关系。每天（有时如果情况需要，一天好几次）都有一个新的陌生面孔出现在他们面前，病人（经常是老人，甚至有时头脑不太清楚的老人）必须打起精神向每一个初来乍到而又行色匆匆的护士再次讲述他们的病史，而这些护士的日程中根本没有安排任何倾听的时间。护士要做的事就是换绷带、打针、出门。系统中没有把病人作为人的记录，病人成为被施与产品的对象。人与人之间的联结丧失，医疗质量也打了折扣：照护毫无连续性，每天换一个护士，病人健康状况变化过程中微妙但很重要的线索常常被忽略。

护士们认为这样的工作条件有辱她们的人格。大部分护士选择这一职业本来是出于帮助别人的使命感——做护士并不是可以致富的行业——而组织的这些做法简直是在嘲讽她们的使命感。在博组客工作的一名护士谈到她之前在另一家居家照护组织的工作时说：

> 你整天都得随身携带一个电子登记系统，这简直要把你逼疯。有些晚上，我需要照看19个不同的病人，这就意味着，你只有时间跑进病人家里，换绷带或打针，然后马上跑出去。你不可能高质量地完成任何一项工作。当你回到家里，还会不停地想，"我希望后面去的护士不会忘记做这个或那个"。[1]

另一名护士讲述了她在一家居家照护组织的类似经历：

最后一年我负责 80 个病人，一直没有时间真正了解他们……照护计划由根本不认识患者的人在别的地方进行安排。安排错误百出，到最后我都无法向病人解释为什么没人能去或者为什么护士不能按照预定的时间到达。7 年里换了 14 个经理，我真是受够了。组织变得太大太乱，让人找不着北。没有人感到为病人的照护负责，同事之间每天都充满抱怨和冲突。[2]

第三个护士讲述了以下的故事：

最终让我们再也无法忍受的是，我之前工作的机构竟然让我们向病人兜售东西。我们得向病人推销机构内部药房销售的产品，大家的专业知识和诚信受到侮辱，我们深感不安……对我和很多同事而言，这是我们对原来雇主忠实度的一个转折点。[3]

在这些组织的总部工作的人们找不到工作的意义。随着组织的扩大，管理的层级也不断增加。每一级经理们都在尽力做好自己的工作——指导下级，密切关注预算，仔细确认每一项的资源申请，并且在批准任何一项计划改变之前，确保已经照顾到了问题的方方面面。这样一来，工作的主动性和积极性也就消失殆尽了。

给居家照护领域带来革命的博组客由若斯·德布洛克（Jos de Blok）创建于 2006 年底。在此之前，若斯曾经从事护士工作 10 年，并在一家照护组织担任管理及相关职能工作。当发现不能从内部实施变革时，他决定创建自己的组织⁴，并以完全不同的范式来定义照护工作和组织架构。他创建的博组客极为成功，在 7 年中从 10 名护士发展到 7000 名，并拥有了杰出的照护水平。

自主管理的团队

在博组客（荷兰语 Buurtzorg 为"居家照护"之意），护士以 10~12 人团队为单位开展工作，每个团队负责一个划分明确的小型社区中的 50 名病人。团队负责之前分散于各个不同部门的所有任务。他们不仅负责提供照护，而且可以自行决定照护多少病人以及哪些病人；他们负责接受需求、工作计划、假期与节日安排以及行政管理工作；他们决定在哪里租办公室及如何装饰自己的办公室；他们决定如何与当地社区融合，与哪些医生和药房联系以及如何与当地医院协作；他们决定什么时候开会，如何在小组成员之间分配任务，他们自己设计个人及团队培训计划；病人增加忙不过来时，他们决定是否需要扩招或者将团队一分为二；他们监控自己的效能，生产力下降时决定采取何种修正措施。团队没有领导，重要决定都由集体共同做出。

照护不再支离破碎。一个病人尽可能安排由同一个或两个护士照护。护士们会坐下来喝杯咖啡，用心了解病人，包括他们的病史和偏好。日子一长，信任就在关系中深深地生根了。照护不再是机械地打一针或换个绷带——病人被当作一个完整的人来对待和尊重，他们的身体需求以及情感、关系等精神需求都能得到关注。例如，一个护士观察到有位自尊心很强的老年女士由于担心自己的病容难看而不再邀请朋友造访，她也许会安排一个理发师上门服务，或者给女士的女儿打电话建议帮病人买些新衣服。

博组客真心重视病人的自主性，目标是尽可能帮助他们重获照顾自己的能力。病人能学会自己做些什么？病人能否建立他们的支持网络？有没有家庭成员、朋友或邻居可以定期过来帮忙？护士会经常按邻居门铃，询问他们是否愿意帮助隔壁的年长女士。博组客在尽可能地努力让其自身不再被需要。使命感在真正意义上得到恢复：病人的福祉超越组织的利益。结果是，病人们对博组客护士的服务非常满意，他们的家人也对护士在病人或老人生活中扮演的重要角色（护士照顾临终病人至最后时刻的情况并不少见）表达了深深的感激之情。

惊人的成果

博组客在病人的疗效方面也取得了惊人的成果。2009 年安永（Ernst & Young）的一项研究发现，博组客平均照护每个病人的时间比其他照护

> 人类生来就会照护。我们的机构能够放大或压抑人的照护能力。
> —— 简·达顿（Jane Dutton）

组织要少 40%。当你想到其他组织用分钟来计算他们的"产品"，而博组客的护士要花时间与病人、他们的家人和邻居喝咖啡聊天，这种结果就很反讽了。病人需要被照护的时间短了一

半，痊愈更快，也变得更加自主。三分之一的医院急救得以避免，并且当病人真的需要住院时，住院时间也缩短了。荷兰社会保险系统因此节约了大量资金——安永估计，如果所有家庭照护组织都能达到博组客的水平，荷兰每年可以节约近 20 亿欧元的开支。如果以美国的人口规模计算，大致可以节约 490 亿美元。仅仅在家庭照护领域就能获得如此成效，真是了不起。试想一下，如果那些规模更大的医院采用类似的方法来运营会有什么效果呢？

这些数字还不包含可能更为重要的收益——病人对于生病期间或临终几年所获得的情感与关系上的支持会有何等的感受。企图量化这种感受只能是非常主观的，也没有实际价值；同理，给护士们重新找回的使命感贴上一个价签也毫无意义。在博组客团队内部，大家常说的一句话是，"我找回了自己的工作"。这里倒是可以用一些数字来证明工作满意度：与传统（橙色）护士组织相比，博组客病假率低 60%，离职率低 33%。传统组织中的护士纷纷离职加入博组客，使博组客从 2006 年底的 10 名护士增长到 2013 年拥有全荷兰三分之二社区护士的规模。博组客区区一家组织，正在从根本上转变荷兰医疗产业的关键环节。

没有老板

博组客团队没有老板，所有的团队成员——通常 10～12 名——都是护士。他们一起处理团队中通常出现的管理任务：确定工作方向和要点、分析问题、制订计划、评估业绩以及偶尔做出艰难决定。团队成员们分担这些管理任务，而不是将这些集中在老板一人身上。团队能够有效地自主管理和自组织。

　　任何在无领导团队中工作过的人都知道，这样的团队很容易变成每个人的噩梦，但这种情况在博组客极少出现。怎么做到的呢？高效的自主管理很难自动发生，而博组客在为团队提供自主管理所需要的具体支持（培训、辅导和工具）方面已经非常有经验。首先，所有新成立的团队和老团队的新员工都需要参加一项名为"基于解决方案的互动法"[5]的培训课程，学习一整套健康而高效的团队决策技能和工具。在培训中，团队成员将加深对人类协作最基本要素（而又常常被忽视的）的了解，学习不同类型的倾听和各种风格的沟通、如何召开会议、如何互相辅导以及其他的一些实用技能。

> 问题不在于你如何建立更好的规则，而在于你如何支持团队找到更好的解决方案。你如何能够提高团队成员自治的可能性，使他们对上层制定方向的需求减少到最低限度？
>
> ——若斯·德布洛克（Jos de Blok）

　　让我们以解决难题的团队会议为例，来深入了解一下博组客的会议流程。房间里没有老板，因此没人可以发号施令或者最后拍板，博组客团队使用的是一种非常精确而又高效的共同解决问题、共同决策的方法。小组首先选出一名会议引导者，议程基于团队成员希望讨论的议题现场决定。引导者不允许发表任何观点、建议或决定；她只能提问："你的提案是什么？"或"你提案的理由是什么？"等，所有的建议都写在一张白板纸上。第二轮用来讨论、改善和提炼各种提案。在第三轮中，团队将就该提案做出决定。做决定的基础不是达成共识，只要没人有原则性的反对意见，一项解决方案就可以通过。一个成员不能因为她觉得更喜欢其他的（比如她自己的）方案而否决一项决定。所有人都一致欢迎的完美方案也许并不存在，如此的追求也会让人筋疲力尽。只要没有原则性反对意见，团队就会通过某项方案，而且大家都清楚如果出现了新的信息，随时可以重新讨论之前通过的方案。会议流程很优雅地保证了每个人的声音都可以被听到，决策来自集体智慧，而且没有任何一个人可以操控流程，要挟他人，从而把自己的偏好强加于人。

尽管团队接受了培训也使用了会议技术，但如果过程中还是会出现卡壳，他们可以请求外部引导者的帮助——从地区教练中或从培训他们的学院那里邀请引导者。卡壳的团队还可以利用博组客的内部网络请教其他团队，因为非常有可能其他地区的某个团队也曾经处理过类似的问题。

从其他组织来的护士刚加入时常常会觉得转向自主管理相当困难，因为工作中天天都有棘手的问题发生。比如，虽然没人愿意晚上工作，但团队是否应该增加夜班人员？或者，一个团队工作已经超出负荷，又遇到之前照顾过的病人家属跟她们说："我的母亲病得很重，时日不多了，你们可不可以帮忙照护她？"护士们不能把此类艰难决定推给一个老板，而且当情况愈发紧急、压力大或不愉快时，也没有老板和组织架构中的其他人可以去指责；团队知道他们完全拥有解决自己问题的权力和自由度。学习带着这么多的自由度和责任去工作需要一定的时间，过程中也会常常出现疑虑、沮丧或困惑，这也是一个自我发现之旅，真正的专业人士就此诞生。很多护士都惊讶于自己身上发现的前所未有的能量与动力，而他们在原先以传统方式管理的组织中工作时，这些能动性从未被唤醒过。

让我们在这里立刻澄清一点，以防产生误解：在博组客团队中，没有上下等级，但并没有把团队中所有的护士"等同"起来。无论讨论的是什么话题，基于专业知识、兴趣或参与的意愿，总是会有一些护士贡献更多或有更大的发言权。某个护士可能是同事们中特别棒的倾听者和教练，另一个可能是疑难杂症百科全书，还有一个特别擅长处理团队及病人家庭的内部冲突，还有人可能是出色的计划和组织者。在任何特定的领域，都会有一些护士比其他人有更多的可以贡献的能力。有些护士建立的声誉和影响远远超出了所在团队，全国的护士都会找他们请教某些专业领域内的问题。因为没有了上下等级，反而为其他自然、自发层级的产生留出了空间——认可、影响和技能的流动性层级（有时被称为"实现层级"，以取代传统的"支配者层级"）。

没有中间管理层

团队里面没有老板，那么更上层——比如管理几个团队的区域经理层面——肯定有较大的领导权吧？你可能已经猜到了答案，那就是"没有"。而且没有区域经理，有的只是区域教练。这可不仅仅是叫法不同，与典型的区域经理不同，博组客教练没有对团队的决策权，他们不对团队的结果负责，不承担财务指标，也没有损益责任。他们也不会因为所支持的团队业绩好而获得奖金。传统金字塔组织中的垂直式权力传递从铰链上被卸了下来：护士团队不单单只是被他们自己所在的层级赋能，而是真正地拥有权力，因为没有任何有决策权的层级可以凌驾于他们之上。

在传统组织中，区域经理的职位常常是培养年轻人才的基地，而在博组客，没有管理阶梯需要爬升。教练基于教练能力选出——他们多为年纪较长、经验丰富、人际技能强的护士。那些在其他照护组织担任过管理职位的护士需要从一个非常不同的角度学习教练的角色。一位教练是这样解释的：

> 我必须从以前的工作方式中解脱出来，之前我被训练要管理和控制，在这里我需要放下那种方式。最大的不同其实是，我并不负责。责任在团队和若斯（指创始人德布洛克）身上。[6]

教练没有等级赋予的权力，但不要误解，他们仍然发挥着关键作用。自主管理不是公园漫步，特别是新团队，往往面临陡直的学习曲线。团队成员们实际上要负责建立和运营一个12人小型组织的所有方面（请记住，没有专人负责接收病人，没有计划员、呼叫中心接线员、行政人员，也没有经理），同时还要学习如何在一个没有老板、自组织的团队里管理人际的动态变化。区域教练是团队的宝贵资源，他可以应邀提供建议或分享其他团队解决类似问题的经验。大多数时候，教练的角色是提出富有洞察力的问题，帮助团队找到他们自己的解决方案。

教练会把自己观察到的无益行为反馈给团队，并能在关键时刻提出警示，建议团队停下来处理严重的问题。

区域教练没有职位描述，博组客鼓励每一位教练基于个人性格与才能，找到并发展自己的教练特色。同时，作为组织文化的一部分，关于教练工作也演化出几条不成文的规则：

- 团队有挣扎是正常的，挣扎才能带来学习。共同经历过困难磨炼的团队才能够打造韧性，并发展出深沉的团队意识。教练的角色不是防止可预见问题的产生，而是支持团队解决问题（并在事后帮助他们回顾成长与收获）。

- 教练的角色是让团队自己作决策，即使他相信自己知道更好的解决方案。

- 教练主要是通过有洞察力的提问及扮演镜子的角色提供观察来支持团队。他帮助团队从博组客的宗旨及照护的全人模式出发来思考他们遇到的问题及解决方案。

- 出发点永远是在团队内寻找热情、力量和现有的能力。教练呈现对团队的信任，相信他们拥有解决问题所需要的全部能量和资源。

博组客区域教练的支持跨度（传统组织中叫做"管理幅度"）很宽，每一位教练平均需要支持40~50个团队。博组客创始人兼首席执行官若斯·德布洛克解释了他的意图：

教练手上不应该有太多时间，不然他们会过于深入团队，从而伤害到团队的自主。现在他们仅负责处理最重要的问题。在博组客，我们曾给予最早的一些团队相当密集的支持与关注，到今天我们仍然发现这些团队比其他团队更具依赖性，自主性更低。[7]

博组客团队在解决问题方面具有惊人的高度自主性。上层几乎没有什么硬性要求。组织内只有以下几条经验证利于自主管理的重要规则：

- 一个团队不能超过 12 个人，超过 12 人时应拆分。
- 团队应该在成员中分散安排任务，而不应由一人承担太多工作，否则传统的等级制又会变身从后门溜进来。
- 在召开本团队会的同时，定期召开多团队教练会，讨论照护病人过程中遇到的具体问题，彼此学习（使用具体的团队教练技术）。
- 团队成员每年必须根据他们自己设计的素质模型相互评估。
- 针对客户照护与质量、培训、组织以及其他主题，每个团队制订出创新提案的年度计划。
- 成熟团队可计费小时的目标比例是 60%~65%。[8]
- 团队采用特定的决策方法做出重要决定。

最低限度的职能部门

在过去的十几年中，特别是在大型组织内我们看到职能部门的数量激增，出现了人力资源、战略规划、法律事务、财务、内部沟通、风险管理、内部审计、投资者关系、培训、公共事务、环境控制、工程服务、质量控制以及知识管理等职能部门。

这些职能部门的人员有一种天然的倾向（出发点常常是很好的），就是通过寻找"增加价值"的各种办法来证明他们的存在是有价值的，比如设计规则与程序、增进专业知识、寻找新问题去解决等。最终，他们把权力和决策从一线拿

> 官僚体制由那些忙于证明自己存在必要性的人为他们自己而建立，特别是当他们怀疑自己存在的必要性时尤其如此。
> ——里卡多·塞姆勒（Ricardo Semler）

走集中起来，一线的员工感到权力被剥夺了，他们不得不遵从原则上正确但不符合基层现实的规则。与之形成对比的是，进化-青色组织只保留最低限度的职能部门。他们知道职能部门带来的规模和技能经济常常被其产生的挫伤动力的内在不经济所抵消。因此，进化型组织的职能部门只留有极少数的人，而且通常这些人也没有决策权。他们可以提供指导方针，但不能强推任何规则或决定。他们是名副其实的支持部门，仅在团队要求支持的时候才采取行动。

例如在博组客，7000名护士仅靠30人来支持，办公地点设在荷兰北部阿尔默洛（Almelo）镇某居民区的一个简朴的小楼里，这与人们想象中的成功公司的总部大楼形象相去甚远。这些人从事的都不是照护公司中典型的总部工作（如接收病人、制订计划和呼叫中心）。博组客员工的积极性高得无与伦比（连年被评为荷兰的"最佳雇主"），但是正如很多进化型组织一样，这里也没有人力资源部。总部工作人员对护士团队有着极

强的服务精神——他们的职责就是以护士服务病人的敬业度和响应度来服务护士们。护士们的电话和邮件大多当时就回，最晚也会在几个小时之内答复。

如此精简的总部怎么可能管理一个 7000 人的组织的呢？很多典型的职能部门的功能已被转回给团队。以招聘为例：当一个团队感到需要扩招时，他们就自己去招人（地区教练在被咨询时会提供建议，但不参与决策），通常团队会招一个容易融入的新人。由于团队成员都参与了决定，他们也会更努力帮助新人成功。

那专业知识怎么办？任何一个组织在需要专业知识和放手让一线员工自主决策之间都存在一种天然的张力。博组客有大约 600 个团队，让每一个团队都熟悉掌握每一种可能遇到的医

> 过去我们习惯在大型组织中工作，并经常拿那些总部里不断整出各种事儿来的傻瓜们开玩笑。现在我们一切都需要自己来，再也不能抱怨别人了。
> ——一名博组客护士对没有职能部门的感想

学状况并不现实。大多数组织的第一个反应往往是建立一个中心专家库。这么做的风险是会在组织内逐渐形成两个等级：一个是那些声望高、同时可能也是高薪的核心专家群体，另一个则是散落在全国、相对低薪的全科护士。博组客开发出一套管理医疗及其他专业知识的行之有效的办法：

● 鼓励团队中的护士增加专业知识，并且成为跨团队的主题专家。护士们可以通过博组客内部网很容易找到在某个具体领域具有专业知识的同事。

●偶尔，护士们也会在照护病人之余自发成立学习小组，共同研究一个新课题，从而增加相关的专业知识（比如博组客应如何应对新的立法）。

●如果需要，可以由总部雇一个自由职业者身份的专家，而不是增加一个固定的职能角色。

●如果正式招聘一位专家作为职能支持，该专家对各团队没有决策权。

举一个真实的例子：在博组客的一次地区教练会议上，有人建议雇一位劳动法专家，因为很多团队都会偶尔需要劳动法方面的协助。建议很有道理，但大家也讨论了其他办法。在认真研究之后，发现大部分问题都是重复出现的，所以团队决定在博组客内部网创建一个"劳动法常见问题问答集（FAQ）"供大家自助查询。一年后，团队发现有些不断出现的问题并不能在问答集中找到答案，于是最终决定签约一位自由职业的专家每月花几天时间专门回答团队的问题。

在本书的研究中，我发现不仅博组客尽量避免设立职能部门或有意识限制职能部门的膨胀，所有实践自主管理的组织都在朝这个方向努力。没有了总部职能部门强加的规则和程序，整个组织都迸发出强大的自由与责任感。我们可能不禁要问，那为什么今天的大部分组织仍然如此地依赖职能部门呢？我认为有以下两个主要原因：

●人们通常认为职能部门可以带来规模经济效益。规

模经济可以很容易地用货币的硬指标来衡量，而工作动力
受损的内在不经济则几乎不可能被量化。

● 职能部门能给 CEO 和领导们带来对一线员工的掌控
感。虽然领导们极少承认这是他们设立职能部门的原因之
一，但这又是非常真实的背后原因。在以前把组织比作机
器的隐喻中，职能部门就像最高层领导掌控组织船舵的操
纵杆——近在手边，在总部办公室仅几步之遥。但控制往
往只是一种幻象——从总部的角度看，规则和程序永远有
道理。而只有一个人深入基层，才能体会到他们往往给员
工的生产力和积极性带来了怎样的反作用，并认识到基层
员工经常聪明地绕过他们制定的条条框框或干脆不理他们。

因此，进化-青色组织的领导者必须抱有双重信任：第一，
他们必须相信自己可以为一个不太确定但有可能收益更大的东
西（不受禁锢的工作积极性）而放弃一个相对确定的东西（规
模经济）。第二，在切断了中层管理的权力传递链条之后，他们
必须放弃职能部门可以帮助他们控制一线员工的幻觉。

蓝领的进化

像博组客这样的机构涌现出自主管理的实践，看起来可能
很自然。因为哪怕存在所谓的"职业阶梯"，许多护士并不想攀
爬这样的梯子成为经理。所以，当我开始这本书的研究时曾经
想也许只会在服务性行业（例如健康护理及教育）或非营利领

域中找到进化型组织。我很高兴自己的想法不止一次被证明是错误的。FAVI 是法国的一家黄铜铸造家族企业，也是我偶遇的第一个按照自主管理的进化-青色原则来运营的蓝领公司的案例。FAVI 创建于 20 世纪 50 年代，以制造黄铜水龙头零件起家。公司目前的大部分收入来自于为汽车工业制造的变速箱拨叉，还包括电动马达零件、水表和医院设备等一些其他产品。

FAVI 的工作对体力要求很高，是那种真正的蓝领工作。它的工厂不是那种嘎吱作响、一尘不染的自动化生产线，并能看到机器人在无声地表演优雅的舞蹈；在它的车间，你会看到操作工在嘈杂的工作台旁不断地奋力装卸金属件。FAVI 的小批量生产特点决定了它能够自动化的程度很有限。在工厂里走一圈，你可能也不会立刻注意到它的特殊之处。如果你觉得制造变速箱零件也不是什么时髦或赚钱的行当，那也情有可原。但 FAVI 的业绩可不是一般的出色，它所有的竞争对手都已经为享受更低的劳动成本把工厂搬到中国，而 FAVI 不仅是唯一还留在欧洲的变速箱制造商，它还占据了 50% 的市场份额。它的产品质量声名远扬，按时交货率几乎达到神级：工人们为 25 年来无一次延迟交货而感到无比骄傲。尽管有来自中国的竞争，员工工资远远高于平均数以及高度周期性的客户需求模式，FAVI 常年保持着超高的利润率。几乎没有员工离职，体验过 FAVI 工作方式的人无法想象再次回到传统方式管理的工厂。

在 1983 年让-弗朗索瓦·佐布里斯特被任命为这家黄铜铸造厂的 CEO 之前，FAVI 也是一家以传统方式经营的工厂。[9]佐布里斯特是一位冶金专家，当过伞兵，也很有个人魅力，他一直担任公司 CEO 直至 2009 年退休，后由多米尼克·韦尔朗（Dominique Verlant）接班。当年的工厂虽然很小（80 人），但也像金字塔般等级森严：车间工人汇报给工段长，工段长汇报给生产线主管，生产线主管再汇报给服务主管，服务主管汇报给制造部负责人，制造部负责人最后汇报给 CEO。制造部负责人与销售、工程、计划、维修、人力资源和财务部主管一起汇报给 CEO，并组成管理团队。这种设置在今天仍然是制造型组织的典型架构，也许会为了组织扁平化和缩减费用减少一两层而已。没有一个专家学者或管理顾问会对此类架构提出任何疑问。

但等佐布里斯特上台之后，他在两年之内彻底重塑了FAVI，其运营方式与博组客惊人地相似。目前 500 人的工厂由21 个叫做"微型工厂"的团队组成，每个团队有 15～35 名员工。大部分团队服务某一个或某一类客户（如大众团队、奥迪团队、沃尔沃团队、水表团队等），还有几个上游制造团队（铸造团队、模具修理团队、保养团队）和几个支持性团队（工程、质量、实验室、行政以及销售支持）。每个团队都自主管理，没有中间管理层；除了团队自己决定的规则或流程，几乎没有其他任何的规章制度。

职能部门几乎全部消失了。之前的人力资源、计划、排班、工程、制造 IT 和采购部门都被撤销。他们的工作由团队接管，团队负责自己的招聘、采购、计划和时间安排。在 FAVI，销售部门也被解散了。奥迪的销售客户经理现在属于奥迪团队的一部分，沃尔沃的销售客户经理也一样成为了沃尔沃团队的成员，客户经理上面不再设销售负责人。在原来的架构中，坐在俯视车间的办公室里的白领员工详细计划蓝领工人需要做什么，什么时间做和怎么做。现在蓝领工人就像是穿上了自己的白领，不再需要听从上面的指示。

以如何在系统内执行客户订单为例，也许更能够清楚地阐释新模式与传统模式之间的深刻差异。以前，订单首先会到达销售部，然后计划部会给销售部一个预估的发货时间，并在总计划表中分配需要的机器时间。在生产开始前一天，排班部门会就哪台机器什么时间具体制造哪一部分做出详细的安排，人力资源部则根据时间安排工人到不同的机器上工作。工人们只需要按部就班把活干完，他们完全不了解订单都有哪些，业务状况好坏，以及那一天他们为什么被派到这个产品组或者那台机器。期待他们做的事就是：在正确的时间和地点出现，在规定的几小时之内完成指派的任务。工人们得不到关于手头的工作的任何信息，也没有任何发言权。这种状态或许不是有意为之，但在这种被切割成片段的订单流程中，下游的部门不断地优化计划，结果也只能如此。在这种流程中，生产工人并不是唯一缺乏信息的人，销售客户经理对于车间里的情况也不了解，就像工人不知道订单历史数据一样。他们没法告诉客户为什么某些订单可以按时交付，但另外一些订单就不行。订单一旦进来，就像掉进了黑匣子；没人能够搞清订单在计划、排班、人力资源和生产车间之间运行的复杂流程。

而在新的团队架构中，这一流程变得截然不同。每周的短会上，比如大众团队的客户经理会与本团队的十几名同事分享这家德国汽车制造商所下的订单情况。订单高时，大家一起欢欣鼓舞；订单低了，大家也一起跟着失望。在会议现场就排出生产计划，团队共同决定交货日期。客户经理们现在完全理解了他与客户的协议将会如何影响工厂里的同事与流程，而且当他们面临降价压力时，也能够在寻找解决方案时争取到工人们的支持。例如流程能否进一步改进呢？生产力能否进一步提高，从每个产品上再省出几分钱？

客户经理不再向销售总监汇报，而是向他们自己的团队汇报。没有人给他们定销售目标（是的，你没看错，销售人员没有销售目标）。他们的动力来自服务好自己的客户，以及在与中国制造竞争的压力下如何保持或尽可能增加工厂提供的工作机会。车间的操作员不再是从未谋面的工人，而是朝夕相处的伙伴。对客户经理来说，让他们自己的团队有活干、不丢饭碗，这种驱动力比销售总监下达的任何指标都要强大得多。凑巧的是，FAVI 的销售订单总是以就业机会为单位，而不是与金钱数字联系在一起。所以，他们不会说"我们拿到了一个百万元的订单"，而是说"我们争取到了一个 10 人工作机会的订单"。[10]

无高管团队，极少的会议

FAVI 撤销了所有的职能部门，所以不再有高管会议。高层没人开会了！以前销售、生产、维护、财务、人力资源和其他各部门的领导每周聚在一起召开的会议现在改在团队层面进行。在 FAVI，每个团队决定自己开会的时间——通常他们开三次例会：每个班次启动时开一次工作会，每周与客户经理开一次订单会，每月开一次议程开放的自由讨论会。公司不再有之前管理团队定期召开的那种跨部门周会或月会。如果有跨团队会议，一定是某人发现了具体的需求而临时组织的。与博组客情况类似，CEO 若斯·德布洛克并不每周与他的地区教练们开会。从很多方面来看，这种会议似乎都大有必要：地区教练们对基层情况有深入的了解，他们可以在一起发现问题和机会，并决定采取何种行动以及推动何种举措。但从博组客的角度看，这恰恰也是问题所在——即上面的人坚信他们知道下面需要什么。若斯·德布洛克和地区教练们意识到，频繁开会很可能会导致他们忙于各种事情。因此，他们决定一年就开四次会，议程开放，视需设定。他们发现，这样的低频率可以防止他们以高管团队惯常的方式越俎代庖插手团队工作。

　　在金字塔架构中，信息沿着指挥链上下流动，而每一个层级都需要用会议来收集、包装和传输信息。在自主管理架构中，对这些会议的需求几乎完全消失了。在传统组织中，级别越高，会议超量的现象就越严重。高层管理者典型的工作日安排就是一个紧接一个的会议。有人开玩笑说，在大部分组织中，下级工作，上级开会。

> 传统的金字塔架构对太少的人要求太多，而对其他人则期待不足。
> ——加里·哈默尔（Gary Hamel）

仔细想想：在职能金字塔架构中，还真是这么回事。级别越高，就有越多条汇报线向他聚合。到了最高层，销售、市场、研发、生产、人力资源和财务等各种不同的职能部门最终汇集在一起。决策很自然地被推向最高层，因为这是唯一能在做决定和权衡时看到所有相关角度的位置。这几乎是金字塔结构所"命中注定"的：组织高层总是抱怨会议太多，而组织下层总是感觉力量被剥夺，没有被授权。

在博组客、FAVI 和其他我们要了解的自主管理型组织的架构中，各条线在基层团队中就已经汇集在一起。团队只是为了协同工作或制定决策而召开各种短会（每天、每周或每月）；除此之外，没有任何其他例会。会议都是有需要讨论的议题时才临时召开的，并只邀请相关人员参加。在这种有机运营的组织中，架构跟着涌现出来的需求走，而不是相反。

团队间的协调和知识分享

当然，团队之间经常需要协调，传统上这也是老板和职能部门介入的时候。以平衡工作量为例：因为客户需求不断变化，在特定的一天内，很有可能有些团队会工作量太大而有的团队工作量又太小。或许还是需要设立一个 COO（首席运营官）吧，再配备一个助理计划员来负责在团队之间调配工人。但如果这样做，就又往支配者层级的老路上倒退了一步。

FAVI 选择了一种更加有机和优雅的解决方案。每个团队指定一名代表，这些代表定期碰头几分钟，他们会快速讨论哪些团队有人员闲置或人手不够。回到团队，他们再寻找愿意调班一两次的志愿者，比如奥迪团队的代表可以问问自己团队有谁愿意到沃尔沃团队帮一天忙。事情都是自然发生的，没有人会被一个更高地位的权威分配到某个团队。

让我们再看一个协调方面的例子——资本支出流程。每年一次，FAVI 的各团队都会针对新的机器或工具等添置计划制订来年的投资预算。在大多数组织中，财务部门会挑战这些请求，最终由执行委员会或 CEO 裁定哪个部门该获得多少钱。这种流程总是像放出了一罐蠕虫，会带来一系列的政治问题，人人为了获得更大的一块蛋糕而费尽心机。对中层经理们而言，预算的多少往往是衡量他们地位的标杆。因此，他们会竭尽全力，动用自己手中所有正式和非正式的渠道去影响执行委员会里的决策者。

FAVI 没有为预算争斗的中层经理，而佐布里斯特也拒绝做为孩子们分配糖果的“父亲”。因为团队们知道不需要讨价还价，所以一开始就没必要提出虚夸的数字；他们根据真实的需求提出实际的要求。在大部分年度中，团队预算汇总之后的最终数字都很合理，因此所有的计划一致获得绿灯，无须讨论或审查。团队被信任会做正确的事，如果哪个团队要真是企图买镀金的机器，其他的团队很快就会注意到，来自同伴的压力自然就会解决这个问题。只有那么几年，预算项目合并后的数字超出了合理的范围，于是 CEO 就请团队讨论出一个新方案给他。每个团队则派出一个代表，把所有计划放在桌面上一起讨

115

论，他们会审查每个团队的计划中哪些最重要，哪些可以推迟。往往在一两次会议之后，问题就能得到解决。

当出现的问题或机会涉及几个不同团队时，也是使用同样的机制：工人们自己报名组成一个临时项目团队；有时候会任命一名工人作为团队间的协调员，但这个人没有权力将任何决定强加给团队。例如在 FAVI，有一名叫德尼的工程师，他的工作是帮助团队交换分享观点和最佳实践。他整天鼓

> 总部每做出一项决定，都会从组织其他地方的人们手中剥夺一些责任，同时让自我感觉对组织有所贡献的员工数量又减少了一些。
> ——丹尼斯·巴基（Dennis Bakke）

励机器操作工们到其他团队去学习新的做法，但他不能强迫任何团队采纳另一个团队的主意。他必须能够让他们对新做法真正感兴趣和激动。如果他做不到这一点，或者团队不再觉得他的工作有价值，那么德尼的角色就会自然消失，而他则需要再为自己另寻新职。他拥有一项真正意义上的支持性工作。万一你不熟悉制造业的环境，请允许我来指出这有多么不寻常——这位工程师的工作是为受教育程度更低（但高度熟练）的蓝领工人服务，而非指挥他们。

在 FAVI 的环境中，另一个支持性工作是由曾任机器操作工的弗兰克担任的，他是工厂的"创意侦察兵"。弗兰克 18 岁时作为学徒加入 FAVI，那时候他几乎不会读写，但佐布里斯特在弗兰克眼中看到一种狂热的好奇，于是他督促弗兰克去夜校学习法国文学，既满足他的好奇心，也打造他的自信。在车间工作几年后，弗兰克感觉自己有能量做更多的事情，他告诉佐布

里斯特："我敢肯定，如果我们能够更加积极地出去搜索新机器、新材料和新供应商，我们的工厂可以有更多的创新。"佐布里斯特用他惯常的领导风格回答："去做吧！我相信你能做好这个工作，但这不是我的决定，你需要让团队看到你的工作对他们有价值。"弗兰克走遍全世界，寻找新的技术和新的供应商，他成功了。和 FAVI 的其他任何人一样，他既没有预算，也没有业绩指标，有的只是公司的信任，相信他能够合理地使用差旅费用。差不多每月一次，他会在一个周五的早上回到工厂，召集会议并分享他的发现。分享的主题决定了会有哪些操作工和工程师参加。如果人们愿意参加这些会议并吸收他的创意，就证明了他的工作有价值；假如到了某个阶段，同事们不再参加他的周五早会，他的职位也就会自然消失。那样的话，弗兰克就需要为自己再找一个新的工作，当然有可能是作为机器操作工再次加入某个团队。

就像德尼和弗兰克那样，FAVI 的职能支持团队——比如保养与质量——并没有高于生产团队的决策权，他们只能依靠自己的说服力。多数情况下他们都是在车间有要求时才采取行动。基本的原则是反向授权，一线团队被期待做所有事情，除非他们自己选择要把某些事推到更上一层。

这些例子——工作量平衡、投资、临时工作小组和专家职能部门——阐释了进化-青色组织会如何应对团队间协调的需求；形式服从于功能。当有问题或机会出现时，团队间就会召集临时会议；如果需要更长期的协调方式，团队之间则会通过一种反向授权的过程产生一个支持性职能。这些都不需要上面的批准，增加或取消一个像弗兰克那样的职位，决策权不在CEO 手中。事情都是有机发生的，自主管理架构中的会议和职位都是自发产生的，其存在的时间长短取决于其对整个生态系统的价值。

在避免形成不必要的组织架构方面，特别是当公司越来越大、人们工作地点越来越分散的时候，内部社交网络和知识仓库等信息技术工具均可以发挥关键作用。FAVI 的 500 名员工都在一个工厂里，找任何一个同事都不用走太远。知识交流和工作协调在车间或午餐桌上随时都可以进行。而博组客有 7000 名护士，分布在荷兰全国各地，他们大部分从未谋面，公司的内部社交网络可以帮助护士们找到有某项专业知识的同事，然后拿起电话来咨询相关问题。护士们也可以在脸书（Facebook）一样的连续评论贴中直接提出自己的问题。7000 名护士加在一起就拥有了超级广博的医学和技术知识，几乎所有的问题都能在内部找到答案，关键在于能找到正确的人！内部社交平台的参与度如此之高（护士们每天至少登录一次或更多），几个小时内，一个新问题就会被几千名同事看到，并吸引一个或几个回答。自博组客创始之初，若斯·德布洛克就将"博组客网"规划为公司自主管理机构的核心组成部分。另一种架构——将知识集中于一个专家部门——很可能会成本更高而效能更低，最重要的是，那样的做法将会削弱博组客护士自身作为专家以及集体拥有无比宝贵的知识能够帮助彼此的自豪感。

信任取代控制

没有中间管理层并且职能部门也极少的进化型组织省掉了通常的管控机制，而是建立在互信的基础之上。佐布里斯特写过一本概述 FAVI 实践的书，题目是《相信人性本善的组织》（法文原版 *L'entreprise qui croit que l'Homme est bon*），其核心是员工们被视为可以信赖、会做正确事情的明理之人。在这种前提下，组织几乎不需要什么规则和管控机制。

在佐布里斯特开启变革之前，FAVI 也像大部分制造业同行一样，有着复杂的管控系统，从而确保人人遵守规程。工人上下班打卡（白领员工可以不打卡），每台机器的产出要登记。如果工人上班迟到一分钟或者产出低于设定的小时指标，这些都要登记在案并扣发工资。佐布里斯特上任不久，就在没有提前通知的情况下取消了打卡制度和生产规则（3.3章详细讲述了佐布里斯特如何将 FAVI 从琥珀色转向青色管理的故事）。上一任留下来的管理团队都惊呆了。这简直就是自寻灾难，生产率一定会全面崩溃！佐布里斯特承认在取消管控机制后的一周内，他的确每天都会查验生产率指标，因为他自己也不确定会发生什么事。他坚信信任的力量，希望生产率不会下降，但他也不敢保证一定能赌赢。结果他发现，生产率不仅没有下降，反而提高了！看到数字后，佐布里斯特跑去问操作工们到底是怎么回事，他们告诉他，操作机器其实有一个最不累的理想生理节奏。在原来的制度下，由于有每小时生产指标，操作工人们就会故意慢一些，他们都想给自己留有余地，以防管理层今后加指标。多年以来，操作工们一直以一种更累、舒适度也更低的节奏工作，这低于他们的自然生产率，当然公司的收益也更低，而现在他们只是以自然的节奏在工作而已。

另一个出乎意料的结果则是：以前打卡的时候，下班时间一到，工人们马上离开工作的机器，一分钟也不多待；现在他们为了把手头开始的工作做完，通常会多干几分钟甚至半小时。当你问工人们为什么会如此不同，他们说是因为他们的自我形象改变了：过去只是为工资单工作，而现在他们感觉得为工作负责，并且他们为自己能高质量完成工作感到自豪。

FAVI 原来有一名叫吉内特的行政人员专门负责监控体系和计算工资扣除数额。佐布里斯特找到她说："吉内特，我无法想象你当工厂哨兵每天罚人们款的时候会开心。我很抱歉，其实我应该早一点结束这种情况……在 FAVI 内部再找一个工作吧，你的工资可以保持不变。"吉内特找同事们聊，了解到前台接待的岗位非常需要两班倒，越来越多的客户期望清晨早一些和下午晚一些都有人能接听电话。于是她找到了一份新工作。

在 FAVI，信任延伸到了工作时间和生产规则之外。公司车辆的钥匙就放在前台，任何工人都可以决定离开车间，开上车去访问供应商或客户，不需要任何批准（虽然惯例是通知同事们，看是否有人有兴趣同行）。以前在贮料间有专人负责发放工具和物料，工人取料时需要出示工长签字的申请文件。这个人一出门，就把贮料间锁上。现在的贮料间永远开着门，工人们需要什么就可以随时取用。他们只需要在一个记录本上填写信息，以便订购替代品。一天有个钻头被盗，佐布里斯特在贮料间放了一个白板架，上面写着："一个钻头被偷了！作为原则，你们知道在 FAVI 偷手纸都会被开除，所以这么做很愚蠢，特别是公司从未拒绝过任何人想借工具用一个晚上或一个周末。"这已经足以制止类似事件的再次发生，从那以后再没有任何东西被盗。经验证明，这种破坏信任的事情在 FAVI 和其他自主管理的公司都极为罕见。

> 我宁肯引火烧身，也不愿意像对付毒蛇一样对待我的员工。我的同事们都是值得尊敬的男人和女人，他们每天都在用工作中的行动证明这一点。他们如果愿意，完全可以胡作非为。他们只是不愿意乱来，仅此而已。例外极其少见，而为了控制潜在的害群之马的行为而对全体员工施以重重限制，无异于巨大的自毁行为。
>
> ——斯坦·理查兹（Stan Richards）

　　信任带来责任感，效仿与同伴压力远比等级制度更有约束力。团队自主确定目标，并且为完成目标而自豪。如果有人钻系统的空子，没有尽到责任，松松垮垮的，他所在的团队会立刻让他知道大家的感受。在 FAVI，工人们从每周与销售客户经理的会议中清楚地了解到他们面临着来自中国的十分激烈的竞争。博组客的护士们非常熟悉自己的病人并深切关心他们的健康。FAVI 和博组客的团队不需要管理层或控制系统来鞭策他们。

信任的能量

　　当人们在由备受信任的同事们组成的小型团队中工作，又拥有做出决策所需要的所有资源和权力时，非凡的事情就会发

生。如果你想听，佐布里斯特可以给你讲很多在 FAVI 自主管理如何释放能量的故事，整个晚上都讲不完。其中一个故事发生

在工厂采用新体制几年之后的某个周一的早晨，佐布里斯特感觉到菲亚特（拥有阿尔法·罗密欧和法拉利，最近并购了克莱斯勒的意大利

汽车制造商）变速箱拨叉团队有些异常。这个团队习惯于一个稳定的订单模式：每个周日的晚上，一辆载满货物的卡车会从法国北部的 FAVI 开往意大利的菲亚特。那个周一的上午，这个团队的同事告诉他："你能相信吗？我们装了两卡车！"佐布里斯特一点也不明白他们在说什么。他们得意地把经过告诉他：上周五，佐布里斯特在外面出差的时候，菲亚特问他们本周末能不能破个例，周日发两辆车的货。团队经过思考和计划，决定迎接这个挑战。他们从别的团队招募了一些志愿者，在周六和周日增加了三个班。到周日晚上，疲惫不堪而又无比自豪的团队成功发出两辆卡车的货。他们根本就没有想到需要通知 CEO 或寻求许可。没有人要求加班费，团队通过自主管理把他们多做的工时用轮休解决了。佐布里斯特评论道：

> 如果我们的组织架构跟所有其他工厂一样，也就是说，设有一个计划部门专门处理客户订单，在这种情况下，该部门一定会认为菲亚特的要求不可能做到；或者即便是计划部门接受了这一要求，操作工人们也肯定会觉得他们是

被迫加班，而不是把它当成一次集体大冒险。[11]

还有一天，大众团队的一名操作工注意到他加工的一个零件有个质量问题。他停下机器与质量团队的一名成员一起，详细筛查了所有其他成品与半成品。他们没有找到更多有缺陷的产品，但还是决定与负责大众的销售客户经理讨论此事。最后，三人决定开上一辆公司汽车，行驶 8 小时来到德国大众汽车工厂。一到那里，他们解释

> 一切真正伟大和激励人心的事物都是由能够自由工作的个体所创造的。
> ——阿尔伯特·爱因斯坦

了突然造访的原因，并被允许检查所有 FAVI 之前发出的同类零件，大众工厂的质量经理大为吃惊。通常，如果发现供应商提供了一件有缺陷的货品，那顶多也就是来一些正式通知或法律文件；更多的情况是，为了避免遭到管理层惩罚，操作工会悄悄地掩盖问题。而这个机器操作工不仅敢于承认自己的错误，而且还负责任地长途开车到客户工厂，亲自确认情况以避免任何可能发生的问题！

这些案例可能看起来有些非同寻常，但都证明了一种每天都存在于自主管理组织（FAVI、博组客和其他组织）中的精神。说到底，恐惧是一种强大的抑制剂。当组织不是建基于无声的恐惧机制，而是孕育信任和责任的架构与做法时，非凡和出乎意料的事情就开始发生了。

项目

位于佛罗里达州的升旭液压（Sun Hydraulics）是一家全球

性的液压插装阀和歧管生产商，拥有 900 名员工，它是另一个靠自主管理方式成功壮大的工业公司。1970 年创立公司的两位工程师之一的鲍勃·科斯基（Bob Koski），希望能创建一个"健康、自主管理和非正式的"组织，而决不要那种他以前任职的公司里"常常充满官僚气息和恐吓威胁的有毒并且毫无尊严的氛围"。[12] 像 FAVI 一样，升旭液压没有质量控制、计划或采购部，也没有标准的生产时间、打卡机或计件工资制；人们自然组成小组，自主管理完成工作。结果也是惊人地出色，作为在纳斯达克上市的公司，升旭液压是质量和服务方面的一颗明星。除了 FAVI 以外，我从未在任何其他的制造业环境中体验过像升旭液压的车间和办公室中那样的氛围。在佛罗里达，甚至在全美的工程学校中，人人都知道如果你能在升旭液压找到一份工作，你最好抓住那个机会！升旭液压的财务结果也令人印象非常深刻。虽处于一个周期性很强的行业，但 30 多年来公司从未亏损过。2009 年经济危机高潮时，公司收入减半，即使在没有裁员的情况下（实际上，升旭液压从未在任何经济低潮期裁过员）仍做到在其第 38 个财务年度连续盈利。在经济正常的年度，其利润率高到爆表[13]，而且从 20 世纪 70 年代起每年以两位数的速度增长。

彻底简化的项目管理

升旭液压的经验还很好地阐释了在自主管理的环境中该如何运营项目。作为一家工程类公司，升旭液压在任何时间点都有几百个工程项目同时进行，从机器操作工提出的产品改造、为客户定制的歧管、为扩大生产线增加的筒形插装式阀门到公司正在开发的新产品。对任何公司来说，同时并行如此多的项目，要准时按预算完成都是很困难的。如果在所有的项目中间想去划分出优先顺序，那就很容易演化成一场后勤和政治困境。

为了帮助多项目组织管理这种复杂性，还诞生了一个细分产业，专门的软件系统使

> 如你现在所了解到的，你被招聘进来不是为了满足某一项职位描述，而是为了不断寻找你能贡献最大价值的工作。
> ——摘自《维尔福（Valve）员工手册》

用甘特图详细计算任务之间的相互联系和资源需求，以便帮助跟踪所有的项目。项目经理被训练使用专门的方法论来确保一切尽在掌控之中，他们的一项主要工作就是制作月报表和指标图来跟踪进展，以便上面的领导掌握情况，做出相应的决策。

在升旭液压，所有这一切都被彻底地简化了。没有管理层想了解和控制复杂性，项目都是有机和非正式产生的。工程师通常都是同时参加几个不同的项目，他们根据自己的感觉来判断哪个项目最重要、紧急或最有意思，进而不断地重排项目的优先顺序。谷歌有个著名的"20%时间"的做法——工程师可以自由决定每周五做什么。升旭液压和其他自主管理组织把这个做法推广到了每一天。没有总规划，没有项目章程，没有人为项目招募人员伤脑筋；项目团队有机组合，工作结束又会解散。没人知道项目是否在时间表或预算之内，因为90%的项目中没人会在意确定一个书面的时间表或预算。摒弃项目计划的繁文缛节——写计划、获得批准、报告进展、解释偏差、重新计划时间或重新估算，更不用说为自己的项目争取资源或项目

超时、超支时找人顶罪的政治斗争——一下子省出了大块的时间。当我跟升旭液压其中的一位领导人柯尔丝滕·雷加尔（Kirsten Regal）谈到升旭的会议室似乎很少用到时，她打趣道："我们不把时间浪费在忙碌上面。"

项目排序

但是应该如何给事情排序？又由谁来决定什么事应该优先呢？"事情会自然排序"，升旭液压的一位工程师告诉我。在升旭液压，人们已经放下了一个幻觉：那就是存在一个非常有能力的人，他能够掌握复杂系统中的所有信息并能像英雄一样在上层每周拍板做出成百上千的决策。取而代之的是，他们相信系统的集体智慧。

如果信任集体智慧的做法看起来有风险，甚至是完全愚蠢的，那么请想一想：我们已经完全不相信一个国家的经济最好由苏联风格的中央计划委员会严格操纵；相反，我们都知道自由市场制度的效果会好得多，在这种制度下，大量不同的参与者根据市场信号做决定并能互相协调。然而，由于某种奇怪的原因，在组织内部我们仍然迷信类似中央委员会的管理方式。自主管理把成功的市场经济原则带进组织内部。"有些事情的确偶尔会被遗漏"，这位工程师承认，但这往往被当作是集体排序的结果而受到欢迎，系统会自然排除那些希望不大或不重要的项目。如果项目真的重要，人们早就把它重启了。相反，在以传统方式运营的公司中，失败的项目被强撑的时间太长，其实每个人都知道它们注定失败；同时大家也都知道一旦项目最终被砍掉，有人将会承担指责，为了让指责落在别人头上，所有人都尽量保持低调。

　　FAVI 使用与升旭液压类似的排序原则。工厂很早就积极引进日本式制造技术，从而掌握了持续改进这种在低利润的汽车行业生存与发展的关键能力，相当难得。现在你可能不会觉得惊讶，FAVI 并没有专门的持续改进部门，也没有精益生产专家，这些思想早已深深植根于团队之中。他们使用的是一个非常简单的流程：任何团队遇到问题或机会时（而这每天都会发生），就会把问题登记在一个工作日志上，任何人都可以把自己姓名首字母写在问题旁边表示愿意参与解决这个问题。通常，与问题最有关或最有兴趣的两三个人会携手共同分析某个问题。如果没有人自愿解决某个问题或机会，也许意味着这个问题并不重要，当然，这个问题也许今后还会再次出现，总会有人自告奋勇去解决它。在升旭液压也一样，没有人在意数据、总计划、项目管理软件或报表，这里只有一个简单的提醒机制：操作员们请行政部一位女士定期浏览日志条目，如果有项目 3 个月以上还未完结，她会提醒那些签名承诺的相关负责人。团队发现这种温和的督促很有帮助。

　　工作中涉及大量项目的公司开始思考其办公空间的物理结构。升旭液压的办公室就是一个开放式空间，定制办公隔断的高度仅到腰部，人们一抬眼就可以看到谁坐在哪里，同时也能听到很多对话，这种设计大大提高了协作。同事们评价说：很多在其他公司需要邮件或开会才能解决的问题，在这里人们隔着很低的隔断说几句话就搞定了。

Valve（维尔福）是一家位于西雅图的游戏软件公司，其400名员工完全基于自主管理的原则在工作。它把空间的物理流动性又向前推进了一步，所有员工的办公桌都装有轮子。每一天有些员工都会根据他们新加入或离开的项目把桌子移动到新的地方，唯一要做的只是把墙上的各种线拔下来，再接到另外的地方。Valve运营项目的流动性风格（人们用脚投票）反映在办公空间的物理安排上，也反映在人们为完成项目聚集而成的不断变形的办公桌组合体上。由于人们如此频繁地移动位置，公司甚至在内网开发了一款应用APP，专门用于定点具体同事的位置，这款应用根据人们接入电脑的墙面位置显示出同事座位的实时分布图。

规模扩大到上万人

这种自主管理的组织规模有可能超过几百或几千人吗？是否能适应全球化运营呢？总部位于弗吉尼亚州阿灵顿市的全球能源提供商——AES（应用能源服务公司）证明了自主管理原则同样适用于所有文化及数万人的规模。AES成立于1982年，到2000年时已发展到40000人，分布在各大洲31个国家运营电厂和输电网，因此，从阿根廷到萨尔瓦多，从匈牙利到哈萨克斯坦，从孟加拉到中国，从南非到坦桑尼亚，到处都有AES的员工。有意思的是，AES的完整故事还体现了一个自主管理的公司如何会在新任领导者的管理下重新退回传统公司的模式

（在 3.1 章我还会详细论述这一主题），让人唏嘘的是，时至今日，AES 原先开启的自主管理架构与实践已经所剩无几了。

AES 由罗杰·桑特（Roger Sant）和丹尼斯·巴基（Dennis Bakke）于 1982 年创立。他俩是在从马里兰开车到华盛顿的路上构思出公司商业计划的。桑特把巴基送到家门口时补充了一句："让我们把这事儿搞得好玩一点。" AES 创新管理实践的推动者巴基曾经在联邦政府的多个部门工作过，这些经验深刻地影响了他对于组织的构想。在政府工作期间，他深深地感受到要想工作有意义必须有目的感，但同时也体会到层级制组织和职能部门是多么令人沮丧：

> 作为联邦政府节能项目的负责人……我亲身体验了"伺候"中央各职能部门是多么令人无力和虚弱，感觉就像我有 15 个老板，而每个部门对于我负责项目的执行都很重要……如果我谈到的某个领域的主管不在现场的话，我甚至都不能在某个国会委员会面前作证。作为项目的负责人，我并没有真正被信任和授权自由运作或谈论我的项目。这几乎就等于我并没有一个真正的工作，充其量我直接的工作也就是协调所有不断进出项目的人员。[14]

巴基回忆起的一件早年轶事阐释了他的工作观如何从幼年起即已开始成形，这也是塑造他未来使命——创立既有趣又有意义的工作场所——的众多经历之一：

> 那天，我母亲以她一贯的风格安排好了晚上的工作，

厨房里忙碌又热闹。我那时16岁，负责为晚餐做奶油蚕豆；我弟弟正在把木头从工棚运到厨房附近的储物区；肯尼的姐姐们（肯尼和他的姐姐们是巴基家收养的孩子）正在清洗做饭留下的脏盘子，同时准备晚餐桌……谁都没有注意到肯尼……突然这个两岁的小家伙拿起他托盘上的勺子，"我要工作，我要工作，我要工作"，他一边敲着勺子一边有节奏地唱着。

我想这个面带狡黠微笑的小家伙一定是在说："我想做贡献，我能做事，我想加入团队，我是个人物，我也想享受工作的乐趣!"多年来，我一直会回想起那一幕，也认识到这同样很好地折射出妈妈在早期对我关于工作乐趣的重要影响。她创造了一种氛围，让每个人都充满能量，不是出于害怕惩罚或获得奖励，而是出于达成一个积极目标的愿望。她对我们完成手头任务的能力怀有无限的信心……她给了我们工作和决策的极大自由，她让工作如此有吸引力，使得即便是一个两岁的小孩为了纯粹的快乐和激动也要拼命加入其中。[15]

在桑特和巴基的领导下，拥有40000名员工的AES依靠众多的15~20人的自主管理团队来运作。他们认为任何的现场团队如果太大就会滋生麻烦，因此努力把每个地方的员工数目控制在300~400人之间（15~20个15~20人的团队）——这也是他们认为在一个地点的同事之间大致能把名字和脸对上号并能跟任何同事讨论事情来龙去脉的最高人数。

就像 FAVI 和升旭液压内部的团队一样，AES 的团队也负责日常运营中所有方面的决策：预算、工作量、安全、工作日程、维护、雇人和解聘、工作时间、培训、评估、薪酬、资本支出、采购与质量控制，以及长期战略、慈善捐助和社区关系。如果你飞速地读完这一长串的运营责任，当然也情有可原，但我想邀请你在这里稍作停顿。AES 可是一家运营热电厂、水电厂以及电网的能源供应商，那些设备对千家万户的生活以及整个商业系统来说都是极端重要的。运营问题可能会导致灾难性的断电进而影响整个经济系统，而事故则可能带来人身伤害。然而，正是这些负责安全和维护的自主管理团队为全世界数百万客户提供着能源。AES 有 40000 名员工分散在全球各大洲，而总部仅有约 100 人——这点人很难说足以控制在诸如喀麦隆、哥伦比亚和捷克共和国那么遥远的地方发生的事情。

不过，公司居然运营得很成功。记者亚历克斯·马克尔斯（Alex Markels）在《华尔街日报》头版发表的报道文章用一个故事阐述了 AES 团队在承担通常由总部负责的职责方面走得有多远：

[康涅狄格州蒙特维尔] 双手还带着从驳船往下卸煤留下的煤黑，杰夫·海奇拿起电话打给他最喜欢的经纪人："30 天 1000 万美元你给我什么收益率？"他问专做短期国库券的这位代理，"只有 6.09？可我刚从大通银行拿到 6.13。"

在另一个房间，乔·奥多在跟 J. P. 摩根谈价："30 天 6.15？"在 AES 本地的电厂担任维护技师的奥多先生确认道：“我很快给你答复。”管理 3300 万美元电厂投资基金的临时团队成员奥多和海奇先生与同伴迅速商量了一下，然后完成交易。

这样的“授权”听上去太疯狂了。在员工的专业领域能给他们更多的自主权吗？没问题。把公司账本开放给员工看呢？也许可以。但是让借贷经验加起来都超不过一次房贷、两次车贷和一些信用卡贷款的工人们去掌管公司的财务大事，能有什么好处呢？

好处太多了，AES 说……“你越增强个人的责任心，运营获得不断改进的机会就越大”，公司 CEO 和联合创始人丹尼斯·巴基说……“更重要的是，这让工作有更多的乐趣”。

赋予卸煤工人投资责任是否有风险？巴基先生认为没有。他指出，蒙特维尔的志愿者团队还有一个财务顾问指导他们，而且他们只能在有限的投资范围内做出选择，他们也不是在购买衍生金融产品。这位 CEO 喜欢如此安排的原因是，“这种经历给员工带来很大的变化。他们对于整体业务了解得那么多，永远不再可能是原来的他们了”。[16]

志愿者任务组

令人吃惊的是，规模的扩大并没有改变多少自主管理的架构和做法。博组客 7000 人的运营方式与只有几百人时基本相同；AES 在退回到传统管理方式之前，虽然拥有几万人的规模和全球范围的地理分布，但其运营方式也与博组客、FAVI 或升旭液压几乎一样。不过在自主管理的工具箱里有一个工具 AES 用得比其他小规模的同类组织多得多，那就是临时性和永久性任务小组。

AES 在弗吉尼亚州阿灵顿的总部只有 100 名左右工作人员，并没有设置全球维护或安全中心，也没有中央采购部、人力资源部和内部审计部。在像 FAVI 和升旭液压那样的小型公司，如果在这些方面出现任何问题，人们马上可以召开一次会议，或任命一名同事承担具体的协调工作。

> 现实是，集权的决策者不可能掌握足够的信息来管理公司的具体事务。但因为集权思想的流行，大多数公司就用它来解决所有问题。这么做的后果是，权力集中在高层，产生了僵化的层级；员工失去自由，同时，生产率最终也会降低。
>
> ——鲍勃·菲什曼（Bob Fishman）

这种方式对于在世界各地有 40000 人的 AES 已经不再可行，因此公司制订了"80—20 原则"：AES 的每一名员工，从清洁工到工程师，80% 的工作时间用于主要岗位，20% 时间要参加公司内一个或几个任务小组的工作。

以投资预算工作为例，这通常是总部财务人员的特权，而在 AES，每一件事都发生在一线。每个团队自己制订年度投资预算，投资预算在工厂一级加总，有时一年高达 3 亿美元。当各团队对整个电厂的预算总额感觉满意之后，再由一个预算任务小组审查所有电厂的预算并建议进行修正和改进（但无权强制修改）。这个小组的成员会包括总部几位有专业知识的员工，但大多数都来自各地的电厂，背景各异，因此有可能一个保安会跟一名技师和一位工程师坐在一起。内部审计也同样由志愿任务组进行，而每一个厂都由来自其他厂的同事审计。任务小组的主题也各不相同，囊括了薪酬、社区服务、环境工作和公司价值观等。

与固定的职能部门相比，AES 发现使用志愿任务小组有很多好处。员工找到在主要岗位之外施展才干的途径，当他们看到自己真正有能力参与塑造公司时，主人翁精神和责任感油然而生。丹尼斯·巴基还坚信，任务小组是无比强大的学习场所。公司在任何时候都同时有几千名员工参与任务小组，他们从经验更加丰富的同事那里学习技能和领导力。这是一种大规模的现代学徒制，没有任何课堂培训能够提供像志愿小组这样每天都在进行的真实的学习。

没有组织结构图、没有岗位描述、没有职位头衔

琥珀色和橙色组织都有组织结构图，图上的格子有头衔和岗位描述，这意味着：员工必须适应他们被招聘或提拔进入的格子。青色组织颠覆了这种假设：人们不需要适应预先定义的工作，工作产生于他们根据兴趣、才能和组织需求匹配而成的多种角色和责任组合。

管理者的传统任务一般包括制定方向、预算、分析、计划、组织、衡量、控制、招聘、评估和沟通，现在这些功能被分散到一个团队的不同成员身上。比如 FAVI 的一个工人，可能操作几台不同的机器，同时又负责为团队订购耗材，领导持续改进活动以及团队招聘工作。除非为了招聘的目的，否则没人花时间撰写岗位描述。如何给这个工人的工作来命名呢，叫"操作工/招聘员/耗材协调员"吗？头衔和职位描述很难反映不同角

色的独特混合，而且过于静态，也不利于解释进化型组织中工作的流动性。同事们会根据工作量和偏好频繁转变和交换角色。例如，博组客的一名护士在她的病人突然需要更多照护时，可能会请同事接管团队计划工作；有些护士在某些时间会为团队承担更多的管理任务，而在其他时间又会承担较少的管理任务。从具体的工作而非预设的职位出发可以产生强大的流动性和适应性。人们可以很容易从一个工作换到另一个工作，不需要经过任命、提拔和工资谈判等各种繁复而又常常政治化的程序。

在博组客，团队特别注意尽量把管理任务分散到不同人身上。就像有些团队已经体会到的，当太多的管理角色集中在一名成员身上时，层级制就会在人们不知不觉中悄然回归。其他组织（比如 FAVI）由团队中一名成员担任大部分管理角色（FAVI 叫他们"团队领导"并非出于本意，因为这可能会暗示他们拥有比同事大的层级权力）。两个组织的工作性质导致他们使用两种不同的做法。让一个护士利用照顾两个病人之间的时间进行某项管理工作比让操作工停下他们的机器更容易些；而 FAVI 发现，让一个人在团队成员之间走动，只在需要帮忙的时候偶尔操作一台机器，这样最为有效。但这个选择也有其风险，关于层级的文化影响如此强大，团队领导有可能会开始像老板一样行事，摇身变成团队中的首要决策者。在 FAVI，如果哪个团队领导开始耽于权力的甜味，有一个简单却很有效的保险阀可以控制这种现象：工人可以在任何时候加入其他团队。团队领导无法强迫人们的行为，更没有权威单方面开除人。因此，如果他们开始有独裁行为，工人可以马上离队。

在大多数组织内，特别是橙色组织，头衔就像代表地位的货币，而像所有货币一样，头衔也符合通货膨胀的规律。在很多公司，它们似乎都会持续膨胀和增多，比如副总裁、高级副总裁、执行副总裁、初级与高级总监以及越来越多样的首席官。在橙色世界观中，人们努力工作就是为了获得下一次的提拔和一个更大的头衔。

从进化-青色的视角看，职位头衔对于自我而言如同蜜罐：诱人而又容易上瘾，但终究不太健康。如果头衔意味着社会声望，我们可能会很快产生依恋，并滑入一种陷阱，从而相信我们"就是"我们的工作身份。在一个层级制度中，我们认为自己比某些人高、又比另一些人低则是太自然不过了。因此，大部分青色组织都没有职位头衔，这也就不奇怪了。

同时我们也要注意：这并不意味着每个人都是相同的，或者说所有工作都一样。有些工作角色范围相当狭窄（比如操作某种机器或者清洁办公室），而有些角色的视野则更广（比如设计新的产品线）。在本书研究的所有组织中，有一个人被认为视野最宽广，通常这个人被称为 CEO，至少外界是这么叫的（虽然他并没有传统 CEO 所拥有的特权，3.1 章会讨论这一点）。还有一些有明确定义的角色，人们也自然会为之命名，例如博组客的地区教练或 FAVI 的团队领导。但对大多数员工来说，人们不会刻意去为他们某个时刻承担的各种不同角色的组合寻找一个标签。由于职位头衔在我们的文化意识中如此的根深蒂固，所以进化-青色组织中的大部分人在向家人和朋友介绍自己的工作时，通常会用传统组织的词汇现编一个能够大致描述个人工作内容的头衔。

我研究的那些组织不仅弃用了职位头衔，几乎还都决定停止使用雇员、工人或经理这些词，代之以其他的用词——最常见的就是"同事"。如果我们能停下来，认真地聆听雇员、工人和经理等词语的内涵，一定会纳闷我们平常怎能如此随意地使用它们。

组织外部，有时甚至内部的人可能会发现没有职位描述和头衔令人感觉有些混乱。没有格子可以放人进去，组织结构图消失了，想知道谁负责什么并不总是很容易。因此，很多组织在内网上面设一个表单让同事们填写他们当前的工作角色。比如，博组客内网上就有一个这样的功能，帮助护士们有问题或需要建议时能够找到承担类似工作的相关同事。

我们的确很难不以传统的组织结构图的角度来思考。我在做这项研究的过程中，就发现自己有时会根据一个人的角色去琢磨应该把他放在传统的组织结构图中什么位置才最合适。比如，我在跟升旭液压的一位工程师聊天时就问他："所以你在一个正常的公司里应该相当于厂长，对吗?"他用四个字给了我一个最佳答案："是，也不是。"一方面，他的确是担着一个厂长所做的某些工作，比如，他的一项工作就是需要探讨全工厂范围的改进举措；另一项工作是感知同事之间的氛围，如果发现情绪低落要有所行动。他有可能领导某些大项目，例如生产过程中某一步骤的自动化；另一方面，他对工厂的损益没有责任（更确切地说，他拥有的责任与其他任何人是一样的），如果工厂业绩欠佳，并不会特别危及他的工作（而是每个人的工作都有危险）。同时，他不能强制推行某项决策，也没有特权招募或解聘人。因此，他一点也不像传统的老板。

这是否意味着，在自主管理的组织中根本没有老板呢？正好相反，人们承担的每一项工作都是对同伴的承诺。他们不是向单独一个老板负责，就他们所做出的承诺而言，每一个同伴都是他们的老板。下一章我们将会讨论自主管理架构的实践，那个时候你会看到任何人都有可能戴上"老板"的帽子，推动重要的决策、发起新的举措、问责绩效不好的同事、帮助解决冲突或者在结果不好又需要行动时发挥领导者的作用。

青色学校：自主管理的学生、老师和家长

今天我们的学校与自主管理的距离可能比大部分其他类型的组织还要更远。几乎在所有的地方，我们都已经把学校变成了没有灵魂的工厂，每年按每班25人的批量加工学生。孩子们被视为可以互换的产品单位，需要通过预设的课程表进行加工。加工周期结束时，符合模子的可以毕业，不符合的则在加工过程中不断被抛弃。这种体系似乎认为，只有当孩子们安静地坐在向他们不断灌输信息的无所不知的老师面前时，学习才最有效。不能信任孩子们可以决定自己的学习计划和设定自己的目标，这些必须由老师们来做；但同时，也不能信任老师们，他

们必须由校长、总监、校区、专家委员会、标准化考试和强制性学校项目来严密监管，以保证他们的工作至少还过得去。

工厂式教育制度似乎日益过时，越来越多的人在呼唤教育创新，并且开始在学校中进行课程设置、教学技术和学校治理方面的试验。但是，有没有可能建立一所真正的进化型青色学校，那将会是什么样子的呢？德国柏林市中心的 ESBZ 就是一个绝佳的范例。ESBZ 是一所创办于 2007 年的 7—12 年级中学，该校从获得批准到开门招生的过程显得相当匆忙。离学年开始仅有 3 个月的时候，市议会突然决定把一座老旧的预制板楼房交给一群不肯放弃梦想的烦人家长。学年开始时，只有 16 名学生注册，几个月之后，到了年中，又有 30 名学生加入，大部分是其他学校拒收的学生或者开除的问题学生。对于一所新的学校而言，很难说那是个充满希望的开端。但仅仅几年的时间，这所学校发展到了 500 名学生的规模，并且吸引了全国数百名校长、老师和教育专家前来参观学习。

这所学校的精神支柱就是家长们从德国西部招聘来的校长玛格丽特·拉斯菲尔德（Margret Rasfeld）———一位激进的革新者和曾经的科学老师。20 年前发生的一件事深刻改变了拉斯菲尔德对孩子和教育的理念，也播下了这所学校的种子。1986 年，她教的几个八年级学生来找她讨论学校发生的暴力、欺凌和敲诈勒索的问题。她说如果他们愿意，可以到她家谈谈，那里说话更方便。第一次来了 16 名学生，一周后来了 33 名。这些十几岁的孩子希望从她那里获得答案，她也没有答案，但她帮助他们走上了探索的旅程，去寻找自己的答案。在这个过程中，她从孩子们身上发现了她以前从未看到的一面，她为孩子们从他们自己身上发现的勇气、坚持、韧性、才智和同情心而惊叹，而这些品质从未能在学校里被激发出来。从那时起她就坚信，教育应该激发孩子们真正的潜力和真实的本性；她希望不仅能激发他们的思维，还要吸引他们投入双手、内心和灵魂。

让我们把画面快进到现在，学校平时上午第一堂课之前的那一刻。如果你去参观 ESBZ，在校门外就能感觉到这所学校有些特别，这种感觉来自孩子们的状态，他们走路的姿势和互动的方式。学生们不是在大门附近晃悠，到了最后一分钟才磨磨蹭蹭进教室，相反，他们是兴高采烈地直接迈向教室的。他们的神态中透出沉静的决心与专注，他们的心思已然投入到某个项目之中。这里并没有青春期的故作姿态和各种比酷。学校在创立原则中就申明，所有的孩子都是独一无二的，他们都有各自的才能可以贡献，他们都是宝贵的、值得珍视的和被需要的。在某种程度上，孩子们迈进学校的样子就在告诉我们，这些原则不仅仅是纸上的文字，他们以自己的身体、姿势和神态直接体现出这些原则的精髓。

ESBZ 是如何执行这些原则的呢？首先，孩子们得为他们的学习负全责，在很大程度上，学生们自学并且互相学习；成年人基本上承担导师和教练的角色，只是在必要时担任传统的教师角色。他们给予鼓励、建议、赞扬、反馈和挑战，学习的责任牢牢掌握在学生手里。

这种自主学习是先从几门主课开始的，包括语言、数学和科学。学校首先取消了这几门课的正式讲授，老师们把这些科目划分成不同的模块，再把每个模块的理论、练习和测试印在大号抽认卡上，然后由学生自己决定学习的进度。数学有困难的学生可以在数学上多花时间，而在觉得容易的科目上

> 师父领进门，修行靠个人。
> ——中国谚语

少用些时间。各个模块都设有高阶内容供有兴趣的学生选择，但不是必修的。学生可以自学，也可以根据需要组成学习小组。他们有问题时，会先问同学，只有在同伴们帮不上忙的时候才会去问老师（老师因此能够腾出时间来做深度的个别辅导）。班级都是混龄的，七、八、九年级的学生在一起学习。孩子们在学习者和教师的角色之间不停地切换，特别是大孩子能从帮助小孩子的过程中学习（这可以帮助他们复习以前学习过的内容）。因为学习进度可由学生自己掌握，ESBZ 变得非常包容。每个班都有几个患有自闭症和有不同程度学习障碍的孩子，以前通常他们会被降级并送到特殊需求学校，但在这里他们可以按照自己的学习节奏与其他同学一起学习。在这里，学生的社会背景格外多样化：20% 来自少数族裔家庭，25% 有资格领食品资助，而大约 25% 来自社会阶层的另一端，其家庭背景非常优越。

　　每一名学生都有一个笔记本，用来记录他们的学习成果。学校并不是放任不管，而是对每一名学生年终的成绩都有明确的期望（学生们如果对某个科目很有激情，那当然可以超出期

望值，很多孩子都会这样选择）。每周五，所有的孩子都会跟自己的导师进行一对一谈话。他们一起讨论本周的进步，遇到的问题和下一周的计划，以及萦绕心间的情感或关系话题。通过这些一对一谈话，老师和同学得以互相深入了解，师生之间的联结比传统学校要深厚得多。孩子们知道：有一个人真的在乎我，有一个人会在那里听我说话。一年两次，学生们在与导师的谈话中确立半年的三个目标。例如，有个叫保罗的 13 岁的害羞男孩，他设立的一个目标是更放松地让别人看到自己，他想学习的一件事就是更多地当众发言。

基本科目的自学时间是早晨的前两个小时。一天的大部分时间则用于贴近实际生活的个人或集体项目。有些学生重新设计学校建筑的一部分，然后协调翻修工作；其他人可能会努力让市议会采纳更高的环境保护标准。学生们被鼓励去寻找那些对他们来说最重要的事情，制定高远的目标，敢于失败，敢于再次尝试，同时也要及时庆祝成就。他们知道自己的声音很重要，他们可以带来不同，别人需要他们，而且他们也需要别人。

在七年级和八年级，学生们每周三都在校外花两个小时上一门叫做"责任"的课。孩子们和自己的导师商量，找到一种既能做出有意义的贡献又能同时学到东西的活动。例如，想克服害羞的那个保罗就选择志愿去他以前的小学教围棋。他听到曾经特别喜爱的围棋课由于老师调走不得不停课，就很为那些正在学围棋的孩子们难过。突然，这一切都联系在一起，有了重要的意义：保罗可以教围棋，站在一群孩子面前讲课符合他练习公开讲话的目的，况且在一群比他小的孩子们面前练习讲话，又相对容易尝试。他现在唯一需要做的就是说服之前小学的校长同意让他试一试。其他孩子也像保罗一样，都能找到一个适合他们的地方，有的在老人院工作，有的去幼儿园组织校园戏剧演出，一切由兴趣和学习目标决定。孩子们体验到了采取主动、被需要和在他人生活中带来不同是什么感受。

在八、九、十年级，学生们会上一门叫做"挑战"的课，这个词在德语（Heraus forderung）中很美，原意是"受到召唤，由内而外地生长"。他们被邀请发掘自己隐藏很深的内在潜力。在这一学年中，他们会组织并参加一个特殊的三周活动，单独或以小组的形式挑战自己，走出自己的舒适区。有个四人小组准备了一个三周的丛林生存营，他们在自己搭建的棚屋里靠采集的食物生活。丹尼尔是一个 16 岁的外向男孩，他的挑战是在一座寺庙里进行三周的止语禅修。一位音乐教师挑战一组孩子，让他们在一个废弃的旧农场里连续三周、每天 8 个小时进行高强度音乐训练。也有同学用极少的钱在德国骑行，路上吃住都需要请求别人提供。这种经历往往充满艰辛，但当学生们谈起他们取得的成就以及面临恐惧和超越恐惧所带来的个人成长时，兴奋与自豪溢于言表。

ESBZ 在学生自主管理方面最为大胆的尝试目前正在进行之中。在德国，十二年级末的学生必须参加全国高考，考试分数决定他们可以申请哪所大学。这次考试如此关键，因此，连 ESBZ 的十、十一和十二年级在过去几年中都一直依赖更传统的应试方法来教学。但同时，学生和教师们也在想，有没有可能重新设计十、十一、十二年级的课程，使之既符合学校的指导原则又能帮助大家很好地备战高考？三个年级的所有学生今年就会投入到这个雄心勃勃的一年期项目当中，来重新设计三个年级的课程。设计思维（著名设计公司 IDEO 开发的方法）方面的专家会通过一个两天的设计工作坊帮助师生们一起开发出总体概念；然后，学生和教师们会在顶尖教育专家的支持下，把这个概念变成具体的结构和做法。学生和老师正在高效地重新设计自己的学校。

ESBZ 的教师们也是自主管理的。教师通常是一个孤独的职业，而在 ESBZ，教学是一个团队项目。每个班有两名导师，因此每个老师都在双人小组中；三个班组成一个迷你学校，他们在同一楼层工作，共用一个教师办公室，每周开例会。这些迷你学校就像 FAVI、博组客或 AES 的团队，能够对日常问题和机会做出快速的反应。表面上看，这所学校也有传统的层级（由于是政府出资，因此也必须设置一位校长、两位副校长和一位教学总监），但迷你学校不需校长批准几乎可以做所有的决定。

家长也是自主管理。学校的建立基于一个特殊条件：市政府仅支付教师工资的 93%，而不支付有关教学楼和任何其他方面的费用。因此，家长需要按照家庭收入的比例捐款补齐费用缺口。为了最大限度地减少开支，家长们决定每人每月贡献 3 小时的工作时间，而他们做什么和如何做也都遵循自主管理原则。例如，教学楼整修团队经常定期组织大型欢乐周末活动，由50名家长动手翻新教室。几年前破旧、漏水的老楼房在家长们的努力下，变成一间间温暖、多彩、功能齐全的教学场所。放学之后，这里还会为从各地赶来学习ESBZ魔法的几百名校长和教师们举办工作坊。你可能已经猜到，这些工作坊几乎全部都由学生带领，而非由教师或学校的创始人兼校长玛格丽特·拉斯菲尔德亲自讲授。

ESBZ值得关注的是它并不享受任何特殊的待遇。它与柏林其他任何学校一样必须满足定量的学时，并且即使有家长的捐款，学校的预算还是会比公立学校低。每一所学校都可以复制ESBZ的成功，因为更多的钱和资源不是决定性因素。真正起作用的只是用崭新的眼光来看待孩子、教师、家长和教育而已。

2.3章 自主管理（流程）

自组织并不是什么惊天动地的新发明。它是人类一切活动形式的鼻祖。世界以这种方式运转了几十亿年，直到有一天我们人为地介入其中，试图掌控一切。

——玛格丽特·惠特利 & 迈伦·凯尔纳-罗杰斯
（Margaret J. Wheatley & Myron Kellner-Rogers）

自主管理需要一系列互锁的架构和做法。上一章里，我们探讨了自主管理的架构，比如金字塔架构是如何让位于团队的，而传统职能部门的工作又该如何嵌入团队之中。但如果光是改变架构，你恐怕会悬在半空而无法落地。随着金字塔架构的消失，我们需要重新创造许多最基本的组织流程——从决策、信息传递、投资、绩效评估到薪酬机制。我们需要回答一系列非常基础的问题：如果老板不再发号施令了，决策该怎么做？谁可以花公司的钱？怎样衡量并讨论绩效？如何防止员工懈怠？

谁来决定员工的薪酬和奖金？本章将依次探索这些问题。

决策制定——建议流程

如果没有了正式的层级关系，该如何做决策呢？是任何人都可以做任何决定吗？这听起来仿佛是在制造混乱。那么，是通过达成共识来做决策吗？这对于有数百甚至数千人的企业而言，实在是既费时费力又无法操作。

本书所研究的组织几乎都采用了极其相似的决策方法，该方法被 AES 称之为"建议流程"。做法很简单：原则上，组织中的任何人都可以做任何决定，但在做决策之前，此人必须向所有可能会受到该决策影响的当事人以及擅长该决策事项的人寻求建议。最终的决策不一定需要采纳每一条建议，这个流程的关键点也不是要寻找一个让所有人都满意、和稀泥的解决方案。但是决策者有义务征求并认真考虑每一条建议。决策越重大，所寻求建议的范围就要越广——必要的时候可以征询 CEO 或者董事会的意见。决策者通常是发现问题、发现机遇或者深受影响的那个当事人。

> 当使用建议流程时，任何人可以做任何决定，但必须事先征求利益相关方以及专家的建议。

丹尼斯·巴基（Dennis Bakke）用自己的亲身经历向我们诠释了建议流程是如何运作的。有一天，AES 刚刚入职不久的财务分析员沙扎德·卡希姆（Shazad Qasim）向巴基寻求建议。沙扎德想离开现有的岗位，回到母国巴基斯坦并代表公司去开拓电厂项目。巴基记得当时自己是这么说的：

我告诉他，我对此表示怀疑。几年前，美国国务院国际发展司曾经鼓励我们到巴基斯坦开拓业务。我们回应他们在美国本土 AES 还没有做好，就别提巴基斯坦了；此外，巴基斯坦被列为世界上高腐败国家之一，AES 的商业道德准则很可能使我们在那里颗粒无收。[1]

然而，不管 CEO 给出什么意见，建议流程意味着决定权属于沙扎德。他最终还是决定去巴基斯坦，并给自己安排了个"业务拓展"的新职位，工资保持不变。6 个月后，这个原财务分析员邀请巴基赶到巴基斯坦与总理见面。两年半后，一座价值 7 亿美元的发电厂建成投产。作出这个符合 AES 原则的 2 亿美元股权投资决策的，并不是 CEO 巴基或董事会，而是沙扎德以及那些级别不是很高的员工（当然，鉴于投资金额巨大，沙扎德事前征求了巴基及董事会的意见）。

我们通常认为，决策的制定只有两种途径：要么使用职位赋予的权力（总需要有人发号施令，虽然多数人会沮丧失望，但至少事情是完成了），要么通过达成共识（每个人都有发言权，但经常慢得令人沮丧，或者由于无法达成共识而不了了之）。建议流程则非常完美地超越了这对矛盾：既避免了什么都要达成共识的苦恼，又可以让所有利益相关方都有机会表达意见。每个人都可以自由地抓住机遇并做出决策，只要事先认真听取各方意见即可。因此，建议流程是大规模实施自主管理的关键。AES 和其他一些自主管理组织的员工都明白该流程至关重要，而忘记使用建议流程是为数不多的会遭解聘的原因之一

（我们稍后会探讨如何在没有层级制的情况下开除一个人）。

听巴基讲实施建议流程的诸多好处，是很有意思的：他经历过的建议流程催生了真正的利益共同体、谦逊精神和学习氛围，也引发了更好的决策与工作乐趣（注意这些与进化-青色组织的价值观是多么的一致）。

首先，建议流程把所有能对相关问题发表意见的人凝聚在一起，通过对议题的探究，他们无论是批评还是支持都显得有根有据。信息分享的过程强化了同属于一个社群的感受。每个被征求建议的人都感到被需要和被重视。

其次，向他人征求建议是个非常谦逊的行为，而谦逊是营造愉悦工作环境的最重要的因素之一。仅仅这一个行为就是在传递"我需要你"的信号，决策者和建议者之间的关系因此被拉近。就我的亲身经历来看，这使决策者简直就不可能忽视所得到的建议。

第三，做决策相当于是在岗培训。建议者非常熟悉情况，而且很在乎事情的成败。没有什么其他的教育或培训可以媲美这样的实时体验。

第四，与传统的自上而下的决策方式相比，这种方式有更大的概率让我们获得最佳决策。决策者本人与问题高度相关，这已经是优势，何况……一般情况下他都必须要承担决策所带来的后果。

最后，对于决策者而言，过程中有很多乐趣，简直就像是团队体育项目的翻版……建议流程激发了主动性和创造性，并且它们会因为组织内其他有识之士带入的智慧而得到进一步的增强。[2]

关于 AES，有个挺有趣的地方值得关注，那就是他们似乎还没太弄明白如何完全利用基于同侪的系统来运作组织，这和博组客以及其他的一些我们即将提到的公司有所不同。他们还保留有一些"类金字塔"的层级——操作工、厂长、区域总监、执行委员会。与此同时，简单易行的建议流程超越了这些层级而得以执行。无论员工处于组织的哪个位置，他都可以发起任何决策。位于"上层"的人不能仅凭高位就否决这些决策。每个人包括执行委员会以及丹尼斯·巴基本人（联合创始人兼CEO）都必须在制定决策时寻求建议。巴基甚至推动董事会也遵循这一原则，董事会成员积极地参与到员工们就某一重大决策而发起的建议流程之中；另外，巴基认为除了那些法律明文规定必须由董事会做的决策之外，董事们不应该自行做任何其他的决定。

不要误解，自主管理组织的 CEO 与其他领导者可不是弱势的甩手掌柜。值得一提的是，比起那些靠层级制手握大权的领导者，他们反而消息更加灵通，更有影响力。因为有了建议流程，公司各个角落的员工都会经常咨询他们的建议，所以他们所接触到的信息和决策相对真实而全面，不会像传统公司一样在向上传递的过程中经过逐级的审查和过滤。在

> 建议流程是自下而上的过程，但并不是漫不经心的过程，而是关乎创造、认真的分析、精心的策划以及严格的执行。
>
> ——丹尼斯·巴基（Dennis Bakke）

传统的组织里，高管们需要千辛万苦地整合各种互相冲突的观点，才能形成一个决策，因为这一过程费时费力，高管们反倒成了决策的瓶颈。有了建议流程，高管们就可以提出尖锐的问题，有力地给出自己的见解，然后处理下一个议题，把整合不同观点和建议的事情交给另外的决策者来处理。

征询建议无须遵循固定的模式。可以是同事之间一对一的讨论，也可以召集相关人士一起开会探讨。当要做的决策涉及许多人时，最好的办法就是通过邮件或者公司内网来收集意见。比如博组客就有一个非常活跃的内部社交网络。当创始人兼CEO 德布洛克或者任何其他人在考虑一项可能会影响到许多人的决策时（比如薪酬的决策），他就可以直接把问题和自己建议的解决方案放到内部网上来征集同事的建议。

不，这不是共识

建议流程相对简捷，超越了共识或者一言堂式的决策方法。有时也许还需要更复杂一些的决策流程。博组客采用了一种既优雅又整合的流程（在本书2.2 章曾描述过），在本章稍后将会介绍的合弄制的治理流程则是另外一个例子。值得反复说明的一点是，这些决策制定的过程都不涉及寻求共识。我注意到许多人想当然地认为，在一个没有老板的自主管理组织中，决策必须经过共识才能达成。由于那些为了达成共识而产生的无休止的讨论在人们心中投下了阴影，所以自主管理这一可行的组织运行模式很快就被误解并放弃了。

理论上，共识看起来颇有吸引力：让每个人都能平等地发出声音（绿色组织最推崇这种价值观）。但在实际操作中，这种做法经常会变味走样，沦为小我的集体暴政。只要感觉到自己的私心或者某个古怪的想法没有被认同，任何人都有权力一票否决集体的决议，所以就变成不光是老板，而是所有人都有权力凌驾于他人之上（尽管只是造成组织瘫痪）。哪怕是微不足道的小事，这种想让所有人都满意的企图换来的往往是痛苦。这就难怪，到头来大多数人不再关心事情本身，只求有人拍板，做什么决策都行。在建议流程中，没人有权凌驾于他人之上。这个流程超越了对共识的需要，让每个当事人都发表意见（重点是意见是否合适，而不是意见平等），但不能阻碍事情的进展。

寻求共识的做法还有另外一项弊端，那就是会稀释责任。在许多情况下，没人觉得自己需要对最终的决策负责。由于自己的想法不被众人认可，最初的提议者会感觉非常挫败，他很有可能就是那个最不支持集体决议的人。因此许多决策根本执行不下去，或者执行得非常潦草；而当事情不能按计划进行的时候，又根本不知道谁应该介入。在建议流程中，为决策负责的始终就只有一个人，那就是决策者，这一点非常明确。因为很确信自己做出的是最好的决策，决策者会激情澎湃，努力奋进，借以报答建议流程中给予自己信任的人，或者力图向那些提出反对意见的人证明他们的担忧其实是杞人忧天。所以说，寻求共识耗尽了组织的能量，建议流程则提升了组织的能动性和创造力。

危机时刻的决策制定

在那些需要当机立断做出艰难决策的危机时刻（比如在经济低迷时期裁员或出售部分业务），还要坚持采用建议流程吗？面对我们要解聘的员工，我们还可以真诚自然地听取他们的意见吗？也许非常时刻需要采取非常手段，需要暂停自主管理的方式让 CEO 自上而下地做出一些必要的决策。不过，如果 CEO 可以决定随时跳进来，恢复独裁式的决策方式，员工又怎么可能对自主管理的方式始终保持信任呢？FAVI、博组客以及 AES 都曾经历过危机时刻，它们采取的合适的处理方式很值得其他面临危机的自主管理组织借鉴。

没人会认为让-弗朗索瓦·佐布里斯特这个强壮的前空降兵是个优柔寡断的人。但当他在 FAVI 遇到困难需要做出重大决策时，他会主动承认自己需要帮助才能找到好的解决方案。他不止一次冲到车间叫停生产线，跳到一个木箱子上，把他的难题原原本本地告诉工人，与他们一起寻找解决方法。他任期内的首次重大危机发生在 1990 年，由于第一次海湾战争的爆发，汽车订单暴跌，库存积压，工人无所事事，产能和成本亟须缩减，显而易见的解决方案就是解雇临时工。但在 FAVI 几乎没有真正意义上的临时工，按照法国法律，新员工先与公司签订 18 个月的临时合同，然后便转为正式合同。FAVI 早就把绝大多数员工看作是团队中的正式一员了。解雇临时工，不仅将自毁对这些员工道德上的承诺，也会导致他们花精力培养的人才白白流失，更何况，经济很有可能在几个月后就会复苏。当问题繁多又毫无头绪的时候，佐布里斯特站到了木箱上，把他的两难处境向当班的所有员工（包括那些前途未卜的临时工）和盘托出。工人们大声地喊出自己的想法和困惑，有个工人提出："我们可不可以这个月只工作三周，拿三周的工钱？这样一来，就不必辞退临时工了。如果有必要，我们下个月可以继续。"周围有人点头赞同，大家很快就对这个建议进行了投票。出乎佐布里斯特的意料，居然全体通过：工人们自愿临时降薪 25%。还不到一个小时，问题就解决了，车间内再次响起隆隆的机器声。

我所认识的大多数领导者都认为佐布里斯特的做法太过冒险，把自己的窘态和盘托出会让他们觉得自己脆弱不堪，所以这样的做法他们连想都不会想。确实，没人能很笃定地预测到得知自己工作要泡汤时，员工们会是什么反应。因为害怕丢了工作，聚在一起的人很可能针锋相对，造成局面的混乱失控。佐布里斯特分享完公司的困境之后，他也没有事先想好要怎么引导大家讨论。他选择了信任——信任自己、信任员工、信任流程。

> 我最终发现并不是每一个危机都可以被妥善地处理好。尽管我们想让自己一直拥有安全感，但其实我们并不能保证自己万事无忧。如果我们想拥抱生命，那么我们也必须接纳混乱。
>
> ——苏珊·伊丽莎白·菲利普斯
> （Susan Elizabeth Phillips）

当然，更保险的做法是找来人力资源经理一起商议，让他仔细地演绎一系列有可能发生的场景，再把核心管理团队秘密召集起来讨论，暂时捂住问题，直到管理团队做出最终的决定（不过在 FAVI 的案例里，佐布里斯特是没有人力资源经理或者高管团队的，但他也有机会召集部分信赖的人来给他支支招）。领导们都擅长在处理敏感问题时使用这种经过验证相对靠谱的方法。也许领导者没有意识到这种做法其实是由内心的恐惧导致的：担心员工无法接受残酷的现实；担心如果不能当机立断，自己的权威就会受到质疑；担心如果不能在讨论问题之前就找到答案，自己会看上去像个傻瓜。佐布里斯特有能力管理自身的恐惧，这让他可以另辟蹊径，十分有效又极具激励地解决了问题，同时证明了一点：领导者完全可以把棘手的问题交给员工，让他们自己找到解决方案。即便是在危机时刻，只要有合适的框架，建议流程依然可行。领导者在计划退回到自上而下的决策模式前，不妨三思而后行。

博组客在 2010 年遇到危机时，也是建议流程帮了它们的忙。当时这家年轻的公司正在以惊人的速度发展，若斯·德布洛克却听说医疗保险公司以技术原因为由，扬言要取消支付给他们的 400 万欧元（其实很可能是保险公司想借此警告博组客，它们的快速扩张侵犯了其他既有服务商的利益）。现金流面临中断，于是德布洛克就在内网上发了个帖子，向所有的护士说明了遇到的问题，并提出两个解决方案：要么博组客放缓成长（新团队在初期的成本比较高），要么护士们承诺提高效率（在合同时间内服务更多的客户）。护士们纷纷在帖子里留言，以压倒多数的投票选择更努力地工作，因为她们不喜欢第一个选择，放缓发展速度意味着要拒绝想加入博组客的护士以及客户。在短短的一两天时间里，现金流的问题就得到了解决（此后不久，保险公司也终于放款了）。

AES 在面临危机时刻的经验在于采用一种善巧的方式来暂停建议流程。2001 年秋，AES 的股价在"9·11"恐怖袭击和安然公司倒闭之后一路暴跌。公司需要到资本市场融资以解决高额的债务问题，但没料到资本市场给它们吃了个闭门羹。当时，公司亟须迅速有力的举措来避免倒闭，其中的关键在于：出售多少以及哪些电厂才能套现所需的现金量？当时的 AES 有40000 名员工，并且分布在世界各地，CEO 丹尼斯·巴基不可能像 FAVI 的佐布里斯特那样跳上木箱召集所有人商讨对策。他遇到的难题又是如此复杂，因此也不能像博组客 CEO 德布洛克那样直接发个帖子，为大家提供两个选项。

为了尽量降低造成不信任自主管理的风险，巴基在暂停建议流程的同时，采取了一些行动。他和管理团队并没有选择闭门造车，而是公开宣布将在限定的时间内对有限的事项（特别是至关重要的紧急事务）采取自上而下的决策方式，而其他事项还将继续通过建议流程来决策。为了寻求危机时刻的最佳行动，巴基提拔了一名年轻有为的法律顾问比尔·卢拉斯基（Bill Luraschi），而卢拉斯基既不是公司资深的领导者，也无心成为接班人。该举动传递的信号非常明确：组织的高层并不想攫取更多的权力，自上而下的决策将由一个没有权力野心的人负责制定，并且真的只是暂时的。

面对危机，如果真的有必要暂停建议流程，以下两项指导原则将会帮助保持员工对自主管理的信任：开诚布公地宣布自上而下决策机制的适用范围及时限；同时任命一个无意在危机过后继续攫取权力的人来负责决策。

采购与投资

在采用建议流程制定决策的过程中，最能彰显员工权力的莫过于动用公司资金了。在大多数的组织中，该类授权都是有限额的。一线经理的授权可能是 1000 美元，一旦超出这个金额，则需要他的老板审批；部门经理可能会达到 10000 美元，厂长可以达到 100000 美元。通常情况下无论金额大小，采购订单一般都需要通过采购中心来处理，该中心负责协调与供应商的关系并进行谈判。

在自主管理组织中，不存在授权权限，也没有采购部门。如果有人需要购置一台价值 50 美元的打印机，他不需要打电话给 IT 部门，然后盼着老板给开绿灯，再等上若干天或若干周后收到打印机，他只要直接去沃尔玛超市买一台就行了。原则上，任何人都可以花钱，金额不限，前提是在做出决定前他是否征求了所有必要的建议。一般来说，金额越大，被征询的人数就越多。在 FAVI、升旭液压和其他一些自主管理组织，哪怕采购金额高达几十万美元，负责采购机器设备的也是该设备的操作工而不是经理。他们自己做需求分析，确定设备规格，拜访供应商及谈判，如有必要还会向银行贷款。在层级森严的组织当中，需求分析与选择机型是工程师的事，工人们只会对新机器满腹牢骚，要他们学习操作的时候就更是不情不愿的了。如果工人可以自己选择机型，就不会有这种抗拒变化的情况发生了。

那么通常批量采购有的折扣怎么办？分散采购就一定不会省钱吗？答案经常是：相信员工在自主管理的框架内会做出正确的决策。对于有些物品来说，当集中采购的折扣大到不能放弃的时候，从同一家供应商采购的同事们就会自发地彼此协调，以便最大限度地提升购买量。晨星公司（一家我们后面会深入讨论的番茄加工企业）的员工发现，很多同事都需要购买螺纹固定剂（一种防止螺母和螺栓意外松动的黏合剂），而目前大家手头有几十种不同的规格和很多不同的供应商。目前的采购方式不仅损失了折扣，而且这种未经协调的采购导致了不必要的官僚作风，因为食品行业法规要求工人把所使用的每一种螺纹固定剂的规格都记录在"物料安全数据表"里。某一天，有个工人提议说他可以每季度在工厂里转一圈，看看同事们是否愿意让他统一订购固定剂。包装材料的采购也有类似的情况发生，因为集中采购的折扣同样相当可观。凡是能够创造价值的地方，人们就会自发地进行协作。

那么如何实现标准化呢？比方说，从同一家或者兼容的供应商那里采购计算机或电话是很合理的。我们同样可以信任建议流程。如果秘书需要添加一台新电脑，除非她十分精通软硬件，否则她很可能会咨询一个懂行的伙伴，来确保她的新电脑能跟其他 IT 设备兼容。在这种情况下，没有必要为此指定一个部门来制定标准。如果情况比较复杂，肯定会有人自告奋勇，召集一组人去研究并制定出标准。

明确的假设

自主管理组织的创始人与领导者往往会被反复问及同一个问题：取消自上而下的监控，让大家凡事自己做主，这种做法会不会风险很大而且很愚蠢啊？尤其还涉及资金的问题？自主管理组织的经验恰恰是：由于决策的质量提升了，这样做的风险不仅不大，反而会更小。真正有意思的是，当我们需要在信任与控制之间做出选择时，人们很少会从理性的层面来做分析，我们的选择往往基于内心深处潜意识里的假设——关于人以及人的动机的假设。正是出于这个原因，好几位进化-青色组织的领导者都认为：如果能够经常把自主管理的基本假设阐述清楚，并与传统层级制的假设进行对照，将会让组织受益匪浅。

每次 AES 并购新的发电厂时，巴基都会把 AES 的管理模式介绍给新的团队，他会问这些新员工原来公司的老板和经理是如何看待他们的。巴基把工人感受到的前上司们对他们的假设总结成以下几个方面：

- 工人都很懒，如果不盯紧点，他们就会偷懒；
- 工人干活主要是为了钱，什么能挣钱，他们就会去干什么；
- 工人都自私自利，先考虑个人利益，然后才想对企业的好处；
- 当工人做一项简单的重复性工作时，他们的表现最佳，效果也最好；

● 工人没有能力对影响公司经营业绩的重要事项做出明智的决策，老板们才擅长做这些决策；

● 工人不愿为他们的行为承担责任，也不愿为影响企业业绩的决策负责；

● 工人需要关怀和保护，就像孩子需要父母的照顾一样；

● 工人应该拿计时或者计件工资，而老板们应该拿月薪，以及可能的奖金及股权；

● 工人就好比是可以互换的机器零件，一个"好"工人和另外一个"好"工人基本上是差不多的；

● 需要有人来告诉工人们该做什么、什么时候做以及怎么做，老板们要告诉他们必须承担责任。[3]

这些假设经由文字表达出来的时候，让人感觉相当刺眼。然而，现今组织的架构与做法却都是基于这些假设而建立的。如果这些针对员工的看法是正确的话，那领导者建立控制和奖惩机制就是明智之举，只有傻瓜才会相信这样的工人能通过建议流程做出有效的决策。正因为这些假设通常是秘而不宣的，甚至隐藏在我们的潜意识里，所以巴基认为关键是要把这些假设摆到桌面上，然后再构建一套不同的假设。

AES 的员工：

● 是富有创造性、善于思考、值得信赖的成年人，有能力做出重大决策；

● 能够对自己的决策和行为负责；

● 会犯错，有时还有意地犯错；

● 是独一无二的；

● 愿意用自己的天赋与才能为组织和世界做出积极贡献。[4]

有了这样的假设，自主管理和建议流程就变得顺理成章了，而管控机制与层级制就显得毫无必要，只会让士气大跌。

让-弗朗索瓦·佐布里斯特经常和 FAVI 的工人以及新员工进行类似的探讨，向他们解释自主管理的逻辑。在一次培训中，他总结了下面这一组假设：

我们在 80 年代做的组织架构分析（那时 FAVI 的运作模式与任何其他工厂一样）不折不扣地反映出当时我们对男女员工的假设：

● **窃贼**，因为所有东西都锁在储藏室里；

● **很懒惰**，因为工作时间被严格控制，只要迟到就要受罚，根本不管迟到的原因；

● **不可靠**，因为他们的生产任务由他人安排，而安排者看来也不怎么可靠，因为他们也需要被别人抽查；

● **不聪明**，因为有工程部门替他们动脑子。

佐布里斯特和他的同事随后定义了三项新的假设，随着时间的推移，逐渐变成了工厂内部的"咒语"：

- **人性本善**。

（可靠、自励、可信、聪明）

- **不快乐无业绩**。

（快乐来源于受到激励，激励源自责任心，而责任心源于理解为何、为谁工作以及自主决定如何工作）

- **价值来自生产一线**。

（一线工人创造了产品，而 CEO 和其他人最多只是辅助他们，搞不好就是昂贵的累赘）。[5]

如果比较熟悉管理理论的话，你可能已经发现 AES 与 FAVI 的观点和道格拉斯·麦格雷戈（Douglas McGregor）于 20 世纪 60 年代在麻省理工学院执教时提出的 X 与 Y 理论很接近。他认为管理者对员工的看法不外乎两种：一些管理者认为员工天生懒惰，会想尽办法逃避工作（X 理论）；另一些认为员工雄心勃勃，能够自我激励和自我控制（Y 理论）。

哪种假设才是正确的呢？关于这个话题，我们可以无休止地探讨下去。对此，麦格雷戈有一个每每得到证实的重大发现，那就是这两种假设都对。如果你带着不信任的眼光看人（X 理论），对他们采取一系列的管控、规章和惩罚措施，人们就会适应这个游戏规则，同时你也会感到自己的想法得到了验证。反之，如果你带着信任的眼光看人，他们将用负责任的行为回报你的信任，你同样会认为自己的假设得到了证实。用发展心理学的术语来说，那就是如果你创造了一个强大的琥珀色或橙色的组织架构与文化，你的员工就会逐渐用琥珀色或橙色模式进行回应；如果你创建了一个强大的青色文化，员工就很有可能用同样的方式做出回应。

这个观点的核心可以溯源到我们最根本的灵性实相，即种瓜得瓜，种豆得豆：恐惧孕育恐惧，信任滋养信任。传统的层级制本身包含了太多的管控机制，从本质上讲，它是专门滋生恐惧与不信任的机器。自主管理体系和建议流程经年累月创造的则是一个巨大的相互信任的能量库。

每个组织都会例行公事地谈论自身的价值观和使命，而青色组织探讨的层面则会更加深入——关于人性的基本假设。我相信必须这么做，因为目前自主管理模式还是相悖于主流文化的。我们大多数人对人和工作的看法还都根深蒂固地建立在恐惧的基础之上，这种假设驱使我们采用层级制架构和控制模式。只有把这些基于恐惧的信念暴露在阳光下，我们才能下定决心去选择另外一套不同的假设。FAVI、AES 以及其他一些组织已经发现：当员工了解并经常讨论这两套完全不同的假设

> 无论你对人性的根本假设是什么，他人对你言行的回应将会验证该假设。

时，观念就会得到转变，以恐惧为核心的控制机制从背后反攻的机会就能降到最小。因为一旦出现这种情况，就会有人直言不讳地指出："等一下！这个新流程符合我们的假设吗？我觉得不符合呀！"

内部沟通

信息的沟通方式揭示了假设（有意或无意的）塑造组织行

为的方式。在多数的工作场所中，有价值的信息首先流向重要的人，接着流向次重要的人，敏感的信息被牢牢地封锁在高层的圈子内。如果此类信息必须让更多的人知道，那就需要先过滤一下，再小心翼翼地用最佳的角度来呈现。这种方式建立在一个基本假设之上：员工是不可信的，他们的反应既无法预测也毫无建设性，如果他们得到了过多的信息，还有可能从中寻找额外的利益。正因为这种不信任，反过来，它也在级别较低的员工心里播下了不信任的种子：老板们到底隐瞒了什么呢？

进化-青色组织没有不重要的成员，每个人都将同时接触到所有的信息。这种"无秘密"方式涵盖了最敏感信息在内的所有数据，比如财务数据、薪酬以及每个团队的绩效结果等。例如，每个月博组客的所有团队都能看到自己的生产率与其他团队的比较结果，而其他团队的数据并不会以匿名或平均的方式来呈现。员工得到了充分的信任去处理好消息与坏消息。这儿的文化里没有恐惧，所以即使团队的结果不好也不需要用匿名来保护，遭遇困难期的团队也得到充分的信任去直面现实并找到解决方案。

为什么要如此广泛地分享所有的信息呢？对于自主管理组织来说，有三个不可抗拒的原因：

- 在一个不分层级的自主管理组织中，团队需要所有的信息以便作出最佳的决策；
- 所有非公开的信息都会导致怀疑（为什么有人要自找麻烦来保守秘密呢），而怀疑是组织信任的毒药；

● 当某些人知道相关信息而另一些人不知道的时候，非正式的层级架构会再度出现。

对于上市公司 AES 来说，将所有信息分享给全体员工的决定在美国证监会那里遭遇到了前所未有的问题，巴基回忆道：

> 如果每个员工都有渠道了解公司的财务数据，那么 AES 所有的员工甚至连身处偏远工厂的员工都成了内幕消息知情人士。传统企业只有五到十个内幕消息知情人士，而 AES 则有成千上万。在内部交易管制期，他们将无法交易公司的股票。在 AES 的股票公开上市后不久，我们询问过员工是否愿意只接受有限信息从而使自己不再成为内幕消息知情人士，这样就能保证他们可以随时交易公司的股票。然而，绝大多数的员工选择了全面访问内部财务信息和保持内幕信息知情人士的身份。[6]

在实践中，为了防止信息在口口相传的过程中被扭曲或丢失，自主管理组织使用公司内网作为中央信息中心，每个人都可以在这里实时发布和检索信息。在博组客，各团队的全部业绩数据都放到了企业内网上。在某些方面遇到困难的团队也可以通过内网搜索附近的有相关经验的团队，并向他们寻求建议和最佳方法。FAVI 和升旭液压的车间里到处都装有计算机工作站，权限开放，所有操作工都可以随时登录查询数据。

全员会议是另一种许多进化-青色组织采用的常规做法。召开全员会议的典型时机一般会选在有新的重要消息需要分享的时候，比如季度业绩、年度价值观调查或者战略性的调整等。在这样的会议里，也并不只是简单地从上到下分享信息，而是会有讨论和争论。会议往往没有事先安排好的议程，而是由现场的问题带领流向任何可能的方向：也许会爆发挫败感，或者引起自发地庆祝取得的成绩。在这样的时刻里，发生的不仅仅是信息交换，还有更多。人们对组织及其价值观的信任将会在一个更深的层面受到

> 如果你授权给员工却不给予信息，就好像是让盲人去摸象。
> ——布莱尔·弗农（Blair Vernon）

检验和重申。所有人都盯着资深的角色：他们是坦率、谦虚和敢于示弱的吗？他们会直面还是回避困难问题或者批评？他们会邀请大家一起来解决问题吗？传统企业很少举行全员大会，那是因为会场不可预测，有很大的风险。但恰恰正是这种风险使组织的基本假设得到了重申，并加强了彼此之间的信任。

当然，听到的并非全是好消息。彻底的信息分享会使每一个人都变成传统企业的 CEO，这会迫使人们面对不愉快的现实并因此成长。在 2002 年的经济衰退期，雅音（Sounds True）这家媒体公司（我们下一章将谈及这家公司）面临了成立以来的第一次财务困境。创始人兼 CEO 塔米·西蒙（Tami Simon）清楚地记得，当时有些员工的确体验到了信息完全透明的另一面：

> 当了解到全部的经营状况以及那些伴随而来的不确定性时，人们会产生焦虑。在某些公司里面，高官们像父母一样对员工隐瞒不好的消息，员工可以免受这样的焦虑。

但是，我认为那样做只会带给人们虚假的安全感。像我们这样做的话，员工也许会因为财务状况而产生一段时间的焦虑，但至少所有人都了解自己真实的处境。[7]

冲突解决

自主管理的组织是如何处理冲突的呢？如果人们对于正确的行动路线存在重大分歧，那应该怎么办？或者当两名同事之间产生不当的冲突时，又该如何处理？在传统组织中，人们往往会将这些情况报告给上司，由他来裁决。在自主管理组织中，同事间的争执则会通过冲突解决流程来处理。在没有层级的情况下，该流程是合作的基石，所以很多自主管理组织会给每一名员工提供冲突解决的培训。

比如晨星公司（Morning Star）就是如此，在本书所研究的组织中，它们设计出来的冲突解决流程更为翔实，也最能满足有效的自主管理要求。该公司是世界上最大的番茄加工企业，坐落于美国西海岸。公司由一个叫克里斯·鲁弗（Chris Rufer）的 MBA 毕业生于 1970 年创建，最初的业务只是一个人开着一辆卡车运送番茄，而如今的晨星拥有自己的番茄种植基地、200辆货车以及 3 个最先进的加工厂，它们生产的番茄酱和番茄丁在美国市场的占有率超过 40%。如果你住在美国，并且对意大利面酱、番茄酱和比萨不反感，那可能你已经无数次享用过晨星的产品了。

番茄加工是一个资本高度密集的行业，并有着极其严格的标准。从外表看它很像化工厂，管道纵横交错，每小时处理着成百上千吨的番茄。该行业的季节性很强，公司在淡季时拥有400名同事（晨星称它们的雇员为同事），但在夏天收获的季节，同事人数将高达2400名。所有人都按照自主管理的原则行事。该公司共有23个团队（称为业务单元），没有管理职位，没有人力资源部门，没有采购部门。同事们可以做任何业务决定，包括动用公司资金购买昂贵的设备，当然前提是他们事先咨询过相关同事或者专业人员的意见。

晨星在公司成立的早期就奠定了目前运作体系的基础。在第一个番茄加工厂建成时，克里斯·鲁弗和公司的首批员工一起讨论他们想用什么样的方式并肩工作。他们明确了两项原则，也是两条基本的社会价值观，用于启发产生公司所有其他的管理实践：一是所有人都不可以强迫他人，二是人人都以信守承诺为荣。这两项原则是公司冲突解决机制的核心，该机制作为一个流程在晨星公司的核心文件"同事原则"（该公司自主管理实践的总纲）里有详细的描述。

冲突解决流程（也叫"直接沟通与达成一致"）可以处理任何争端：特定情境下关于技术决策的不同意见、人际冲突、价值观的违背以及绩效问题（一名同事发现另一名同事工作表现很糟糕或者敷衍了事）等。无论什么样的话题，只要一方提出要和另一方达成一致，这个流程就被启动了：

- 首先，双方坐下来尝试私下解决。发起方会提出一个明确的请求（不是评判，也不是要求），另一方则需要给出明确的回复（是或否，也可以是对策）。

●如果双方不能达成一致，他们会指定一个共同信任的同事作为调解人，这个同事会帮助双方达成一致，但不能把解决方案强加给他们。

●如果调解失败，还可以召集一个相关的专题小组。这个小组的角色依然是倾听和帮助促成共识，仍然不能强加任何决定，但通常会增加足够的道德砝码以促成结论的形成。

●到了最后一步，创始人兼公司主席克里斯·鲁弗会被邀请加入小组，以进一步增加可施加的道德砝码。

由于分歧是争执双方的私人事务，包括双方当事人在内的所有参与方都会在整个过程中以及过程后保守秘密。争执必须在他们俩之间化解，避免拉帮结派而使冲突扩散。

调研过程中，我们发现其他的一些组织也依赖几乎完全相同的冲突解决机制：第一步是一对一的交谈，然后由一个信任的同事做调解，最后由一个小组做调解。一开始我对这种惊人的巧合感到震惊。在开始该项研究之前，我从没遇到过任何一家公司有如此明确的冲突解决机制，现在我却在偶然中发现了好几个组织都有几乎完全相同的流程。通过与晨星公司同事的交流，我开始明白该流程不仅用来解决工作场合偶然发生的冲突，在由自主管理的各种流程构成的相互啮合的拼图中，冲突解决流程是最基础的一块，这其实是一个同事间用来相互约束以确保达成承诺的机制。在传统的公司中，当一个人没有履行承诺，其他同事会抱怨，但往往会把这件事交给他的上司来处理。在自主管理组织里，人们需要站出来直面那个没有履行承诺的同事。晨星与其他自主管理组织坦言要实施并坚持这个流程并不容易。这个机制的有效程度和该组织是否有一个让人感觉安全并鼓励大家信守承诺的文化有关，也与员工是否具备成熟又优雅地处理争执的技能及流程有关。自由和责任就像一个硬币的两面，你不能只要一面（至少不能总是只要一面）。要求同事对其承诺负责会让人感到不舒服，而一个清晰的冲突解决流程能让人们在必要时可以更好地直面对方。

角色的设立与分配

在之前的章节中，我们已经讨论过青色组织是如何抛弃僵化的岗位描述与职位头衔的。每个人都接受并承诺履行多个角色。那么这些角色是如何产生的呢？又是如何给人们分派新角色的呢？在多数情况下，这些步骤都自然而然地完成了，不需要大张旗鼓地宣传。总会有人感觉到需要一个新角色来解决问题或抓住机会。比如，前台接待员注意到客户经常打电话询问某些产品的技术参数，那把这些技术参数放到网站上是不是更合理呢？下一步自然就是去和产品开发及售后服务的相关同事探讨这个想法。在层级组织中，由于各部门之间的藩篱，这个问题可能会引发许多争论，需要开不少会才能解决诸如这份工作属于哪个部门、该分配多少预算和资源等问题。而在青色组织中，会有人自己站出来承担角色。

由于企业文化和所从事行业的不同，角色创建流程的正式化程度也会有所差异。在 FAVI、AES、升旭液压和博组客，这个流程要相对非正式一些。大家可能还记得 FAVI 的弗兰克，他给自己设置了一个"创意侦察兵"的角色；还有 AES 的沙扎德，他返回巴基斯坦去开拓电厂业务。人们只是按照建议流程来做事：把必须创建一个新角色（也包括调整或废除现有角色）的想法征求相关人员的建议或者直接拿到小组会议里面讨论。

正式化的角色签约

晨星建立了一套较为正式的流程来定义及分配角色。参照番茄加工行业的年度规律，晨星每年安排一次正式的针对角色的讨论与决策（当然角色在这一年中可能会持续地演变，有关角色变动的专题讨论也会机动灵活地召集举行）。如果你是晨星的员工，那就需要写一份个人使命宣言（晨星称之为"个人商业使命"），并且在一份名为"同事理解备忘录"（Colleague Letter of Understanding，简称为 CLOU）中详细说明你承诺履行的所有角色。晨星的角色都被定义得十分具体，所以你很可能身兼二三十个不同的角色（可能是卸货站的番茄收货员，又可能是季节性番茄分类员的培训师）。你要详细说明每一个角色都做什么、你认为这个角色应该拥有哪些权利（行动权、建议权、决策权或者上述所有权利）、哪些指标能帮助你衡量工作业绩以及你希望针对这些指标做哪些改进等。

为什么需要这么正式并且描述得如此细致呢？在 FAVI 和博组客，员工们并不需要费心来详细描述角色，也不用给自己设置绩效指标或目标。博组客护理业务的性质需要员工经常变换角色，保持灵活；同样，像 FAVI 这样的小批量加工型企业也需要机动灵活。但是把番茄加工成番茄酱却是一个很长的连续加工的过程。在生产线的一头，卡车不断地把番茄倒进去，而在另一头，无菌包装的番茄酱不停地生产出来。对于低利润的大宗商品业务而言，重要的不是灵活变通，而是通过持续改进来提高效率，哪怕是提高一两个百分点。在这种情况下，细分角色并密切追踪绩效指标就显得非常有意义了。

在晨星的这种流水线作业中，每个人都从上游接过某种形式的番茄或番茄酱，然后再以另一种形式传递给下游。

> 所有公司真正的组织架构图其实都是一张蜘蛛网状的非正式关系图。然而不幸的是，人们总是把这个网络变成金字塔状，这就扭曲了工作的自然流动。

所以，晨星的员工一旦确定或更改自己的"同事理解备忘录"，就会去找和自己联系最紧密的上下游同事进行一对一的交流，而不是小组沟通（大多数自主管理组织都采取小组沟通的形式）。人们认真讨论并交流彼此的理解备忘录——因为他们想确保上游的人承诺给他们提供正确的东西，这样他们也能接着给下游提供自己所承诺的东西。下图展示了该公司内部的可视化的承诺网络图。每个点代表一个人，每条线连接着由"同事理解备忘录"连接在一起的员工。晨星没有组织架构图，如果非要有，那就是这一张了。

有人可能会说每个组织的真实架构其实都是一张错综复杂的网，这张网由变动的人际关系和个人对工作职责的承诺所组

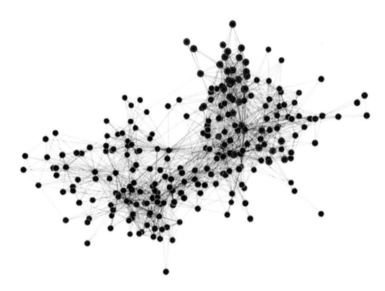

晨星公司的承诺网络图

成。但不幸的是，大多数组织又都在这张网的上面强加了第二个架构——用小方块堆起来的金字塔。难怪这座金字塔矗在那里会很不安稳，因为真正的工作发生在下面的那张关系网之中，而它很多时候只是在帮倒忙。

你也许已经注意到了晨星的这张网比正式的组织架构增加了那么多条连线，使其形成了像蛛网般极具弹性的结构。你可能还注意到在这样的结构中不存在层级，也就意味着没有晋升这回事。事实上，人们在积累经验的过程中会逐步承担责任更重大的角色，并把较为简单的角色移交给新人或者资历较浅的同事。人们变换角色不需要得到领导批准，而是靠同事的认可。这种现象意义非常深远，正如晨星的一名员工所说：

> "在我们这里，不做自己而取悦领导的诱惑大大减少了，因为实在很难经常性地取悦那么多的同事，干脆我们就放弃这种把戏了。"[8]

在进化-青色组织中，人们不会去争抢难得的晋升机会。如果同事们愿意派给你新的角色，你就可以拓宽自己的工作范围并增加薪水。如果你发展了技能，又值得信赖并能帮助到他人，他们就会对你委以重任。在青色组织中也存在内部竞争，但却是良性的。克里斯·鲁弗用打高尔夫球来进行类比：

> 杰克·尼克劳斯（Jack Nicklaus[*]）在比赛时，他是想当高尔夫球界的执行副总裁吗？肯定不是。他很清楚，如果球打得好，就能获得每个人都梦寐以求的成就感。他也知道成绩会带来体面的收入，足以让自己去享受想要的生活。因此，重要的是能力与声望的提升，而不是职位的升迁。[9]

定义团队内部的角色与治理

在晨星，工作角色从一系列一对一的承诺中自然涌现出来，这种方式适合有连续生产流程的行业。而对于那些本身就由团队组成的机构，合弄制提供了一种也许是最优雅的方式来定义角色并推动其进化。合弄制是美国企业家布赖恩·罗伯逊（Brian Robertson）的智慧结晶，与其说它是一种组织，还不如

---

[*] 著名高尔夫球选手。——译者注

说是一种组织运营模式。20世纪90年代，罗伯逊和两个同事在费城地区创办了三元软件公司（Ternary Software），并得到了快速发展。创建新公司的冲动源于他对之前所任职公司的极大不满：

> 那几年，我始终觉得组织里有太多的东西在限制着我们施展才能和贡献所有的力量……也不鼓励我们发挥聪明才智，还妨碍我们以能预见或者想象得到的最有效的方式互相协作。我不太清楚怎样处理这些问题，但的确是这种不满让我决定去创立自己的软件公司，"天哪，肯定会有比现在更好的办法"。[10]

罗伯逊和他的两个合伙人开始坚持不懈地尝试各种听起来不错的管理方法。方法出自于哪里并不重要——比如敏捷软件开发、全民治理和戴维·艾伦的著作《搞定》（*Getting Things Done*）。凡是有用的均被采纳，没有效果的就放弃。据罗伯逊回忆，他们几乎每天都对不同的组织实践进行新的尝试，忙得不可开交：

> 我觉得三元软件公司对尝鲜与变革文化有种发自内心的赞赏。但真正尝试合弄制的过程却很艰辛。事情在你眼皮底下不停变换：今天这么干，明天又全都变了，再过一天又变了，大伙一直在疲于奔命。我们极度缺乏稳定感，还自我安慰——我们优化流程和方法的速度太快啦……
>
> 持续的尝试让组织备受煎熬。如果"我们打算用传统

重塑组织：进化型组织的创建之道

方法来经营这家公司"，那会容易得多！举例来说，我们曾经在 12 到 18 个月的时间里尝试了五种薪酬制度，改变了发薪方式、薪酬等级和计酬方法……全都是些让人胆战心惊的改变。每种体系都比以前的更好，但还是改变不了"天哪！这里的一切都在变来变去"的印象。[11]

最终，他们从这些疯狂的试验中提炼出了一整套精致又自洽的架构与实践，罗伯逊称之为"合弄制"。在聘请了新的管理团队并退出三元软件公司之后，他又创办了 HolacracyOne，这是一家专营合弄制咨询及培训的公司，致力于完善与传播合弄制。他经常用电脑来类比合弄制：

> 就当它是组织的操作系统吧。既不是纯技术，也不是应用软件，而是一种社会技术。你的电脑里有操作系统……它控制着通信形式、电源计划、应用程序分享资源与信息的方式以及整台电脑的工作流，一切都是运行在操作系统之上的。
>
> 如今的组织也同样有着一套操作系统，而且其运行状况往往无人质疑。也就是说，现今的组织操作系统市场存在着垄断现象，基本上就只有一种我们惯用的构建与经营公司的模式。虽然该模式有一些变形的版本，但组织内的权力运作和工作完成方式基本上是一致的。[12]

罗伯逊和 HolacracyOne 的同事从实践中提炼出了一套用于"升级操作系统"[13]的通用最简版。其他的任何实践如同 APP

176

（指运行在操作系统上的应用程序，这么命名是为了呼应之前的比喻），其应用形式可以多种多样，而且必须根据每个公司的具体情况进行调整。

在本书所研究的每一家进化－青色组织中，都能找到合弄制的核心要素之一，那就是将角色与灵魂分离，打破人与职位的绑定。用合弄制的话来说，人们有的不是工作，而是在担任若干个细分角色。当然，相较于其他组织，合弄制在如何优美地定义角色上会探索得更深入。

如果有人觉得必须要新增、调整或撤销某个岗位，可以在他所属团队[14]的内部治理会议上提出来。治理会议是只讨论与角色、合作等相关事宜的专题会，有别于吵吵嚷嚷的关于如何完成具体工作的讨论（与完成日常工作相关的议题均放到"战术会议"上讨论，也具有明确的规定）。一般会定期举行治理会议（通常是每个月一次），但团队中的任何成员都可以在任何时间临时召集该会议。严格的流程确保了每个人的意见都能获得倾听，而不会出现"一言堂"的现象。会议由一名引导者带领。如果有人（此人被称作"提案人"）觉得需要新增、调整或撤销某个职位，他就可以把这项提案加进会议议程中。会议依次讨论每一项议题并通过以下流程找出解决办案：

1. **陈述提案**：提案人陈述提案及需要解决的问题。
2. **问题澄清**：任何人都可以提澄清性的问题以获得相关信息或加深理解。这时还未到回应环节，引导者可以打断任何夹带着回应的提问。

3. **回应环节**：每个人都有机会回应上述提案。在此环节不可进行讨论及互相问答。

4. **修正与厘清**：提案人此时可以进一步厘清其建议的意图或者根据之前的讨论修改提案。

5. **反对环节**：引导者会提问，"我们是否有理由认为，采纳该提案会对我们造成危害或者引发倒退？"反对意见将会被记录下来而不予以讨论；如果没有反对意见，该提案则获得通过。

6. **整合**：如果有反对意见，引导者则发起开放性讨论以完善该提案，这样就能在避免反对意见的同时，继续处理提案人的关注事宜。如果反对意见不止一条，就按上述方法一次解决一条，直至全部解决。

团队每个月通常都会通过上述流程更改、厘清、新增或撤销一个或几个角色。人们觉察到了问题和机会，又通过该流程使得组织不断得以调整和修正。这套流程听上去可能很正式，但实际经历过的人都觉得它提供了深层次的自由。人们根本不需要用背后谈论、玩弄政治以及拉帮结派来改变角色。任何觉得组织需要改变的人都可以很清楚有个地方可以承接他们的建议并予以处理。头一回参加这种会议的人都会惊讶于其极高的效率。以往处理角色及责任这类敏感话题时，讨论往往没完没了、令人不快，在这个流程中都不复存在了。一次治理会议就能依次处理多个角色变更。

从本质上说，合弄制的治理流程是建议流程的一种变体。

在这种情况下，将众人的建议整合成最终决定的不是某个人，而是整个团队。这就确保了不会忽视有根有据的反对意见，于是最终的决策就能融合团队的集体智慧。你也许注意到了合弄制的治理流程和博组客的护士们讨论重要话题时所用的流程（详见第99页）是多么的相似。两者讨论的目的都不是寻找完美而精确的终极答案，而是找到一个可以执行又能在需要时快速迭代的解决办法。人们不需要等有了完美答案之后才尝试新的做法并观察其进展，角色始终在有机地进化以适应环境的改变。不习惯这种频繁变化的员工起初可能会感觉很累，但随着时间的推移，大部分人都会爱上它。如果每隔几年才有一次晋升机会，人们一定会争先恐后地去争抢。要是每个月团队内部都可以有角色变动的话，大家就会放松得多。有时候暂时放弃一个好角色也没有关系，一切都非盖棺定论，总还会有好玩的新角色出现的。

全员负责

层级组织的业绩由管理者负责，责任区域就是他们的地盘，他们不去干涉别人，也不希望被干涉。在进化型组织中，人们承担角色（这些角色具有明晰的责任范围）却没有自己的地盘。组织中没有任何一部分是属于某个人的。本书所研究的许多组织恰恰相反，强调的是正如晨星公司所倡导的全员负责：所有员工都有义务对所觉察到的问题采取行动，哪怕该问题超出了其角色范围。只嘟囔一句"该有人来管这事"，就置之不理的行为是不被接受的；如果你发现了问题或机会，你就有义务采取行动，该行动通常就是找到与这个议题有关的同事聊聊。

合弄制极大地发展了此项原则，并设立了明确的渠道来确保任何人在任何时间发觉的任何"张力"（合弄制对于问题与机会的专门用语[15]）都可以迅速有效地得到处理。根据其类型，张力会被提交给治理会议或战术会议（各有其具体的决策流程[16]）来讨论。组织欢迎每个人都来处理张力，"事不关己"的态度在这里可行不通。

全员负责，听起来会有点吓人，但合弄制和晨星公司的经验证明人们会逐渐喜欢这个概念。人们的关注点不再局限于职责范围，他们可以开始关心整个组织的福祉。当然，遇到同事过来告知团队要采取行动解决某问题时，并不是每个人都会欢欣鼓舞。但在自主管理组织中，人们为角色而不是地盘负责，因此，没人能用一句"这事和你无关"而公然把同事拒之门外。

委任流程

很多时候，人们的工作会随着时间的推移而有机地演变——放弃一些角色，转任其他角色，而有时又会出现一些全新的工作。鉴于博组客爆炸式的发展，每隔几个月就会需要一

> 当人人都有决策权时，对高层职位的渴求就减弱了。

名新的区域教练。又比如，在升旭液压的项目启动时，就会需要新的角色。通常来说，角色的任命是顺其自然的，在恰当的时候，团队会把工作委任给他们最信任的人。2009 年，当 FAVI 的 CEO 佐布里斯特卸任时，其中的一个团队领导者很自然地接替了他。而其他的团队领导者似乎都没窥觑过这个职

位，当然也就没人对这一结果感到不满或失望。继任前，没有发生篡权夺位和内讧事件；继任后，新领导也没算旧账。本书所调研的诸多组织中，CEO 的职权过渡均是如此。也许可以这样来解释：当员工们有权做出任何符合其意愿的决定时，他们对高层职位的渴求就不那么强烈了。

　　必要的时候可以启动较为正式的流程。例如，每当出现新职位或现有职位出现空缺时，升旭液压就会启动内部招聘流程：与该职位最密切相关的同事会面试候选人。在 FAVI，佐布里斯特设置了一个很实用的做法——确认流程。他会让团队领导者每五年在各自的团队内组织一次投票来决定他自己是否继续担任公司 CEO。在 3.1 章，我们将讨论这个关键点：CEO 要像其他任何人一样照章办事，否则自主管理体系就会迅速瓦解。如果自己有独断专行的表现，佐布里斯特当然希望他的员工能够坦率地指出来。这种正式的投票旨在提醒员工他们有权做出任何的决策，当然也包括罢免 CEO。

交换角色

　　由于自主管理组织的角色相对都划分得很精细，所以在团队内部交换角色十分容易。如果某个人很忙，他就可以请同事暂时或长期分担自己的某个角色。如果想学习新技能的话，也可以通过和同事交换角色来实现。

　　为了使跨团队角色交换变得和团队内的交换一样便利，HolacracyOne 设立了一个全公司范围的角色市场（用合弄制术语来讲，这是一个 "APP"，而不是基础操作系统的一部分）。公司内网上有个文件，员工们可以用它为现在的每个角色评分，分数范围从-3～+3：

- 该角色是催人奋进（＋）还是耗能费力（－）的；
- 该角色与其天赋匹配（＋）还是不匹配（－）的；
- 现有的技能及知识能满足该角色（＋）还是不足（－）。

人们也可以用相同的评分尺度（-3～+3），给目前由别人担任的角色打分，从而表达对那些角色的兴趣。有了这个市场，想减轻工作负担的人以及想承担更多角色的人就能很容易地找到彼此。

人才管理

过去20年间，设立人才管理计划已经是大企业通用的最佳实践。公司上下的管理者都被要求去甄别高潜质人才，人力资源部随后会为他们制订特别培训计划，安排挑战性任务，为其升迁至更高的职位做好准备。继任计划是人力资源领域的又一最佳实践——针对公司内所有的管理职位，必须甄别出潜在的继任者并确保他们做好接任准备。此外，还有职业规划，根据各类员工的不同情况，人力资源部将为其设计出最佳的职业发展路径，帮助他们掌握晋升过程中所需要的技能。

在自主管理组织中，领导权被分散了，也不用为领导角色特意培养人。本项研究所涉及的组织都没在人才管理、继任计划或者职业规划上花费时间。因为它们发现在自主管理的环境里，人们会自然而然地碰到许多学习和成长的机会，高层领导根本不必担心人们能否获得合适的训练。拥有工作自主权的人都是孜孜不倦的学习者，完全可以信任他们能找到自己的发展道路。在自主管理组织中，员工的职业发展产生于人们的兴趣、使命的召唤以及自由工作环境带来的不断的机会。

团队绩效管理

在自主管理的情境中如何进行绩效管理呢？在橙色组织中，老板的角色之一就是对员工施压以防他们偷懒。公司高层在年度预算和中期计划中设立了雄心勃勃的目标，然后将这些目标向下层层分解。领导者的一部分职责就是挑战下属用更经济的方式做得更多更快。

在自主管理的组织中，没有经理在持续施压，那要如何防止团队变得自满停滞呢？主要靠的就是员工的内驱力，并且同事间的效仿和市场的需求也起到了调节的作用。

也许可以问一个更有意思的问题：为什么我们认为人们需要有压力才能出成绩呢？研究表明，当人们在追求有意义的目标，并有决策权，还拥有实现目标所需的资源时，他们不需要别人摇旗呐喊，也不需要雄心勃勃的目标。[17]不幸的是，在许多传统组织中，人们的工作环境与我们说的正好相反：他们看不到工作的意义，他们感到老板以及规章制度限制住了自己的潜能，因此他们失去了工作激情，必须得靠人为施压才会全力以赴。假如你是一名传统的荷兰居家照护机构的护士，请想象一下这样的情形：每天早晨，你从一名不认识的计划员手中接过一份工作计划单，他为你预约了 30 个素未谋面的患者，并且你的工作必须在规定时间内完成（10 分钟给第一个病人注射，5 分钟为第二个病人更换压力袜等）。病人不满意，因为你老催他们，而你的现实情况是，如果在他们身上花了太多的时间，那你就得做出解释，因为时间记录系统记录了你所做的一切。这么盲目无聊的工作，你要是想偷懒也真是情有可原。

现在让我们再来想象一下在博组客工作会是什么样：你所在的团队声名远扬，颇受尊重。你自己已经安排好了一天的计划，你将去照顾 10 个已经熟悉的病人，你了解他们生活的点滴和医疗史。你可能还见过他们的子女和邻居，并帮着安排了合适的人脉来鼓励该病人重新恢复自立。当你看到他们取得进展时，你会欢呼雀跃；而当他们即将走完人生的最后一段时，你也会相伴左右。

博组客发现在这种情境下工作的人根本就不需要老板来激励他们。情况正好相反，由于护士们太投入工作，以至于他们需要相互提醒以免工作过多地占据他们的私人生活。经验表明，

> 当人们拥有决策权和资源，并为有意义的目标工作时，他们不需要别人摇旗呐喊，也不需要雄心勃勃的目标。

自主管理团队在追求有意义的目标时根本不需要管理层的刺激。如果人们的工作热情消失了，效率下降了，往往就是有问题需要解决的信号，比如团队内部的人际关系出了状况，或者是需要重新分配角色了。一旦问题解决，团队活力马上就会恢复。

虽然人们不需要上级施压，但他们仍然需要知道自己的业绩状况。与其他组织一样，进化型组织衡量业绩的指标也包括团队成果、生产率和利润，不同之处在于它们衡量的绝大多数是团队或流程节点的业绩，而不是个人业绩（这点与橙色组织正好相反，橙色组织相信个人激励，因此需要设立个人指标）。业绩达成情况会向全体员工公布以营造竞争氛围，这是一种健康的同事之间的压力。如果各团队执行的是类似的任务（比如博组客的护理团队或 FAVI 的车厂团队），就很容易比较结果。博组客的团队扫一眼就可以知道自己的某项指标（如生产率）在所有团队中是垫底还是领先。荣誉感会激励垫底的团队奋起直追，根本不需要老板与他们讨论该如何改善。

在传统的组织中，许多人会认为彻底公开绩效的做法显得相当残忍。其实这完全取决于使用信息的目的。在橙色组织中，业绩不好会造成恐惧（而业绩优秀则又会引发嫉妒或质疑）。如何分享数据（分享什么数据，分享给谁）是个非常敏感的话题。在进化-青色组织中，人们知道公开的信息不会被用来针对他们，无论业绩好坏，没有人会受到伤害。

如果组织里各团队的任务大相径庭，那该怎么办呢？在晨星公司，筛选番茄的团队、锅炉房团队或包装团队之间并没有可以进行比较的指标。为了帮助团队获得绩效反馈，该公司找到了一个有趣的办法：每年的 1 月份，各团队都要面对一组同事进行自我评估，这群同事包括创始人兼 CEO 克里斯·鲁弗以及任何其他有兴趣参加的同事。每个团队都要坦诚地介绍哪方面做得好、哪方面做得不够、是否有效地使用了公司的资源以及明年的计划。这不是走过场，每个团队的陈述会持续好几个小时，其间可能会受到一连串的质疑或盘问。所有的团队都会在这一个月里完成陈述，表现不佳的团队会从同事那里收到许多反馈，了解到还要做哪些功课。[18]晨星的预算和投资流程是另一个获得同事评审的机会。每个团队每年都要向由同事组成的小组介绍其投资计划并寻求建议，绩效不佳的团队可能会受到挑战，同事们会质疑花钱是否是解决问题的最佳方法。

个人绩效管理

在进化型组织中，绩效和结果首先是针对整个团队的：我们的集体是否为组织宗旨的实现做出了应有的贡献？尽管如此，但大部分人依然期待收到个人绩效的反馈。心理学家发现一个有趣的现象：让一个人待在一间"小黑屋"（指消除所有声音和光线的房间）里，不用很长时间，这个人就会报告说，他产生了幻觉、妄想和抑郁的情绪。简而言之，没有了外部刺激，我们就会疯掉。要是我们的工作没有了反馈，我们可能也会疯掉。尽管"小我"会让我们小心翼翼地对待反馈，但由于我们是关系型的生物，真诚的反馈会让我们充满活力。我曾经见过一些组织，因为其内部不交换反馈，所以这些组织会变得"失常"。人们在背后评价他人，同时也紧张兮兮地想知道别人背地里怎么议论自己。在这样的组织里，人们对每个词、每次沉默甚至是皱皱眉头都会产生一番揣测。

进化型组织里有更多的信任和较少的恐惧感，在这种氛围下，反馈不会让人心生惶恐。在本书所研究的多数组织中，同事之间经常相互反馈。其中的某些组织还会给新员工安排马歇尔·罗森伯格（Marshall Rosenberg）的"非暴力沟通"和"有效反馈"的培训。当然，建议流程这种强有力的反馈机制也早已融入了这些组织的日常运作之中。

正因为交流反馈可以非常自由地进行，因此，一些机构（例如FAVI）就不再进行任何正式的绩效评估讨论了。但是，参与本研究的大多数组织的员工认为每年至少一次花点时间反思一下自己在工作中的表现仍然很有价值。当然，他们并不采用"老板做评估"的做法，而是使用同侪评价体系：

- 每年年底，晨星公司的员工会收到"同事理解备忘录"中承诺对象给予他们的反馈。

- AES的丹尼斯·巴基会与最紧密的工作伙伴进行团队评估，所用的方法真是漂亮极了。他们每年聚一次，通常是在其中某个人的家里吃晚餐，在放松和随意的气氛中，每个人轮流进行自我评估。其他人则给予评价、提出问题或进行鼓励，这让他们对自己的潜能和表现有了更深的理解。

- 博组客的游戏规则（详见第102页）是：每个团队每年都要依据该团队自己设计的能力模型在团队内进行个人评估。每个团队自己决定讨论的方式。在我了解的一个团队，他们决定每三名同事组成一个小组，相互进行反馈。

在这个三人小组里，每个人都会准备一个自我评估以及对其他两名同事的反馈，所以每个人都可以通过同事的视角来对照自我认知。

传统的绩效评估可是够打击人的。因为老板对我们工作的评价只是单一的角度，所以局限性很大（或者，老板为了及早逃离不舒适的时刻，随口来一句"都还不错"就草草了事），我们通常无法从反馈中认识自己。

如果有更多同事参与，我们就能对自己所做的贡献进行更有意义的反思。很多评估面谈之所以死气沉沉的另一个原因是：讨论面非常狭窄，只盯着事先准备的格式化的评估表，而并不过问更宽泛的与人性有关的问题，比如他们的希望、梦想、恐惧、渴望以及生命的意义。我们将在 2.5 章里讨论如何通过几个简单的问题将评估面谈变成快乐和触及灵魂的反思时刻（详见第 275 页）。

解聘

当人们谈论自主管理时，经常会问这样的问题，"当员工表现很差，需要被解雇时，该怎么办？"没有了老板，业绩差的员工可以得过且过吗？如果员工在团队中被视为"害群之马"，还允许他继续留下来吗？这些情形在自主管理组织中当然也会出现，也有相应的处理流程，其不同之处在于该流程不依靠上级，而是基于同侪机制。

　　在深入研讨该处理流程之前，先得说明一下，这些情形在现实中极少发生。在传统的工作场所，工作就是组织架构图中的一个小方块，基本没有灵活性：你要么适合该岗位，要么不适合（而在现实中，你可能是介于两者之间），所以你要么被允许留任，要么被要求离开。而在自主管理组织，人们可以很容易根据专长为自己量身定制一个工作。一个人如果有所谓的"表现问题"，他可以把自己不擅长的角色交出去，而去承担其他的与其技能、兴趣和才能相匹配的角色。

　　有些员工只是不适应或者工作表现没有达到同事的预期。传统组织的老板或人力资源部可以决定给这些员工差评，也能以业绩不好为由解雇员工，这与老师有权决定孩子在学校里的未来如出一辙。被解雇员工会深感失败和不公，并开始抱怨环境、滋生愤恨，他们的反应和被留级的学生没什么两样。在研究中，我发现了一个有趣的现象：在自主管理组织，普遍而言，员工会在被解雇前自行选择离开，公司说"够了!"的情况极少发生。为什么会这样呢？因为自主管理是动态的，每天都在给人们提供线索，员工透过这些线索就能觉察到自己可能不再适合当前的岗位

> 尽管有美国神话，我也不可能无所不能或为所欲为……我们的大自然让我们如同生态系统中的一个物种：在某些角色及关系中，我们如鱼得水，而在另外的角色及关系下，我们会衰败直至死亡。
>
> ——帕克·帕尔默（Parker Palmer）

了。例如，升旭液压的某位工程师会发现很少有工作交给他做了，同时要求他加入项目组或征求他意见的同事也越来越少了。在博组客，护士在与同事互动时就能察觉到自己无法融入团队，

或者察觉到他其实并不适合自主管理这种方式。就目前来看，博组客每个月会有 250 名新护士加入，同时有 25 名离职，因为加入之后，他们也许会发现这并不是他们想要的。离职几乎都是建立在双方友好协商并达成共识的基础之上。

对个人而言，离职过程可能痛苦不堪，这一事实并不会因为自主管理而改变。但是，自主管理的环境可以帮助人们意识到没有人会受到责备，他们只是不适合这个特定的工作而已。我们对事件（如解聘）的反应方式取决于我们自己的生活信念。还记得吗？服从-琥珀色人群认为终身就业才是标准，因此，解雇相当于被所属团体所驱逐，会令人深感不安。对成就-橙色而言，解雇往往是对自我价值感的一次重创，而拥有多元-绿色范式的人则会将之视作受到了集体背叛。然而，在进化-青色组织中，我们可以有意识地拥抱该事件：这扇门关上了，刚开始也许会痛苦，但这也是为了开启另一扇门，而那扇门才有可能通向我们真正的人生之路。我们可以把它看成是一次邀请，邀请我们反思自己真正的优势与才能，邀请我们去发现那些更适合自己的工作。这样，我们就能学习和成长，并不断前进。

那么强制解雇的情况又如何呢？这种情况尽管罕见但确实存在，比如员工违背了公司的价值观。在没有层级管理的组织中，该过程依然是基于同侪的。在博组客，当一个人失去了团队的信任，团队会先尝试寻找双方都同意的解决

回望过去，我的生活就是失之东隅，收之桑榆，正是我所失去的工作帮助我找到了我想要做的事……觉得无法挽回的损失迫使我审视我必须知道的意义。
——帕克·帕尔默（Parker Palmer）

方案。如果行不通，该团队会让区域教练或外部引导师介入调解。几乎所有的情况下，调解人的出现会让问题迎刃而解。有些时候，该员工和团队会做出一些双方均认可的承诺，并决定互相再给一次机会。其他的时候，该员工会在深思熟虑后发现信任的堡垒已经彻底坍塌，是时候选择离开了。如果实在没法达成一致，作为最后的机会，小组成员可以要求公司的创始人若斯·德布洛克出面调解。在极少数调解也失败的情况下，他们会让德布洛克中止该员工的合同（因为在法律上，他是唯一有权这样做的人）。

晨星采用了几乎一模一样的流程，区别在于该流程是由个人而不是团队（晨星公司的员工没有被深嵌于团队之中）来启动。晨星公司把解雇看作是冲突的最后一步，因此用冲突解决流程来处理，而启动的时机是一名员工要求另一名员工离开公司。假设一名员工发现有人违背了公司最根本的价值观（比如这个人没有征求其他同事的建议就作了一项重要决定）或某个同事一再无法履行其承诺，并且之前也多次尝试过改进，却依然效果不佳，那么他就可以要求该同事辞职，同时启动包括四个阶段的冲突解决流程：

- 在第一阶段，他们要坐下来一起寻求解决方案。在讨论中，被要求离开的人可以提出恢复信任的办法，或者他发现已经彻底失去了同事的信任，到其他地方找份新工作可能会更好。

- 如果他们彼此不能就结果达成共识，另一个同事会作为调解人介入。

- 如果有必要，在第三阶段，他们会邀请一组同事来进行调解。

- 在最后阶段，公司创始人兼 CEO 克里斯·鲁弗将应邀加入调解小组。

负责调解的人会非常严肃地对待他们的角色，这关系到晨星公司"不对任何人采取强迫的方式"的原则。他们不是对同事进行裁决的陪审团，他们的责任是探索各种可能之法，重建团队信任。必要的时候，这个流程可以持续很长一段时间。被要求离开的员工会看到他的同事在真的很努力地寻找解决方案，但如果依然劳而无功，只有在这个时候，他才会真正接受辞职是合情合理的结果。这个流程的力量及合法性也正在于此。

在经历了这样的一个过程之后，还有多少员工会离开晨星公司呢？没有人知道。因为晨星公司认为这是员工之间的私人冲突，每个人都充分享有保密的权利（冲突解决机制从来都如此），所以没人会去统计。但这个流程的确被实行了：一些资深的同事告诉我，他们在过去几年中参加了几次调解小组。作为小组成员，他们是这个流程的热心倡导者。据他们说，调解小组里的讨论可不是那么轻松的，但确实可以帮助人们取得公平合理的结果。

薪酬与激励

进化型组织的薪酬和激励是怎么做的呢？在这方面，它们再一次深刻质疑了常规的管理方式，并创造了不同的方法，包括由谁来决定该获得多少薪水（员工在同事的指导下自主决定工资）、员工如何受到激励（激励会让员工远离其内动力，所以没有反而更好）以及多大的薪资差距是可接受的（低级别员工的工资也应该足够负担其基本生活所需）？

同侪评估流程与自定工资

在没有老板的情况下，讨论每个人该拿多少钱回家的流程就得依靠同事来完成了。以开发戈尔特斯面料闻名的戈尔公司（W. L. Gore）就率先在 20 世纪 50 年代末实践了自主管理。为了决定大家的工资，该公司邀请每个员工每年一次给并肩工作的同事打分。HolacracyOne 用的也是类似的机制，员工每年要为所有和他共事过的伙伴填一份只涉及两个问题的调查表：

- "该同事比我贡献得多（更多）或少（更少）。"（从 -3 ~ +3 分）
- "该同事有充分的依据来评价我。"（从 1 ~ 5 分）

通过简单的算法，就能把员工工资分成几个级别。知识和经验越丰富，工作越认真，工资就越高；相反，经验越浅、资历越低的员工工资也就越低。这个过程浅显易懂，体现公平。当工资水平由所有和你共事过的人讨论而定，而不仅仅是一个人（老板）来确定的时候，肯定是对我们所做贡献的一个更加公平的反映。

有的组织则更进一步，干脆让员工自己定工资。AES 在

CEO 丹尼斯·巴基的领导下，在某些业务区域尝试了同侪评估流程的激进版本，员工通过建议流程来设定自己的工资——他们要向周围的同事寻求建议以及推荐。这样的话，员工就得对自己的贡献评估负完全的责任，而且要得到同事的认可。巴西的塞氏企业（Semco Group）是一家从事多种制造业和服务业的集团，其员工自主定薪的制度已经实行许多年了。[20]

据我所知，晨星公司已经开发出相当完善的流程，员工们会根据工资委员会（经选举产生）的反馈设定自己的工资。如果你在晨星工作，那么每年你都要和其他人一样，自己写一封信来陈述你觉得合理的工资涨幅与原因。如果过去的一年安安稳稳，并没有特别的贡献，你可以根据生活成本的变动计算加薪幅度；但如果你觉得在这一年中自己承担了挑战性的角色或做出了特殊贡献，那么你就可以提出一个更高的比例，并同时附上"同事理解备忘录"中的同事（一年前与你面对面签订理解备忘录的那名同事）所提供的反馈以及任何你所负责的绩效指标的相关数据。接下来，你要把信分发给 10 位工资委员会成员（公司下属的四个基地各有一个工资委员会）。

委员会对收到的所有信件进行审查、核实并提供反馈。它可能会告诉你，你对自己的业绩自评太过谦虚了，可以考虑更高的加薪幅度；也可能会告诉你，你的加薪幅度与同事相比太高了。不过，委员会只有建议权，你可以选择接受委员会的反馈，也可以选择坚持自己的加薪幅度（在这种情况下，委员会可能会和你一起启动"达成一致"流程[21]）。晨星的经验证实，其实员工们公平地评估自己薪资的能力十分优异。每一年，大约有四分之一的员工选择高于生活成本变动的加薪幅度，而只有极少数的员工被告知他们的加薪要求可能过高了。

小型组织的相应流程可以更简化。所有人都聚在一起，开个会轮流讨论和认可各自的贡献，然后决定每个人的薪酬。位于荷兰阿姆斯特丹的 Realize! 是一家由四个合伙人创立的组织发展咨询公司（该公司建基于合弄制的原则与实践之上，并且由于其中两个合伙人参与发起了一个叫做"唤醒工作场所"的发人深省的播客节目而受到关注），它就是以这种方式来设定薪酬。每个季度，四个合伙人就会坐在一起进行期待已久的讨论。会议从传统的业务总结开始，先回顾客户活动、突出事件以及上一季度的关键指标，接下来的环节很美妙（又敏感）：每一个合伙人轮流分享自己的贡献，包括上个季度完成的工作、领导的项目以及为别人提供的支持。在他陈述的时候，其他合伙人可以随时打断并补充未被提及的贡献、表达赞美或提出尖锐的问题。当所有人都完成了陈述并且每个人的贡献都已经被充分沟通和认可之后，大家就开始低头默想，考虑该如何调整薪酬，上季度的盈利又该怎么分配，才能体现每个人的贡献？有时候，某个合伙人会打破沉默提出建议，如果建议非常合理，就会一致通过。更多的时候，建议会引发讨论：我觉得我的这份贡献或你的那份贡献应该得到更高的认可。合伙人认为究竟如何分钱并不是这场对话的目的，它真正的意义在于确保每个人都感觉自己的贡献得到了充分的重视，并且内外部的视角（我知道的和别人感知到的）能够得以同步。整个过程是一次开放、信任和呈现脆弱的练习。四个合伙人发现他们总是或多或少带着紧张开始讨论，但由于建立了深度聆听和信任的伙伴关系，最后他们总是满怀感恩（伴以真诚的拥抱）地离开。

没有个人激励，只有全公司奖金

员工对奖励的看法往往和自己的世界观直接相关。服从-琥珀色人群会认为应该按照职位级别支付报酬（即工会常说的"同工同酬"）而无须绩效激励；成就-橙色认为合理的个人激励可以促使员工更加努力高效地工作（今天大多数组织的领导者都持有类似的观点）；多元-绿色对于个人激励与明显的薪资差异所体现出的竞争性感到不舒服，他们更愿意用团队奖励来鼓励协作。

那么进化-青色人士又是怎么想的呢？他们更看重内在而不是外在的驱动力。一旦人们的收入能满足基本的生活需要，比激励和奖金更重要的则是工作的意义以及是否能在工作中展现自己的才能并回应使命的召唤。正是这个原因，本研究所涉及的大多数组织都远离了激励机制，并且几乎所有的组织都放弃了面向个人的激励。在进化-青色组织看来，如果我们认为激励员工主要靠挂在他们面前的"胡萝卜"，那该是多么悲哀呀！丹尼尔·平克（Daniel Pink）在他的著作《驱动力》（*Drive*）中结合大量的研究谈道：在当今日益复杂的工作环境中，激励基本上只是起负面作用，不仅不能提升反而会降低员工的绩效表现。然而在商业世界中，要废除个人激励还是相当激进的，销售员可以没有销售指标和奖励吗？本书所研究的所有组织的回答都是肯定的。那 CEO 可以没有奖金和股票期权吗？除了一家公司之外，本书涉及的其他组织都没有 CEO 奖金和期权。

多元-绿色公司通常会奖励团队，工作出色的团队会收到一笔奖金，该笔奖金将由团队的每一名成员等额分享。本书所研究的大多数组织甚至连这类激励机制也放弃了。取而代之的是，在每一个获利年度的年末，它们会拿出一部分利润与所有员工分享（有的公司按底薪的固定比率，有的公司采用固定金额[22]）。比如在 FAVI，无论员工的底薪是多少，在利润比较好的年份，所有的员工都会拿到等额奖金，2011 年年底，每个员工就都获得了 3000 欧元的额外奖金。

减少薪资不平等

橙色思维仍然是当今商业界的主流。为了取得想要的结果，必须给个人提供激励。哪怕这会带来巨大的薪资差距，只要人们的能力和贡献能给该差距一个合理的解释，橙色组织就不觉得这是个问题。近些年来，这样的想法造成了极大的薪资不平等。当然，这也给那些倡导该做法的高管带来了巨大的利益：据美国有线电视财经频道（CNNMoney）在 2011 年的统计，世界 50 强公司 CEO 的平均薪酬是他们所在公司的员工薪酬中位数的 379 倍[23]（如果与这些公司的最低收入员工的薪资比较，这个数字将会更高）。

从进化-青色的视角看，精英制当然有它的价值。但一个人赚取其他人几百倍的工资还是大大越界了。本书所研究的绝大部分组织都尝试了缩小薪资差异——提高最低薪酬，同时又控制最高薪酬。青色思维认为，对最低薪资群体的收入应该给予特别关注，必须确保他们的基本生活需求得到满足（与马斯洛的理论保持一致：人们只有在基本需求满足之后才能追求自我实现）。

与 FAVI 类似，AES 取消了操作工的时薪制而改用固定工资制，这就抹掉了蓝领和白领之间的区别，所有 AES 的员工都采用相同的薪酬原则。丹尼斯·巴基阐述了该措施所带来的变化：

> 我们刚开始调整 AES 的薪资政策的时候，全球只有 10% 的员工领取固定工资，另外 90% 的员工都是领取时薪与加班工资。等到 2002 年我离开时，AES 在 31 个国家的 40000 多名员工中有超过 90% 的人和公司的管理层一样领取固定薪资。这是打破管理层和工人之间隔阂的一大进步，也将所有人都看作 AES 的商业伙伴并凝聚到了一起。总的来说，员工的收入和之前没有太大的区别，但他们花在工厂和办公室的时间减少了。周五晚上加 1 小时班就能搞定的事情，没有理由非要在周六上午花 4 小时完成。大多数情况下，员工承担了更多的职责，更加主动，并以他们的工作为荣。最重要的是，这种做法让 AES 的人感受到了自尊。[24]

我们在下一章将会遇到一家非营利机构——RHD，它奉行的原则是：一旦有提升工资的空间，就应该优先考虑低收入群体。CEO 的工资上限为该组织中最低工资的 14 倍。你也许会质疑这个倍数过高或过低，但 RHD 的明智之处在于：它基于最低工资来对最高薪资封顶，而不像许多绿色组织那样根据员工工资的平均值或中位数来确定。这样一来，CEO 和管理层出于自身利益的考虑也能更多地关注资历最浅的员工赚到足够的钱以维持体面的生活。除了关注最低收入，RHD 还设立了助学金计划，鼓励员工接受正式教育，提升自身的职业竞争力。它还发行了内部货币——"RHD 公平币"，低收入员工可以使用此货币与同事及所在社区进行商品与服务的交易。

对于很多人来说，给蓝领工人固定工资而不是时薪以及给 CEO 的工资设定上限是具有革命性的举措，但我很想知道未来是否会发生更加深远的变革。目前在很大程度上是供求关系决定了薪资水平。本书所研究的组织大多已废除了金字塔式的组织架构，但"金字塔的魅影"仍然存在于薪酬体系之中——处理大事的人比处理小事的人薪水要高。有些人认为，多劳多得是公平合理的，给公司做出的贡献越多，得到的薪酬也应该越高。另一种观点则认为从根本上来说，所有的员工都同等重要，无论是制定战略还是扫地，只要是带着投入和爱完成工作，就应该得到同等的尊重。[25] 如果没人愿意做扫地的工作，也许扫地的员工应该获得更高而不是更少的收入。我们对薪酬的看法远远不只是钱那么简单——它透露着我们与财富的关系、我们与丰盛和匮乏的关系，以及我们如何看待他人与自己的价值。作为一个整体，在向青色社会转型的过程中，我们将在多大程度上继续根据供需关系来决定薪酬，目前还尚无定论。

总结——自主管理的结构、流程与做法

前沿科学家们相信，接下来一个世纪的主流科学将是针对复杂、自催化、自组织、非线性和自适应系统的研究，通常又被称为"复杂性"或"混沌理论"（这对应了青色的世界观，而橙色思维则对应的是牛顿科学观）。虽然我们现在才逐渐开始理解自主管理，但它并非是个令人惊讶的新发明。几十亿年来，它一直是这个世界中的生命的运作模式，缔造了如此壮丽复杂的以至于我们难以理解的生物和生态系统。自组织是世界的生命力，它以恰如其分的秩序维持能量，让生命能在混沌的边缘保持欣欣向荣，并不会因为限制过多而延缓适应与学习。在很长的一段时间里，由于无知，我们试图去干涉生命的自组织形式，并控制彼此。现在，我们似乎已经准备好要超越僵化的结构，让组织真正焕发出活力。然而，自主管理依然是个崭新的概念，人们经常误解它以及促使其成功的条件。

误解 1：没有架构，也没有管理与领导

刚刚接触自主管理观念的人，有时会误以为它就是简单地将层级制从组织中剔除，并用民主化的方式基于共识来处理所有事宜。当你已经完整地读到这里的时候，我相信你自然能够清楚地认识到自主管理远远不止这些。和被取代的传统金字塔

模式一样，自主管理有一套自己的互锁的架构、流程和做法，包括如何建立团队、如何做决策、如何定义和分配角色、如何设定薪酬以及如何招募或辞退员工等。第208—209页的表格中列出了自主管理组织的主要实践，并且与目前主流的橙色组织进行了对比；而附录3则详细讨论了在研究中遇到的三种自主管理架构，同时分析了哪种架构更适合某些行业和领域。

关于自主管理组织，最先让我们感到困惑的是，其组织架构并不是依据牛顿科学观建立起来的控制式的层级结构，而是类似于自然界的生态系统，是复杂的、参与的和互连互依的，同时又在不断进化。形式服从需要，角色的产生、消失与变换是流动的。权力是分布式的，一有问题产生，就会立即形成决策。创新从四面八方不断涌现。只在必要时才召开会议。临时工作组能够自然地形成，又迅速地解散。晨星的创始人兼CEO克里斯·鲁弗在谈及自主管理的组织架构时这样说道：

> 自然界中云雾的形成与消散是因为水分子依照大气条件、温度和湿度的变化而凝结或蒸发。组织也应该如此，组织架构的形成与消失将取决于组织内蕴含的力量的变化。如果人们可以自由行动，他们就能够感知到这些力量并采取最符合现实的行动。[26]

管理的任务（设定方向与目标、规划、指挥、控制与评估）并未消失。只是这些任务不再仅仅集中于专职的管理角色，管理任务已经被分散得无处不在，因此更准确地说，尽管（也正由于）没有了全职管理者，在进化型组织中，任何的时候都有更多的管理和领导在发生。

误解 2：人人平等

自从人类有了记忆，组织中权力不平等的问题就一直令我们备受煎熬。无处不在的恐惧在组织内暗暗地萌芽生根，从权力的不均匀分配中汲取养分，并滋生出公司政治、隔离、贪婪、指责和怨恨。

有趣的是，自组织中的互锁结构和流程不是为了解决权力不平等的问题，它们超越了该问题本身。试图解决权力不平等的问题，往往会想到要给每个人赋予相同的权力（这个概念与多元-绿色的世界观一致）。例如，合作社通过所属权均等化的方式，平均分配了权力。有趣的是，没有一家我所研究的组织是由员工拥有的，也许当权力被真正分派到每个人身上时，员工所有权的问题好像就没那么重要了。

从进化-青色的角度来看，问题的关键不在于"如何让每个人都拥有平等的权力?"而是"如何使每个人都有力量?"权力并不是一个零和游戏，只能此消彼长。相反，如果我们承认彼此都是相互联结的，那么你的强大会帮助我变得更加强大。你用于实现组织宗旨的力量越强，我绽放自己的机会就会越多。

我们偶然发现了一个美妙的悖论：人们可以拥有不同程度的权力，同时每个人都可以变得很有权威。如果我是个设备操作员（我的背景、教育、兴趣和天赋使我只能胜任此类工作），而你的角色是负责协调整个新工厂的设计，那么我的权限范围

的确会比你小很多。然而，如果我可以通过建议流程采取一切
必要的行动来处理相关事务，那么我就拥有了一切必要的权力。

当我们把组织比作机器时，是无法理解这个悖论的。在一
部机器里，顶部的大齿轮转一小下就能推动下面大量的小齿轮
旋转。反之却不行：底部的小齿轮哪怕再努力，也没有力量来
带动大齿轮。如果把组织比
喻为大自然——复杂的自组
织系统，我们就能更好地解
释这种悖论。在一个生态系统内，相互联结的有机体不需要干
涉和控制，也能欣欣向荣。蕨类或蘑菇不需要像旁边的大树那
样接近天空，也同样可以尽情展现自我。通过复杂的协作机制，
彼此交换养分、水分和荫庇，蘑菇、蕨类和大树无须竞争，而
是靠着协作，成长为最大和最健康的自己。

> 从古至今，权力不平等的问题一直困
> 扰着组织。进化型组织并没有尝试去解决
> 这个问题，而是直接超越了它。

进化型组织也是如此：重要的不是要让每个人都平等，而
是要让所有的员工都成为最强和最健康的自己。支配者层级
（在这个架构中老板的权力始终超越下属）终将消逝。而正因为
如此，则会涌现出许多自然的、进化的、互相重叠的层级结构，
例如基于发展程度、技术水平、专长、经验以及被认可程度而
形成的层级结构。这正是管理学者加里·哈默尔（Gary Hamel）
对于晨星的点评：

> 晨星是一个自然形成的动态层级结构的集合体。连一
> 个正式的层级也没有，但却有着许多非正式的层级。根据
> 员工的专业知识以及帮助他人的意愿，某些员工会比别人

拥有更大的发言权。这体现的是影响力而非职位上的层级，都是自下而上逐渐建立起来的。在晨星，员工通过展现专业知识、帮助同事以及创造价值来积累自己的权威。一旦停止这么做，其影响力将变弱，工资也会随之降低。[27]

所以事实上，这些组织绝不是"扁平化的"，这个词通常用于描述很少或几乎没有层级结构的情况。相反，这些组织是活的，并能向各个方向移动，为所有人提供机会。你能达到的高度取决于你自己的才能、兴趣、性格以及你激发出的同事们的支持，再也不会人为受限于一张组织架构图。

误解 3：自主管理就是赋能

如今的许多组织都号称在给员工赋能，这其实是一个极大的讽刺。如果说员工需要被赋能，就说明该体系的设计使得权力集中在组织的顶端，

> 在权利共享的那一刻……人们感觉被需要和被重视，因为他们的确是被需要和被重视了。
>
> ——丹尼斯·巴基（Dennis Bakke）

除非领导者慷慨地分享一些他们的权力，处于职位阶梯底端的人基本上没有什么权力。而在进化型组织中，员工不需要被他人善意地赋能。赋能是组织的根基，被牢牢地镶嵌在架构、流程和做法之中。个人不必去费力地争取权力，权力本来就属于每一个人。对于初次体验自主管理的人来说，也许一开始会苦乐参半。伴随着自由而来的是责任：你不能再把问题、艰难的决定或者困难留给你的老板；你也不能再指责他人、疏离冷漠或是愤愤不平了。每个人都需要成长，并为自己的想法和行为

负责，这对有些人来说是一条陡峭的学习曲线。曾经的领导者和经理们有时会发现，不用处理其他人的问题是一个巨大的解脱，但也有很多人无法忍受不能继续行使职权所带来的"幻影"般的痛苦。

在组织设计的领域，如今有许多领先的思想家和实践者们在"领导者如何才能更加自觉"的课题上投入了大量的精力。他们的思路大致是这样的：如果领导者可以变得更关爱、更谦逊和更愿意赋能，同时也能更好地倾听以及更多地意识到他们所造成的影响，他们就会更谨慎地挥舞手中的权杖，并且创造出更健康高效的组织。合弄制的创始人布赖恩·罗伯逊在博客中写道：

> 我们看到有不少人在尝试让领导者变得更有意识、更有觉察和更加觉醒，能成为更多赋能他人的服务型领导者……同时，有些讽刺的是：……如果你需要别人小心地挥舞手中的权力，为你留存空间，那么你其实是一个受害者。这是对赋能的嘲讽！但在传统的组织运作框架内，除了努力变成自觉的赋能型领导者之外，我们还能做些什么呢![28]

诚如罗伯逊所言，如果我们无法跳出金字塔来思考，那我们的确所能做到的，就是通过更开明的领导力来尽可能修补权力不平等所带来的不良后果。进化型组织的先行者让我们看到，我们完全可以超越权力不平等的问题，而不只是简单地修修补补。我们能够重塑组织的基本架构和流程，让每个人都变得强大有力，无一例外。

误解 4：它仍处于试验阶段

另一种常见的误解是，自主管理还是一种处于试验阶段的新型管理方式。这并不是事实，自主管理已经在各行各业大大小小的组织中不断地证明了自身的价值。以戈尔特斯面料而闻名的化工制造企业戈尔公司（W. L. Gore）自 20 世纪 50 年代末成立以来就一直依靠自组织原则在运作。年营业额超过 90 亿美元的全食超市（Whole Foods）雇有 60000 名员工，经营着超过300 家拥有内部自治单元的门店（组织的其余部分属于传统的层级结构），每个商店大约有 8 个自主管理单元，如食品制作、海鲜和结账团队（中央职能部门以绿色的赋能式层级制运营）。

奥菲斯室内乐团（Orpheus Chamber）自 1972 年成立以来，一直以完全自主管理的原则在运作。乐团设立在纽约卡内基音乐厅，被公认为是世界上最伟大的乐团之一，好评如潮。该乐团没有指挥，音乐家们共同制定所有的艺术决策——从选择曲目到如何演奏某个章节。同时，他们自行决定招募谁、去哪演出以及与谁合作。

践行自主管理的志愿者驱动的虚拟组织更是规模惊人。2012 年，维基百科有 10 万个活跃的贡献者。据估计，有接近数量的人（约 10 万人）在为 Linux 操作系统做贡献。这些数字听起来不小，然而要是和其他志愿者组织的规模比起来，它们也只能算是小巫见大巫了。匿名戒酒互助社（Alcoholics Anonymous）目前在全球拥有 10 万个小组以及 180 万会员，每个小组都是完全基于自主管理的原则、架构和实践在运作。

我相信，我们之所以很难接受自主管理的理念，是因为我们从小成长于传统层级组织的环境之中。然而年轻的互联网一代（简称为千禧一代、Y 一代或使用 Facebook 的"F"一代）骨子里就带着自主管理的基因。在网络上，管理学者加里·哈默尔（Gary Hamel）写道：

- 没有人可以杀死一个好主意
- 每个人都能贡献
- 任何人都可以领导
- 没有人能主宰
- 你可以选择你的事业
- 你可以轻松地站在巨人的肩膀上
- 你不必忍受恶霸和暴君
- 鼓动者不会被边缘化
- 卓越战胜平庸
- 谋杀激情的政策必须扭转
- 突出贡献会被承认和庆祝[29]

许多组织的领导者和人事经理都爱抱怨说，新的千禧一代很难管理。的确如此，这一代的年轻人成长于具有颠覆性的互联网世界，要在那里获取影响力，靠的是贡献和声誉，而非职位。他们干吗要在职场中受罪，而不去拥抱自主管理呢？同样，我们为什么非要忍受呢？

自主管理

	橙色实践		青色实践
组织架构	• 金字塔层级架构	→	• 自主管理团队 • 按需配置教练（不为利润负责，没有管理权），同时帮助数个团队
职能部门	• 过多的中央行政职能：HR、IT、采购、财务、预算控制、质量、安全、风险管理等	→	• 这些职能多数都由业务团队自己承担，或者由志愿者小组承担 • 保留为数不多的行政人员，他们的角色是给出建议
协调	• 通过各层级的固定会议来协调（从高管团队往下延伸），经常带来太多的会议	→	• 没有高管团队会议 • 协调和会议大多是临时性的，按需而定
项目	• 重度机械化（计划 & 项目经理、甘特图、预算等），试图控制复杂性和优先配置资源	→	• 从根本上简化了项目管理 • 没有项目经理，人们自己管理项目 • 根据自然的优先次序，保留最少量（或者没有）的计划及预算
职位头衔及岗位描述	• 每一项工作都有职位头衔及岗位描述	→	• 流动的独立角色 • 没有职位头衔
决策制定	• 由金字塔上面的高层制定 • 任何决定都可以被高级别的领导者否决	→	• 根据建议流程，决策完全分散在组织中（或者合弄制决策机制）

橙色实践		青色实践
危机管理	• 顾问小组秘密开会，支持 CEO 自上而下的决策 • 只是通知所做出的决定	• 透明的信息共享 • 每个人都参与，集体智慧产生最佳反应 • 如果需要暂停建议流程，事先确定暂停的时间及范围
采购与投资	• 根据级别授权 • 投资预算由高层控制	• 任何人可以使用公司资金，只要他按照建议流程行事 • 团队的投资预算将在同侪评估机制下受到挑战
信息传递	• 信息就是权力，只透露给需要知道的人	• 所有人都能实时获得所有的信息，包括公司的财务数据及薪资
冲突解决	• （通常是避免冲突，没有冲突解决流程）	• 正式的多步骤的冲突解决流程 • 冲突须限制在冲突双方及调解员之间，不得牵扯无关人员
角色分配	• 紧张争抢有限的升迁机会导致公司政治及功能失调的行为 • 孤岛式：每个经理都是其领地的国王	• 没有晋升，基于同伴认可的流动的角色再分配 • 每个人都有责任指出自身职权范围之外的问题
绩效管理	• 聚焦在个人表现 • 上级领导做评估	• 聚焦在团队表现 • 基于同侪的个人评估流程
薪酬	• 由上级领导决定 • 个人激励 • 精英原则带来的巨大的薪酬差异	• 同事校准下的自主定薪 • 没有个人激励，而是平等地分享利润 • 薪酬差距较窄
解聘	• 老板有权（同时 HR 批准）解聘下属	• 解聘是冲突解决机制中调解环节的最后一步 • 在实际中，极少发生

2.4章 身心完整（通用实践）

> 人……体验着自我、自己的想法和情感，仿佛与世间万物隔离。这种割裂的错觉将我们禁锢于个体欲望以及对最亲近人群的眷念中。我们的使命是让心灵离开囚禁之地，扩大我们慈悲的范围，拥抱一切生命和整个大自然的美好。
>
> ——阿尔伯特·爱因斯坦（Albert Einstein）

有史以来，组织就是一个人们戴着面具出没的地方，这个面具既指字面上的意思，也有引申的寓意。外表上看，不论是主教的长袍、高管的西服、医生的白大褂还是商店餐馆的工作服，都在传递着信息，表明了我们的身份或阶层。这是组织给我们打上的身份标签，同时也是无言的束缚：一旦穿上了制服，你就不再属于自己，你的一言一行都不能出格，都要符合既定的身份。

一个更微妙的影响与工作服联袂而至：每天清晨人们一换

上工作服，就不自觉地调整到工作状态，并将自认为不属于职场的部分留在身后。他们戴上职业的面具以迎合工作场合的期望。这意味着，大多数情形下，必须表现出阳刚的坚决与力量，收起脆弱和犹豫，忽视或者排除自己柔性的一面，如关爱、好奇或怡人。理性被认为是绝大多数工作场合最不可或缺的素质，而情绪、直觉、灵性是不受欢迎和不被接纳的。对于大多数人来说，组织也就成了心灵无处安放之地——一个漠视我们内在人性和精神渴望的荒芜之地。

是什么令我们一进入工作场所就失去自我？是源于恐惧，是组织与雇员共同制造的恐惧。组织担心一旦我们把全然的自己，包括我们的喜怒哀乐、俏皮话和周末休闲的服饰，带进工作场所，公司可能会变得混乱无序。对于军队来说，最容易的管理方法就是让军人

> 我们可以通过你为了成为组织的一分子必须撒谎的数量来衡量一个组织。
> ——帕克·帕尔默（Parker Palmer）

把自己当成随时可以被替换的螺丝钉。另一方面，雇员害怕一旦展现真实的自己，就会被看作特立独行、不合时宜，从而遭到嘲笑和评判。所以大家很自然地就打起了安全牌，低调地戴上职业面具，藏起自己的本性。

世界上所有的智慧传统都在讲述着同一个故事：我们是大千世界的一部分，心与心之间有灵犀，物与物之间息息相关，但这个真理却容易被人遗忘。我们离开母体而生，成长的过程中逐渐与自己深层的天性分离，独立于周遭的他人与其他生命。我们生命最深处的召唤与智慧传统都在告诉我们去找回完整性，

它存在于自身以及与外在世界的联结之中。

这一灵性的洞见激发了进化型组织的第二次突破：为人们重归身心完整创造空间。当我们敢于带着全然的自己投入工作，奇迹就会开始发生。我们每一次的不完整，都是在驱逐我们原本拥有的某些潜能、创造力和能量。这样一来，许多工作场所也就毫无悬念地令人窒息。当身心完整时，我们的生命富足而充盈，我们会惊奇地发现自己拥有前所未有的内在力量。在与同事的相处中，许多的不快和低效开始消失，工作变成我们帮助彼此展现内在伟大、揭示生命召唤的载体。

自主管理对于我们展现完整的自我大有裨益。我们不再需要为极少的升迁机会而打破头，不再需要为得到青睐而取悦老板，也不必为上位而排挤竞争对手，绝大多数组织里的政治毒素也荡然无存。在我研究的自主管理组织中有一个共通的心声：在这里，我可以全然地做自己。没有监管我的老板，没有需要去控制的下属，也没有可能成为对手的同侪，终于我可以放下防备专注于需要做的事情了。这些组织常使用家长—孩子—成人的模型（埃里克·贝恩的沟通分析法）来诠释自主管理是如何为健康的工作方式营造空间的。把老板和下属绑在一条线上制造了一种不健康的家长—孩子关系。无论我们的教育、资历或者工作内容有多么不同，自主管理体系都会促使我们保持成年人对成年人的互动模式。在基于同侪的体系中，如果我们试图表现得像家长或者孩子，我们的同事会马上告诉我们这样行不通。

合弄制的创始人布赖恩·罗伯逊（Brian Robertson），用另外一个模型来描述自主管理在改良关系上的威力——帮助我们从迫害者、拯救者、受害者的三角关系转而成为挑战者、教练、创造者的关系。

> 我一直很欣赏卡普曼的戏剧三角模型，即迫害者、拯救者、受害者。这些人间大戏在组织里屡见不鲜，而且人们往往就卡在了这种互动模式里……
>
> 我认为如果把合弄制放在该模式框架中，其效果浅显易懂。在合弄制中要维持一个受害者角色是极为困难的，因为周遭的世界会不断地让你反观自己，人们会对你说，"你可以去处理自己的张力。如果你选择做一个受害者，那是你的选择，这也许是因为你不知道除此之外还能有什么其他选择，但那不是因为有人在迫害你。如果你选择待在这种模式中，那也是你自己的选择。"这样的提醒往往成了对方转化为创造者的催化剂，"哦，让我想想办法，让我来处理一下我的张力，让我看看能做些什么来改变自己的环境。"
>
> 在合弄制以前，我个人很容易掉入迫害者的角色，因为我领导企业并且试图满足组织的需求……合弄制给了我一个有力的替代方式……我现在可以是一个挑战者。我可以说："好的，那接下来你打算怎么做？决定权在你，你的下一步是什么？"我可以提问题并进行挑战。
>
> 我们的认证合弄制教练本纳德·玛丽亚·威奎特（Ber-

nard Marie Chiquet) 讲述了他了不起的故事。他的模式背景是拯救者，他过去在工作中是如此容易陷入拯救者模式，而合弄制将他转化成了教练，他告诉自己"我不再去玩拯救了"，因为在这样的环境中，没有需要被救的受害者。[1]

自主管理极大地降低了组织中妨碍我们成为真实自我的难以觉察的恐惧。像合弄制和晨星这样完全专注于自主管理的组织，几乎无须再加入任何鼓励个人和集体达到完整性的其他做法。而有些组织却发现人们甚至难以融入由平级同事组成、不存在等级的社群之中。我们每一个人都有自己的过去和包袱，而我们无一例外地背着它们来到了工作场所。他人的出现或许唤醒了我们被喜欢的需求、追求完美的需求、被看作有能力和成功的需求，以及支配他人或被人支配的需求。

全然地表达自己是困难的，青色组织恰恰在此困难之处看到了曙光。它们创造了一系列的做法，以帮助人们互相扶持，在为组织从事外在工作的同时获得内在的成长。每一次我们的恐惧被激发之时，也正是我们学习成长之日，正可以重新召回我们自身曾经被忽略或者被打入黑暗的部分，体验身心的完整。

让工作变得有人情味

其实，邀请我们步入完整性的大部分做法是如此的简单易行，令人吃惊。不幸的是，我们是如此习惯于被困在既狭隘又了无生趣的地方（我们称之为工作场所），以至于这些做法好像

很不符合所谓的"专业场合"。位于科罗拉多州的雅音公司
（Sounds True）通过音像制品、书籍和在线课程等方式传播灵性
大师的教导，他们还采取了下面的做法。公司创始人兼首席执
行官塔米·西蒙（Tami Simon）在很早以前就把她的狗带到了
办公室，随着业务的扩大和员工的不断增加，没过多久，有些
员工就问他们是否也可带狗来工作，而塔米想不出拒绝的理由
（除了可能会出现的清洁卫生问题，该问题也已经用一个并没有
被强制执行的规定解决了："狗随地大小便三次就必须带离"）。
如今，开会的时候，有两三条狗躺在人们的脚边也不是什么稀
罕事（目前公司拥有 20 条狗和 90 名员工）。同事们注意到，有
狗的时候，也会发生些特别的事情。动物往往让我们感到踏实，
也会把我们内心更好的一面带出来。我们在爱抚狗的同时也抚
慰了自己，再次联结自己的身体，也能平复混乱的思绪。当我
们抚摸同事的狗，或者同事拍拍我们的狗时，我们一起巧妙地
营造了共同体。人们发现，公司不仅为狗的出入打开了方便之
门，更重要的是给人性开启了大门。

户外服饰制造商巴塔哥尼亚（Patagonia）也有类似的做法。
该公司的总部位于加州文图拉，他们为员工子女成立了一个儿
童发展中心，从几个月的婴儿到上幼儿园的幼童都可以加入。
公司的办公室、户外游乐场、父母的办公桌边时常回响着孩子
们的欢声笑语，跟随父母或者同事去餐厅吃午饭的孩子们也不
时传递着快乐。时常还会看到一个母亲在会议期间给她的孩子
喂奶。

当人们看到的彼此不再仅仅是同事，而是一群能对幼儿充满浓浓关爱的人时，关系就发生了微妙而深刻的变化。想到午餐期间同事带着宝宝玩耍的那一幕，开会时便很难相互对立、彼此责难。[2]

让孩子或狗进入工作场所并不是什么天大的事。然而，在15年的咨询和教练生涯中，我还没有碰到过其他组织有类似的做法。这让我不禁思考：我们一定是在分离的疯狂中沉浸太久了，不然我们怎么会觉得这样的做法如此悖于常理？当然，有些人认为动物和孩子可能会分散我们工作的注意力。我开始相信，这是更深层次的东西在作怪：我们在工作场合表现出自己很少的一部分，这样才会觉得安全。我们很可能不会马上喜欢这个让孩子和动物走进工作环境的想法，因为有他们出现，我们很难不表现出自己另外的一面：我们充满爱和关怀的一面。

安全开放的工作环境

在恐惧的背后，我们的本性却渴望完整，渴望整合分裂的自我，荣耀灵魂的真实。为什么身心完整是如此的困难，而分离却是那么容易呢？因为完整的展现很可能会带来风险。把自我和自己最珍视的部分完整呈现就等同于将自己暴露于批评、嘲讽或者拒绝之中。作为教育家、作家和活动家的帕克·帕尔默终其一生都在探索在社群中我们如何找到自己的完整性。

需要怎样的空间才可以让灵魂呈现并引领我们？……

我的回答来源于一个我唯一知道的隐喻，它体现了灵魂的本质和神秘感：灵魂就像一只野兽。

灵魂就像野兽一样，它强壮坚韧、聪慧多谋并自给自足：它知道如何在困境中生存。许多人在人生最黑暗的时候才能体会到这些品质。当我们平常赖以为生的能力遭到彻底的重击——我们的智商变得无用，我们的情感僵死，我们的斗志荡然无存，小我被粉碎之时，我们的内心深处却感觉到有某种东西的存在，这东西知道如何活下去，它能帮助我们继续前进——我觉得那就是我们坚韧而顽强的灵魂。

然而，灵魂尽管坚韧，但也害羞。就像野兽一样，当其他人在附近出没时，它会寻求安全茂密的灌木丛。如果我们想看到野兽，我们知道最不能做的事就是冲进树林，对它们大喊大叫并试图驱赶它们出来。反之，如果我们静静地走进树林，耐心地坐在树底下，与大自然共同呼吸，成为森林里的一部分，我们所寻找的野兽很可能会露面。

不幸的是，我们的社会往往像是一群人闯入树林，把灵魂吓跑。在这种情况下，智商、情感、意志、小我很可能出现，但不是灵魂。我们吓跑了所有灵性的东西，比如相互尊重的关系、善意和希望。[3]

"闯入丛林"是我们在组织内学到的共处方式。冷嘲热讽的评论或怒目圆睁的会议足以吓跑我们的灵魂。如果我们希望所有人都能敞开心扉，包括聆听灵魂深处那羞涩的声音，我们需要创建安全和关爱的工作环境。我们必须学会辨别和留心每一个细微的言行，避免破坏同事间的安全感和信任。

总部位于费城的非营利组织——RHD 就提供了一个完美的案例。在过去的 40 多年中，它致力于创建并维护一个安全开放的工作环境，让人们从中实现自我超越。1970 年 RHD 初创时只是在费城郊区实施了一份价值 5 万美元的合同，提供社区内的精神健康服务。今天，

> 完全呈现自己是有风险的。如果我们要与其他人分享自己深层的个性、天赋、渴求和担忧，我们就需要有一个安全的空间。

它拥有 4600 名员工并运营着总额大约 2 亿美元的服务项目，在 14 个州建立了住所及收容站，用于帮助心智障碍、发育性残疾、吸毒者、酗酒者、罪犯和无家可归者。它还经营精神卫生中心，并且帮助那些家庭或学校里的问题儿童。

正如 AES 和 FAVI 一样，RHD 也明确建立了一系列关于人和工作的基本假设，即①每个人都有同样的价值；②除非能被证伪，人性本善；③管理好公司并非只有一种办法。每个 RHD 的项目都由一个自主管理团队来运行，平均 20 人，最多 40～50 人。RHD 内部对这个团队称呼为单元，单元被鼓励发展他们自己的宗旨、自豪感和身份认同。在单元内没有岗位描述。单元负责自己的整体运作，包括定义战略、招聘、采购、预算编制和监督结果。总部中心的工作人员保持在最少数量。专业的工作人员（例如支持团队财务工作的预算经理或临床复查专家）可以给单元提供建议，但最后的决定权被保留在单元内部。RHD 团队也有一个领导者（称为"单元总监"），就像 FAVI

的团队负责人一样，单元总监没有权力强行决策，也不能单方面聘用或解聘任何人。

在这些团队的组织架构中，没有中层管理人员，如同博组客的区域教练支持各个护士团队那样，RHD 的枢纽负责人会去支持几个单元。枢纽负责人希望能被随时告知现有的重大挑战或潜在问题；他们可能会给予建议或帮助，但是解决问题的责任还是落在各个单元。枢纽负责人没有业务指标，也不对其支持单元的财务绩效负责。而且，哪怕几个单元提供了类似的服务，它们也不会被整合到同一个枢纽负责人那里。一个枢纽负责人可能既支持一个精神卫生疗养院，又支持一个无家可归者的收容站，还支持一个针对问题儿童的服务中心。RHD 的创始人兼首席执行官罗伯特·菲什曼（Robert Fishman）阐述了这样做的理由：在枢纽层面，没有人能了解到所有的细节，而提供服务所需的专业知识则需要分布式地扩散到当地管理人员那里。采用枢纽负责人的方式，我们就能避免将公司变得千篇一律和索然无味，从而创造出拥有非凡活力和企业家精神的组织。有个叫丹尼斯的员工如此说道：

> 自由从我们被聘用的那刻就开始了。像大多数 RHD 员工那样，我们没有职位描述，取而代之的是自己设定和管理个人的工作职责。在这里工作，很少会听到"应该"或者"必须"，每个人都被自然而然地期待（甚至无须明确地说出来）在考虑他人的前提下开展建设性的行动。而且我们被鼓励有所创新，甚至大家还会一起庆祝这样的行为。

我们并不会把这一切当作天经地义的事情，看看身边的朋友，他们在截然不同的工作环境下依然有着非常多的痛苦经历。[4]

RHD的成功非常引人瞩目。自成立以来的40多年间，它一直保持着年均30%的增长，尽管它的收益接近20亿美元，并且一直是由200多个单元在当地自主决策，但从来没有因为财务管理不善而失去订单。这些数字只是讲了故事的一部分。RHD成功的核心是他们每天提供的关爱满足了成千上万人的需要。罗伯特·菲什曼接下来讲的这个故事在RHD虽然很常见，但却很好地描述了这个组织的面貌：

> 这个故事是关于一个"星期五下午5点"的来电。那是一个周末（7月4日星期五），你前脚已经迈出办公室，即将步入欢度周末的喜悦，电话却响起来了。
>
> 电话是一个束手无策的政府工作人员打来的。他描述道，现在有个叫瑞克的人来寻求帮助，他今年45岁，有发育性残疾，父亲刚刚突发疾病离世，他无人照看，濒临崩溃，现在急需一张空床位，但是在整个康涅狄格州精神迟缓系统的医院里，已经没有空缺了，在节假日的周末想解决这样的问题难过登天。而这个人现在就等在医院的急诊室外面，那是他爸爸刚做完例行手术的地方。RHD-康涅狄格能够帮忙吗？哪怕是一点点？
>
> 时任RHD-康涅狄格主任的保罗没有马上想到解决方

案，他唯一确定的就是，RHD 的床位也一样满员。尽管有太多的不确定，尽管马上进入节假日，也尽管时间已晚，保罗却毫不迟疑地回答道"当然可以，我们愿意帮忙！"他虽然不是公司的高管，但他知道作为 RHD 的单元负责人，他有权力也有责任来解决问题。

保罗……回想起他几年前与瑞克的接触，"他有暴力倾向，会打人或摔东西。"保罗一边回想一边说……瑞克有双重症状——发育性残疾和精神疾病……"很明显，接收他将会带来很大的挑战，但我认为如果员工和其他常住户们准备好了，就可以迎接这个挑战。"

电话挂断后的几个小时，保罗动员了驻扎在"日落屋"的团队。日落屋是一家住宅型疗养院，为发育性残疾人士提供 24 小时服务。就在那个星期五，日落屋的护士玛丽致电瑞克的医生，请他将瑞克的药物处方交接给日落屋，这不是件容易的事。日落屋的经理特蕾西则带领团队快速拆除办公室，将它改造成一间卧室。这间办公室改造的卧室对于长期居住来说太小了，但是解决一时之急还是可以的……

当晚 RHD-康涅狄格副主任卡桑德拉在常住户的召集会议上，讲述了瑞克的事情以及他正经历的丧父之痛，也提出了临时安排瑞克入住由办公室改造的卧室的方案，同时提议如果可以改造车库的话，我们就能安排他长期住在日落屋。并不是所有人都喜欢这个提议，但陆陆续续大家都达成了共识，毕竟帮助瑞克走出困境是最重要的。

就在保罗接到电话的同一天，也就是那个星期五，一名员工去医院把瑞克接到了日落屋，当他推开大门时，常住户们热烈地欢迎了他。保罗回忆道："瑞克在充满微笑的人群中认出了我，他笑了。他还很高兴地说道：'这是我的新家啦。'"

"有时候，"保罗回忆道，"你知道自己做了件好事。那个星期五，我们的的确确做了件好事。"[5]

菲什曼继续介绍了 RHD 的基本假设是如何创建出一套文化、做法和决策机制，从而允许这样的小奇迹每天都能上演：

瑞克的故事淋漓尽致地体现了 RHD 的价值观和授权的完美交融。我们的第一基本假设"每个人都有同样的价值"，指引我们对瑞克的迫切需求给予尊重和关爱。我们的第二基本假设"除非能被证伪，人性本善"则促使了当地的主任在没有签署合同、只有对方的期待和信任以及相信会收到服务费（事实也的确如此）的情况下，就快速与政府联合解决了问题，而我们的第三个基本假设"管理好公司并非只有一种办法"则赋予了我们在处理问题时的灵活性。假如我们是通过总部去处理这个问题，由于对瑞克本人或者当地单元没有足够的了解，因此总部同事并不一定能做出明智的决策，也不能做到快速反应，而延误或失误会造成瑞克进一步的痛苦，并给我们的政府客户带来诸多不便。此外，这样做也会让当地员工有被强迫的感觉，这不是一种精益高效的工作方式……

RHD 员工与其他公司的员工没有什么不同，授权并不会使人变得完美……我们渴望去做的以及将继续努力实现的是根据我们的基本假设去管理好身份、权力和金钱。[6]

自主管理是 RHD 实现非凡关爱的基石，人们需要能够自主决定在适宜的时机用最佳的方式去满足他们关爱人群的真实需要。但另一个因素也同样重要，那就是一个安全和开放的环境。RHD 无论是在业务单元还是在公司整体范围内都成功地营造了这样的环境，使得人们可以发掘自身最深层的人性去关爱他人。

要创建一个能让人感到安全并愿意展现完整自我的环境，这对任何一个组织来说都是相当有挑战的。这对于一个每天都要和经历人生困顿的群体（精神病患者、酗酒者、有案底的人、发育性残疾和流浪者）打交道的组织来说，更是极富挑战。在这样备受考验的环境中，极易爆发语言或身体的暴力，RHD 却随着时间的推移提炼出一套优美的做法来培育一个安全和开放的工作环境。

关于环境安全的基本准则

菲什曼和他的妻子共同写过一本书，详细介绍了 RHD 的实践。在引言中，他回忆了内心是如何呼唤他去创造一个与自己童年际遇完全不同的工作环境：

我小时候在父母的争吵中度过了无数个夜晚，一直尝试着去理解他们为什么会无休止地战斗。这潜移默化地塑造了我的思想，并影响了自己在过去50年的专业工作。

我父母的争吵始终遵循相同的模式：我母亲坚称她是对的，而我父亲是错的，是个坏人。当他们争吵到了一定程度，我父亲，一个寡言少语的人，就会愤怒地踩着脚走出公寓，一次又一次地证明他能离得开母亲和我。

11岁的时候，我想明白了一件事，那就是无论是父母亲谁对谁错，无论他们是不是坏人，我都不能站在任何一边。后来，我的注意力转移到了身边的朋友们如何争吵，我开始意识到，他们的大多数抱怨本身都微不足道，他们对话的方式才是真正的问题。我甚至没有跟谁学过，就已经开始实践如何调解了……回想起来，我发现这是另一个阶段，促使我后来发展成终身致力于理解人际关系，并试图找到更好的方式来处理冲突……

我在上大学和研究生时的老师似乎没有一位在健康的人际关系上拥有远见卓识。他们当然也教过我一些相关的知识，但我发现自己主要研究的还是一些不友好的人际联结以及各种各样的人们试图在自己制造的战斗中寻找避难所的方法。大多数人没有看到任何出路。为什么呢？我想知道……

在工作中，我接触过一些主管，他们认为自己的工作方式绝对正确，毫不怀疑。而为了实施自己偏爱的方案，他们专横霸道，就像个暴君。这样的做法其实没有任何意义。

　　慢慢地我找到了一些答案。我知道自己和大家一样——需要爱与被爱，我也知道我想要带领别人一起来寻求更好的工作方式……我构思并试验性地创建了 RHD。36年后，我明白了，原来这是个关于创建健康工作社群的实验。[7]

如果要营造一个安全的工作场所，则需要大家能够意识到自己的一言一行是如何创造或者破坏安全工作氛围的。不幸的是，正如菲什曼所说，我们在学校里学不到这些。进化-青色组织花费了大量的时间和精力来培训每个人掌握一系列基本准则，而这些规则能够支撑建立健康高效的合作。本书中提到的一些组织甚至把它们写成了文件，比如 RHD 就花了几年使用漂亮而精准的语言总结了一部"员工与顾客的权责规定"。前两条详细说明了 RHD 关于创造一个安全环境和建设性地管理冲突与愤怒的目标（后续的规条介绍了自主管理的内容）。实现此目标的前提是，冲突难以避免，但恶意行为则可以避免：

　　本公司选择了依靠若干项基本假设来运作。其中的一条假设指出：可以有多个"正确"的方式或路径同时存在，我们能够从中选择，但并没有一个"真正的"或"绝对的"现实。每个人都有自己看待事物的角度，并且对于哪种做事方式最有效都有自己的想法。这个假设使我们认识到冲突不可避免，人们在工作中一定会有分歧。然而，尽管冲突和差异（或分歧）是不可避免的，但各种暴怒敌对的表达方式在 RHD 是不被接受的。

作为 RHD 社群的一员，有两件事情非常重要：

（1）放下想要证明我自己是"正确的"这一需求，以便倾听和尊重他人的事实和观点；

（2）区分想法（你的内心念头）和行为（你的言行举止）。[8]

规定中还专门列举了 5 种不能接受的敌意表达。第一种是"贬低他人的言论和行为"。具体如下：

> 贬低性言论和行为涉及能让人感觉到自尊受损或不值得被当人看待的任何语言或非语言行为。具体行为包括，但不限于辱骂、嘲笑、讽刺或其他"贬低"他人的行为。比如，在讲话时眼神游离，无视社群成员的重要性，也是不能容忍的。任何人遇到这种敌对行为都有权利和责任明确地指出来。[9]

其他不能接受的敌意表达也同样被细致地记录下来提醒大家，包括"私下挑拨离间"、"抛弃的威胁"、"否定别人的现实状态"和"恐吓/暴怒"。

绿色组织开创了基于价值观的内部文化，形式多样，这些价值观通常包括正直、尊重或开放。而在青色组织里，详尽的基本准则将共享的价

基本准则将共享的价值观提升到了一个新的层面。它们清楚地描述了促进或者破坏安全健康工作环境的心智模式和行为。

值观提升到了一个新的层面。RHD 并不是唯一出台详细的权责法案的组织，晨星也有书面的组织愿景、员工守则和经营理念声明，FAVI 有内部索引卡片，合弄制有宪章。这些文档都在倡导营造一个安全和高效的工作环境。它们给同事提供了一套词汇用于讨论健康的人际关系，并区分出建议的行为以及不能接受的行为。

发起价值观和基本准则大讨论的做法

当然，不是仅通过一份书面文档就能将价值观落地的。有不少我们研究的组织从一开始就行动起来：在所有新员工的入职培训中都涵盖了公司价值观和基本准则的学习，这将促使整个组织形成能够相互交流的共同语言。

除了最初的培训，这些公司还发现需要安排专门的时间来讨论价值观和基本准则，好让它们保持生动鲜活。这可以通过多种方法来实现，下面是一些例子：

- **价值观节日**：许多组织都会举行一年一度的公司价值观节，每个人都将被邀请，并通过有趣的和/或内省的活动来重新审视组织的宗旨、价值观与基本准则，同时探询个人和团队该如何践行。例如在 RHD，价值观节是一个重大的节日，人们载歌载舞，庆祝并再次确认他们对公司卓越文化的承诺。

- **价值观大会**：每隔两个月，所有 RHD 的同事都会被邀请参加价值观践行大会，届时大家可以提出自己在工作场合遇到的价值观践行问题或建议修改内部的权利和责任规则。大家都非常踊跃地参加这个会议，而 RHD 创始人罗伯特·菲什曼每次都必定出席。

● **年度调查**：许多组织通过年度调查来发起关于价值观和基本准则的讨论。例如在 AES，每年都会有一个志愿小组设计一系列新的问卷，发送给组织里的每个人。每个单元都有义务参与讨论调查的结果（这也是基本准则之一），讨论可以采用多种形式，只要大家觉得管用。

反思空间

很多智慧传统都坚持采用定期的静默与反思来让我们的心平静下来，从而使真相能够从我们的内心深处浮现出来。有越来越多的人开始实践静心练习（包括禅修、祈祷、瑜伽或行走于大自然中），并且把它们融入每天的生活中。本书所研究的许多组织会在办公室的某个地方设置一个"静心室"，其他的一些组织则安排了禅修和瑜伽课程。在繁忙的工作日里，这些做法能够给个人的反思与正念创造出一份空间。有些组织甚至更进一步：它们透过团队教练、小组督导、大型集体反思和静默日等做法来创造一些集体自我反思的时刻。

海利根菲尔德（Heiligenfeld）的做法向我们证明反思完全可以深度融入每天的生活，在这一点上它相当出类拔萃。这家拥有 630 名员工的快速成长型企业，在德国中部运营着 4 家精神卫生与康复医院。它是乔希姆·加卢斯卡博士（Dr. Joachim Galuska）的心血结晶。在 20 世纪 80 年代，作为一名医学博士和心理治疗师，加卢斯卡感到精神病院的病人在治疗过程中需要一些更整体（全人）的方法，他想在传统心理治疗方法的基础上，加入灵性和超个人心理学的方法。不过，他没有发现任何医院对他的构想感兴趣。1990 年加卢斯卡博士偶遇弗里茨·朗（Fritz Lang），他是一家位于巴特基辛根（Bad Kissingen）的酒店的创办人和所有者，这家酒店历史悠久，却有点走下坡路。他们俩决定把酒店变成一所拥有 43 张床位并提供全人治疗方法的小型精神病院。他们的做法大获成功，客户从德国各地以及欧洲其他地方蜂拥而至。20 年来，海利根菲尔德已经变成一个拥有 600 张床位的医院网络，并将会持续扩张。

乔希姆的妻子多萝西娅·加卢斯卡（Dorothea Galuska）也是一位治疗师，她跟我分享了一个在海利根菲尔德接受治疗的病人的震撼故事：

> 有一天，我接诊了一个之前被诊断为严重精神错乱的病人，这位 55 岁的女士正遭受着抑郁和焦虑之苦，她从未工作过，而且已经有很长一段时间害怕外出。在讨论过程中，我有一种预感，这个女人的确可能有精神问题，但她好像又有一些超乎常人的直觉能力。是否有可能她之所以感到焦虑，是因为她被这些能力压得透不过气来了，不知道该怎么办？在会面结束的时候，我的预感被确认了。当时我正在怀孕，出乎我的意料，她突然跟我说："这真是一个漂亮的男孩！可惜他的胎位还没有转正。"这两点她都说

对了，但她是怎么知道的呢？

我建议她去学习如何驾驭她的特异功能，她报名参加了一位著名老师的培训课程，而我们在医院里帮助她克服抑郁，但是上述的培训课程才是真正治愈她的良方。今天她已经蜕变了，有着一份充满朝气的工作，为这个世界贡献她的天赋。之前让她抑郁焦虑的这种内在能量，现在却成就了她的人生意义与收入来源。[10]

当然，并不是每个病人的故事都那么引人入胜，但它描绘出海利根菲尔德的大致面貌——用全人视角解决精神健康问题，从而开拓出狭隘的心理治疗概念所无法提供的治疗路径。

海利根菲尔德是一处非比寻常的地方，不只是收纳病人的治疗单位，它还是一个充满生气的工作场所，获得过一连串的杰出奖项，其中就包括欧洲医疗卫生界颁发的"最佳工作场所"大奖。

大型集体反思

在海利根菲尔德这么多年来引入的大批创新管理的做法中，员工们都认为，公司之所以成为一处卓越的工作场所，主要归功于一种做法。这就是，每周二早上，350 名员工会花 75 分钟聚在一起，进行集体反思（理想的情况是所有员工都参加，但部分同事需要与病人待在一起，而且参与人数也受限于他们的楼里最大会议室的面积）。[11]

每周会有一个跟当下相关且有助于自我反思的新议题被列

入议程中。最近的几次会议曾经探讨过非常多元化的话题，例如解决冲突、应对失败、企业价值观、人际沟通、官僚主义、信息科技创新、风险管理、个人健康以及正念等。

会议通常以一个关于议题内容的简短演讲开始，但重头戏却发生在进行自我反思的小组中。让我们用"应对失败"这个话题为例来说明这个活动在海利根菲尔德是如何进行的：通过一个简短的分享向与会者介绍各种体面地应对失败的方法，比如当我们停止批判自己的失败时，新的可能性是如何产生的；如何从一个更高的意识层次去看待"失败"，将其视为生命中的机会，去扩展我们的技能与觉知，成长为更真实的自己。

在简短分享之后，人们搬动椅子，形成数个 6~10 人小组。在这些小组里，参与者围绕该话题进行反思——他们在日常的生活和工作中是如何独自地或与他人共同应对失败的。每个小组推选出一名引导者来负责维持几条基本规则，从而创造一个空间让大家可以放心地探索、表现真我以及脆弱的一面。在小组里，同事们的聆听给了陈述者很大的支持，让大家更勇于深入了解自己和他人，进而获得新的洞见。小组讨论结束后，话筒会被递到房间的各个角落，任何想要分享的人都可以与大家讲讲他们从小组讨论里取得的收获。这些会议没有预先设定好的结果，也没有预期的产出，每个人带着他或她的个人感悟离开会议。集体的洞见会经常在这个空间里浮现，各种决定与倡议也会在接下来的工作中被贯彻落实。

每周让公司里超过一半的人花 75 分钟来参加反思，这肯定是一种很耗时的做法，但是海利根菲尔德的员工却表示他们的收益远远超过成本投入。这些大型的集体会议就像一个打了激素的全公司培训项目，整个组织就这样一周复一周通过一个个不同的话题不断地成长起来（成长的速度很明显，不过因为找不出更多的热点话题了，公司随后可能会把会议改成两周一次）。

这种集体体验还培养出了社群及共同语言，其效果超出了我所知道的其他任何做法。同事们一周复一周地进入一个被规则保护的安全空间，让他们真正地做自己，他们学会了看到彼此更深层的人性，欣赏各自的优势并接纳各自的脆弱。在会议中建立的信任、同理心与关爱扩散到了会场之墙外，渗入了整个组织。一名员工在某次周二会议结束时站起来说道："知道吗，我希望我的家里也能有更多的海利根菲尔德！"会心的笑声在房间里此起彼伏。

团队督导

在大部分的自主管理组织中，人们都是工作在团队之中，这常常会带来一些"张力"。我们会遇到各种不同风格、倾向与信仰的同事。我们可以像大部分组织那样把这些张力隐藏起来，当然也可以勇敢地面对，使得个人及集体都能获得成长。海利根菲尔德就发展出一套简单的团队督导方法。公司与 4 名外部教练合作，他们每人都擅长于一个专业领域（人际关系、组织发展、系统思维及领导力），每个月这些教练都会提供若干个时间段，不同的团队可以去预约，公司的建议是每个团队一年内至少安排一次与教练的会面，结果一般都是 2~4 次。在外部教练的督导下，同事们可以在集体讨论中探索当下的张力透露出哪些关于他们自己的信息，以及他们可以如何成长并解决它。

同侪教练

团队督导用于帮助解决会影响整个团队的议题，而同侪教练则试图利用整个团队的力量去帮助某个成员克服一项个人的挑战。所有博组客的护士都会接受"Intervisie*"的培训，这是起源于荷兰的一种同侪教练技术。一名纠结于某个问题的护士可以在团队进行教练会谈时，寻求团队中其他同事的帮助。比如，她该如何应对一个拒绝服用急救药物的客户？如何帮助一名年长的病人接受他的子女的帮助？如何向客户说"不"以避免自己累垮？当一名护士受困于某个问题时，往往是因为该问题涉及了她自身尚未完结的个人议题。在这种情况下，同侪教练就能带来帮助。有的博组客团队会每个月安排一小时的同侪教练，而有的团队则会应成员要求不定期地进行同侪教练。

为了防止大家给出一些流于表面的建议、劝告或者安慰，博组客使用的同侪教练法遵循一套严格的流程和基本规则。在教练过程的大部分时间里，团队成员只可以提开放性问题，他们成为了旅途中的陪伴者，与当事人一起走进那些让人迷惑的事件。这创造出一个安全的空间，让大

---

* "同侪教练"的荷兰语。——译者注

家可以深度聆听并表达出真实与脆弱的一面，这些都是让真相浮出水面的必要条件，目的是让那名护士用新的角度看待问题，并找到她自己的解决方案。这是一个简单而美妙的过程，对很多人来说，能被一个群体用饱含尊重和关爱的方式来陪伴，是一种从未有过的难忘经历。[12]

个人教练

在人们职业生涯中的某些阶段，给他们提供个人教练已经成为现今很多组织的标准做法，但这往往是给那些高管及即将擢升的明星们准备的，或者有时也会提供给那些快要出局的不达标者。相信你能猜到，进化-青色组织把教练计划扩展到了所有的同事，无论他们在组织中担当什么角色。RHD 的教练计划则更进一步：每年向员工甚至他们的家庭提供 10 次免费的教练，他们不需要向组织中的任何人透露教练话题，而且教练话题也不必与工作相关。该计划建立在一种信任之上，也就是如果一名员工需要寻找外部教练的支持，那么该话题的重要性肯定值得公司来为此埋单。

静默

如果我们希望聆听到自己内心深处的智慧与真相，那我们就需要安排一些时间，能让自己从职场的繁忙和喧嚣中放慢下来。在雅音公司（Sounds True），每天早上 8 点半会有铃声响起，提醒员工们去参加一场 15 分钟的集体禅修，或者在这段时间里安静地坐在自己的位置上。所有海利根菲尔德的新员工，不论是治疗师还是清洁工，在入职时都要学习禅修课程；所有精神病患者也会被邀请去学习禅修。每周他们都有几场固定的集体禅修聚会，有的是专门给员工安排的，有的则会邀请病友参加。

　　每年海利根菲尔德都会组织 4 次"正念日"，当天病人和员工将在静默中度过。病人被建议保持彻底的止语静默（他们会戴上写着"静默"的标志来互相提醒），而员工只在必需的时候轻声说话（员工戴着写有"正念"的标志）。当天不会有对话形式的治疗，取而代

> 社群中的静默令人害怕，同样的理由却又让静默的练习变得威力无比：没有了文字来填补空间，我们就为更深层声音的涌现创造了一个出口。

之的是其他的治疗形式，比如林中散步、绘画或创意性活动。在正念日开始之前会有相应的沟通会议来帮病人做好准备，而且院方会设置一些"紧急谈话点"，供那些被这种静默压得透不过气来的病人使用。"大部分的病人爱上了这种体验，很多人都要求我们多办正念日。"多萝西娅·加卢斯卡说，"大概三分之一的病人会因为他们过往的伤痛阴影，觉得这种静默的体验很难受。我跟他们说，'假如静默对你来说很困难，你反而是幸运的。因为那些享受安静的人固然度过了愉快的一天，而你则获得了可以带到治疗中的一些内容。'"这也是员工们期待的一天，静默中的合作给员工之间的关系带来了一种特殊的意义，因为这需要一种更高层次的觉察，不是通过聆听同事们所说的话，而是要能感知他们的存在、情感与意图。

讲故事

　　无论是在自主管理组织还是层级制组织，信任都是使合作变得高效又愉快的法宝。但如果每个人都在某种程度上躲在专业面具的背后，信任就很难建立和深入。我们失去的不仅仅是效率，从更深层面上看，如果人与人的交往达不到一定的深度，人们就会感觉到自己似乎被一种肤浅的关系欺骗了。

　　如果我们想要在工作中相互信任，并希望建立深入、丰富、有意义的人际关系，就必须更多地展现自我。很多公司都流行这样的做法，即如果团队协作效果不佳，就开展一次团建活动。一起打保龄球也许是个不错的休闲方式，但这样的团建活动有个"通病"：它们只流于表面，并不能真正培养深入的信任关系或团队精神。因为这些活动从一开始就缺乏我们常用来建设团队和创造分享型文化的必要元素——讲故事。我们忘了故事所具有的能够拉近彼此距离的功效，于是团队关系就渐渐地退化和削弱了。我们需要重拾讲故事带来的好处，正如作家帕克·帕尔默所说：

　　　　你对一个人的经历了解得越多，就越不可能不信任或讨厌这个人。想知道如何构建信任关系吗？多去了解彼此。在工作中，通过一些简单的问题来了解彼此，使工作环境中不仅仅只有纯粹的同事关系，还能互相尊重彼此的灵魂。
　　　　这样编织起来的共同关系网在危机下将具备足够的弹性和智谋，而它必须在危机或需要到来之前构建，否则在巨大压力之下很难涌现出良好的社群关系。因此，让我们用自己的语言和做法，围绕着人员、任务、灵魂与角色来创建一个共治的社群。[13]

帕克·帕尔默的勇气与复兴中心（the Center for Courage & Renewal，简称 CC&R）探索了如何把讲故事融入组织生活之中。这个非营利组织创办了心灵静修营以帮助教师、医生、牧师和商业领袖重新联结到他们的天职，并重新统合自己的角色与心灵。[14]这其实是一个很小的组织，大约 10 名工作人员维持着一个有近 200 名受训引导者的网络，在过去的 10 年中，CC&R 已为超过 40000 名教师和其他专业人士组织了静修营。

他们用很简单的做法就让讲故事深入到组织生活之中。例如，在员工静修会上抛出一个简单的问题，让每个人花两到三分钟来回答（当然也允许跳过），"给我们讲讲在你的生命中非常重要的一位长者"，"跟我们聊聊你人生里赚到的第一笔钱"。这样的做法简单直白，却可以使人敞开心扉和同事们分享对自己人格塑造至关重要的时刻。

员工静修会上确实很适合讲故事，另一个类似的场合是新员工入职。CC&R 用一个特殊的会议来欢迎新同事，现有团队的每个成员都带一样小礼物以代表自己对新同事的祝愿，然后他们轮流将礼物送出，并分享他们的祝愿。这种欢迎的方式非常美妙，让新同事倍感温馨。与此同时，现有的团队成员在过程中也与新员工一样收获颇丰，他们对彼此的了解又增进了一步。事实上每个祝愿就是一个故事，揭示了讲故事的人在工作场所和同事关系中所珍视的东西。

当 CC&R 的员工离开机构时也有一个类似的做法。所有团队成员与即将离职的同事一起聚餐已经变成了一个惯例。届时，每个成员都会精心准备一个小故事，讲述这名员工在组织中的一段时光。当然，这些故事都是为了欢送即将离开的员工，但它们同样敞开了讲故事者的内心——他看重别人的何种特质、会因何而感动、在工作关系中又珍视什么。

柏林的 ESBZ 是一所 7—12 年级学校，校园里有一种不寻常的基于讲故事的信任与社群建设活动——赞美会议。每周五下午，全校的学生和教职员工都聚集到一个大礼堂中共度一个小时。他们总是先一起唱歌，融入集体的氛围，剩下的时间都是自由发挥。讲台上放着一支话筒，只有一个简单的规则：我们在这里互相赞美和感谢。在接下来的 50 分钟里，学生和老师自发地站起来，走上讲台，拿起话筒，赞美或是感谢另一名同学或老师在本周说过的话或做过的事，然后再回到原位坐下，接着另一个人走上讲台。每个人对着话筒所分享的

> 关系能改变我们、启发我们，激发我们更多的潜能。只有融入团队，自身的已知甚至未知的天赋才会得以显现。
> ——M. 惠特利 & M. 凯尔纳-罗杰斯
> （M. Wheatley & M. Kellner-Rogers）

实质上就是一个个小故事，揭示着讲故事的人和被赞美的人在并肩奋斗和获得成功中的美妙关系。

在这个过程中，学生和老师之间的界限也渐渐地消融。人们都会在某些时候感到沮丧、困惑和不知所措，或是需要帮助，这是人类自然天性的一部分。每个人也都生来富有同情心，会

设法提供支持、安慰和友谊。能站出来公开赞美别人需要相当的勇气，但在这所学校已然成为惯例。学生们并不羞于公开那些有趣、感人、发自内心的故事。学生和教师们非常认可这个周例会，将它视为学校建立非凡的学习、协作和成熟这三种精神的基础性措施。

一家由 40 人组成的日本互联网公司 Ozvision 已经利用创新的管理方法尝到了甜头，该公司有两个讲故事的做法很有趣。每天早晨，团队成员用一个简短的叫做"好的或新的"的会议作为一天的开始。每个团队都在组员的手上传递一个布娃娃，拿到布娃娃的人可以分享一件新鲜事（可以是他们所从事工作的新闻、上下班路上读报纸看来的文章以及私人生活的见闻）或是一件好事、一个想分享给同事的感人故事，内容跟工作有没有关系都可以。这个美妙的做法用简短而欢乐的时刻开启了新的一天，就像一种固定的仪式在唱诵："感谢上苍，作为同事和人类，我们今天汇聚到了一起。"

Ozvision 另一个讲故事的做法是为了在组织中培养感恩精神。每个员工每年都可以获得额外的一天休假，叫做"感恩日"。这一天，员工可以用公司赠与的 200 美元以任意方式来表达他对某人的感谢。感恩的对象可以是同事，也可以是父母、朋友、邻居，或者久未联系但未曾忘怀的小学老师。唯一的规则就是：当他回来上班时必须向大家分享这个故事，选了什么礼物，送给了谁，以及怎么送出的。想象一下，在 Ozvision 工作会是什么样的感觉？这个公司拥有 40 名员工，所以平均每人每月可以从同事那里听到三到四个这样的故事，通常还是很私人的故事，讲述者还愿意在故事中分享自己人生中的三个重要时刻：感恩的种子何时起植根于心、用什么去感恩以及送出的礼物和感恩的话语是如何被收到的。

讲故事并不总是通过语言，来自雅音公司的两个活动就是佐证。5 年前，公司的某个同事自发决定在一个周五的下午组织一场"艺术沙龙"，邀请每个人来与同事们分享一些自己对艺术的爱好。整个办公室的墙面都布满了照片和绘画，还架起了一个小小的舞台供大家表演。有些同事选择唱歌（一些根据公司生活原创的歌曲非常受欢迎），另一些则玩起了杂要或跳起了探戈。人们玩得非常开心，而后把这样的沙龙变成了一年一度的活动。公司创始人塔米·西蒙（Tami Simon）并没有参与组织第一次沙龙，但她认为这已经成为公司文化的一个重要的元素：

> 我意识到这些活动是在对人们说："你得是个完整的人。你身上的某些特质也许和每天的常规工作不相容，但你其实多才多艺，比如能同时抛 5 个球真是太酷了。在周五下午，我们很想坐下来喝杯酒，看着你做这些事并认可这样的你。"正是这个过程，让人们感到自己作为一个完整的人而受欢迎。我们真的喜欢看到这种完整性，希望看到它的展现。[15]

雅音公司的另一个活动是"睡衣派对"。起因已经无从考证了，只记得有人提议用一种特别的方式庆祝春天的到来：每个想加入的人要在办公室与大家分享早餐……而且必须穿着睡衣。为数不多的参与者觉得他们的早餐时光十分滑稽有趣，于是他们决定穿着睡衣继续一整天的工作。从那以后，每年都会进行这样的活动。现在 90% 的员工会穿着睡衣在当天出现，并且现场会颁发一个最佳服饰奖。（今年的这个奖项颁给了一套主人与狗的亲情睡衣和另一名戴着卷发夹穿着超短丝绸睡衣、给人感觉很另类的男士。）这已经变成了一个备受期待的活动，大家都会提前很久做准备。"睡衣派对"是一种奇特的讲故事形式——每套睡衣背后都有一个故事，能够解释穿着者选择这套睡衣的原因。如果大家都穿着有趣的睡衣四处走动，就很难在工作中继续戴着专业的面具。

我发现一个很有意思的现象，无论是艺术沙龙还是睡衣派对，都不是由负责人力资源的同事或是 CEO 发起的。在一个人人都能勇敢做自己的氛围中，这样的仪式或活动会自发地出现。因为我们每个人在内心深处都渴望自己的整个身心被倾听和被了解，无论是风趣、古怪的，还是严肃、尽责的，同时也渴望通过所有这些方面来建立人与人之间的联结。

会议

人性最好的一面和最坏的一面都能在会议中呈现出来。在最好的情况下，会议提供了一种场域：其他人的存在可以帮助我们聆听到真我和内心真正关注的声音（帕克·帕尔默称之为"沉浸在语言中聆听彼此"）。不幸的是，公司里的会议往往会变成只见小我不见灵魂的游乐场。没人会喜欢在公开场合的争论中败北或在会议中看到自己的观点被同事们所抛弃，为了寻求安全感，有些人选择控制会议进程，而另一些人选择退让。

我们在前面的章节中提到在自主管理的组织中会议更少，老板的缺席也将人们的某些恐惧带离了会议室。但是同事间的交流也可能像"横冲直撞穿越丛林般粗放"。因此，本书研究的几乎所有的组织都设置了具体的会议措施以帮助与会者管理好小我，并从完整性的角度出发来进行互动。有些做法非常简单，而另一些则比较精致。在雅音公司，每次会议都是以一分钟的静默开始（如果你能原谅蜷缩在桌底下的狗偶尔发出的声音的话），帮助人们联结当下。好几个公司都以一轮签入开始会议并以一轮签出结束。在签入时，与会者被邀请分享他们此刻的感受。这种做法使与会者能够倾听内心的声音，重新联结自己的身体和感受，并且扩展他们的觉察力。命名并说出一种情绪往往能帮助我们延后处理，而不会把它带到会议中去；它还可以让与会者知道他人所处的境况。有时，这种做法可以帮人消除误解。与会者可能会这样说："彼得，我感到紧张，因为你对我的邮件的回应仍然困扰着我，我认为会后我们需要谈一谈。"在会议结束时进行签出，允许并确认会议室里存在的情绪——感激、兴奋、雄心勃勃、沮丧或者担心。这种做法鼓励与会者对团队互动质量进行直接反馈和坦诚表达，进而形成一种组织文化。

在 CC&R，会议从一名与会者朗读他事先准备好的一篇短文开始。然后静默几分钟，与会者可以自发地分享文章引发的感想（没有强制发言，也无须轮流发言，因为这很可能是"穿越丛林"的一种变形）。会议通常以短暂的静默和最后的反思来结束。

多年以来，FAVI一直有这样的做法，每次会议都由所有与会者先分享一个他们最近感谢或祝贺过的某个人的简短故事。这种做法对会议产生了美妙的影响：创建了一个关于可能性、感恩、庆祝并且相信别人的善良和才能的氛围。关注他人及他人的成就也可以帮助人们把关注点从一开始的自我中心的目标（"我需要从这个会议中得到X"）移开，重新联结到更广泛的组织需要。几年之后，FAVI的员工开始觉得这种做法有些古板了，就放弃了，也许它会以另一种形式再次出现。总之，这些做法必须让人感到新鲜和有意义，而不是特别的正式与刻板。

关于会议，FAVI还有一个有趣的做法。即将召开的会议都会公布在内部网上，任何人都可以自行参加任何会议，在会议上分享自己关心的事或想法。每个人都可以知道公司发生了什么，所以没有人感觉被排除在外。

海利根菲尔德把上述做法结合起来用，并且增加了一些变化。会议的开始有三种选择：一分钟静默、一分钟静默加一篇阅读，或者一分钟静默加一个笑话。会议接下来会问一个仪式化的问题："今天谁来敲铃?"志愿敲铃的人会拿到一对碰铃，它可以发出晶莹剔透的美丽的声音。每当敲铃人感到没有尊重基本规则或者会议中出现了太多的小我而没有服务于组织宗旨时，他可以敲响碰铃。大家默认的规则是：只有在铃声消逝后才可以再说话——这段时间惊人地漫长。静默时，与会者将反思一个问题："我是在服务于正在讨论的主题和组织吗?"现在同事们对这种做法都习以为常了，所以简单地敲击碰铃就能使一个会议重回正轨。（反思这种做法，我意识到这么多年来，在我被邀请参加的许多传统公司的日常会议中，与会者只是本着他们的小我在发言。如果采取这种做法，那么会场里将此起彼伏地飘荡着碰铃的声音!）

静默、朗读、签入与签出、赞美、公开邀请、碰铃——这些都是用来管理小我以及让会议更高效的简单做法。对于那些也许特别棘手的会议，可以邀请一个外部的引导师加入会议。RHD 就有一群核心的引导师可供各业务单元选用；博组客团队可以邀请他们的区域教练参与；而那所柏林的中学则与外部引导师合作，在迷你学校或学生需要时邀请他们出席。

有的组织则更进一步：对于某些会议，他们运用了正式的决策机制（详见第 99 页博组客以及第 176 页合弄制的例子）。这些机制能确保每个人的声音都被听到，也没有人能掌控整个议程。即使是面对棘手又复杂的主题，大家也可以快速高效地形成实用可行的决策，同时消除为寻求共识而陷入无休止讨论的可能性。尤其是合弄制，已经把这些机制改善到了相当好的程度。合弄制的创始人布赖恩·罗伯逊指出，作为一种附加值，会议已经成为个人成长的强大工具。

在合弄制里，设计所有会议结构的原因是为了让一束

光照亮我们自身、我们的投射以及小我……以便让它们都
是可见的、明确的和透明的，不需要去评判它，它就会自
然化解。

　　这也是实施合弄制的困难之一。我的经验是：人们喜
欢合弄制，因为它能阻止其他人带着自己的"东西"、小
我、挫折与恐惧跳入并支配组织，从而破坏了那种齐心协
力朝着一个宗旨前进的自然过程。当它对其他人这么做时，
每个人都喜欢合弄制，而当它对自己做同样的事情时，就
会讨厌它（罗伯逊笑了），当然，这是我与合弄制共处的经
历……它向我举起了一面镜子，把一束光照在我的执著之
上，也照亮了那些我自己的"东西"。[16]

因为相关的讨论和决策机制能阻止人们把他们自己的"东
西"带进会议，所以它们可以帮助人们意识到这些个人的"东
西"在会议中多久会出现一次。

管理冲突

　　在大多数组织中，小我引发的冲突太多，而由灵魂引发的
冲突则太少。灵魂的要求可能是严苛的：如果我们选择去倾听，
往往会发现它要求我们讲出其他人可能不喜欢听的真相。当我
们获悉所在的组织是如何危害我们的星球，我们的学校在如何
伤害孩子，医院和养老院是如何拒接病人和老人，以及养活我
们的农场又是如何虐待动物和地球时，我们灵魂的深处会感到

疼痛。为了创造更好的组织，我们需要冒险讲出灵魂的真相，并学会疏导接着可能发生的冲突。

当我们处于利害攸关之时，灵魂也要求我们能够在更多的日常事务中敢于畅所欲言。在与同事相处时，我们往往希望取悦和打动别人，也会想要去控制他人；我们很容易侵犯他人或被别人侵犯。而我们

> 我们常常担心冲突。对于小我的冲突，我们变得如此谨慎，以至于我们忽视了灵魂的冲突。

的灵魂知道正确的边界，有时它会告诉我们需要一些冲突来设定正确的位置。没有冲突，我们可能会过分随和或过分保护，于是在和同事沟通时，我们就不再是真正的自己。

本书的研究揭示了进化型组织采用的三类做法，能够帮助我们更好地面对和处理工作场合所产生的必要的冲突。第一类做法围绕着冲突管理，帮助人们将张力带到桌面上来。直面同事并且说"我们需要谈谈"，对有些人而言可能是相当困难的。有些组织会创建一个空间帮助同事们将相互之间的冲突浮现出来。下面是一些例子：

- 在柏林的 ESBZ 学校里，每个班利用每周固定的时间聚在一起讨论和处理团体内的张力。会议由一名学生来引导，他负责落实若干基本规则，以保持讨论的安全性。
- 一年一度，海利根菲尔德的每一个团队的同事都会参与评价他们与其他团队互动的质量。最后会制作出一张全公司范围的"热感地图"，它能揭示出哪些团队之间应该进行对话以改善他们的合作。

●RHD 每两月会举行一次"工作场合中的某某主义会议"。任何人发觉组织应关注（或出现了）某种特殊形式的种族歧视、性别歧视或其他任何"主义"时，都可以加入会议。当然，种族主义所激发的行为应该当场直接解决掉。其实这种会议的设立是为了处理那些以更微妙形式存在的某种主义。如果你注意到该组织整体倾向于雇佣比黑人更多的白人或者女性不能担当某些角色，那应该怎么办？这里没有明显的对立方来相互争辩，每个人都共同寻求解决方案。这种"某某主义会议"为自省提供了时间和空间：我们可能在哪些地方陷入了集体无意识的偏见？对此我们应该做些什么？

在上一章我们已经讨论了第二种类型的做法：制定明确而缜密的冲突解决流程（详见第 167 页）。在自主管理的组织中，再没有老板充当仲裁员，同事之间就需要这样的流程来解决问题，同样，一个明确

> 所谓"社群"就是一个能够让人们优雅地角斗的地方。
> ——M·斯科特·派克（M. Scott Peck）

的流程可以促使人们更方便地提出问题。当我们知道有一条康庄大道可以让我们安然无恙地到达目的地时，邀请某位同事来讨论一个冲突就变得容易多了。

但即便如此，可能还不够。晨星公司认为避免冲突依然是他们主要的组织问题。迈出直面他人的第一步是很难的，因此有些组织走得更远，在人际技能方面培训所有的同事，从而使他们能够优雅地处理冲突。比如 ESBZ 的所有教师和学生都接受

了非暴力沟通的训练；而在雅音公司，所有同事都有机会学习
一个简单的应对困难对话的三步法：

- 步骤 1：这是我的感受。
- 步骤 2：这是我所需要的东西。
- 步骤 3：你需要什么？

在雅音公司，该步骤对于人际动态的管理已经变得相当重
要，以至于人们不得不使用它，正如其创始人塔米·西蒙所说：

> 当我们在公司第一次介绍这个步骤时，当时的首席运
> 营官告诉我："我不想跟其他人谈论自己的感受。这不是你
> 雇我的原因，你找我来是要我帮你运营的，塔米。我妻子
> 多年来一直在试图让我谈论自己的感受，但她失败了。现
> 在我只是面对工作，你却想要试图让我谈论感受吗？"我告
> 诉他："如果你不能谈论自己的感受，我们将无法作为一个
> 整体一起带着情感前进。你必须遵守这一步骤。"他最终选
> 择了离开。人们必须能够谈论他们的感受和需求，并且倾
> 听其他人的需要。[17]

追求完整性有时会召唤冲突。本书所研究的组织表明：冲
突不必然是痛苦的。某些做法可以帮助人们在安全的氛围下以
尊重自己和他人的方式提出问题并参与随后的讨论。

建筑和身份

仅仅通过观察办公空间，就能对一个组织有不少的了解，所谓"窥一斑而见全豹"。丘吉尔曾说过："我们塑造了建筑，而后它们又塑造了我们。"对于写字楼或厂房，也同样如此——它们亦在潜移默化地塑造我们的思想和行为。试想一下：你被任命为一家大公司的 CEO，前任留给你一间宽敞的用考究的桃花心木镶嵌的办公室，并且还有专用电梯将你从专属停车位直接送达这间办公室，而同时其他人仍然在格子间里埋头苦干。除非你天生就无比谦卑，在某种程度上，职位上的威望将会成为你身份认同的一部分。不知不觉地，你可能就会对这种差异习以为常——你觉得这是应得的。在某种程度上，你必须比别人值钱。人们可能并不喜欢这一点，但在必要的时候，你就是有权力发号施令。

再来想象一下，假如那间独据一角的豪华办公室从未存在过，而作为 CEO，你只是坐在同事旁边的格子间里。这将如何改变你的思维方式、社交圈以及领导风格呢？显然，它会帮你保持谦逊，保持同大家的联结，并且管理自己的小我。

此书所研究的进化－青色组织拥有非常棒的创始人或 CEO——建立超前于时代的组织需要富有激励及勇气的领导力。他们中的几乎所有人都有意识地决定放弃办公室内外的身份标记。没有花哨的角落办公室，也没有专属停车位留给高管。RHD 的罗伯特·菲什曼提到，这可能会让初次到公司会见他的人产生困惑。

> 当人们来见 CEO——也就是我——他们经常问总裁套间在哪里。前台坚定地回答："实际上，这里没有总裁套间，他就坐在窗边。当需要私人会议空间时，他和其他人一样要申请。"我已经渐渐习惯了来访者善意但完全不必要的同情。"没有安静、私密的工作空间，你是怎么工作的？我可做不到！"[18]

在 FAVI，让-弗朗索瓦·佐布里斯特在进行内部革命时，甚至淘气地拿身份玩起了反转：工厂在翻新后将最漂亮的洗手间留给了客户，其次把相当于四星级酒店档次的洗手间留在车间。相形之下，靠近白领和工程师的洗手间则几乎只有清洁和基本功能。

当然，能够影响我们思维和行为的不仅仅只有身份标志。办公空间常用的材料和设计也许易于清洁和维护，但多数让人感到索然无味，我不知道会不会有人将家装饰成办公室的样子。大多数办公场所隐约释放出一种信号：我们是在远离正常生活的地方，需要有不同的表现。一定要那样吗？我们为什么不能将办公场所升华为珍爱生命的地方，温暖、有质感和被珍视的……对，还要有舒服的沙发！我们办公的场所可以帮助自己将更多的真我带入工作。

本书所研究的几个组织恰恰是这样做的。雅音公司不仅邀请狗进办公室（详见第 215 页），他们还建了一间厨房，里面有炉灶，同事们可以一起做饭，分享厨艺。每天清晨，大家一起制作和分享美食，以此唤醒内部社群新的一天。塔米·西蒙提到了最初设计师惊讶的反应——居然要在一间办公室里加一个炉子！设计师直接告诉她："办公室里该有的是微波炉，而不是炉灶。"办公场所没有厨房，这有力地表明了我们的视角：这只是一个短暂停留的地方，毫无生气，我们在那里出租几个小时的劳力，不必像对待自己的家那样全心投入。

其实并不需要那样。博组客的护士们被鼓励自主装修他们的小办公区，因此在荷兰，博组客数以百计的办公室并没有统一的风格。RHD 的业务单元通常把居住点和庇护所装修得非常漂亮而有个性，那里既是办公室又是家。同样的，没有公司指导标准，也没有统一的品牌标志。

而位于柏林的 ESBZ，在家长和学生的帮助下，环境发生了巨大的改变：从破旧建筑脱胎换骨般地变成了有靠窗长椅、角落沙发和舒服地毯的植物茂盛的地方。FAVI 的工人用海报、绿色植物甚至鱼缸来装饰车间。每个团队都选择一种颜色，把自己区域的机器装扮起来，看起来漂亮又惬意。虽然 FAVI 仍然是一个嘈杂、油乎乎的工厂，但同时也是一个被员工赋予了他们身份认同感的地方。

大自然是伟大的灵魂疗愈师。沉浸于自然之中，我们往往会放慢脚步，寻找自己与周遭世界的深层联结。因此毫不奇怪，在东西方的传统中，修行者常到大自然中寻求独处。今天的企业也会在工作场所之外寻找自然中的一方净土以稍作休整。出于同样的原因，本书中涉及的一些组织已经在尝试将自然的因素带进工作场所之中。升旭液压所有的 4 个工厂都位于湖畔。那里有不少大平台，人们可以在那里工作、约见或俯瞰着平静的水面吃点东西。在为此书做研究期间，我不止一次地在这样的平台上组织讨论。毫无疑问，大自然平和的存在将我及讨论带入了一个更安定的深度。升旭同样将自然引入了室内建筑：一丛丛的绿色植物从天花板上悬挂下来——这在制造业的环境中是多么不寻常的一道风景啊！更有趣的是，这家工厂的一名员工的名片上印着"植物经理"的头衔——他负责全职照看这些植物。

当初筹划新办公室时，雅音公司邀请建筑师来介绍设计方案，有女员工询问窗户是否能打开，建筑师直截了当地拒绝了，因为开窗会干扰中央空调工作，另外安装可开的窗户会直接增加成本。尽管预算紧张，原始方案还是被驳回并更改设计，加上了窗户。在更深层次的意义上，能否增开一扇窗户揭示了工作中我们与自然以及与自己的关系。我们把自己封锁起来，哪怕只是呼吸一口新鲜空气都不行，我们的控制欲已经疯狂到了何等的地步？

环境和社会关怀

大自然有能力唤起我们的完整性。反之亦然：当感受到内心深处的完整时，我们就会觉得自己跟周围的一切都是相互连接的。我们不仅在理性认知层面担忧对环境的破坏，我们甚至

能够深切体会到大自然所遭受的创痛和悲伤。社会问题也是如

此：当我们来源于同一份完
整性的时候，我们觉得有必
要贡献一份力量来治愈形形
色色的与生命的破碎关系。

> 只要大自然依旧被看作是身外之物，是边缘的、与我无关的一个分离的存在，我们就不仅会失去它，而且我们自身也会受损。
> ——克里斯平·提克尔爵士
> （Sir Crispin Tickell）

在我们的调研中，还没有组织能够达到对生态系统的零废物、零毒性和零影响的终极目标，但许多组织已经开始采取了有效的措施。例如，AES 在 20 世纪 90 年代起就着手种植数百万棵林木以抵消自家燃煤电厂的碳排放量，在那时全球变暖还尚未成为大家关注的焦点。

青色组织用一种不同的方式去处理它们给社会与环境带来的影响，这并不过多涉及它们做什么，而是关于它们如何去做。它们从一个不同的视角看问题。不是问"代价是什么?"，而是从一个更深、更私人的问题开始：什么是我们要做的正确的事情? 其次才是"我们如何以财务可接受的方式去做?"当然，不是所有的事情都有可能，我们需要做出一些权衡。但是，从进化-青色的视角看，一切都始于内在的正确性。在公开募股时，AES 递交给美国证券交易委员会的公开文件中是这样阐述的：

> 属于 AES 的一个重要元素是对四项共享价值观的承诺（注：其中之一是社会责任，它引发了该公司的植树决定）。当公司觉察这些价值观和盈利之间有冲突时，公司将尽量坚持价值观——即使这样做会有可能导致盈利减少或者错失商机。此外，公司试图坚持这些价值观并不是为了获得

经济上的成功，而是因为它本身就是一个非常有价值的
目标。

通常，我们无法事先评估有利于环境和社会的决策所带来
的影响。它究竟会花费多少？到底能产生多少回报？在很多情
况下，需要依靠信念来做出决策。户外服饰公司巴塔哥尼亚
（Patagonia）特别熟悉这类决策，多年以来，为了减少公司的环
境足迹，它一直在拓展业务边界，冒险进入未知领域。这些决
定有时看起来很小，有时的确很重大，但都有触及经营底线的
风险。创始人伊冯·乔伊纳德（Yvon Chouinard）举了一个
例子：

> 在90年代中期，我们决定改变保暖内衣的包装。户外
> 探险内衣较重，过去我们使用很重的封口塑料袋，里面还
> 有厚厚的包裹纸板。为了避免这种包装，我们决定放弃任
> 何包装，而是像普通衣服那样把它们挂起来。对于用轻质
> 材料制成的内衣，我们只是把它们卷起来，用橡皮带扎一
> 下。有人警告我们要准备面对30%的销售量损失，因为竞
> 争对手在包装设计上特别有竞争力。例如，其中一家竞争
> 对手把产品装在特别可爱的密封锡罐里。但不管怎样，我
> 们还是改变了包装，因为那是在做正确的事情。第一年，
> 这个做法就避免了12吨的材料被运往世界各地，并被丢
> 弃，最终进入垃圾填埋场，这也为公司节省了15万美元的
> 不必要的包装成本。

这还给我们的保暖内衣销售带来了 25% 的涨幅。因为内衣不再藏在包装里，而是跟普通衣服一样展示，人们可以感受材料，欣赏质量。由于内衣像其他衣服一样上柜展示，我们不得不将内衣做得像普通衣服，实际上，大多数 Capilene 内衣可以像普通 T 恤一样穿着，这也满足了我们设计多功能衣物的目标。[19]

回顾过去，乔伊纳德发现在巴塔哥尼亚的历史上，经常发生高风险投资最终转变成多赢的好事。最值得一提的案例发生在 1994 年的夏天，当时公司决定最晚到 1996 年春季，产品原材料中所用的常规种植棉将被全部替代成有机棉——这个决定意味着疯狂快速的执行时间表和深远的影响。原材料成本是原来的 3 倍以上，并且棉制品的产品线从 91 种减少到 66 种，这是一个疯狂的冒险。然而，当巴塔哥尼亚意识到棉花种植业正在对这个世界造成的巨大损害，公司感到没有其他的选择。棉花种植面积只占全球耕地的 3%，可是对于农药和杀虫剂的消耗却是 10% 和 25%。让人出乎意料的是，巴塔哥尼亚的有机棉项目竟然能够盈利更多。更重要的是，行业里的其他公司也争相效仿。

很多智慧传统证明：当我们的行动源自内心深处的感召时，整个宇宙都会来支持我们。这也许有助于解释巴塔哥尼亚的"赌注"为何往往能成功。当我们的行动是为了达成目标时（橙色组织的典型行为），

> 许多智慧传统证明：如果我们的行动源自深层的诚实，整个宇宙都会协力支持我们。

我们经常让自己避免介入一些困难的决定；我们通过保持严谨

的客观而尽量让自我远离火线；我们试图量化未来情境里的所有细节以解决困难的交易决策——只有当数字显示利益大于成本时，我们才会冒险尝试。源自内在完整性的行动要求超越仅依靠理性的决策，我们必须学习将理性、直觉与诚实融合在一起，并且敢于纵身一跃。

顺便提一句，本书所研究的组织没有一家去开发具有多重底线的会计系统——这也许会令有些人惊讶。有一个管理思想流派建议：我们需要一个既追踪盈利性又能体现公司对人与地球影响的会计系统，接下来的关键就是经理们如何在这些元素之间作出权衡。这个理论听起来很有道理，那为什么没有一家青色的先锋组织使用多重底线会计系统呢？我猜是这样的，多重底线可能会帮助克服只顾利润的问题，然而这个概念本身就是基于橙色范式的思维方式，即决策只需要权衡量化后的成本与收益。从进化-青色的视角来看，并不是所有的事情都需要量化，才能辨别正确的行动方针。当然，测量公司的行动如何影响社会与环境也是一个有价值的见解（由于这个原因，多重底线可能会成为将来公司报告的标准形式）。但是这些先行者们似乎相信，除了先进的会计系统，我们还需要诚实和完整性来超越利润至上，从而疗愈我们和这个世界的关系。

青色组织在处理社会与环境问题的做法上还有一个特别的地方，这来源于自主管理。作为员工，我们也许真心关注环境和所在的社区，但在传统的组织里，我们的关注很少会转化成公司的行动。因为害怕被贴上梦想家、激进分子、捣蛋鬼的标签，我们经常自我审查，也不敢挺身而出，为自己的关注而斗争。所以环境和社会倡议很少从组织内部自然涌现，而几乎总是来自自上而下的决策。当然，这不是想减弱近年来像沃尔玛或者 GE 等大公司 CEO 们所设定的宏伟环境目标的价值。但真相是在这些组织里的大多数人——所有的经理和一线的员工们——并没有感觉到他们被授权对环境问题采取行动，这对我们和世界都是一个巨大的损失。当我们感到说出心里话不安时，我们就会关闭内在的声音，失去了个人的诚实，从而不能启动世界迫切需要的改变。

在进化-青色组织中，权力是分散的。因此，环境和社会倡议能够被组织中来自任何地方的激情四射的人们所合力发起。AES 种植数百万棵树来抵消电厂碳排放的倡议起初并不受 CEO 或总部的支持，而是洛杉矶电厂的一名员工推动了这个想法。当然，最初并没有这样的经费预算，借用建议流程，她向几个她认为相关的人兜售自己的想法，并且向他们试探性地提出她认为公司应该花在植树上的资金量。

另外一个很美妙的例子来自巴塔哥尼亚。当时公司决定将仓库从加利福尼亚州的文图拉市搬到内华达州的里诺市，很多同事也决定一并搬迁。他们注意到内华达有很多原始的郊野和联邦土地，但很少被指定为保护性原始荒地。有 4 名员工行动起来，制定了一份土地清单，并且判断出哪一片土地更容易取得资格。他们跟公司领导层申请道："看，如果继续付我们薪水，给我们一张桌子，几年后我们将会有一张受保护荒地的清单。"接着他们建立了一个广泛的同盟，前往华盛顿并且游说议会团体。最终，共有 120 万英亩的荒地被保护了起来，而每英亩只花费 10 美分。后来，其他的大片荒地也陆续加入了保护计划。

2.5章 身心完整（人力资源流程）

我们发展出了速度，但又将自我扔进了高速的跑道。机器给了我们丰盛的物质，却又让我们贪得无厌。知识让我们变得愤世嫉俗，精明又搞得我们冷酷无情。我们想得太多，感受太少。除了机器，我们更需要人性；除了聪明，我们更需要友善和温和。没有这些品格，生活将充满暴力，我们将失去一切。

——查理·卓别林（电影《大独裁者》中犹太理发师的演讲）

追求身心完整并非易事，对于每一件令人不安的事情，我们倾向于以分离的方式来寻求庇护。于是，我们的灵魂隐退，由小我接管，它会做一些它觉得应该做的事来让我们感到安全。但这种安全感是有代价的：我们将在与他人和与自己的联结中带入评判和恐惧，而非爱与接纳。

在许多智慧传统中，人生的最高宗旨是克服分离重新找回完整性。前一章所提到的明确基本准则、冲突解决流程、会议实践、反思空间、办公建筑等，都是为了打造一个足够安全的空间，让我们能够充分展示自我，勇敢地联结到个人与集体的完整性。本书所研究的那些先锋组织发现它们无法止步于此，它们进而重构了所有关键的人力资源流程，包括招聘、入职、评估、薪酬和离职等，因为我们惯常使用的流程太容易带来恐惧和分离。

招聘

在招聘过程中，甚至在一个人决定参加企业招聘时，谎言就开始了。作为求职者，我们按照雇主想要看到的样子在简历、衣着、态度、提问以及自我介绍等各方面包装自己。雇主也一样，经常戴上他们的面具去吸引应聘者（于是"雇主形象"的营销就开始了，试图吸引的不是客户而是求职者，通过装扮公司的伟大来招贤纳士）。招聘过程如同跳一场别扭的交谊舞，双方都穿着高跟鞋来使自己看起来更高挑，穿着紧身衣让自己看起来更窈窕，浓妆艳抹以至于无法辨认彼此本来的面目。

进化型组织调整了传统的招聘流程，从而使雇主和求职者能看到更加真实的对方，更好地了解彼此。面试不再由受过专业训练的人力资源专员来组织，而是由求职者未来的团队伙伴来实施，让这些伙伴

警惕那些需要重新包装自己的公司。
——亨利·戴维·梭罗
（Henry David Thoreau）

来决定他们是否愿意与求职者天天在一起工作。员工不需要完成招聘指标，因此能够更加诚实地描述工作环境，如果他们对未来的同事过分地吹嘘，他们就得承受由此带来的后果。

"以诚感人者，人亦诚而应。"正因为团队伙伴以诚实的态度回应工作环境的相关问题，求职者就能充分感受到真诚的邀请。这点很关键，本书所研究的每个组织都坚持认为求职者的态度和技能及经验同等重要。组织的价值观和宗旨能激励这个人吗？他会在自主管理的组织中茁壮成长吗？这个人可以融入整个团队吗？团队伙伴想要合作的是一个真诚的同事，而不是一个可以给出全部正确答案的求职者。

雅音公司的创始人塔米·西蒙用下面的故事向我们展示了该公司的特殊文化以及人们是以怎样的方式融入或退出的：

> 我发现在雅音公司，很多人都干不满3个月。在这里，人们想要了解你是谁，他们希望你做真实的自己，不希望你在工作中戴着40层面具。怎样才算真实？其实就是工作中的你和生活中的你是一致的。我们这里的环境就是这样，当然，我们也试图为这个环境筛选适合的人，并且让人们在接受工作之前就清楚这一点。很多人会说："是的，我已经完全准备好了。我很感兴趣，这正是我想要的。"但实际上，当他们加入公司之后，也许会很适应，也许并不会。比如，这里的人们在走廊碰到时会问"你怎么样？"，他们是在真心地问你"怎么样？"而不是有口无心的客套话。[1]

技能和经验当然重要，但总的来说它们还是处于第二位。工作角色往往具有很大的可变性，以至于不可能为某个特定岗位去雇人。参与本书研究的组织发现自我驱动型的员工能以令人惊讶的速度掌握新的技能和经验。真正坏事儿的是一些无法融入的员工，特别是那些不能适应自主管理的人，正如一名 AES 员工所说：

> 所谓糟糕的员工可能是因为他们总爱习惯性地抱怨，总是不高兴，总责怪他人，不承担责任，不够诚实，也不信任别人；也可能因为他们在入职后总是等着别人给他指明方向、告诉他需要做什么；他们不能灵活地适应环境，并一直逃避责任，借口说"这不是我的工作"。[2]

为了让求职者决定他们是否想成为公司的一员，本书所研究的大多数机构在招聘过程中会花费大量时间向求职者解释组织的价值观及工作内容。晨星公司会在面试过程中向每一位求职者深入介绍"自主管理"。AES 在招聘过程中会邀请求职者参与讨论组织的价值观和相应实践。很多时候，往往会组织10~12次的面试，让大量的团队伙伴来面试求职者，这为双方了解彼此提供了充足的时间。其实，这是一个双向的发现之旅，共同来探索一个最基本的问题：我们要一起并肩共事吗？

有些组织（比如 FAVI）则会充分利用试用期来评估双方是否能够融合。又如鞋类电商美捷步（Zappos.com），如果新招聘的员工在 4 周适应期内改变初衷选择离职，他们将提供 3000 美金的支票作为补偿。美捷步认为，对于每个人来说，摆脱"名存实亡的婚姻"比"固守围城"更好。美捷步的大部分员工都在呼叫中心接电话或者在运营中心搬箱子，对他们而言，3000美金无疑是一笔可观的收入。百分之一或二的员工选择拿钱离开则有助于保持优秀的公司文化。每当该比例接近零时，美捷步就提高金额（从100美金增加到200美金，然后不断升高至目前的水平）。其实，这种做法就像晴雨表，真实反映了组织文化的健康程度。

美捷步的首席执行官谢家华（Tony Hsie）在其畅销书《三双鞋——美捷步总裁谢家华自述》（*Delivering Happiness*）中描述了其绿色文化的管理实践，美捷步公司也由此声名远扬。该公司目前拥有1500名雇员，正在尝试合弄制，相信很快它将成为迄今为止最大的合弄制组织。

入职

在现今的很多组织中，新员工的入职流程是相当简单的。人们可能会收到一些介绍公司历史、使命宣言和价值观的小册子，或者是由公司的资深领导就这些主题做两个小时的介绍。大多数情况下，头几步就是履行流程：签署相关的入职文件，配备相应的办公桌和电脑，然后提供访问公司网络的密码。当一切准备就绪，新员工必须根据其主管的工作计划来预约时间，以便获得工作上的指导。员工很少能在头几天富有成效地工作，招聘中积累的"恋爱热度"也会迅速降低。

　　相比之下，进化-青色组织会在欢迎新同事上投入特别多的时间和精力。要想让新员工感受到他们进入了一个全新的工作环境，头几天或几周至关重要。入职流程的核心就是若干培训，这些培训可以帮助新员工了解新环境，并在其中畅想和探索。培训往往围绕自主管理、身心完整和进化型宗旨这三个方面开展。

　　●**自主管理：**对于来自传统层级制组织的新员工，刚开始接触的时候，自主管理的做法会让他们感到困惑。培训能够帮助他们理解自主管理是如何运作的、跟传统架构相比有哪些异同以及在自主管理的环境中发展需要哪些技能等。为了让一个团队无须老板发号施令就能运作，荷兰的居家照护机构博组客会对所有的新员工进行"解决问题技巧"及"会议实践"的培训。同样，晨星公司的新员工受邀参加一个研讨会来共同讨论自主管理的基本要素。那些曾经做过管理者的新员工适应起来会相对困难一些，他们在工作中必须学会放弃"命令与控制"等强硬武器，有时候他们需要通过外界或别人的帮助来度过适应期。小保罗·格林（Paul Green Jr）是晨星自主管理学院的负责人，曾经估计过那些在其他公司做过高管的新员工（副总裁或更高），大约有一半的人会在一到两年内离开公司，主要因为难以适应这样的体系，毕竟他们再也无法扮演上帝的角色了。

　　●**身心完整：**新同事也会参加对工作与未来的畅想、基本准则以及价值观方面的培训，这些培训旨在让他们能

够更真实地展现自己。博组客初级阶段的培训包括解决冲
突和非暴力沟通的技巧。海利根菲尔德的新人培训分为
6 个模块，涵盖诸如"自我控制"和"面对失败"等内容。

●**进化型宗旨**：新员工培训的另一个核心内容围绕着
组织的宗旨。宗旨是什么？它来源于何处？新同事会被邀
请去探索自己内心的追求，思考个人追求与组织宗旨该如
何产生共鸣，以及如何使个人追求和组织宗旨互相支持与
滋养。部分创始人和 CEO——比如博组客的若斯·德布洛
克和巴塔哥尼亚的伊冯·乔伊纳德——会参加每一个新员
工的入职课程，因为他们深知这个环节尤其重要。

一些组织还选择对每个员工进行一线技能的培训。法国汽
车零部件供应商 FAVI 的工程师和行政人员全部都会到车间参加
培训，学习操作至少一台设备。该培训经常带来非同一般的效
果：当需要完成紧急订单时，每个人都可以到一线支援。白领
从办公室到车间操作几个小时的机器，这是一个很棒的团队建
设的办法。工程和行政人员在设备操作工的指导下工作，他们
亲身体验到操作设备是多么的辛苦，还需要那么多的技能。结
束了一天的工作，也按时完成了订单，最后与同事们一起庆祝
成功，这个场面会让人感到无比的自豪。

在升旭液压，不管你将来的角色是什么，所有新员工都将
从"制造之旅"开始，他们需要学习操作好几台设备而不只是
一台。对于小时工，"制造之旅"可以持续 2~4 周，他们会学习
4~6 个不同岗位。对于固定薪资员工，这个时间则更长，往往

需要在车间待上 1~4 个月，然后再走上所应聘的职位。

为什么要经历这么长的入职培训？在升旭液压，人们相信：与整个公司的同事建立合作关系是非常关键的，这可以帮助他们全方位地了解公司。一个自主管理的环境提供了创造奇迹与自由接触同事的机会，也提供了探讨变革而无须层层审批的机会。你接触的同事越多，你对公司的了解就越深，你就越能迸发出灵感，并将它们变成现实。升旭液压的新员工在经历了"制造之旅"后，最终选择的并不一定是入职时的岗位。他们在偶然间发现了新的兴趣或者一些迫切的需求，于是最终选择了另一个不同的岗位。

FAVI 入职流程的结尾相当有情怀，新同事在完成了头两个月的全部培训模块后，需要给他所工作过的小组发一封公开信。由于这封信没有任何格式与内容的限定，新员工们往往会深入内心挖掘出不少对自己触动很大的事情。一次又一次，这些信给大家带来了由衷的感恩和快乐。许多蓝领工人在加入 FAVI时，对过去工作中体验到的不信任、命令与控制，仍然心有余悸。而在这里他们感受到了信任和倾听，这是前所未有的体验。对很多蓝领操作工来说，写信并不是他们擅长的表达方式，他们往往需要花许多精力去找到合适的词语，而这恰恰就像加入团队的一个神圣仪式，由此，人们真正成为了其中的一分子。

培训

自主管理的组织可以很自然地为员工提供额外的学习机会。

没有人会阻止你承担一个新的角色，尝试新鲜的事物。相反，你的贡献越多，你获得的赞誉就越多，来向你求助及寻求建议的人也就越多——这也会使你在承担新角色以及开展新项目时更容易得到信任。丹尼斯·巴基介绍说："AES 的组织设计在某种程度上意外地创造了一个最好的学习环境，因为人们可以通过做决策、寻求建议和参加志愿任务小组来不断提升自己，掌握一些在其他地方仅限于管理者和行政人员的技能与知识。"一名来自升旭液压的员工同样描述了这个美好的场景：

> 很多在传统公司不可能做到的事情都在这里发生了……我们身边有许多自由思想家和天才，如果不是"强迫"他们去探索，他们终生都不会知道自己的天赋。有时我不禁怀念之前按部就班的安全感，因为不知道是否有人认同自己的所作所为，自己的工作是否做得不错，我是否已经尽力发挥了。但可喜的是，现在没有人会阻止我去尝试新的事物。[4]

个人的培训责任与自由

关于培训，最大的变化是员工对自己的学习负责，人力资源部不会定义任何培训项目，确定谁该参加什么培训或者何时参加。只要员工使用建议流程，觉得性价比合理，他们就可以报名参加公司内外的任何培训。为了让流程更简单，本书所研究的一些组织甚至决

> 人员发展并不是组织的工作，而是人们通过为组织工作获得了发展机会。
> ——汤姆·汤米森（Tom Thomison）

定把参加组织外部培训的预算下放到个人或团队层面，不需要任何建议流程。比如，博组客就有一个自发涌现的原则，即团队无须询问就可以使用销售收入的 3% 用于培训。他们可以自主决定培训需求并且寻找最合适的培训资源：医药供应商、医院的某个部门，有时甚至是某个药剂师或者博组客的另一个团队。博组客的创始人若斯·德布洛克点评了这种自由是如何使护士们快速行动的：

> 相当多的员工选择在特定的医疗条件和技术设备方面得到培训，这样他们就能以最好的流程服务于新客户。从药物泵到透析以及呼吸设备，他们学习全套设备的工作原理及操作方法，这样便可减少应对不同客户需求而配备的专员数量。因为不需要问询自己能否学习某些技能，他们的学习热情空前高涨。"就好像刚从床上爬起来，我就又开始思考种种可能性了"，这是你在博组客经常听到的一句话。

由于营造了良好的学习氛围，博组客的护士们渐渐可以使用绝大多数的设备和技术，医生也开始使用处方治疗来提高病患的治愈率（比如使用药物泵来治疗慢性疼痛的病患），这一切都已经超出了传统护理组织所能提供的服务标准。

不同类型的培训

在传统组织中，培训项目不外乎以下两种类型：

1. 帮助员工在职业生涯中不断攀升，年轻的人才、新任经理、经理们的上司、高级领导者等都会被送去培训。绿色组织尤其会在新任经理的培训上花很多的时间和经费，以帮助他们恰当地使用职权和尽量多地授权给下属。

2. 技能培训，比如销售技巧、财务分析或者精益生产等具体课程。

在自主管理组织中，第一类的培训已经消失，不再有任何帮助人们在职场中步步高升的培训项目了。与此相反，进化型组织会提供两种在传统企业中很少见的培训：建立共同文化的培训和个人发展培训。技能培训项目仍然存在，但会以一种精心安排的方式来呈现——通常由同事而非外部培训师来承担培训任务，这样就能很好地体现公司的价值观和文化。

全员参与的通用培训项目

在自主管理组织中，新入职的员工无论将来担任什么角色都会参加很多通用培训课程，比如非暴力沟通、如何处理冲突以及如何在无层级的环境中有效处理问题等。

然而，一次性的培训往往不足以帮助人们改掉旧习惯，养成新习惯。因此，紧跟着这些最初的培训模块会安排一系列与日常工作交织在一起的扩展培训与工作坊。在FAVI，让-弗朗索瓦·佐布里斯特曾经每周五早晨主持一个小时的会议，该会议开放给任何想要参加的人。会议的主题是"深入研究FAVI的核心组织工具"（FAVI称之为内部索引卡片，因为它们的确是以索引卡的形式发给员工的）。这些工具包括组织宗旨、价值观、决策机制以及精益生产技术。其他公司所采用的形式包括团队教练（以解决一些烦心事宜）、公司静修会、宗旨研讨圈以及价值日等。

员工成为培训师

在内部培训课程中，本书所研究的大部分组织都不再使用外部培训师。培训课程由热衷此话题的同事来引导，同时他会根据组织的语言和文化量身定制培训材料，培训课程的开展一般是由内而外的：首先帮助人们与自己建立联结并探索他们是谁，然后让他们真实地表达对主题的个人看法。将团队成员变成培训师不仅可以节省成本，还可以提高士气，因为这给了员工们一个脱颖而出并让他们的专业知识得到认可的机会。柏林的 ESBZ 学校就非常注重这种方法的使用。最近该校无意间发现了一种非常有效的帮助学生提高记忆力的技巧，于是就派出一支由老师和学生共同组成的代表团去接受讲师培训。谁说教学必须由老师来主导？为什么不能培训学生去教其他学生呢？

岗位描述、职位头衔和职业规划

在前面的章节中我们发现，自主管理的组织摆脱了刻板的岗位描述和职位头衔。大多数人不再只有一个单一的"工作"，相反，他们拥有多重的身份。这种做法有一个奇妙的好处：没有职位头衔，就不会简单地把自己定义成该职位所需的人。

现今司空见惯的现象是，当我们被问及从事什么专业时，我们都倾向于回答，"我是谁谁（如值班经理、销售主管或人力资源副总裁）"。一部分人认为工作头衔确实是代表了自己是谁，并且头衔决定想法。而在没有职位头衔和职务说明的时候，我们更有可能首先关注到自己和他人是一个怎样的人，这有助于我们意识到自己和他人是在特定时间完成特定工作角色的人。

青色组织同样摈弃了岗位描述，并且收获了一个额外的好处：不能再让岗位描述来告诉我们该如何工作了，我们应该自己诠释工作的内涵与意义。RHD 的创始人罗伯特·菲什曼曾经用个例子来说明这一点：

> RHD 特意不用它（岗位描述）。相反，人性本善的假设使我们相信只要一个员工有了工作的总体概念，他就会愿意去创造出完成工作的方式……
>
> 茜尔玛就是一个很好的例子。她在我们一家门诊所里做了多年的前台工作。她曾问我要一份岗位描述……我告诉她，让我去定义她的工作是一件很荒谬的事情，因为她的工作已经做得非常好。其中一个出色的地方就是她会友善地问候每个病人，给他们端上咖啡，并且确保治疗师及时将病人带入治疗室。我不可能用岗位描述来定义她的友善，因为文字无法准确地评价她发自内心的温暖。茜尔玛已经知道如何去做好自己的工作，我认为给她一份详细的岗位描述只会适得其反。
>
> 定义一份工作的方式不是唯一的，也没有一个主管能

够告诉另一个人该如何做好工作。我如果将自己的想法强加于她，公司反而会失去她在处理人际关系中所能做出的独特贡献，那将会是一个巨大的损失。[6]

茜尔玛的故事告诉我们，当一开始没有职位头衔和岗位描述时，大多数人会觉得不自在——我们习惯于按部就班做别人期待的事。没有职位头衔和岗位描述逼着我们从自己的内心深处出发，去寻找我是谁和我的独特贡献。没有一个预先设定的模板，没有一张事先给出的标签可以框定我们的身份。这是进化-青色组织另一个貌似存在着极大矛盾的地方：一方面鼓励我们把灵魂从工作角色中分离出来——我们是谁相对于我们在做什么；而另一方面，又允许我们在承担工作角色时投入更多真实的个性。当没有岗位描述，也没有人来告诉我们如何做某项具体的工作时，我们就能从真实的自我出发，把自己独一无二的人格和天赋融汇到工作中。

承诺、工作时间与灵活性

如果说起工作时间，在传统的组织中通常会分为两大阵营：一部分人（通常是基层员工）有固定的工作时间；而另一部分人（通常是高层员工）则拥有相对的自由，只要他们完成相应的工作成果。实际上，这两种安排都体现了对人的不尊重。

实行固定工时基于的前提是：人是资源，只是一部在一定时间内被雇佣的人肉机器。它假设工作从本质上是无趣的，人是可以轻易被替换的；它也假设人们只愿意在被支付工资的时间内工作；还假设了基层员工是没有能力自我设定并完成工作目标的。进化-青色组织的出发点则恰恰相反，它认为即使是重复性的日常工作，人们依然可以拥有自豪感并愿意高质量地完成工作。在 FAVI 和升旭液压，打卡机被取消了，也没有人监督工作时间。工作依然被分为若干班次，每个班次的工作时间基本上按照大家的意愿来制定，但有趣的是，往往即使到了交班时间，操作工仍然会坚持干完手头的活。

在大多数组织中，高层员工没有固定的工作时间，他们被认为有自律能力并能够努力完成工作目标。但这种期待被默而不宣地加大了：大家的心底里有个假设，即处于管理岗位的人应该将对工作的承诺凌驾于生活中的其他承诺之上。越来越多的人觉得他们总是处于工作状态，随时听候差遣，因而必须把生活中其他重要的承诺放在次要的地位（或至少有这样的倾向）。我很少听说有高管为了孩子的学校演出或朋友的困难敢于取消一个重要的工作会议，也几乎没人觉得自己需要另找一些借口来解释给孩子或朋友听。我们的企业文化在引导我们忽视一些最应该关心的事情。

如果我们想真诚并全身心地投入工作，我们必须学会讲出自己生活中其他重要的承诺。我们必须揭掉那层"工作高于一切"的虚伪面纱。一个简单的练习可以帮到我们：在定期的交流中，用专门的会议邀请同事们一起探讨"在目前的生活中，你有多少时间和精力愿意贡献于组织的宗旨？"合弄制咨询公司

HolacracyOne 已经开始实践这种做法，其联合创始人汤姆·汤米森（Tom Thomison）解释了自己的思路：

> 我们努力争取让每位合伙人对自己承诺于实现组织宗旨的时间和精力做出清醒的选择。作为人类，有多种多样的事业吸引着我们，我们要做的是在多个特定的目标上清醒地选择和分配自己的时间和精力。因此，我们不抱任何偏见地询问每个同事："你会聚焦多少的时间和精力在这项事业上呢？"[7]

晨星公司也有类似的做法，每个同事会在"同事理解备忘录"（CLOU）上展示他的工作安排承诺。比如一个人可能说，在淡季时每周工作 40~45 小时而旺季时可以工作 50~55 小时（西红柿收获和加工的季节）。同事通过互相交流"沟通备忘录"了解彼此的承诺。

当有人需要更多的时间用于私人承诺时，架构简单的自主管理团队就能提供这样的灵活性。如果博组客的护士想减少自己的工时（可能她需要照顾生病的父母），团队会重新安排现有客户的服务计划并暂时减少接收新的客户。如果 FAVI 的某个操作工需要和建筑工一起修建他的房屋，他可以向团队申请调换到夜班，并找到某个夜班同事愿意在 4 个月中和他交换，新的安排就可以立即实施了，他的申请没必要经过正式的人力资源流程或得到经理的批准。

有时候，并不是那么轻易就能找到解决办法。在旺季，晨星公司的所有人手都必须到岗——西红柿处理的流水线是不会因为某个同事要休息而放慢或暂停的。如果有人想减少工作时间，他们需要自己找到解决办法来实现之前的承诺，此时，没有人力资源或计划部门的自主管理模式就显示出优势了。你不能简单地通知一下人力资源部，把棘手的难题抛给它们，你有充分的自由去寻找解决方案，但在找到之前，你必须完成之前的承诺。当然，事实上同事们往往会多做一些工作来帮助你。大家都明白投桃报李，这样的话，在自己需要灵活性的时候别人也会伸出援助之手，于是同事之间在工作和私人生活上互帮互助、合作无间的氛围就建立起来了。

反馈与绩效管理

大多数人都希望别人对我们的工作表现能给予反馈。我们想知道自己的工作能帮上忙吗？自己的努力值得吗？可大部分的组织发现创建反馈文化是一件极其困难的事。对于好的工作表现，人们通常认为理所当然，或者简简单单说一句"干得好！"——非常不具体的反馈。对于负面反馈，我们倾向于围着问题兜来转去，总是要等到下一次正式的绩效评估面谈时才拿出来讨论，于是，年度评估也就毫无悬念地成为许多公司最尴尬的时刻。作为员工，我们带着两种想法忐忑不安地参加面谈：一方面，我们希望自己的贡献最终能得到认可；另一方面，我们又害怕在过去的一年里积攒了太多的没有说出来的负面反馈。罗伯·勒波（Rob Lebow）与兰迪·斯皮策（Randy Spitzer）在他们合著的《责任》（*Accountability*）一书中写道：绩效评估常常会摧毁人的精神状态，30 分钟的评估会谈可以将一个原本充满活力、高度负责的员工变成一个士气低落、漠不关心，甚至开始寻找新工作的局外人……大多数绩效评估体系只不过是一种评判和控制，因此，这些体系根本无法真正地起到作用。[8]

我很认同勒波和斯皮策的说法，我们经常有意无意地利用反馈，试图把别人塑造成我们认为他们应该成为的样子。要让一个人的心灵封闭起来，没有比这更快的法子了。其实，反馈不应该是这样的。如果我们能带着不同的视角进入评估会谈，我们就有可能把会谈变成庆祝并认可贡献的时刻，那一刻没有评判；同时，我们也能真诚地探讨那些不怎么理想的方面，那些我们的知识、经验、才能或者态度和职责要求有差距的地方；我们甚至还可以探讨更深一层的问题：我们真正渴望做什么？我们对这个世界的贡献是什么？我们独特的天赋是什么？是什么让我们踌躇不前？而又是什么能帮助我们更勇敢地听从生命的召唤？

在本书的第 2.3 章，我们看到进化型组织把绩效管理的责任主要放在团队的层面，由同事而不是老板给出个人反馈和评估。这种流程能有所帮助，但尚不足以确保绩效评估会成为探询和庆祝的时刻，而非用来评判和控制。以下的三个额外的做法将会有所帮助。

第一种做法是基于智慧传统共享的古老洞见，人类可以通过两种不同的角度来面对世界：一种是从恐惧、评判和分离的

角度，另一种是带着爱、接纳和联结的心态。当我们想要给出
困难的反馈，心神不安地进
入面谈时，我们就会被恐惧
和评判所主导，并且自以为
是地认为自己知道对方错在

> 人必须感到安全才会对自己和他人开诚布公。也只有这样，我们才能利用每个人的长处，并避免人们做他们其实并不知道怎么做或者他们不想做的事。
>
> ——若斯·德布洛克（Jos De Blok）

哪儿，想当然地认为我们知道如何改变对方。相反，如果我们
心怀正念，带着关爱展开讨论，那彼此就可以共度一段美妙的
探询的时光，其中没有简单的结论，而只是帮助同事如实地评
价自己。我们可以学习和传播这种将"正念"带入讨论的方
法。有些简单有效的做法：开始反馈前，可以静默一分钟或采
取任何其他能帮助我们调频到关爱状态的个人仪式。

第二种做法源自第一种，我们必须学习"心的语言"。我们
一直被教导说，应该尽可能客观地评估其他人，然而，这是一
个悲剧性的错误。评估从来都不会是客观的（如果有许多人给
出了相同的评估，我们顶多只能说这些评估具有共同的文化基
础），尽管如此，我们仍然相信评估是客观的。我们将自己对某
人的主观印象转变为"事实"，因此，他不接受我们的反馈也就
不足为奇了。我们不能打着客观的幌子将自己置身事外，我们
必须亲身参与其中。我们得学会用"我"的语言来分享，说出
自己是如何因为他的言行而备受激励和感动，或者体验到了困
惑、伤害、挫折与愤怒。这样的反馈不再是一个"客观"的评
价，而是一场共同的探询。我们向对方提供了一个窥视他人内
心世界的窗口，以帮助他更好地理解自己的行为所造成的影响。

我们越能打开自己，就越能邀请到我们的反馈伙伴做到同等的开放。

第三种做法要求我们改变绩效评估的性质。大多数评估讨论都企图给一个人的能力拍张貌似客观的快照，然后对着事先设定好的绩效标准打分，再加上一张个人的优缺点表。这是一个多么令人沮丧的给人下定义的方法呀！如果我们改变一下这样的方式，将会发生什么呢？我们可以选择宽广的视角，而不是一次性的快照。我们可以透过一个人熠熠生辉的生命旅程、潜力、期待与使命来体会他当前的工作角色。而把一个人从1到5或从"低于平均水平"到"超出预期"来进行打分的做法就根本做不到这点。我们需要把它变成一次人性化、有共鸣并庆祝对方在成败得失中成长的机会。这将自然而然地帮助我们把说教（"在执行力方面，我给你3分"）变成探询（"你怎么看你自己的呢？"）。

这并不需要很复杂。CC&R 共有 10 名员工，最近才推行年度绩效讨论。该中心没有采用通常对着绩效标准打分的评估方法，而是设计了几个简单的问题，从而把评估会谈变成了共同探索的机会：

赞美：

——今年发生了什么我们可以真正庆贺的事？

学习：

——在这个过程中学到了什么？

——什么事进展得不那么顺利？或者，如果从头来过，会有什么不同的做法？

——把今天的现状与当初的设想对照一下，我们会有什么发现？

展望：

——明年最让你激动的会是什么？

——你最担心什么？

——如果有的话，你建议做哪些工作上的改变？

——哪些专业能力的提升可以有助于你现在的工作以及未来的发展？

——我怎样才能最大限度地帮助你和你的工作？

设定目标：

——当考虑新一年的工作时，哪些具体目标能够引领你前进？[9]

类似的，升旭液压的创始人鲍勃·科斯基（Bob Koski）建议用四个简单的问题来开展年度评估的讨论：

1. 谈一谈该员工令人钦佩的特质；
2. 问一问他们对升旭做了什么贡献；
3. 聊一聊他们想要为公司做出什么样的贡献；
4. 看一看公司能如何帮到他们。[10]

您可能已经注意到在这"四问结构"中并没有负面反馈，

也没有告诉他人应该怎么做才能更好。这是否意味着同事们应该假装每个人都是完美的，没有人需要被告知他们应该改进呢？当然不是。因为这类反馈应该当场就给，应该贯穿在日常工作的每一天，而不是留着等到年底评估讨论时才说。

雅音公司的年度反馈向我们揭示了该公司是如何通过三项改变把评估面谈转化成真正的探询和庆祝的时刻，这三项改变包括从爱和关怀出发、个人化的表达以及转换所提的问题。雅音公司的绩效评估过程有以下三个步骤：

1. 第一步，作为一名员工，你可以参考一系列能激发思考的问题来反思一下自己的表现和未来的抱负。

2. 你的同事将通过反馈来补充你的自评。这美妙的过程以小组为单位，以一分钟的静默开场，在此期间，你的同事们会闭上他们的眼睛，走入自己的内心，尽量放下任何形式的评判，以爱和联结的状态给你反馈。每位同事（通常6~12人，也包括其他团队与你密切合作的人）一个接一个轮流坐在你面前，呈献他们的礼物——告诉你"与你共事时，我最珍视的一件事是什么"以及"我觉察到你在哪个方面也许可以改变和成长"。负责记录的人会把你同事的反馈抄录在一张很大的纸上，在结束后交到你手里。雅音公司的经验是：人们在这个过程感到被大爱包围着，常常因感到被深深地理解而热泪盈眶。

3. 第三步是消化所收到的信息，与一个同事讨论以加深你的理解（雅音公司仍然采用层级制架构，这个同事会是你的上级经理，但在自主管理的组织中，你可以选择值得信赖的同事来进行讨论）。"从讨论中你收获了什么？学到了什么？未来你想要关注什么？你感觉什么在召唤你？"

这些例子表明反馈机制及年度评估可以不必成为令人沮丧、毫无生气的过场。有了合适的氛围和正确的话题，我们就能让它变成一场庆祝的盛典，变成一次对我们个性和使命的探询之旅。

解聘与裁员

智慧传统认为没有所谓的"失败"，只有学习和成长的机会。意识到（或被告知）我们不适合一个特定的工作就像是生活在以特有的方式说："你刚刚得到了一个礼物（尽管没有美丽的包装，而且刚开始可能会感到痛苦）。"探询所发生的一切，并以此来洞察你不适合做什么以及不适合成为怎样的人。再深入下去，你会发现一条全新的道路，它将指引着你去到自己的天赋所在之地。同事们可以在这个阶段给予被解聘者很多的支持（有关更多基于同侪的解聘流程可参见 2.3 章），即使是解聘也可以变成延伸爱与同情的机会。这样的话，一个人将更容易去探索为什么某个工作可能不适合他的禀赋，以及怎样或是去哪里寻找适合自己的工作。

除了由于个人原因被解聘，有时公司也会为了经济原因进行集体裁员。我认为我们需要区分临时性和结构性的冗员状况。

我发现了一件很有趣的事，本书所研究的这些组织，没有一个会在经济低迷期裁员。自主管理的组织非常灵活，也没有多少管理费用。因此，他们能比传统的组织更容易度过低迷期。比如，FAVI 和升旭液压都在没有裁员的情况下，经受住了严重的衰退，当时公司的收入锐减了 30%~50%。在某些情况下，同事们愿意共同承担这个痛苦并接受暂时的减薪（2.3 章讲述了一个 FAVI 的相关故事）。从进化-青色组织的视角来看，如果人员过多只是暂时性的，那么裁员只是提高了几个月的利润，而总的来说，这么做是不合适的。

如果人员过多是结构性的，那问题就要复杂得多。AES 曾经数十次面临这样的情况。它在东欧、亚洲、拉丁美洲和非洲购买的发电厂经常出现人员过多的情况。在很多情况下，都是之前拥有这些发电厂的政府人为地设置了过多的工作岗位。收购后，AES 就迅速缩减了员工的数量。这听起来很奇怪，像 AES 这样一个快速发展的组织，怎么会一下子解聘数百人呢？下面是丹尼斯·巴基对此类事件的看法：

> 能让工作场所保持好玩有趣的人数就是合适的员工数量。过多的员工将会使大家士气低落，并造成地盘之争。一个非常精明的北爱尔兰 AES 发电厂的经理告诉我"地盘之争是辨别一个机构是否拥有太多员工的很好的指标"。当有足够多的工作时，没人会在乎谁在做什么。
>
> 我认为，员工的冗余并不意味着组织就应该给他们发解聘通知书并将他们扫地出门。离开的员工需要时间过渡

到新的工作，组织在做遣散安排时应该尽量慷慨一点。几乎每次收购时我们都会遇到人员过多的情况，在我们完成收购后首先要做的事情之一就是主动出台一个慷慨的自愿离职计划，通常只有极少的人被单独要求离开。

在巴拿马，AES 为领取遣散金的员工准备了一个贷款基金。一年后，我参加了一次离职员工的庆祝午宴，这些前员工们大多数都申请了 AES 的贷款基金，并成立了 71 项新业务。即使有慷慨的自愿离职安排，从一个熟悉的公司转换到你不了解的新公司，有时还是很难受的。我非常相信这些困难的转变是让员工和组织适应这个巨变世界所必须经受的"不幸"。工作的一部分乐趣就是学习适应新的角色以及承担新的责任。稳定的工作就像是礼物漂亮的外包装，里面往往很少能发现有长久价值的东西。

青色组织认为人为地保留工作岗位对于进化来说没有一点意义。我们看中工作的稳定性，但实际上，这只是一个被恐惧激发出来的概念。因为它忽略了一个最基本的事实，即一切都是不断变化的；同时，它也忽视了丰盛性的可能存在——如果把一个人的才能浪费在一家人员过多的组织中，他就很难在最需要他的地方展示自己的天赋。

生命在不断地展开，解聘甚至裁员也可能是展开的一部分，尽管在自主管理的组织中，解聘和裁员是相对少见的。本书所研究的组织让我们看到，不需要将解聘变成冷冰冰的合同交易，我们可以拥抱这些情绪和痛苦。当这些情绪减弱时，我们就可以开始探询更深的意义，听到那些生活想让我们收获的讯息，并走上被内心召唤的新道路。

总结——支持完整性的做法与流程

完整与分离、爱与恐惧，这些是所有的智慧传统都曾经探索过的意义重大的二分法。在当今大多数的组织中，我们追求分离，因为相信它能带来安全。我们退回到一个评判的世界，和他人甚至自己保持着距离。我们戴着面具，时间一长，自己都要相信那个面具就是我们自己。在职场中，这种面具往往是相当头脑的、理性的、阳刚的和以自我为中心的。我们屏蔽了自身有关情感、直觉、身体和柔性的那一面。我们不去倾听自己内在的声音、渴望、使命以及灵魂。我们忽视了联结与同情的能力，以及对自己、他人和周遭所有生命爱的能力。起初我们会感到安全，但渐渐地，我们开始感觉到空虚和分离的痛苦。

在上面两章中，我们探讨了许多进化-青色组织采用的简捷的做法，它们可以帮助我们重新联结内在的完整性。当我们意识到更完整的自己并将之带进同事的社群时，一开始我们可能会感到脆弱；但是一旦我们这样做了，生活就好像从黑白切换到了彩色，它会变得丰富、生动并充满意义，同时也能激发我们更多的商业意识，使我们在工作场所中展现真实的自我，迸发出前所未有的活力和创造力。以下的表格列出了这本书所研究的先锋组织关于身心完整的实践。

身心完整

	橙色实践	青色实践
建筑	• 标准化的、没有灵魂的专业性建筑 • 相当多的地位标志	• 自己装饰的温暖的空间，向孩子、动物、自然开放 • 没有地位标志
价值观和基本准则	• 价值观通常只是墙上的一块牌子	• 价值观清晰，并转化成具体的行为准则，去营造安全的工作环境 • 对于价值观和基本准则可以经常进行讨论
反思空间		• 静心室 • 集体禅修和静默 • 集体反思 • 团队督导和同侪教练
社群建设		• 用讲故事的实践来支持自我表露和社群建设
职位头衔与岗位描述	• 职位是身份地位的标记 • 规范的岗位描述	• 没有职位限定，从而促使自己找到更深层次的认同感 • 没有岗位描述，允许自主塑造角色
时间承诺		• 诚实讨论工作中个人时间的承诺和对于生活中其他有意义事情承诺的关系
冲突		• 定期发现和解决冲突 • 多步骤的冲突解决流程 • 每个人都接受过冲突管理的培训
会议	• （会议非常多，但缺乏开会方法）	• 管理小我和确保每个人都能被聆听的开会方法（流程）

	橙色实践	青色实践
环境和社会活动	• 成本作为外在的标准：前提是不会花费太多 • 只有高层才能启动此类计划，并且要产生财务成果	• 诚实作为内在尺度：什么是应该要做的正确之事 • 广泛的全员的积极行动，每个人都在感知应该做的正确之事
招聘	• 面试由训练有素的人力资源专员负责，重点考察是否符合岗位描述	• 面试由未来的同事负责，重点考察是否符合组织与宗旨
入职	• 主要是流于形式的上岗流程	• 参加人际关系技能与公司文化的重要培训 • 将自己沉浸于组织的轮岗方案
培训	• 由人力资源部门设计的培训计划 • 大多数是技能和管理培训	• 培训是个人的自由和责任 • 文化建设培训至关重要，每个人都必须参加
绩效管理	• 旨在建立关于过去的绩效评判	• 关于个人的学习旅程和使命的探究
解聘	• 解聘主要是一种法律和财务过程	• 关怀与支持，把解聘变成一个学习机会

2.6章　倾听进化宗旨

生命渴望一切的发生，其脚步无可阻挡。任何时候，倘若我们试图控制生命或者妨碍其想要表达的基本需求，那都会自讨苦吃……

与生命携手，跟上它连贯的韵律，这需要我们认真地接受生命的方向。生命在走向完整，这个方向不容忽略，也不能轻视。人们对于琐碎的以自我为中心的目标或者自我扩张式的工作都不会保持长期的关注。太多的组织要求我们投身于空洞的工作、热切于狭隘的愿景、致力于自私的目标、花精力于竞争性的动机……一旦我们开始回敬以厌恶，并从这些努力中撤回自己的精力，那就标志着我们对于生命和人有了一份承诺。

——玛格丽特·惠特利 & 迈伦·凯尔纳-罗杰斯
（Margaret J. Wheatley & Myron Kellner-Rogers）

只有很少的商业领袖可以成为活着的传奇，杰克·韦尔奇（Jack Welch）就是其中之一。在他的领导下，美国通用电气（GE）取得了非凡的财务成就。从各个方面来看，GE 和杰克·韦尔奇都是橙色组织和橙色领导力的经典代言人——冷酷无情、聪明绝顶，又极为成功。退休之后，韦尔奇写了一本阐述其管理精髓的书，书名只有一个字——《赢》（*Winning*），这个字高调说出了橙色组织终极的驱动力。韦尔奇的书代表了一大类商业图书的风格，那就是向读者承诺他们可以从中学到帮助企业成功、增加利润、获取市场份额、打败竞争对手的秘诀。当然，书中隐含的承诺还有：这些秘诀也可以帮助读者本人功成名就，帮助他们打败自己的同事，从而登上等待胜者的财富与荣誉之巅[1]。但书中明显缺少一样东西：组织所服务的宗旨。什么是值得"赢"的？为什么会有组织的存在，而组织又为何值得我们付出精力、才能和创造力呢？

对于"赢"的追求往往已经超越了组织的宗旨，这就很能解释为什么公司的"使命宣言"听上去总是那么空洞，而这些宣言本应该能够激励并指引员工。可以做个实验：找一个在组织中工作的人，随便谁都行，然后问他"你们机构的使命是什么？"当我问这个问题时，每次得到的回应几乎都是对方干瞪着眼。有时候人们会挠挠头，费神地回忆自己公司的使命宣言，然后嘟嘟囔囔地说出一句半句。在这个测试中，CEO 们的成绩一点也不比中层管理者或者一线员工好多少。使命宣言慢慢变成一个笑话，因为在实际工作中，它并不能指导人们的行为或决策。至少在我个人的经验里，公司的高管们在激烈的业务讨论中，并不会暂停一下回到企业的使命宣言来寻求指引，问一句"我们组织的宗旨会要求我们做些什么呢？"

如果说不是集体的宗旨驱动我们做出决策，那又是什么呢？是组织的自我保护。在红色、琥珀色和橙色组织中，小我的基于恐惧的本质让领导者和员工们很容易就把世界看成一个充满危险的地方，竞争对手随时有可能跳出来抢走自己的午餐。确保生存的唯一方式就是抓住每一个机会，创造更多的利润和占有更大的市场份额，不给竞争对手活路。在激战中，谁还有时间去思考企业的宗旨？可悲的是，这种基于恐惧的对竞争的执迷还是到处都在上演，甚至在不需要自我保护的地方也存在。在一些受到保护并躲开竞争的组织中（比如军队、学校和政府机构），恐惧的小我仍然在寻找安全感，只是目光转向了内部。管理者们为了部门的利益，跟其他部门抢地盘，确保自己得到更多的资源、人才和认可。

随着向进化-青色范式的转化，人们开始学习调服小我的恐惧。这个过程为个人和集体去探索更深层的意义与宗旨问题提供了空间：我个人的使命是什么？什么是真正值得去实现的？

对于青色组织而言，生存已经不再是执著的焦点，取而代之的是组织初创时的宗旨。

> 当我们放弃只考虑自我，放下自我保护，我们就经历了一次真正的英雄般的意识转变。
>
> ——约瑟夫·坎贝尔（Joseph Campbell）

在本书所研究的许多组织中，高于一切的宗旨不再是贴在前台的标语或者年报中的口号，而是一股催人奋进又指引方向的能量。这种从自我保护到宗旨为先的转变也令组织的一系列关键做法改头换面：如何规划战略、如何制定并跟踪预算、如何设定目标、如何开发并销售产品、如何招聘员工以及如何选择供应商等，不一而足。

竞争、市场份额和增长

在研究过程中，当我倾听青色组织的领导者讲话以及阅读其年报与内部文件时，有个发现让我相当震惊：居然没有一处谈到竞争。橙色组织痴迷于竞争，但在这里竞争这个概念似乎凭空消失了。它去哪儿了呢？

答案出乎意料地简单：当一个组织真的只是为了它的宗旨而存在时，就没有竞争了。任何一个可以帮助在更大范围或者更快实现组织宗旨的人都是朋友与同盟，而不是竞争对手。拿博组客来说吧，其至高无上的宗旨是帮助老年病患过上自理及有意义的生活，因此，创始人若斯·德布洛克将博组客革命性的运作模式事无

> 适者生存的进化论妨碍了我们对共同进化的观察。并没有一个敌意的世界在外面密谋着将我们置于死地。并非是充满敌意，危机四伏的。从根本上说，我们是彼此联结的。
>
> ——M. 惠特利 & M. 凯尔纳-罗杰斯
> （M. Wheatley and M. Kellner-Rogers）

巨细地整理并公之于众，邀请更多的同行学习他们。他接受所有来自竞争对手的邀请，去给他们解释博组客的运营模式。德布洛克和另一名同事以顾问的身份深度参与了其主要竞争对手ZorgAccent 的项目，并且不要报酬。从橙色组织的视角来看，这简直不可理喻。博组客的颠覆式组织创新模式就像可口可乐

的秘密配方一样，属于核心的竞争优势，应该锁到地下室的保
险柜里。可是，在进化-青色的视角看来，博组客的宗旨不是抢
占市场份额或者德布洛克的个人成就，最重要的是让病人过上
健康、自理和有意义的生活。谈到这个话题，德布洛克告诉我：

> 在我个人看来，竞争这个概念好蠢，实在是没道理。
> 你要做的就是尝试去找到能提供最优护理服务的最佳组织
> 形式。如果接下来你能分享自己的信息和知识，一切就会
> 更快速地改变。

他接着用一种优美的方式提到了心怀丰盛的人生观：

> 即使是从博组客的视角来看，我也深深地相信，我们
> 对自己所做的事情越保持开放，就越会为我们赢得更多的
> 优势。你越开放，人们对你就越友好。[2]

的确，考虑到博组客在市场上的压倒性优势，它的发展堪
称一帆风顺。在成立后的 7 年中，整个荷兰有 60% 的社区护士
和患者放弃了其他照护机构，投奔博组客。这本该引发市场激
烈的反应，然而不知何故，一直天下太平。

从进化-青色的视角来看，只有在跟旧范式组织作比较时才
涉及市场份额的概念。博组客积极帮助竞争者，但如果竞争者
不改变旧有的碎片化护理模式，博组客并不介意赢取更多的客
户。巴塔哥尼亚公司（Patagonia）试图帮助整个行业提升环保
标准。同时，它也乐意看到客户选择自己而不是那些使用污染

性织物与有毒染料的竞争者。

同样的逻辑，"增长"也只有当组织宗旨能够在更大范围内显现时才成为一个目标，它本身并不是最终的目的。上面提到，博组客积极协助患者建立一套家庭、朋友和邻里的支持网络，目的就是让自己尽快地在患者的生活中退出，这一点它做得很成功：2009 年的一项研究显示，博组客的患者摆脱护理的速度比竞争对手快 2 倍，而且实际接受护理的时间只需要预计的一半左右。博组客的核心战略——帮助患者变得健康与能

> 让自己变得无关紧要是社区护士的道德要求。
> ——若斯·德布洛克（Jos de Blok）

够自理——实际上是在追求更少的增长，而非更多。与它类似，巴塔哥尼亚有个著名的整版广告"别买这件夹克！"该广告是公司"共用纤维伙伴计划（Common Threads Partnership）"的一部分。巴塔哥尼亚认为，在发达国家，几乎每个人的衣柜里的衣服都足够穿一辈子了，可是我们还在不断地买新衣服，而生产这些衣物对环境伤害很大，其最终的去处不过是垃圾填埋场。这个"共用纤维伙伴计划"非常认真地倡导少生产（生产更耐穿的衣物）、修补（巴塔哥尼亚为客户提供缝补服务）、再利用（公司在 ebay 上或者自己商店"二手衣"区域帮客户卖穿过的衣服）和回收（客户可以把旧衣服寄给巴塔哥尼亚进行回收再循环）。这样的策略会影响巴塔哥尼亚短期内的业务增长吗？当然会！每一件缝补过或者再利用的夹克都代表着少买一件新的。那这种策略会通过更高的客户忠诚度促进长期的增长吗？也许。但是，巴塔哥尼亚的决策不是由预算或者财务数字驱动的。公

司选择了受自身宗旨感召的道路。这条路可能会带来更低的销售收入，然而，巴塔哥尼亚已经准备好接受这样的结果。

吊诡的是，博组客、巴塔哥尼亚和其他一些我们所研究的组织虽然对增长不像橙色公司那么上瘾，但它们却获得了令人难以置信的增长纪录。青色的实践释放出了巨大的能量，当这些能量融入高贵的宗旨，又满足了这个世界深层次的渴求时，除却增长，岂有它哉？

利润

股东价值已经主宰了橙色组织的思维，它强调公司有一个至高无上的责任——利润最大化。在许多国家，这个观点甚至被写进了法律；如果有决策损害了利润，公司管理层可能会因此被起诉。在股东价值的魔咒下，上市公司死盯着底线*不放。公司需要预测每个月及每一季的盈亏，同时，每一个可能会增加或者减少股东价值的因素都会被一再分析。

对于利润，本书所研究的营利组织有完全不同的看法。利润是必需的，每个投资者也应该得到合理的回报，但企业的目标是实现宗旨，而非利润。关于这一点，几个组织的创始人都用了同样的隐喻：利润就像我们呼吸的空气，我们需要空气来活着，但我们活着不是为了呼吸。雅音公司的 CEO 塔米·西蒙对于企业宗旨有一个简单而优美的定义：

　＊　指利润和业绩。——译者注

关于商业，我们都有这样的一个观点：我们所做的每一件事都是为了帮自己挣更多的钱、更高效或者其他相关的什么。但这不是我对于商业的看法，我的商业观是大家聚成一个社群来满足人类的某种需求并实现我们生命的意义。[3]

对于进化-青色组织来说，利润只是做好工作的副产品。也许心理学家兼哲学家维克多·弗兰克（Viktor Frankl）的说法最为传神，"成功犹如幸福，无法刻意去追求；它必将也只能是在我们献身于一个比自身更伟大的事业时无意中产生的附加效应"。这个观点也是一个悖论：聚焦于组织宗旨而不是利润时，利润反而会滚滚而来。

在本项研究中，有些组织的创始人起初压根没有创办企业的想法，而是他们在追求某个宗旨的过程中碰巧在某个时间点上采用了商业的形式。简单来说，那就是宗旨先于利润。巴塔哥尼亚的创始人伊冯·乔伊纳德（Yvon Chouinard）曾经是那种最不可能创业的人，直到他磕磕绊绊地找到了自己的宗旨，并将其发展成了年收入5.4亿美元同时雇佣1350名员工的企业。

孩童时期的乔伊纳德几乎把业余的每一分钟都花在了户外——攀岩、潜水和训练猎鹰。作为学校的另类，他回忆中的教室顶多算是"我练习憋气的场所，这样周末我就可以到马布里海滩自由下潜到更深的海底，去捉更多的鲍鱼和龙虾"。离开学校之后，他没有任何收入，只能在沙滩或山边的棚屋里找个避身之地，靠着扒货车抵达下一个攀岩或潜水的地方。1957 年，他从垃圾场买了一口烧煤的旧铁炉并自学打铁，锻造自己攀岩用的岩钉。当一些朋友开始找他制作岩钉的时候，乔伊纳德总算找到了简单的

> 就个人来说，我期望自己的电影可以赚钱，但钱只是火箭的燃料。我真正想做的是要去到某个地方，而不只是积攒更多的燃料。
>
> ——布拉德·伯德（Brad Bird，《超人总动员》和《料理鼠王》导演）

生计。接下来的几年里，他就在冬天制作岩钉，挣到的钱刚好够他在优胜美地（Yosemite）的岩壁上从 4 月一直待到 6 月，然后在怀俄明州的山里过完整个夏天，并在秋天重返优胜美地直到 11 月大雪纷飞。那个时候没有谁把他当成生意人，他自己尤其如此。现在的乔伊纳德拥有了一家价值数百万美元的企业，他终于变成了生意人，但他并没有失去对这个行当的光明与阴影的洞察：

> 我从商已近 50 年。让我说自己是个商人其实蛮难的，就像让有些人承认自己是个酒鬼或者律师一样。我从来没有尊敬过这个行当。我们与大自然为敌，毁灭原生态文化，劫贫济富，工厂里的废水污染地球，为此商业要承担很大一部分责任。然而，商业也可以生产食物、治愈疾病、控制人口与提供就业，总体来说丰富了我们的生活。商业可以在不失去灵魂的前提下做这些好事并且还能挣钱。[4]

对于从商的乔伊纳德来说，他所经历过的一次具有决定意义的事件发生在 1970 年的一次登山途中。

那次我们去攀爬几年前还是蛮原始风貌的船长岩（El
Capitan）的鼻梁路段，回到家中，一路所见的山体退化让
我很是厌恶。由于被钢质硬岩钉在同一处脆弱的石缝里反
复敲进又取出，岩石已经严重变形。佛洛斯特（好友兼制
作岩钉的搭档）和我决定要慢慢退出岩钉生意……岩钉是
我们最主要的业务，但是我们却在破坏我们深爱的岩石。[5]

乔伊纳德和佛洛斯特找到了代替钢质硬岩钉的方法——不
会伤害岩壁的一种可以用手操作的铝质岩石楔。两年之后，乔
伊纳德编制了他的第一本产品目录，几个月之后，岩钉生意就
结束了，铝质岩石楔开始变得供不应求。伊冯·乔伊纳德偶然
发现并满足了登山人士的一项需求，从而让这一项他自己和其
他人都热爱的运动不会对环境造成伤害。

对于塔米·西蒙来说，宗旨也是先于生意而出现的：

从某种角度来说，我是一个怪人……我从大学中途辍
学，因为我觉得当时的学术环境里我无法做自己……在那
个环境里，大家期待我成为一个知道问题答案的人，而我
想的则是去更深地探索……我深深地进入一个内在的过程，
我全身心地祈祷，内容都与侍奉主有关……作为一名二十
刚出头的大学辍学生，我在思考，"能不能给我个机会，让
我利用我那个充满爱和支持的家庭以及良好的高等教育所
赋予自己的才能与天赋来报答主？"我祷告说："主啊，我
愿行您的事。请给我指引，请给我指引！"

这个祷告词"我愿行您的事"对我来讲非常重要，因为我不想任性，也不会坚持用自己的方式做事。同时，我也不想毫无主见，就这么在咖啡馆里等着撞大运。

对一个二十一二岁的人来说，我觉得雅音这份事业的到来，就如同收到的一份礼物，也像是和宇宙签订的契约，在这个约定中我表白"我将服务于您，我将全力以赴"，而另一方的回应则是，"你必得到支持，受到指引，大门必将敞开，你将遇到同道，机会将会降临。"这是一份宇宙的协约……让我能够帮助传播来自全球各地的不同智慧传统的灵性教导，我可以为此真诚地奉献，这就是我最初的人生图景。从根本上说，这个事业绝不只是关乎我个人。我想要做自己，我希望自己很真实，我愿意做出一份贡献。[6]

决策始于进化宗旨的聆听

如果不靠利润或者市场份额的权衡来判断，那进化-青色组织做重要决策的依据又是什么呢？答案是：倾听组织的宗旨！这是组织设置中的新名词。成就-橙色范式将组织视为机器，而机器是没有灵魂的，也没有自己的方向。在这样

> 每个组织的心中都有一个探索新可能性的"自我"。
> ——M. 惠特利 & M. 凯尔纳-罗杰斯
> （M. Wheatley & M. Kellner-Rogers）

的视角下，就应该由 CEO 或者高管团队来决定这个机器必须做什么。而在进化-青色的观念中，组织被看作一个生命系统，一个有着自身能量、身份特征、自己的创造性潜能和方向感的存

在。我们不需告诉它应该做什么，我们只需要倾听，做它的伙伴，与之共舞，去发现它将把我们带往何方。

合弄制的创始人布赖恩·罗伯逊（Brian Robertson）采用进化宗旨这个词来说明，组织其实和我们人一样，也有一种使命以及一股趋向使命的进化的能量：

> 组织的身份特征是什么？它想要什么？……这有点像父母—子女之间的生命旅程，我们认同孩子有自己的身份感、自己的人生道路和自己的志趣。不能因为我特别期望自己的孩子将来当医生，就把它投射到孩子身上。如果这样做，就会启动一个有害的互相依赖的过程。作为父母的我们都认识到，健康的为人父母的旅程其实是一个分化的过程，然而讽刺的是，正因为这种父母与孩子的分化过程才让彼此更完整地拥有了自主权和身份认同，这样反而促成了彼此之间更多有意识的整合与联结，发展出一种伙伴式的平等关系……
>
> 只有我们人类才能接收到组织的进化宗旨，但其关键在于暂悬自己的身份认同，直接去弄清楚"组织的使命是什么？"，并不是"我们想利用组织这个资产去做些什么？"，而是"这个生命、这个活系统的创造性潜能是什么？"，这才是我们所说的进化宗旨：一股源自生命最深处的创造性潜能，它将让生命焕然一新，精力充沛地为这个世界做出有价值的贡献……我们渴望与之同频的正是这股独立于我们自身需要之外的创造性冲动或潜能。[7]

博组客为罗伯逊的这一主张提供了有趣的佐证。创办这家企业的动机并不只是由于当时荷兰的居家照护公司将一个高尚的职业肢解成一系列毫无意义的工作任务所带来的挫败感，更重要的是源自于一种关于居家照护的更广阔的崭新视角。居家照护的目的不再只是注射药物或者更换绷带，而是帮助人们尽其所能地过上丰富多彩、充满意义和自主的生活。在这个宽广的定义下，博组客持续地进化，不断地迈向组织被感召的方向。

比如最近，一个乡村团队发展出了一个新概念——患者寄宿小屋，这样能使其主要护理人休整一下。虽然博组客给绝大多数患者提供了医疗护理，但真正的主要护理人通常是患者的丈夫、妻子或子女。特别是那些丈夫或妻子（往往也是上了年纪的人）经常被持续的（有时是 24 小时）护理搞得筋疲力尽。如果负担太重，这些护理人也会累倒生病。有一组护士们就开始琢磨"如果我们可以给患者提供类似于'床位加三餐'的寄宿服务，照顾他们一两天甚至一周，让这些患者家属可以好好休整一下，那是不是很美妙呢？"正好团队中一个护士在乡下继承了一个小型的农舍，这个小组就携手把它改造成了一家博组客寄宿小屋。

在公司最近的一次静修会上，这个小组向同事们介绍了这个概念。现在就等时间来辨别这个概念是否能流行开来，其他团队是否会受到感召去建立类似的寄宿小屋。面对组织宗旨潜在的扩展机遇时，博组客的做法非常吸引人：公司里没有任何一个人（包括创始人若斯·德布洛克）跳出来，以组织的名义说"是的，这符合博组客的宗旨，所以我们要建造一批寄宿小屋，这些是分配好的预算"，或者是"不行，这不在我们的业务范围之内，我们不要搞这个"。这个寄宿小屋的想法会按照自己的进程来发展。如果它是必由之路，又有足够的生命力，它就会吸引护士们参与实践，并给博组客带来护理服务的一样新元素。否则，它只是一个小规模的实验而已。

有趣的是，博组客从来没有将它的宗旨用使命宣言的形式写下来。若斯·德布洛克和其他人成天都在谈组织的宗旨，但他们发现口述的形式可以保持宗旨的鲜活，并防止它变成对组织的一种约束。用罗伯逊的话来说，这样就允许该宗旨具有进化性，能够不断进化。

现在你可能会争辩说，让博组客去倾听自身的宗旨应该比较简单，因为在为老年病患提供照护服务的过程中，自然就会涌现清晰的宗旨（即便是荷兰的其他照护公司已经迷失了方向）。但那些造汽车配件的、做番茄酱的或者卖鞋的公司该怎么办呢？这些组织真的有更高尚的宗旨可以挖掘吗？

我相信答案是肯定的。如果我们将组织视为一个生命体的话，那任何组织都有自己的灵魂和自己的生命力。真正的问题是：我们是不是真的努力倾听了组织的宗旨？拿 FAVI 举例，这家法国的黄铜铸件厂销售的零件被装到电机、水龙头和变速箱里。要给它的

> 随着年龄的增长，我越来越清晰和明确地感觉到……任何事物如果没有自身的意义，没有灵魂，也没有浸润着爱，那都将是荒诞可笑的。
>
> ——马克·夏卡尔
> （Marc Chagall，法国画家）

业务定义一个有意义的宗旨显然并不困难：流水是水龙头从我们的手尖馈赠给大家的礼物；装有变速箱的汽车让我们能够自由驰骋。不过，根据下游业务来给组织的宗旨找说法感觉似乎有点生搬硬套。这些有可能是一家水龙头制造商或者汽车厂的宗旨，但FAVI的宗旨是什么呢？

担任FAVI的CEO后不久，让-弗朗索瓦·佐布里斯特就邀请工厂的所有员工一起讨论企业存在的意义。这个灵魂层面的探索之旅是由法国一家汽车厂的一笔潜在订单所引起的。该厂询问FAVI能否在一年内不只是供应变速箱换挡拨叉，而且还提供完整的变速箱？这个单子要比FAVI当时所有的订单加起来还要大。许多人觉得这件事情风险太大。佐布里斯特感觉到，如果不深入探索组织宗旨，就没有办法做出这个决定。他延续了自己一贯的风格，邀请全公司的人参与：15个人一组，在周五的下午对此进行讨论。他自己也出现在会议现场，也没带任何会议议程和流程。他相信自己的同伴会自发地组织讨论，如果需要的话，完全可以通过接下来的每个周五下午继续探讨，直到大家回答了那个终极问题：我们的宗旨是什么？

经过多次的讨论，在抛弃掉一些明显但肤浅的想法之后，答案清晰地浮现出来。FAVI存在的理由有两个，即两个根本的宗旨：一是在阿朗库尔（Hallencourt）这个好工作非常少的法国北部乡下提供

> 我们大多数人都被权力、金钱和名声所诱惑。当我们的使命是服务于他人时，就不会老是想着自己。将我们的能量投入到值得追求的事情上，这样的行为控制方式比任何严厉的合规程序不知道要有效多少倍。
>
> ——丹尼斯·巴基（Dennis Bakke）

有意义的工作；二是给予和接受客户的爱。是的，爱！一个商业世界中很少听到的词，一个很难出现在蓝领制造业环境里的词。在 FAVI，爱这个字有着真正的意义。工人们不仅仅为客户发送产品，他们把自己的心也融入到发送的产品之中。几年前的一个圣诞节期间，FAVI 有个操作工利用一些黄铜的边角料铸造了一些圣诞老人和驯鹿的小塑像。他把这些小塑像放进了制成品的包装盒中，就像孩子在漂流瓶里塞入写有讯息的纸条，然后扔进大海一样，想象着什么人在什么地方会打开它。另外一些工人效仿了这个主意，也制作了小塑像，接着在一年内随机挑选时间放进所发出的货品中，把这些当做爱的小象征送给大众或者沃尔沃的汽车装配线上的工人，当他们一打开包装箱就可以看到。

倾听进化宗旨的方法

如果我们能接受一个组织有自己的能量和自己的方向感，同时我们的角色更多的是配合它，而不是去指导它，那我们怎么知道它要去往何方呢？

感知

最简单的答案是：不要刻意去做什么。让自主管理发挥自己的魔力。那些青色先锋经常说的一个词是——感知，我们是天生的传感器。我们可以本能地感知到什么地方运行得不如意以及有新的机会在生成。在自主管理的组织中，每个人都是一个传感器，都能启动改变，就像生命体中的每个细胞都会感知环境，并预警机体做出需要的改变。我们不会停止感知。感知无处不在、无时不在，但在传统的组织中，这些信息经常被过滤掉了，只有高层感知到的信号才被加以处理，不幸的是，这些信号往往会被扭曲，与现实的真相相差很远。合弄制的创始人布赖恩·罗伯逊用了一个类比来形容组织是如何把员工感知环境的能力给过滤掉的：

> 一次险些机毁人亡的经历给我带来很大的启示。当时我是一名飞行学员，正在独自驾机飞行，起飞没多久，"低电压"指示灯就亮了，但其他仪器都显示正常，于是我就忽视了它，就像我们在组织里的惯常做法一样——如果只有一个"仪器"（一个人）感知到些什么，而其他人都没觉察的话。对于驾驶飞机来说，忽视一只关键仪器会是个非常糟糕的决定，这也促使我去研究组织可以有哪些方法来避免同样的盲点以减少失败的痛苦——一个组织怎样做才能充分利用每一个"人身仪器"，从而避免忽视"低电压指示灯"？[8]

有一个故事可以帮助说明这些在现实中是如何实现的。博组客的两名护士发现她们所服务的老人在意外摔倒后，经常会髋关节骨折。虽然髋关节置换手术已经是一项普通的外科手术，但手术后患者往往不能完全恢复到原来的自主性。博组客在预防老人跌倒这件事上能帮上什么忙吗？这两名护士联合社区的一位理疗师和一位专业医师共同进行了实验。他们建议患者对自己的房屋内部做些简单的调整，并且改变部分的起居习惯以降低摔倒的风险。其他团队也很感兴趣，现在这种叫做"博组客+"的方法已经推广到全国范围。

这两名护士感知到了一个需求，并凭借自主管理的力量采取了行动。自主管理也促进了这个想法的传播。任何对"博组客+"感兴趣的团队都可以报名参加培训，学习该方法如何运作的基本概念以及如何在自己的社区内建立类似的合作机制。在传统的组织中，这样的"低电压指示灯"很可能被忽视。谁知道他们的想法是否能有机会透过重重的管理层抵达相关的决策委员会呢（只有他们有权同意并为之提供资金支持）？即使高层同意并支持这个想法，决定在全国范围内自上而下地推动"博组客+"项目，团队很有可能会产生被强迫的感觉，也许接下来他们会抵制该计划或者拖后腿。

在自主管理的组织中，任何感知到需要变化的人都可以发起行动。这是几百万年来自然界的运作方式。创新不是根据事先的计划发生在中心，而是随时发生在系统的边缘；每当有机体感知到环境的变化，它就会尝试着做出恰当的回应。有些尝试可能不会流行开来，而另一些则会迅速地扩散到生态系统的每一个角落。

灵性层面的修炼

我们本来都是特有天赋的传感器，并且可以通过练习进一步增强我们的感知力。尤其是禅修或灵性练习能够帮助我们远离自我中心式的需求，进入更广阔的智慧之源。雅音公司的创始人塔米·西蒙发现灵性练习能帮她开发直觉力，她相信这对自己的商业经营很有价值，她告诉专注于职场灵性的学者朱迪·尼尔（Judi Neal）：

> 塔米表示，"直觉基本上是我存在之全部。"她一直从学于禅修老师雷吉·瑞（Reggie Ray），而雷吉从自己的老师那里学到了如何"解读迹象"，然后又把它传授给了塔米。
>
> "这是一门艺术，一种原始的生存技能。如果你在狩猎，就必须去觉察动物留下的印迹。我们同样通过解读迹象来选择项目。有多少人在议论它？对于某位作者，已经有多少的需求？对于该项目，我们内在的感受是什么？这也非常重要。"
>
> 对于公司内部的事务，也需要"解读迹象"……塔米发现视觉化练习相当有利于灵感的发掘。她描述了一下过程："你想象自己正走向地球的中心，开掘到新鲜的水源并将其带回地面。太不可思议了，新点子就这样冒了出来。视觉化的过程让喋喋不休的大脑安静下来，并为远景的产生创造了空间。"[9]

禅修和引导下的视觉化练习可以进入不寻常的意识状态，从而引发一些通常在清醒状态下无法触及的轻松洞见。当然，即便是在进化型组织中，对于很多员工来说，进入这种不寻常的意识状态似乎也是一种相当挑战自身边界的做法，我在本书的研究过程中也很少遇到这样的练习。然而，由于进化-青色人群通常都能接受这种超理性的觉知方式，并且很有兴趣，我相信，类似的练习方法假以时日很可能会成为组织设置的一部分，这应该不是一个离谱的推测。[10]

空椅法

还有一个简单易懂的倾听组织宗旨的方法，那就是在每场会议中摆上一把空椅子，让它代表组织及其进化宗旨。任何一个与会者都可以在任何的时间坐到椅子上，去倾听和成为组织的声音。这里有一些供坐在空椅上的人收听的问题：

- 这些决定或者讨论帮助到你（组织）了吗？会议结束时，你感觉如何？
- 今天的会议里有什么吸引了你的注意？
- 你想往哪个方向走？以什么速度？我们是否够大胆？还是过于胆大了？
- 还有其他需要说的或者讨论的内容吗？

海利根菲尔德（Heiligenfeld）在会议中使用的那些小碰铃（详见第 244 页）与空椅是同一个道理。每当有人敲响碰铃，人们就要反思一个问题——"我是在服务于所讨论的主题以及组织吗？"

雅音公司将空椅的做法变成了一项新年仪式，同事们在新年伊始的时候会为公司的办公楼祈福。仪式快结束时，所有的同事会一起静坐，并倾听组织（雅音公司）在新的一年里对自己有什么期望。如果愿意的话，员工们还可以和大家分享自己的所闻。

大型团体流程

空椅的做法可以应用在日常的工作中，甚至用来帮助做一些不太大的决策。当组织面临一个重要的拐点时，则可以考虑采用另外一些优美而精致的流程协助大型的团体来共同倾听组织的宗旨和方向感。这些流程及方法论包括奥托·夏莫（Otto Scharmer）的"U型理论"、大卫·库柏里德（David Cooperrider）的"欣赏式探询"、马文·韦斯伯德（Marvin Weisbord）与桑德拉·詹诺夫（Sandra Janoff）的"未来探索"以及哈里森·欧文（Harrison Owen）的"开放空间"。这些流程都是以无等级、自组织的方式展开。他们通常会把"整个系统"邀请到现场，包括组织里的所有同事（可以是十几个、几百个甚至上千人），大家聚到一起参加一天或几天的工作坊；也可以邀请客户、合作伙伴和供应商参加，并将他们的视角带进整个探询的过程中。上面的每一种流程都有自己独特的形式，但有一点是共同的：实现了一个几乎不可能的目标，那就是让每个人都可以有机会发出自己的声音（即使有上千人参与），同时又能将这些声音汇集成一系列有价值的集体产出。

上述针对大型团体的引导技术可以给组织赋能，这是传统的自上而下的战略规划很难做到的。当一个愿景由在场的所有人集体生发出来时，往往会产生一些奇妙的结果。人们会在个人与情感的层面和这个涌现出的未来图景发生联结，并且乐意承担实现愿景的责任：基于每个人的兴趣、技能和才华，现场将自发地形成各种项目团队。

战略不再被几个高高在上的人所主宰，执行也不再仅仅事关几个被任命的项目经理。整个组织都被动员起来共同感知和创造未来（3.3 章提供了一个两天欣赏式探询工作坊的总结说明，详见第 421 页。）

海利根菲尔德会定期召开类似的大型团体聚会来感知未来。在一次会议中，浮现出了一个新的愿景——将海利根菲尔德的全人治疗方法应用于有儿童和青少年的精神病患者家庭。能让患者跟自己亲近的家庭成员一起接受治疗，从而在治疗中强调并尊重这种家庭联结感，岂不是非常棒？一年之后，专门针对家庭疗法的精神健康诊所 Klinik Waldmünchen 就开业了。

当然，这一切的前提是：领导者必须愿意将手中的权力交给集体。这个过程一旦启动，他们说话的分量就等同于其他任何人，不再高人一等。他们不能再控制或者引导结果去向某个指定的方向。他们必须相信，相较于乾纲独断，集体的共同感知一定会带来更好的答案。以这样的方式放弃权力，则需要领导者具备谦逊、勇气和信任。在现今的大型组织中，很少有领导者为此做好了准备。至少目前，自上而下的策略还是领导者保持控制力的安全选择（尽管实践与学术研究都已经证明，这种自上而下的变革项目失败率相当高）。

外部鼓动

很多人都有这样的经验，当他们跟随内心的召唤时，生命好像会在合适的时间呈献所有合适的机会，在组织的层面似乎也是如此。当一个公司明确了自己的宗旨，外面的世界就会带着机会来敲门。有时候，好像不只是内部的人能感知到组织想要去的地方，连外面的人也可以。

在这一点上，博组客为我们提供了绝佳的例子。现在，有各式各样背景的人联系若斯·德布洛克及其同事，希望来一起探索那些可能塑造博组客未来方向的想法。德布洛克和

> 当一个公司明确了自己的宗旨使命后，外部世界就会带着机会来敲门。

他的同事们接受这些会面的请求，并用开放的心态来聆听。如果碰到一些很有前景的想法，他们就去尝试一下，看看究竟会发生什么。这些项目不设管理委员会，没有阶段—关卡流程*，也不设置预算。真的就是那么简单：讨论过后，就让事情自然发展，该发生的就会发生。

欧洲及其之外许多国家的护士和政府健保部门官员都在不断地联系博组客。2012 年，有个团队在瑞典启动了照护服务，接着美国、瑞士、比利时、英国、苏格兰、加拿大、日本、中国和韩国都表示出了相当大的兴趣，要求成立类似的团队。整个过程中，荷兰博组客并没有过多参与，只是参与相关的会议并倾听，如果感知到有些事情将要发生，就会给相应的想要在

---

* 由 Robert G. Cooper 于 20 世纪 80 年代创立的一种新产品开发管理流程。——译者注

海外建立博组客团队的人提供支持。

博组客还成立了一个叫做 Buurtdienst（意思是邻里服务）的单元，专门帮助像阿尔茨海默症这一类的患者打理家务。这个采用同样的团队运作模式的业务单元在两年内已发展到了750 人。许多针对青少年的社工也找到了博组客，并在 2012年成立了两个最早的青年博组客团队，开始围绕着缺乏照管或行为不端的儿童展开工作。这个团队包括了社会工作者、教育者和护士，上门为孩子和他们的家庭提供服务，并且与警察、学校和家庭医生密切合作。与博组客的护士团队一样，这些团队采取自组织的模式，并希望取得同样的成功：克服传统社会服务模式带来的碎片化倾向以及当前服务提供商产生的高额管理成本。

另外，博祖客正在摸索着创建一个新项目——博组客 T，希望可以在精神疾病的早期为患者在家里提供治疗式照护。前来联系博组客的治疗师们相信，这样的照护服务可以减少大量的精神健康医院的配置建设。

博组客还在讨论创办一些小规模的老人共住社区，可以作为缺乏人情味的大型养老院的替代选择。同时，他们还在探索医院的未来。在追求规模经济的过程中，医院变成了又大又官僚的机构，也失去了灵魂。假如城市中可以遍布小型的网络状的社区机构，该会带来什么样显著的变化呢？在所有这些案例中，博组客都在对外部的刺激作出反应，并努力感知这一切到底意味着什么。

战略是个有机生长的过程

进化型组织对待其宗旨的方式改写了典型的战略规划过程。在传统的公司里，战略由高层所决定，它是 CEO 和高管团队的专属领域（在大公司中还会得到战略部门、首席战略官或外部顾问的支持）。按照固定的时长间隔*，一个战略规划流程会生成厚厚的文档来指明新的方向。接下来，战略计划以及负责执行落地的一系列变革项目将以自上而下的方式传达给整个组织，往往还夹杂着诸如"着火的平台"等字样的信息：我们必须变革，否则……

进化型组织没有战略规划流程。没有人会高高在上划定一条道路，让其他人去追随。在我所调研的组织中，没有一个存有划定路线的书面战略文件。相反，这些公司的员工都对组织的宗旨有着非常清晰敏锐的感觉，并且大体上知道组织被感召前往的方向。一张更详细的路线图在这里并没有用武之地，因为它也许会限制众多的可能性，从而将组织引入一条预先画好的窄道。

有了宗旨这盏指路明灯，每个人（无论作为个体还是集体的一员）都被授权去感知下一步的召唤可能是什么。正因为人们能在现场的工作中不断地"玩弄"和测试新的想法，战略就可以随时随地有机地生长出来。组织回应着一个集体智慧生发的过程，不断地进化、变形、扩展或收缩。现实才是伟大的裁

---

　　*　即间隔多长时间制定一次战略。——译者注

判员,不是 CEO,也不是董事会或者委员会。奏效的做法会在组织内聚集起前进的势头和能量,剩下的点子将慢慢枯萎,不再流行。

产品与营销

根据人们有意识或无意识的需求、偏好和购买行为,商业已经将顾客细分到一个异常复杂精致的程度。对于每一个细分客户市场,商家会小心地定位自己的产品和品牌以增加吸引力。在当今消费主义主导的成熟市场中,商家越来越能巧妙地利用人的恐惧心理和虚荣心来创造新的需求。"买了这个,你就会有更好的自我感觉";"买了这个,别人就会喜欢你";"买了这个,你就会成功"。

相较之下,进化型组织的营销方式几乎是简单到了极点:只是去聆听哪些像是合适的产品。没有客户调研,也没有焦点访谈小组。其营销本质上就一句话:这是我们的产品(服务)。

> 我死之后,来到了地狱,魔鬼想让我当一家可乐公司的营销总监。我要负责推销一种根本没人需要的产品,完全同质化,又没有任何卖点。我只能硬着头皮在价格、渠道、广告和促销方面大打可乐之战,这对我来说才是真正的地狱。
> ——伊玛·乔伊纳德(Yvon Chouinard)

此时此刻,我们觉得这是我们能够做出来的最好的东西,希望你喜欢。这里有一个奇怪的悖论,进化型组织在满足世界的一个需求时,并不关注世界发出的噪声(调研、焦点访谈小组、客户细分),而是去聆听自己的内心。我们会为什么样的产品真正感到自豪?什么样的产品是这个世界真正需要的?这些才是进化型组织的员工在定义新产品时关心的问题。指引该过程的更多是美与直觉，而不是分析。雅音公司如果出版打着"达致狂喜的三步法"之类标题的图书或者音频产品，那它在这个细分市场上的销量会非常好。但这永远也不会成为雅音公司的选择，因为这样的产品只会给人们的生活带来更多的困惑，而不是清晰。

　　这种方式不仅存在于灵性教育的世界里，对于充斥着螺栓螺母的制造业也同样奏效。20世纪90年代，佐布里斯特和FAVI的同事们开始着迷于一个新的想法：铸造厂总是生产合金，因为纯铜无法被模塑成型。假使FAVI能完成这项不可能完成的任务——用纯铜铸造工业产品，那会怎么样呢？他们开始尝试。这样的产品会有市场吗？他们完全不知道，但他们压根就没理会什么市场调研。纯铜有一些特别的属性，比如纯铜具有合金所没有的导电性能，这样的特性一定有其用途。让大家感到兴奋的不是潜在的市场，而是突破不可能的任务（将纯铜模塑成型）所带来的那份美好。经过两年的实验，他们竟然成功了。接着，正如他们预料的那样，生意主动找上门来了。对于电机而言，纯铜转子有许多独特的优点，现在该产品已经成为FAVI的一项重要业务。

　　橙色组织的产品开发往往是一个由左脑支配的过程：主要关注技术参数、阶段-关卡流程和制造成本。青色组织也会将右脑的直觉力带入到开发中。在日本教授司马正次（Shoji Shiba）的帮助下，FAVI在自己的产品开发流程中注入了情感、美和直觉。几年之后，FAVI的一个新产品开发故事完美地演示了该流程的运作。冶金学家早就知道铜有很好的防腐性，在 FAVI 的员工看来，不能在产品中展现铜的这个特性是一个很大的遗憾。

> 在致力于解决问题时，我从来不考虑美感……但当我结束了工作，发现解决方案毫无美感时，我就知道搞错了。
> ——理查德·巴克敏斯特·富勒（Richard Buckminster Fuller，建筑设计师、工程师、发明家、思想家和诗人）

他们成立了一个团队，开始研究医院的铜抗菌设备。很快有了一个令人满意的原型，但其颜色却让佐布里斯特感到困扰，他发现铜红色会叫人联想起 19 世纪古老的疗养院。佐布里斯特问项目团队能否将原型改成银色合金，让这些产品可以散发出像现代不锈钢设备一样的光泽。项目团队嘲笑道：这完全不合理呀，添加了其他金属材料就会让铜失去自身的抗腐蚀性。佐布里斯特也知道自己的要求根本站不住脚，但他深深地着迷于这个审美的直觉，认为值得一试。他终于说动团队再做一下尝试，结果却出乎所有人的意料：出于至今都不清楚的原因，新的银色合金不仅没有降低铜的抗腐蚀性，而且还增强了该特性。于是，一个新的市场出现在 FAVI 的面前。

计划、预算与控制

进化型组织用于计划和预算的方式与传统管理思维的所谓最佳实践相去甚远。与预测和控制（所有计划和预算措施的目的）的思路相反，进化型组织的做法是试着去感知与回应。布赖恩·罗伯逊用了一个形象的隐喻来对比这两种不同的方式：

设想一下，我们用现今管理公司的方式来骑自行车，情况大概会是这样：我们将召开大型委员会工作会议，共同计划一下操控自行车的最佳方法。我们会充满恐惧地看着前路，努力去预测当某某情况发生时，车子将去往何方。我们会做计划，任命项目经理，画出甘特图，实施相关的控制措施以确保一切按计划进行。

然后，我们骑上自行车，闭上眼睛，严格按照计算好的角度握住把手，努力让车子按计划前进。如果自行车在路上某个地方翻了的话……呃，第一反应就是：这是谁的责任？把他们找出来，解雇掉，让他们滚蛋！

然后，我们知道下一次要怎么做了。显然我们遗漏了一些事情，我们需要做更多的前期预测，我们也需要更多的控制来确保计划得到执行……现在，我们所有的管理思维都是建立在预测和控制之上的。我们面临的挑战是：我们有的只是关于控制的幻想，而非真正的控制。我们确实需要真正的控制，合弄制试图在组织的核心层面带来一种思维范式的转变，即转向一种新的操控模式——我们称之为"动态操控"。这种模式不依赖预测和控制，而是靠感知与回应。

当你实际骑自行车的时候，做不到事先就预判如何控制方向，那是个持续进行的过程，从头至尾都要不断微调，而且需要很有意识地调整，你得睁着眼睛，从多个方向收集信息。你要保持平衡和方向，活在当下，调动你全部的感官，感知眼前的现实，同时有意识地选择每一刻自己的回应。这个过程并非完全没有方向，你的最终目的一直在指引你前进，实际上，由于一直保持觉知并专注于当下，反而你更容易在目的明确的状态下保持控制。

深层的挑战在于：这需要放下我们既美丽又具有安慰性的控制的幻觉。它让我们相信自己已经完成了领导者应尽的义务：我们已经做了所有的分析，制订了计划，一切都在依计划进行，一切尽在掌握。要放下这种幻觉，明确目的，并且每时每刻都活在当下，保持觉察，其实是一个更高、更令人生畏的标准。[12]

FAVI 用另外一个隐喻来说明这种根本性的范式转变。在传统的组织实践中，我们会展望未来的 5 年，并为下一年做详细的计划。而 FAVI 认为我们更应该像一个农民：向前看 20 年，却只做明天的计划。农民要看得更长久些才能决定到底种什么果树和庄稼。但在新年伊始就去计划精确的收获日期就毫无意义了。我们再努力，也不能控制天气、作物和土壤，它们都有自己的生命，并不受我们的控制。如果一个农民不能根据现实情况去感知和调整，而是紧紧抱着计划不放，那他很快就会饿肚子。这对于组织的管理实践意味着什么呢？组织该如何学习感知和回应呢？

可行性方案的快速迭代

预测和控制的范式自然会促使我们去寻找完美的答案。如果未来是可预测的，那我们的任务就是在可预见的未来中找到最优化的解决方案。预测在错综的世界里是有价值的，但在复杂的世界里则意义不大。关于二者的区别，FAVI 的让-弗朗索瓦·佐布里斯特给我们提供了一个有洞见的隐喻。一架波音 747 飞机是个错综的系统，由数百万个需要无缝衔接配合的零部件组成，但一切都能予以规划，如果改变其中的一个零件，我们就能预测由此带来的所有的连锁效应。一碗意大利面则是个复杂的系统，虽然它只有十多个"部分"组成，但是当你捏住垂在碗边的面条一端并用力抽取时，基本不可能预测到将会发生什么。

　　做预测能给我们带来一种令人欣慰的控制感。但在现实中，我们生活的组织和世界已经变成了复杂系统。在这样的系统中，预测未来并据此来分析出最优决策将变得毫无意义。如果出于惯性继续这么做，那

> 在错综的系统中，我们可以试着去寻找最优解决方案。而在复杂系统中，我们需要的是可行性方案以及快速迭代。

只会产生关于控制与完美的幻觉，浪费我们的时间和能量。进化型组织与不存在完美的复杂世界和平共处。其瞄准的压根不是"最好的决策"，而是一个能够快速实施的可行性方案。根据反馈回来的新信息，可以随时重新评估原先的决策，并加以改善。

　　这些原则也是精益制造和敏捷软件开发的核心，这两大方法论已经彻底改革了相关的领域。合弄制的治理流程和博组客的决策流程表明，这些原则可以植入组织中的任何一个部门。

在这两个流程中，只要发现有个方案是可行的（"可行性"代表了没人认为这个方案将会让事情变得更糟），那就会被采纳。不会因为有人觉得还需要更多信息或更多分析而推迟决策。而当有新的信息反馈回来或者某人有更好想法时，可以随时重新评估该决策。[13]回到之前骑自行车的类比：骑行者不会试着去计算所谓的完美角度，而是跨上车先骑起来，从一个大致合适的角度出发，然后不断地调整，直至终点。

以这种方式运作的公司用许多快速的迭代替换了几次大幅度的跨越，从而可以更快速平稳地迈向其宗旨，不再为所谓的最优决策浪费精力，也不再为了等待更多的信息或者确定性而浪费时间。同样重要的是，因为都是比较小的决策，我们也习惯了经常修正它们，这样一来，纠正原先决策中的错误就变得更加轻松容易。（相反，如果我们投入了巨大精力去制订一个最优解决方案，我们就会执著于这些方案，当事情没按计划发生时，我们固执坚持的时间也会更久。）最终，矛盾的是，当放弃预测未来所带来的控制的幻觉，并且学会与不断发展变化的现实共舞时，我们反而会感觉到更加安全。

不设目标

进化型组织不设置任何自上而下的目标。你可能还记得FAVI的销售人员就没有任何销售指标。从进化-青色的视角来看，设定目标会带来问题，原因至少有以下三个：首先，目标的设定依赖于未来可被预测的假设；其次，它会扭曲我们的行为，令其远离内在的动机；最后，设定的目标常常会降低我们对新的可能性的感知力。

　　生活如此复杂，各类活动和环境变化得如此快速，绝大多数的情况下，使得目标的设定变成了一种臆测。年初设定的目标到了年底基本上就成了一个随意的数字——要么很轻易就能实现，失去了目标设定的意义；要么是挑战太大，逼着人们必须去找捷径以完成指标，往往会杀鸡取卵，损害公司的长远利益。

　　目标还会扭曲我们的行为。很多公司都有一个公开的秘密：每到年底，管理层为确保当年的预算全部用完，有时候会把钱花在毫无意义的事情上。他们害怕如果没有花完当年的预算，下个年度的预算就会被缩减。而提前完成年度销售指标（比如在9月份）的销售人员，则会在来年1月份前暂停销售活动，他们害怕如果超额完成当年的目标，下一年度的目标就会增长。如果没有目标，这些游戏就会消失。人们可以自由地发掘内在的驱动力，单纯地做最好的自己，从而为组织做出最大的贡献。

　　在自主管理的组织中，如果人们发现设定目标可以带来帮助，他们就会给自己设立目标——这就像跑步爱好者为了激励自己而不断地提升目标一样。在FAVI，操作工为自己设立零件加工时间的目标，然后据此衡量自己的绩效。晨星公司的同事们会为自己负责的一段流程设立目标，从而激发持续的改进。他们会测量指标、比照自定目标、分析根本原因并尝试新的想法。绝大多数的目标都是在工作现场设定的，只是针对一台机器或者流程中的一个步骤，其产出的预测具有相当的确定性。

但即使是自主设定的目标，我们也要小心不过于狭窄地紧盯着它不放。如果遇到了出乎意料的新情况，或者在当初设定目标时没有预想到的不同的未来发展方向，那我们仍然需要保持开放的心态。我们要理解，目标就像一张能够指明某个可能未来的地图。当情况发生改变时，如果还是死盯着原先选定的那条路线，就会给我们带来麻烦，而这个时候换条新路来走，也许是更好的选择。关于这一点，玛格丽特·惠特利（Margaret J. Wheatley）与迈伦·凯尔纳-罗杰斯（Myron Kellner-Rogers）解释得相当好：

> 生命天然自带一种发现有效性的倾向意图……保持不断变化的能力，并可以发现当下什么最有效，这样的能力是一切生物体存活的基础。
>
> ——玛格丽特·惠特利与迈伦·凯尔纳-罗杰斯（M. Wheatley & M. Kellner-Rogers）

> 在一个自然生发的世界中……我们不再能用视觉化的方法去仔细地描绘某个未来，然后站在那个未来的时点，反向推演出我们的计划。相反，我们需要带上清晰的意图站在起点，并愿意参与到探索之中。世界要求我们少去操心怎样才能强迫事情按我们设计的方式发生，而是要更多地关注我们如何才能增加彼此间的互动，以及如何能够沉浸到体验之中，然后注意到将要发生什么。这要求我们更多地参与而不是计划。[14]

简化预算并不再跟踪偏差

每年许多传统的组织都会经历一个痛苦的预算制定的过程。流程通常是，先由各个职能团队或者业务单元自下而上地提供一份来年的数据和预测，随后高层将审查这些汇总的结果，他们往往会觉得眼前的数字不够雄心勃勃。于是，老板们会居高临下地告诉业务单元需要调高预测。有时候这个过程需要来回好几轮，直到高层对数字满意为止。到那时，一线的员工已经对上报的数据完全丧失了信心（除非他们够狡猾，还可以向直接上司隐瞒一些收入和成本节省的来源）。从这个时候开始，预算的控制权就转移到了 CFO（首席财务官）手中，他会逐月地跟踪计划和现实的差异。不能完成计划的经理需要合理地解释为什么没有达标。这个流程会引发一系列痛苦的讨论并消耗大量的精力，人人都在为问题找理由，或者抱怨糟糕的市场环境和相关的其他部门。

本书所研究的先锋们采取的则是一个更简单的方式：

- 只有在某些重大的决策需要一些预测时，才会制定预算。比如，FAVI 为了锁定原材料的供应合同，团队会制定一个来年的粗略的月度预测。否则，其中的很多公司根本不做任何预算。升旭液压没有预算（除非董事会要求，他们才会做一个简单到一页纸的预算）。博组客的团队不发生任何的大宗采购或投资，所以他们也不在乎预算。当然，博组客会站在整个公司的层面，简单地预估一下所期望的现金流，算算这笔钱能够支持创建多少个新的团队。新团队有一年的时间实现收支平衡，博组客要确保自己不会因为在同一时间内创建太多的新团队而陷入财务危机。

- 即使有了预算，也没人从上面下来敲打盘问。团队预测的数字是什么样，预算就是什么样。在一些公司中，同事们会挑战彼此的预算，但是没人能强迫一个团队去更改相关的数字。例如，在晨星公司，业务单元会将自己的预算和投资计划汇报给一个由来自全公司各部门的志愿者组成的预算工作组，该工作组可以挑战相关数据，并提供意见和建议。AES 曾经也用过类似的流程。

● 预算是用来做决策的，不是拿来控制绩效的。虽然 FAVI 和晨星等公司会将预算做一下汇总，但并不去监控预算和实际之间发生的偏差，它们认为那样做毫无价值，因此绝不在此浪费精力。

在 FAVI 的管理宣言中，他们把自己关于预算的理解进行了颇有挑战意味的表述："在新的思维模式下，我们用自己也不是特别明白的方式挣钱；相反，

> 我从来不担忧未来，因为它转瞬即到。
> ——阿尔伯特·爱因斯坦

旧的方式只能让我们明明白白地知道自己在怎么亏钱。"FAVI 是一个私人所有的企业，不需要向外部的股东汇报。升旭液压的例子则说明，即便是上市公司，无预算的方式也行得通，CEO 艾伦·卡尔森（Allen Carlson）解释道：

> 自从 1997 年 1 月升旭液压上市后，我们需要对数字进行更精准的预测……1999 年有一个季度我们刚换了新的制造系统，没达到预期目标，于是市场惩罚了我们。我们说："嘿！我们不能预测经济的走势，也不知道下一年订单的情

况会怎样……我们不是用摆弄数字来做生意的。数字应该去做它能够做的事情，我们只能向你展示下个季度的大致情况……我们明白，做好每天的事情才是公司良好表现的长远之道。"[15]

失去了预算和预测，大多数企业领导者会有赤身裸体的感觉。我抛了个问题给卡尔森：如果没有预测的对照，你怎么判断员工的绩效表现呢？比如说，如果不跟目标进行对比，你怎么知道去年德国（升旭液压在那里有个工厂）的员工干得好不好？他的回答真是石破天惊：

谁知道呢？谁又会在乎呢？他们都在竭尽所能，努力工作。我们在世界各地有很好的员工，如果还需要这样的记分卡，那说明我可能找错了人。这就是我们的运作方式……如果我是升旭在美国的销售负责人，你问我今年的销售预测是多少，我根本不知道！我怎么能搞得出一个预测来呢？……每天都有太多的我无法掌控的事情出现……预测无法预测的东西是不可能的！[16]

变革管理

在本章的开头，我们讨论过进化型先锋们从来不谈竞争。另外，还有两个主题，在我们的调研过程中也是从来没有听到提起过，那就是变革和变革管理。想想看，其实这也很不寻常！每个管理者都知道在组织中推动变革是一件多么困难的事情。

变革是管理领域最令人挫败的主题之一，相关的讨论也最为广泛与热烈。在变革管理这个专业领域内，有一大帮专家和顾问试图支持管理者更好地应对艰难的变革之旅。然而，在本书所研究的进化-青色组织中，变革似乎是自然而然地发生着，并且在持续进行，好像压根不需要任何关注、努力或者管理。这是怎么回事呢？

在橙色的机器范式中，组织被看成是一个无生命的静态系统——由一堆盒子叠成的金字塔结构。静态系统的内部并没有改变的能力，必须要有一个外部的力量施加在这个系统上。在那样的世界观里，变革不是一个流动的自然涌现的过程，而是从 A 点到 B 点、从一个静止状态到另一个静止状态的一次性运动。

在这种视角下，变革只是一个令人遗憾的必需品，我们试图通过对未来的预测与控制尽量避免变革的发生。我们试图规划生命中的意外，我们祈祷现实世界待在预算和战略规划的范围之内。当情况不妙时，我们常常把头埋在沙子里；我们简直无法想象，现实会残酷到跟我们的计划毫不相干。当再次把头抬起时，我们发现，就在我们固执于计划的时候，周围的世界已经改变，眼前发生的一切让我们害怕。而现在，我们必须得把失去的时间补回来，迫使变革的发生。

我们告诉自己，变革肯定是痛苦的，不过一旦到了 B 点，

> 人们并不抗拒变革，他们只是不想被改变。
>
> ——彼得·圣吉（Peter Senge）

一切都会好起来。与此同时，我们需要像重新设计机器那样来重新设计组织，把人东挪西挪以适应新的蓝图。毫不奇怪，人们往往很抗拒被挪来挪去，为了克服这样的阻力，组织经常会利用人内心的恐惧，讲述可怕的故事：如果没有任何的改变，外边那个充满敌意和竞争的世界就会威胁到大家的生存。

当组织是一个自主管理的生命系统时，我们就不需要施加外力来推动变革。生命系统有天生的能力来感知外部环境的变化并做出适应性的内在反应。在森林里，当缺雨干旱或者春天到得太早时，并没有一棵主控制树来带头计划和命令改变的发生，在那个时候，整个生态系统会创造性地进行回应。进化型组织采用类似的方式来回应变革。人们能够自由地根据他们所感知到的需要来行动，而不受静态的岗位说明书、汇报线或者职能单元的局限。生命的开展是自然涌现的、意外的，以及非线性的，他们可以创造性地加以回应。变化成为一种馈赠，随时随地，自然地发生，多数时候并不需要那么痛苦与挣扎。

如果你的组织开始采用进化型组织的做法，那么公司应对变革的方式可以说明组织转变的程度。如果变革还是一个关注点，并需要大家的讨论，那就将它当作一个邀请，和你的员工一起来探讨：我们在哪里还卡在机器的范式中？我们怎样才能帮助组织作为一个生命系统来充分地表达它自己？

客户、供应商与信息流

当一个组织认真地对待其宗旨时，其眼光就不会被组织的边界所限制；在探索如何展现其宗旨的过程中，该组织将很自然地拥抱供应商和客户。

比如说，巴塔哥尼亚只与严格遵守环保规范的成衣供应商合作，而 RHD 则偏爱那些在对待自己的员工方面维持较高诚信标准的供应商。供应商的选择不只是基于价格和质量，还要看是否和组织的宗旨保持一致。

进化型组织经常也会主动地接触客户，邀请他们参与组织宗旨的共创。之前我们介绍过巴塔哥尼亚号召其顾客通过修补、再利用或者回收循环的方式延长衣服的生命周期。RHD 的反歧视委员会，不光教授员工们如何发现和抵制种族歧视、性别歧视或者其他形式的歧视，还给附近的社区和贫民窟的人员传授相关的社会技能。只有获得客户的支持，RHD 才能真正地践行自己的宗旨，从而帮助人们过上自主、自尊和受人尊重的生活。

要跨越组织的边界去获得供应商与消费者的支持，这个过程并不总是那么舒服的。因为这要求组织能够清晰而公开地说明自己代表了什么、相信什么，以及要求供应商与消费者做些什么。并不是所有的供应商都欢迎严格的审查，而有些消费者也会被类似社会活动积极分子的立场吓跑。也许更让人难受的是：当组织拥有一个宏伟的宗旨时，我们对外公开了，却又对组织如何去实现该宗旨闪烁其词，这难免会给人留下表里不一的印象。有时候，我们的遮遮掩掩不单是因为竞争的原因，还因为：如果把组织的内部运作公之于众，并接受外界的审查，我们害怕自己会很尴尬。但是从实现宗旨的角度来看，我们对外界的公开可以有助于获得更多的反馈和专业的支持。巴塔哥尼亚在"足迹编年史"的倡议项目中就经历了这样的过程，该项目旨在向外界完全透明地披露公司供应链的信息。巴塔哥尼亚的现任 CEO 凯西·希恩（Casey Sheahan）讲述了公司所经历的旅程以及意外的收获：

> 大概在 4 年前，我们制作了一个传统的企业社会责任报告，并把所有的内容放到了网上，起名为"足迹编年史"……我们拿着数码相机和摄像机，还架设了静物相机，深入供应商的工厂。我们告诉自己的上游工厂：我们准备向消费者展示产品是在哪里生产的、是如何生产的、工作条件如何，以及运输与水消耗给整体碳足迹带来的影响。"足迹编年史"讲述了我们所有干得好的、不好的以及丑陋的地方。目前我们大概有 40 个品类可以进行这样的追踪，代表了我们每年当季推出的数百个品类的情况。
>
> 和我们所有的人一样，一开始工厂很不情愿走这条完全透明的道路。但是……消费者、生物学家和效能专家纷纷发来电子邮件，给我们提供了大量如何更好地生产和运输成衣的建议。网站上随时进行的互动非常活跃，真是一个令人兴奋的交流过程，我们从中学到了很多。
>
> 这只是一个全新的关于透明度的思考方式，而之前的方式就像这样："天哪，我不可以谈这个，我不能这样袒露企业的实情。有人会攻击我，也会很愤怒。"但实际上，对于正在发生的事情，我们越是诚实、开放和坦诚，消费者

也就越想参与我们的事业——成为更好的地球公民。[17]

我相信，我们会亲眼目睹越来越多的组织选择这条彻底透明诚实的道路，让更多的外部人员或者机构参与到实现组织宗旨的过程中来。因为小我的恐惧越来越少，对通过公关工作来包装的需要会减少，掩盖失败的需求也没那么强烈了。外部人员可以通过各种方式深度介入到企业内部。客户可以参与公司举办的工作坊来共同倾听组织的宗旨；可以在网络上举行全员会议（这是美捷步 Zappos. com 的一惯做法）；或者像巴塔哥尼亚一样，选择将关键生产过程的视频放到网络上。合弄制咨询公司 HolacracyOne 开发了一个名叫玻璃蛙的内部网软件，它能记录员工的角色和职责、组织架构、会议纪要和衡量指标。通常情况下，这些数据都是相当敏感的，只开放给内部员工。HolacracyOne将它们都放到了网上。每个外部人员都可以看到谁在负责什么，阅读最新的会议纪要，或者瞄一眼公司的内部运营数据。

有针对性的情绪管理

和组成它的人类一样，组织也有情绪。[18]我知道有些组织（或其中的业务单元）内部充满了顺从的情绪，有些则流露出恐惧和怨恨，还有一些组织中充满了雄心壮志。心理学、脑神经科学和一些古老的智慧传统都用自己的方式教导我们，情绪和情感是如何强有力地限制或提升我们能取得的成就。沮丧时，我们会倾向于投降或放弃；愤怒时，我们会还击或者寻机报复；雄心勃勃时，我们将冲刺更高的目标，勇往直前。

情绪在很大程度上左右了什么是可能的：每一种情绪都会促使我们采取某些特定的行动，或者阻止其他的很多行动。因此，有意识地管理组织情绪是一个相当强大（然而经常被忽视）的工具，它可以帮助我们实现集体的宗旨。就宗旨而言，我们要注意不要将个人的意愿强加给组织。我们的个性可能倾向于某些情绪状态——比如，有些人喜欢好玩、有活力的工作氛围，而另一些人则更喜欢严肃与专注。那么，很自然的一个问题就是：当下，什么样的情绪能够帮助组织更好地实现其宗旨呢？也许是欢乐或专注，但也可能是混合的——谨慎、喜悦、自豪、关爱、感恩、惊讶、好奇或果断。

比方说，你认为当下需要的是感恩。感恩是一种强有力的情感。我们表明目前自己很满意，不去要求更多；此时此刻，我们已经拥有了所需要的一切。随着这份丰盈感，其他的情感也会自然浮现，我们将体会到愉悦与慷慨，我们也能带着爱和关切来对待他人。

如果这种情绪如此有力量，那我们在工作场合怎么才能有意识地培育它呢？我们需要创造一些唤起情绪的方法：

- 连续多年，FAVI 都坚持采用一个表达感恩和庆祝的美妙做法：每次公司开会之前，员工都会依次分享自己最近都感谢和祝贺了什么人（详见第 243 页）。

- 还记得 Ozvision 公司的"感恩日"活动吗（详见第

239 页)？所有员工都会获得一天的额外假期以及一个装有
200 美元现金的信封，他们可以把这 200 美元送给生命中任
何一位重要的人以表达感恩之心。回来上班的时候，他们
要和所有 40 名同事分享那一天发生的故事。经年累月，这
些故事就在组织中编织起强大的感恩的情绪氛围。

● 在柏林 ESBZ 学校，每周五下午举行的"赞美大会"
同样会培养一种感恩的情绪（详见第 238 页）。通过话筒传
递出来的每一个关于友善、勇气、关爱或者专业性的小故
事就像一根根线，逐渐编织成了一条色彩斑斓的感恩挂毯，
成就了这所学校独特的学习文化。教师会议目前也采取了
类似的做法——每次都从一轮赞扬开始。

● 坐落在德克萨斯州的贝丽尔健康（BerylHealth）是
一家为医院提供呼叫中心及其他服务的公司，创造了一个
类似 ESBZ 学校的做法，只是形式有所不同。该公司表达感
恩的方式并不采用面对面的聚会，而是通过每周五的下午
（他们称之为"周五有好事"）发出的绵延的电邮链。一
名员工会向公司全体同事发出一封电邮以感谢本周对其提
供帮助的某个同事或部门，或者只是分享些好消息。第一
封邮件总会触发整个公司"雪崩式"的感谢和认可。这个
做法帮助培育了社群感，也让一周的工作在欣赏和感恩的
氛围中画上了句号。[19]

个人宗旨与组织宗旨

　　个人与组织的宗旨需要携手并进，相互促进彼此的绽放。今天的绝大多数组织首先关注自我保存和底线，很少为员工探索个人的使命提供良好的环境。因此，员工也只能从自我保存的角度来看待工作——当作一种赚钱付账单的方式。相反，当员工被邀请一起来倾听组织的宗旨时，他们也很可能会开始思考个人的使命：组织的宗旨和我有共鸣吗？在这里我是否感受到工作的感召？此时此刻，在我的生命中，我真正被感召着去做的事情是什么？这个地方是否允许我表达自我？公司会帮助我成长和发展吗？

　　当个人和组织的宗旨进入共振和相互强化的状态时，非同凡响的事情就有可能发生。当工作遇到天命时，往往我们会感到就像是获得了赐福，正如神学家弗雷德里克·布彻纳（Frederick Buechner）所描述的那样，"在这里，你内心深处的欢悦遇到了这个世界最深的渴望"。感觉就像插上了翅膀，直接运用自己的优势来工作，觉得一切都毫不费力，我们感受到前所未有的高效。

　　招聘、培训和绩效评估讨论都是很好的时机，能够自然地引发人们去探索个人与集体宗旨的结合点。拿招聘来说，之前的章节中我们介绍过进化-青色组织的招聘流程，它

> 我们最深层的使命是发展真实的自我，而不管其是否吻合那些所谓的理想形象。当这么做时，我们不仅会找到每个人都在追求的喜悦，而且也能发现自己在这个世界上的真正的天职。
>
> ——帕克·帕尔默（Parker Palmer）

们寻找三种类型的匹配：角色匹配（传统的技能和行为面试）、组织匹配（组织的价值观和自主管理模式）以及宗旨的匹配。如果不触及个人宗旨，那就无法针对（个人与组织）宗旨的匹配进行有意义的探索。这里有一些可以运用到招聘过程的问题：

> ● 你感觉自己的人生轨迹是什么样的？这里的工作该如何匹配你所感受到的生命与工作的召唤呢？
> ● 你和组织宗旨的哪些方面产生了共鸣？你有哪些独特的才能或天赋可以帮助组织实现它的宗旨？

最终，双方都要试着回答一个既简单又基本的问题：我们可以开始共同的旅程吗？由这些问题所激发的讨论可以触及实质性的深度，并帮助未来的候选人和组织更好地认识自己。这样，招聘的过程既促进了自我的探索，也实现了相互的评估。很多进化型组织都提到其在招聘流程和录用决定上花的时间明显要比一般的公司长很多。有时候它们会接受业务发展得慢一些，宁愿让某个职位空着，直到找到既适合这个职位又与组织以及组织宗旨相匹配的人。

招聘过程中提到的相关问题也可以在年度绩效面谈中继续探讨。德国的精神健康医院海利根菲尔德就在其年度绩效评估流程中使用了两个既简单又强有力的问题：

> ● 我的心在工作上吗？
> ● 我是在适合的岗位上吗？

关于个人宗旨和使命的问题，往往是提起来简单，回答却不容易。组织可以通过个人教练或者工作坊的形式支持个人的自我反思，两种形式都可以运用讲故事或者视觉化引导的技巧帮助员工识别他们可能的生命之路。

当今的大多数组织都觉得自己只是在商言商，完成工作罢了，不需要帮助员工找到他们自己的使命（在这些无灵魂的组织中，许多人并不愿意去探索像个人使命之类的私密主题）。然而实际上，个人与组织的宗旨可以携手并进。当组织宗旨与个人使命开始产生共鸣并相互强化的时候，

> 当能够联结彼此的宗旨时，人们就会迸发出极大的热情，若能借助于它，组织必将成就更多。太多的人想要成为更完整的自己，太多的人渴望去发现如果联合起来我们可以成为什么样的人。
>
> ——玛格丽特·惠特利与迈伦·凯尔纳-罗杰斯（M. Wheatley & M. Kellner-Rogers）

真正的不同凡响的事情就会发生。组织的宗旨越是清晰，就会有越多的员工能与之产生共鸣；清晰自己使命的员工越多，他们能贡献给组织的能量就越多，也就越能帮助组织实现其宗旨。

总结——倾听进化宗旨

不只是杰克·韦尔奇的书在承诺"赢"。回顾最近 20 年中最有影响力的商业畅销书，例如《高效能人士的七个习惯》、《追求卓越》、《基业长青》、《从优秀到卓越》以及《竞争优势》等，每一本书的名字都揭示了当今商界领导者相信的首要目标：获得成功、打败竞争对手和攀上巅峰。[20]在这样的视角下，利润和市场份额就成为游戏的全部。股东模式的核心就是：管理者

的核心职责不是服务于某些响应外部世界的宗旨，而是股东利益最大化。

最近，我们看到一种新的视角涌现出来——利益相关者模式，它不仅强调公司要满足投资者的需求，而且要满足客户、员工、供应商、所在社区、环境，以及其他利益相关者的需求。不同利益相关者的需求经常会相互冲突，组织的领导者必须居中斡旋，最终让所有人都能满意。目前有不少非常成功的公司采用了这种更加平衡的视角来运营，其中全食超市（Whole Foods）和西南航空（Southwest Airlines）是其坚定的支持者。从进化的视角来看，多元-绿色的利益相关者模式显然要比之前狭隘的成就-橙色的股东模式先进了一大步，但组织依然被视为一个需要我们人类去驾驭的实体，这样它才能服务好所有的利益相关者。

进化-青色的世界观又朝前迈进了一步，组织不再被看作是一个资产，甚至也不再是为了服务不同利益相关者的共享资产。组织被视为一个能量场、一股自然流现的潜能以及一种生命的形式，它超越了所有的利益相关者，并在不断地追寻自己独特的进化宗旨。在这个思维范式下，我们不再"运营"一个组织，即使我们是组织的创始人或者法律意义上的所有者。相反，我们都是组织的管家，我们也是倾听组织深层创造性潜能的载体，只是帮助组织去完成它在这个世界上的工作。

这种世界观是如此的新颖特别，以至于我们可能还无法完全理解它所有的涵义以及带来的影响。例如，倘若将组织看成是一个能量场或者一种自主的生命形式，怎么会有人能够"拥有"一个组织或者该组织的部分股份呢？今天依然是投资者拥有组织。也许我们需要创立新的法律框架来给予投资者适当的位置，同时尊重组织的自主性。

当然，我们还有很多东西需要去学习和理解，但是本书所研究的一些先锋组织已经给我们提供了不少行之有效的实践，帮助我们去倾听组织的进化宗旨。接下来第 336～337 页

> 工作是爱的行动。
> ——彼得·凯迪（Peter Caddy）

的这张表格为这些进化型的实践提供了一个便捷的总结，同时也比照了目前管理界主流的橙色视角。最终，允许组织表达自己的进化冲动能带来一种巨大的解脱。我们不再需要预测未来并设计完美的战略，我们不再需要迫使变革的发生，我们也不再需要制定详细的预算且在没达标时惩罚自己。我们可以与生命共舞，去倾听什么即将到来。在《一条更简单的路》（*A Simpler Way*）中，玛格丽特·惠特利与迈伦·凯尔纳-罗杰斯描述道：

> 自组织的世界对我们来说是一个奇怪的地方……我们没必要成为组织者，我们也不需要去设计这个世界……我们可以放弃以下的信念：各种各样的组织是我们的责任，这是一个困难费力的任务，因为总是要去推动某些事情的发生。同样，我们也需要放下"世界没有我们就不转了"的信念，世界知道该如何创造。我们是这个过程中的好伙伴，或者我们可以成为一个好伙伴。[21]

进化宗旨

	橙色实践		青色实践
关于宗旨	• 主要目的是组织的自我保护（无论其使命宣言是什么）	➡	• 组织被视为一个拥有自身进化宗旨的生命体
战略	• 由高层领导者制定战略	➡	• 战略从自主管理员工的集体智慧中有机地涌现
决策	• (没有倾听组织宗旨的具体做法，自我保护式的竞争是决策的关键驱动力)	➡	• 倾听组织宗旨的做法： -每个人都是一个传感器 -适合大型团体的流程 -禅修、引导式视觉化练习 -响应外部的鼓动
竞争	• 竞争者是能激发行动的敌人	➡	• 与竞争毫不相关 • 拥抱"竞争对手"，一起追求共同宗旨
增长与市场占有率	• 成功的关键驱动力	➡	• 仅仅在有助于达成宗旨时才有意义
利润	• 先行指标	➡	• 滞后指标：做正确的事情，自然会得到相应的回报
市场营销与产品开发	• 由外而内：用客户调研和市场细分决定产品 • 如有必要就去创造客户需求	➡	• 由内而外：宗旨决定产品 • 以直觉和美为导向
计划、预算和控制	• 基于"预测与控制" • 痛苦的中期计划、年度和月度预算过程 • 必须坚持计划 • 必须解释偏差和弥补差距 • 设立雄心勃勃的目标以激励员工	➡	• 基于"感知与回应" • 没有预算或只有非常简化的预算，不跟踪偏差 • 寻找可行性方案，并且快速迭代；不追求"完美"答案 • 不断感知实际的需求 • 没有目标

	橙色实践	青色实践
变革管理	• 采用全套变革管理工具，以帮助组织从 A 点转变到 B 点	• （"变革"不再是一个相关的话题，因为组织在不断地自主适应与改变）
供应商与透明度	• 基于价格和质量来选择供应商 • 对外部世界保密	• 选择适合组织宗旨的供应商 • 完全透明，并邀请外部人员提出建议以便更好地实现组织宗旨
情绪管理		• 有意识地觉察什么样的情绪会服务于组织宗旨
个人宗旨	（帮助员工明确个人使命不是组织的责任）	• 利用招聘、培训和绩效评估来探索个人使命与组织宗旨的结合点

2.7章　共同的文化特征

文化，就像往一杯清水中加入了苏打，你看不见它，然而，它却以某种形式在施加着影响。

——汉斯·马格努斯·恩岑斯贝格尔
（Hans Magnus Enzensberger）

　　前3章我们重点探讨了组织架构、系统、流程以及做法——这些都是进化型组织有形的一面。本章将探讨组织中无形却同样举足轻重的另一面——组织文化。文化指的是组织中人们普遍认同的假设、行为准则及关注点。更简洁的描述是：文化，就是人们不假思索的做事方式；或者，文化就是访客在组织的走廊里从空气中嗅到的某样东西。我们通常无法找出关于文化的特别具体的事物，但在某种程度上，它却蕴含在组织里发生的每一件事情之中，如：办公室的装潢风格，茶水间里人们的谈资、开的玩笑，人们在大大小小的事务中的互动模式，以及听到或好或坏的消息时的反应方式。升旭液压的联合创始人鲍勃·科斯基（Bob Koski）将文化称作组织的个性：

> 我从两个方面来判断一个组织的个性。一是衡量其短期健康：我会倾听弥散在组织中的幽默的种类——黑色的、生机勃勃的，或者干脆就没有，还会去观察临下班时员工是否早已排着队，下班铃一响就冲出公司。二是评估其长期品质或优势：我会探寻它伤后自愈的程度，它是否能让员工承担风险，借以发展出自信，有利于复原与疗愈？它是否有抚慰人心的做法？它是否有远大目标？它是否培育一种既充满信任又允许质疑的企业文化，即使质疑本身可能是不信任的信号？[1]

科斯基的这些问题揭示了组织文化的威力所在。文化以一种微妙但真实的方式决定着组织的成败，令组织要么茁壮成长，要么举步维艰。大量的学术研究已经证实，组织的文化与其业绩之间存在着强大的关联。然而，在成就-橙色的机器范式中，许多人仍然把文化看作是"软性"的东西而不予理会。在这种范式中，"硬性"的东西才举足轻重，例如非常重视复杂的组织机器是否已经建立并运转良好，而考虑"软性"的东西显得很不合时宜，毕竟谁会在意像齿轮一般的小人物的内心世界？计划制订得很完美，但员工的行为（比如沟通问题、人际冲突、抗拒变化等）却常常让完美的计划偏离轨道，这常常令橙色组织的领导者们感到无可奈何。

我们是人而不是齿轮，假设、行为准则与关注点在深刻地影响着我们的行为。让我们来对比一下关于沟通方式的两种不同的假设。在一个组织里，人们的共同假设是必须自由无约束地分享信息；而在另一个组织中，人们相信信息即是权力，只能由那些"需要知道的人"掌握相关的信息。显而易见，这两个组织不可能取得同等的成就。再想象一下，某个组织允许其员工在别人的背后指责和抱怨，而另一个组织，共识的行为准则是人人承担责任，面对面地解决分歧。不难猜到哪个组织会更有效率，哪里的工作氛围能更令人愉悦。

那些透过多元-绿色视角看世界的领导者通常持截然相反的观点。对他们而言，文化是最根本的资产，是企业成功的全部。绿色范式将组织比喻为家庭，其中所有的一切都关乎个人、关乎关系。站在这个角度来看，确保这个家庭拥有健康且机能正常的文化才是重中之重，与此相比，没有什么其他的事情值得投入更多的时间与金钱。

四象限模型——文化、系统、世界观的相互影响

这两个观点哪个对呢？究竟是依靠有形的组织架构，还是依靠无形的文化？虽然该问题的答案对领导者意义深远，但是，他们却往往找不到依据来支持该问题的探讨。通过若干简洁而有力的区分，肯·威尔伯（Ken Wilber）的四象限模型为这类探讨提供了坚实的基础。威尔伯是整合理论的创始人，他深刻地揭示了万物的真实本质：任何现象都有四个面向，可以从四个不同角度来理解。为了充分地了解某现象，我们应该观察其客

观的外在的一面（有形的、可衡量的、外显的维度），同时，我们还应该感知其内在的面向（无形的内在维度，如思想、情绪和感觉）。我们还必须以独立的个体的维度来看待该事物，同时也要把它放入更广泛的情境之中，以集体的维度去审视。只有当我们观察完这所有四个方面，我们才能如威尔伯所说"完整地掌握了事实"。

　　如果将威尔伯的洞见应用于组织中，就意味着我们应当去关注：（1）人们的心智模式与信念；（2）人们的行为；（3）组织文化；（4）组织的架构、流程以及做法。（这些刚好是本书所探讨的进化型组织的内容：1.3 章和 3.1 章探讨了心智模式、信念与行为；组织系统贯穿于 2.2 章至 2.6 章之中；而本章会探讨组织文化。）

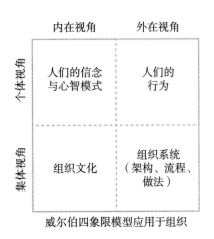

威尔伯四象限模型应用于组织

　　我们可以用一个实例来帮助更好地理解该模型，比如就以"人的驱动力源自金钱和认可"这一常见的信念（橙色思维）

为例。持有这种信念的领导者（位于模型的左上角）会很自然地选择与其信念相匹配的激励体系：为成员设立挑战性的目标，达成之后就给予丰厚的奖励（右下角的象限）。这一信念与激励机制将极大地影响组织中各成员的行为：人们的行为将倾向于个人主义；为了完成目标，他们会不惜走捷径（右上角象限）。继而，催生出个人成就高于团队的文化（左下角象限）。

	内在	外在
个体	**信念与心智模式** 人的驱动力源自金钱和认可	**行为** 个人主义行为，成员为了完成目标走捷径
集体	**组织文化** 内部竞争的文化，推崇个人成就高于团队	**架构、流程、做法** 自上而下的目标设立、个人激励

该模型向我们表明，心智模式、文化、行为及系统是如此深度地交织在一起，任何一个维度上的变化都会波及其余的三个。但在多数情况下，我们还是没能把握住这个真相。琥珀色和橙色组织仅仅看到"硬性"可衡量的外在维度（四象限的右半部分），忽略了"软性"的内在维度（四象限的左半部分）。绿色组织的突破在于它关注了心智模式和文化这样的内在维度，但往往又矫枉过正，往另一个方向走得太远。绿色组织过于关

注文化，以至于忽视了重新思考组织架构、流程和做法。（作为组织文化领域的学术先锋之一，埃德加·沙因 Edgar Schein 曾经说过，"领导者所要做的唯一真正重要之事就是创造并管理文化"，该观点正是这种极端思潮的典型例子。）像美国西南航空或者本杰瑞冰淇淋（Ben & Jerry's）等绿色公司仍然保留了不少传统层级结构（右下象限）的系统性要素，但同时引入了一种新的文化（左下象限），要求经理们采用非层级的方式行事，成为服务型领导者，能够倾听下属并授权于他们。

层级制的组织架构搭配上无等级的文化，很显然，这就好比油和水的混合。这也说明了为什么这类公司的领导者坚信必须不断关注文化并持续为之投资。在层级架构中，经理拥有管理下属的权力，因此需要不断地投入能量以防止经理们官僚式地弄权。一旦停止了对文化的投入，内嵌于组织架构中的层级制就会轻易地重占上风。

自主管理的架构则超越了文化与系统之间的难题。分属内在和外在维度的文化和系统可以携手工作，而不是站在彼此的对立面。权力将自然地得以分配，没有必要花费时间与精力去推动中层管理者"授权"给他们的下属。如果管理者手中本来就没有武器，也就没有必要为了避免他们动武而对文化持续投入了。下面是因其著作《搞定》（*Getting Things Done*）而出名的戴维·艾伦（David Allen）在自己的咨询培训公司（David Allen Company）内推行合弄制时的经验之谈：

如果责任落实到了组织里的每个人身上，那我们就无须那么关注文化了。只有当运营系统功能失调时，我们才需要关注诸如价值之类的事情，因为只有这样，失调才能被控制在可容忍的范围内。如果我们都愿意把注意力放在更高的宗旨上，做我们该做的，并把它们做好，那么无须额外用力，文化自己就会浮现。[2]

那么，这是否意味着进化-青色组织与文化没多大关系呢？布赖恩·罗伯逊（Brian Robertson）给出了极具说服力的回应：与传统组织相比，文化在自主管理组织中的必要性更小，但影响力又更大。说它必要性更小，是因为不再需要靠文化来解决那些由层级制所带来的麻烦。说它影响力更大，原因相同：因为无须与组织架构的弊端对抗，能量没有被吞噬，所有用在组织文化上的能量与关注都会开花结果。从进化型组织的视角来看，组织的文化和系统是齐头并进的，是同一现实的两个方面，两者都值得同等的有意识地关注。

进化-青色组织的文化

所有的进化型组织是否共有一种特定的文化呢？研究表明，进化型组织之间的文化差别很大，不过，也有许多文化要素同时存在于所有的组织之中。

公司运营的背景以及它所追寻的宗旨塑造了其独特而具体的组织文化。我们可以把 RHD 和晨星公司的文化做个对比。RHD 的总部办公室很可能是你见过的办公室中最古怪、最色彩斑斓的一个。想象一下，几个连在一起的旧库房被改造成了一间巨大的开放式的办公空间。墙壁被刷成明亮的橙色，但这些明亮的颜色已被挂在墙上的客户的大幅照片、所照顾的精神病患者画的画、员工挑选的格言警句，以及他们组织的社区活动的宣传海报遮住了，你只能透过它们之间的缝隙看到些许橙色。访客等候区位于这个生机勃勃的大办公室中间，放着几把椅子，旁边紧挨着一个池塘，也许金鱼曾在这里畅游过，如今在其间只是骄傲地漂浮着几只长相古怪的塑料鸭子。

与之相比，不管是在总部还是工厂，晨星公司的办公室就比较简朴，一切都安排得井井有条，处处彰显着品质。白色的墙壁上，悬挂着装裱讲究优雅的油画，通告被整齐地贴在留言板上。

两家公司的工作背景非常不同，这种不同造就了巨大的文化差异，而这种差异体现在了办公室不同的装修风格中。RHD充满活力的总部办公室彰显着这样的文化：鼓励人们接受他人的怪异，就像接受自己的怪异一样。RHD的宗旨是帮助那些精

神疾病患者、失智人群、无家可归者，以及上瘾症患者来为自己建造更美好的生活。

> 公司的宗旨及所处环境决定了它所需的文化。但某些文化元素却是所有进化型组织所共有的。

实现这一宗旨的关键在于员工在服务客户时能呈现充满关怀、不带评判的临在状态的能力。如果人们能不用二元对立的方式来定义任何人——正常的员工和不那么正常的客户，如果包括员工与客户在内的每一个人都被看作是独一无二和奇特的，那这将有助于实现该宗旨。而晨星公司所处的是有着明确卫生标

准的食品行业，像 RHD 那样的一种疯狂又嘈杂的环境对晨星公司来说将会是一个灾难。在晨星公司的工厂里，一切都必须井井有条、无懈可击，只有这样，生产过程中的任何问题才可以立刻浮出水面，这种要求同样也适用于晨星公司的办公区域。

经营环境和宗旨造就了企业所需之文化。每个组织除了其独特的文化之外，还有许多与其所处的发展阶段相关的共同的文化特征。琥珀色组织在某种程度上都重视服从命令，并把这作为其文化的一部分，而该规范在进化-青色组织中却毫无意义。下面介绍的是在写作本书时我遇到的那些先锋组织所共享的文化元素——规范、假设与关注点，它们与进化-青色的世界观基本一致。下列清单并不能穷尽所有的内容，也不是指导性的，但可以提供一些思考的素材。

自主管理

信任

- 我们假设人人都怀有积极正向的意图，并在此基础上相互联结。
- 信任同事是我们默认的工作参与方式，除非证明我们错了。
- 自由与责任是一枚硬币的两面。

信息与决策

- 对所有人公开所有的商业信息。

- 我们每个人都有能力处理棘手和敏感的消息。
- 我们相信集体的智慧。三个臭皮匠胜过一个诸葛亮。所以，任何决策都依据建议流程来制定。

责任和问责

- 我们每个人都对组织负全责。当我们觉得需要改变某事，我们就有义务付诸行动。只扫门前雪，是不被接受的行为。
- 每个人都必须能泰然自若地通过反馈和充满尊重的质询来促使他人兑现承诺。

完整性

同等价值

- 从根本上说，我们每个人的价值都是同等的。
- 同时，如果我们允许所有的成员以各自独特的方式做出贡献，尊重大家在角色、教育、背景、兴趣、技能、性格与观点等上面的差异，我们就会拥有最丰盛的社区。

安全又充满关怀的工作场所

- 在进入任何场合时，人们可以带着恐惧和隔离的态度，也可以心怀爱与联结。我们选择爱与联结。
- 我们努力创造一个在情感和灵性上都让人倍感安全的环境，以便人人都可以展现真实的自己。
- 我们推崇如下的情绪：爱、关怀、认同、感恩、好奇、有趣、快乐……

● 我们在工作场所可以自在惬意地使用这些词语：关怀、爱护、服务、宗旨、灵魂……

跨越隔离

● 我们致力于打造这样的工作场所——身处其中，我们可以欣赏我们的全部：认知、身体、情绪和灵性；理性与直觉；阴柔及阳刚。

● 我们意识到我们每个人都深深地相互联结在一起，是一个更大的、包括了自然和所有生命形式在内的整体的一部分。

学习

● 每一个问题都是一份邀请，邀请我们学习和成长。我们将始终都是一名学习者，学无止境，永无终点。

● 当我们勇敢地追求宗旨时，失败总是可能的。我们公开讨论失败，并从中汲取教训。我们不能接受掩盖失败或者忽视从失败中学习的行为。

● 团队成员间的相互反馈以及带着尊重的质疑是彼此馈赠的礼物——帮助彼此成长的礼物。

● 我们更关注优势而非弱点，我们关注机会多过于关注问题。

关系和冲突

● 我们无法改变他人，唯有改变自己。

- 我们为自己的思想、信念、语言和行为负责。

- 我们不散布谣言。我们不在背后议论他人。

- 我们用一对一的方式来解决分歧，不把其他人卷入到问题之中。

- 我们不把问题归咎于他人。当感觉受到了指责，我们把它看作是一份邀请，邀请我们反思是什么让我们成为问题（以及解决方案）的一部分。

宗旨

集体宗旨

- 我们认为组织拥有自身的灵魂和宗旨。

- 我们努力聆听组织想去何方，谨防强加给组织一个方向。

个人宗旨

- 我们对自己和组织都负有一项责任，即探寻我们的个人使命，看看它是否能与组织的宗旨产生共鸣，又是以何种的方式。

- 我们用灵魂而不是小我来浇筑我们的角色。

规划未来

- 预测及控制未来的努力终将一无所获。只有当某些特定的决策需要我们预测时，我们才去做。

- 如果我们放下掌控之心，选择去感受和回应，一切都会展现出更迷人的面貌。

利润

●从长远来看，宗旨与利润之间不存在斤斤计较的权衡。如果我们专注于宗旨，利润就会随之而来。

支持组织文化的涌现

组织的文化是如何涌现的？又是什么让一种文化比另一种更有力量？在大多数公司里，文化反映了组织创始人或领导者的一系列假设、规范与关注点，同时伴随着他们所有的光明与阴暗面。

从进化-青色的角度来看，组织是一个生命有机体，拥有自己的生命力，它应该被允许拥有与组织创始人或领导者的假设和关注点不同的自治文化。应该邀请组织里的每个成员来倾听最契合组织环境以及它所追求宗旨的文化（比如使用前面章节中提到的大型团体会议的形式，参见第229页）。当我们清楚地知道什么样的文化能给予组织环境和宗旨最好的支持时，接下来的问题就是：我们如何才能有意识地创造出这样的文化？威尔伯的框架给出了简单明了的答案：要塑造这样的文化（左下角象限），可以同时通过三条途径：

●塑造能很好地支持这种文化的架构、流程和做法，并落实到位（右下角象限）
●确保让公司中那些拥有道德权威的人带头示范与所

要打造的文化相一致的行为（右上角象限）

●邀请人们去探索他们的个人信念系统是如何支持或者削弱新文化的（左上角象限）

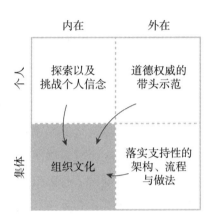

举例来说明一下，让我们假设你感觉到自己所在的组织需要培养一种感恩与庆祝的氛围。

●你可以努力推行一些重复性的做法（右下角象限）来营造感恩与庆祝的氛围，就像 ESBZ 学校的"赞美大会"（参见第 238 页）或者 Ozvision 公司的"感恩日"（参见第 239 页）。坚持践行这些做法，几个月后公司就将会孕育出这样的文化：人们会自发又及时地欣赏和感谢彼此。

●你可以邀请公司里最受尊敬的人在一段时间内对他们的同事表达更多的感谢，同时对同事的努力和成就予以及时的庆祝。

●你也可以举办工作坊，让大家来探索自己与表达感谢和庆祝的关系。有些人无须思考，天生就擅长感谢并赞美同事。另外一些人却相反，对他们而言，感激同事或者进行庆祝似乎有点儿别扭，也许这是因为他们成长于一个不谈论这些事情的家庭。教练可以帮助人们发现导致他们与人交往时不擅长感激和庆祝的限制性信念。

概括一下，在进化型组织中，文化处于什么样的位置呢？如果自主管理架构和流程已经就位，并且组织也在倡导一系列追求完整性和宗旨的做法，那么文化的必要性将变得更小，但其影响力却会变得更大。组织文化应该由组织的环境及其宗旨来塑造，而不应源自创始人及领导者个人的假设、规范和关注点。自主管理的架构有许多让文化自然涌现的机会，这是因为此类组织里的每个人（而不只是身居高位的人）都参与到了感受组织的需要之中。所以，一旦感受到组织的文化需要进化，同事们就会投入时间（很可能是通过大型团体流程）来倾听组织的环境和宗旨在呼唤何种文化。

尽管每个组织所需要的文化在很多方面是独一无二的，但还是会出现一些组织发展进入进化-青色阶段后共同的标志性元素。组织可以参考本章前面列表里的那些元素来进行反思。

有三种路径能将新的文化元素落地：通过能养成所需行为的做法；通过道德权威的榜样作用；打造一个场域，让员工来探索自己的信念体系是支持还是削弱新的文化。

从哲学的角度来说，进化型组织的突破在于：它给予了四象限中的每一个维度（文化、系统、心智模式和行为）应得的关注。之前的组织范式要么只关注硬性的维度而牺牲了软性的维度，要么相反。可以很确信地猜想：未来一定属于这样的组织，它们内部的软性与硬性的维度携手并进、相互强化，共同朝向组织宗旨的实现。

——第三部分——

进化型组织的崛起

3.1章　必要条件

当今对于领导力有着过多的关注，主要是因为领导力被普遍看作是商业成功的关键。事实上，我们在很大程度上高估了一个领导者对于业务表现实际能产生的影响……而另一方面，对于道德领导力给一个组织的生命与成功带来的重要影响，我们给予的重视又远远不够。

——丹尼斯·巴基（Dennis Bakke）

建立一个（或者是把一个现有组织转变成）符合进化-青色原则、架构、做法与文化的新型组织需要具备什么条件呢？有没有一些关键的"原材料"是一旦缺少我们压根就不必白费力气的呢？本书涉及的研究指出，的确有两个（仅有两个）必要的条件，分属下面两个领域：

1. **高层领导**：组织的创办人或者高层领导者（在找到

更恰当的词汇之前，让我们暂且称之为 CEO）必须将世界观和心理发展水平整合到与青色发展阶段相匹配的程度。有一些案例显示，如果组织里处于这个阶段的领导者达到临界数量会很有帮助，但这并不是必要条件。

2. 所有权：组织的所有者也必须要理解并拥抱"进化-青色"理念。经验告诉我们，当看到青色领导的做法带来出色的结果时，那些表现出"不理解"的董事会成员们会允许他们暂时行驶自由管辖权。但是，当组织遇到弯路或者面临艰难抉择的时点，组织的所有者又会希望重新掌控局面，而且是以他们唯一能够理解的方式——通过自上而下的、层级式的命令与控制的方法。

这两个条件是唯一的"决定成败"的因素。除此之外，没有其他关键要素会影响到进化-青色组织的运作：

- 所属行业似乎影响不大。营利及非营利行业、医疗保健、制造业、零售业、食品加工业、服务业和其他行业中都涌现出了成功的先锋。
- 无论小型还是大型组织，进化-青色的原则和做法都能适用。本书所引用案例组织的规模从几百人到几千人乃至几万人不等。
- 地域和文化背景看起来也没有太大影响。AES 自主管理的做法在所有被它收购的工厂里都很好地扎下了根。研究表明，人类的意识发展阶段是一个跨文化的相关因素，而 AES 正是一个很好的佐证。

　　决定成败的唯一要素就是组织的高层管理者及所有者/董事会成员的世界观。这依然是一个很高的要求（苛求）。对于那些还不具备这一点的商业机构、非营利机构、学校、医院、政府机构及其他组织要怎么办呢？一个中层管理者能不能在他负责的部门内践行进化型组织的做法呢？每次被问到这个问题时，尽管我愿意相信这是可能的，我还是会奉劝提问者，别做费力不讨好的事儿。经验显示，如果将符合青色原则的做法带入到组织的一些部门或业务单元中，最好的结果也只是在短时间内有所成效。如果 CEO 及高层通过琥珀或橙色透镜（绿色透镜可能包含了更多的希望）看世界的话，他们会认为青色原则的尝试，即使不是危险的，也是轻率的。他们可能会允许此类试验进行一段时间，直到他们逐渐理解所发生的事情，但是最终金字塔会重占上风，夺回控制。在这个过程中，曾经投入的精力经常就会变成怨恨和愤世嫉俗。我很希望自己可以带给大家更多的希望，只是我还真是没有遇到过一个案例，能够证明一个业务单元、一个车间或一个部门在足够长的时间内依据青色原则运营成功。在这个尝试的过程中，所涉及部门的员工经常会一次一次地和部门外的大老板抗争来捍卫他们非正统的运营方式。

　　那么在这种情况下，作为中层或者高层管理者还可以做什么呢？很显然，首先你可以试着通过跟 CEO 和高管团队分享案例、组织参观已有的进化-青色组织以及其他方式来说服他们，让他们相信青色实践是条正确之道。不幸的是，我对这条路也不抱太大希望。这种做法是希望领导们可以采纳一个进化-青色的视角，但我们都知道，攀爬内在发展的阶梯是个复杂、神秘和充满灵性的过程。它要由内发动，而不能靠外部的某个人来推给我们，哪怕用最好的逻辑也不灵。我隔段时间就会遇到一些教练或顾问，他们试图用无可辩驳的数字来证明绿色或青色的做法会带来更好的投资回报，应该说是非常有效地采用了成就-橙色的语言来销售绿色或青色范式。我从没见过这招管用过，领导们起先会带着兴趣去听，但耐心只会持续到他们明白这种做法包含什么内容以及他们要放弃多少的控制的时候。

所以，如果领导们还没准备好，你能做些什么呢？我认为纵向转化（从琥珀、橙色或绿色到青色）是必败无疑的，但这也给横向转化留出了机会。举例来说，从一个不健康的橙色转成健康的橙色。橙色组织可以是充满活力和创新的地方，通过对目标的管理给予员工发挥和表达自我的空间；也可以是压力重重、毫无生机的地方，被层层叠叠的规则、程序、预算和目标所束缚。作为一名中层或高层的管理者，你可以在橙色的组织背景中为自己的部门培育尽可能健康的组织环境。我们拿目标设定举个例子：在你管辖的部门中完全抛弃目标（就像进化型组织的做法那样）会让组织亮出红牌，但是，你可以在允许的范围内修补目标设定的流程。你可以让你的下属或团队自行定义他们的目标，从而取代自上而下制定的目标。如果，自行制定的目标加总后不能满足上层的要求，也不需要你来提升目标，可以把团队成员聚到一起，两人一组，来确定哪些目标可以提升。如果团队运行良好的话，你连这个讨论会都不必参加。让他们自己做出最好的方案，因为说到底，目标是他们的。把现有的主流范式做出一个健康版，就像上面的示例一样，那么成功的概率会高很多，同时你的做法可以很容易从一个部门延展到整个组织。

最高领导者

让我们再更深入地探讨一下两个必要条件中的第一条。通常的原则似乎是：一个组织的意识水平不会超越其领导人的意识发展阶段。想要青色文化繁荣强大，组织的 CEO 必须能以进化-青色的角度看世界。现实中有很多这样的案例，在橙色世界观的新 CEO 上任之后，一个原先践行青色范式的组织会很快退回到传统的管理模式中。

你可能会发现一个明显的悖论：相较于传统组织而言，CEO 在自主管理组织中的地位既变得更加重要，也变得更加不重要。他们放弃了自上而下的层级式的权力，金字塔中的各条汇报线也不再向他们集中，他们不会再制定或推翻任何的决定。然而，在人们还在用琥珀色、橙色或绿色的眼光看待组织的时代里，该 CEO 又承担着举足轻重的角色，那就是为青色组织创建并护持住一个空间。但有意思的是，除了创建并护持这样的空间，并不需要 CEO 再多做其他什么事；他可以让自组织和自然流现的进化-青色组织本身来接管。

有关介绍进化型领导力的正念、真实以及谦卑特质的文章已经有很多了，我也就不再赘述。但几乎这些文章的背景总会出现一个传统的组织（琥珀色、橙色或绿色），提出的问

> 通常的原则似乎是：一个组织的意识水平不会超越其领导人的意识发展阶段。

题一般都是：进化-青色领导者怎样才能为层级式架构带来更多的正念？他们怎样才能创建更加觉醒和健康的文化？我想要讨论一个这些文章没有探讨过的问题：在青色组织中，CEO 将承担什么样的角色？我们的案例反映出，当组织依照青色原则运营的时候，其 CEO 所承担的角色跟在传统组织中比起来简直是大相径庭。

有一个角色保持不变：对外部世界来说，CEO 是组织的门面。供应商、大客户和监管部门经常要求与企业的"一把手"打交道，CEO 也往往会（不过并不是必须）承担这个角色。但除此之外，大多数传统 CEO 的职责就自行消失了——比如，没有目标需要设定，没有预算需要批准，没有高管团队要管，没有自上至下的战略需要制定，没有争端需要调解，当然也没有促销活动需要拍板。

同时，对这些先锋组织的研究显示，CEO 需要扮演两个至关重要的新角色：为青色运营模式创造并维持空间，以及亲身示范青色的行为。除此之外，CEO 和其他任何同事毫无区别，可以自己去感知需要做什么，参与某个项目，并遵循建议流程做决定。我继续使用 CEO 这个名称，是因为尚无其他更好的选择（护场者、榜样、门面?），但是我也知道这个词会引起歧义，

因为它无可避免地让我们眼前浮现出坐在金字塔顶端发号施令者的形象。

护持住空间

对于世人熟知的管理思想而言，青色运营原则无疑是反其道而行之的，所以组织创始人/CEO 的一个至关重要的角色就是为青色的架构和做法护持住必要的空间。每当有问题出现，往往就会在某个地方冒出一个人，并且拿出那些已经被验证过的解决方案：让我们增加一条规则、一个控制机制；把这个问题放到一个集中式的功能下处理；再加一层监管；把流程再描述清楚一些；此类决策今后交给更高层来处理等。这些需求来自各个角落——有时候是董事会成员要求加强管控，有时候是某个同事、一个供应商，或者客户。CEO 必须一遍又一遍地确保对青色理念的信任始终占据上风，从而不让传统的管理方式从后门乘虚而入。

让我们来看一个实际的例子，即组织中建立规则和政策的倾向。不过，避免规则和政策可不是轻而易举就能做到的。从小到大，我们深信控制机制令我们安全。尽管充满控制机制的企业中丑闻层出不穷，我们的信念却毫不动摇。每当事情出错、某个同事决策失误或者滥用整个系统，就会出现对控制机制的高声呼唤，试图以此避免问题的再次发生。正因如此，随着时间的推进，多数大型组织内就会出现报销政策、差旅政策、着装要求、公车使用政策、客户招待政策、供应商签约流程、休假政策、手机与 IT 政策、邮件与互联网使用政策……不一而足。当然，政策只有在强力实行时才会有效，所以就有某些部门被授权用各种表格文件来迫使大家照章办事，并在违规时施以惩戒。

信任的精神与我们的文化反差太大了，所以每当问题出现时就需要对其进行捍卫并重申。在 RHD，有个名叫玛利亚的员工身上发生了一件事。很多年里，她一直负责公司车辆的使用，她有种机敏的冷幽默，很招人喜欢。当发现她涉嫌欺诈的时候，大家都感到很震惊，她竟然把公司的一部车给了自己离家求学的儿子。事发两天后，她被解聘了。事情到此还没完，有人提出要加强管控：不加监控地让员工使用公司资产或者动用公司钱款，岂是明智的做法？在这种情况下，通常是由 CEO 这个角色来确保公司坚持自己的原则和假设，就如同 RHD 的创始人罗伯特·菲什曼所言：

> RHD 的文化是脆弱的……像发生在玛利亚身上的偷盗事件，无疑削弱了我们彼此之间的信任。这也让我们感觉 RHD 没那么安全了…因为她的行为暴露出 RHD 面对此类行为的脆弱之处，在公司中也引发了某些疑问：是不是还有其他员工也在私自使用公司财产？公司是不是该建立一套系统，对所有公司车辆进行每天的监控或者每周监控？我们是不是该让全国范围内管理车辆的部门主管以书面形式说明公车没有被私用？
>
> 真正的危险在于，玛利亚的盗窃行为可能会导致 RHD

文化的改变……很容易就会降低 RHD 的信任水平，而这种信任让 RHD 充满了活力和创造力。因此，根本的问题是：面对这样的内部盗窃行为，我们是不是要降低信任程度，继而假定 3000 名员工都有可能是窃贼？我们是不是要让一名员工的糟糕判断更多地影响公司的文化，并建立流程来展示彼此之间的不信任？对于这些问题，多数美国公司的行政管理层会回答"是的"，他们会说这只是"面对现实"。这个观点的背后则是众所周知的假设——人不能被信任。

在 RHD，我们对于降低信任水平坚决说"不"。除了要保护我们称为公司的实体之外，我们还必须保护公司信任每个员工的价值、尊严及诚实的文化。毕竟，RHD 没有现金的损失，玛利亚归还了车辆。这也让我们看清了一些事实：RHD 在过去 36 年里管理了 14.33 亿美元的政府基金，我们发现由于个人犯罪行为造成公司的损失是 32.5 万美元。这个损失系数是 0.00023。[1]

我们所研究的组织中都出现过类似的增加管控的呼声。你可能还记得 FAVI 丢电钻的故事（详见第 121 页）：有一天工具间的一把电钻不见了，于是有人要求把工具间重新上锁。让-弗朗索瓦·佐布里斯特只是在工具间里贴了一张白板纸，写明偷电钻是有多愚蠢，如果需要的话，任何人都可以把电钻带回家使用，但要是偷窃的话就可能被开除。佐布里斯特还用类似的方式处理过另外一件事情：有名女员工报告说，有人在女浴室的墙上画了一个男性生殖器。有人要求进行调查，佐布里斯特用他惯有的嬉皮笑脸的风格在女浴室门口贴了张白板纸并写道："我们当中有个怪人，觉得个人卫生问题需要用带有性色彩的图画来解决。今后请你画在这张纸上吧，别画在浴室的墙上。"在这两个事件中，无须调查及控制机制的介入，问题就消失了。

当然，还有更为棘手的案例。几个先锋组织的 CEO 都跟我说过，最难应对的压力来自于组织外部。当一个大客户坚决要求发货单必须由质保的头头签字，才跟你们做生意，你能不要这个质保主管的角色吗？你又要怎么应对那些要求权威、层级流程介入的行业标准以及认证呢？企业级的软件包都是为孤岛式的层级组织准备的，有时候为了满足自组织团队的真实环境，需要对软件架构进行调整，往往价格不菲且改动巨大。遇到这些情况，简单的做法就是恢复——至少是部分地恢复——某些层级式流程。经验一再显示，总会有一种创造性的方案来支持青色的运营模式，不过它需要能量和倾力投入。

当然，在一个自主管理的组织中，每个人都可以像 CEO 一样挺身而出，支持进化-青色的原则和做法。但并不是每个人都需要通过青色透镜看世界，这正是组织的奇妙之处：即便在个体的内部整合还没有全部完成时，组织的流程也能够促使员工的行为提升，会展现出在意识更进化的阶段才会有的行为。当然，如果组织中有越来越多的人逐渐采用青色的视角，那么就会有同样多的人能够一起来护场。但是话说回来，如果没有人能够做到，这个任务就落到 CEO 身上。也许会有那么一天，组织中的大多数人甚至所有人都能拥抱进化-青色的发展阶段，那时候就不再需要 CEO 来扮演护场的角色了。而在那一天到来之前，这个角色还是相当关键的。

躬身垂范进化型组织的三项突破

自主管理组织的创始人和 CEO 并不拥有层级式组织中 CEO 的那些权力，然而他们通常拥有不少道德权威。在本书的研究中，每个我访谈过的创始人和 CEO 都非常清醒地认识到他/她的状态、语言及行为有着举足轻重的影响。员工会注视他们并猜想：他是来真的吗？我们能信任他吗？他和我们一样照章行事吗？他很真实吗？当着他的面，我可以做我自己吗？无论是好是坏，CEO 所展现出的行为举止对塑造组织有着深远的影响。如果他们真心希望看到组织朝着青色的方向发展，他们需要躬身垂范自主管理的三项突破性行为——自主管理、完整性与宗旨。

自主管理的示范

首要的是，进化-青色组织的创始人和 CEO 必须接受他们的权力将受到建议流程的严格限制。不管对自己的观点是多么有把握，他们在做出决策之前必须征询受该提案影响的人以及有相关经验的人士的意见。这个要求可不低！设身处地地想想，比方说，晨星的创始人兼总裁克里斯·鲁弗在 20 多年前创办了公司，当时需要自己开着卡车去收番茄，如今的晨星已经成为全世界最大的番茄加工和运输企业。公司盈利好到无须外部资金来扶持其发展，而鲁弗拥有公司 100% 的股权，也是唯一的董事会成员。尽管如此，作为公司的创始人、总裁及所有者，假使他不事先征询相关人士的意见就做出对他人有重要影响的决策，那也是不合适的。

罗伯特·菲什曼于 1970 年创建了 RHD，并在此后一直担任 CEO，一路将公司发展到 4000 人的规模，至今他仍然感到一切来之不易：

> 我们的首家精神健康诊所一经开张，我和员工们就开始探索我们的价值观，我们把这些写下来，并体现在大家日常的行为上。之后我开始感觉到这些价值观对于身在企业的我来说意味着什么。我突然意识到，尽管我是创始人、企业的"老板"，但按照这些价值观行事意味着我无法把自己的任何指令强加于人，哪怕我非常清楚自己的方向是正确的，那也不行。这曾经是我最大的挑战，至今还是[2]。

期待任何人都有完美表现是不合理的，创始人和 CEO 不会一开始就完美无瑕地示范新的行为规范。然而矛盾的是，偶尔的失误非但没有削弱自主管理，反而起到了加强的作用。博组客发生过一件有意思的事情，若斯·德布洛克当时无意中违背了建议流程，涉及的话题是关于加班的。护士们的工作量变动非常大，而且经常无法预料，完全要看病人的健康情况。若斯·德布洛克注意到在特定的团队中有时护士们的工作分配不怎么均匀。有些护士的加班工资很高，而另外一些人的工作时间则低于他们的协议工作时间，这对博组客的财务状况来说是不利的。德布洛克通过内网在博客上发了一条信息，建议护士们在组内讨论一下怎样能在内部平衡分配工作量，同时，在此期间只有整个团队超额完成协议工作时间，公司才支付加班费。这条博客引发了一大堆的回应，多数人都主张，"我们意识到这是个难题，事关重大，所以需要我们好好商量一下。但是这条不发加班费的决定的提出方式不符合博组客的行事风格"。几个小时之后，德布洛克回复了一条信息，承认自己的决策方式是错误的，而在做出此项决策之前，他应该先征询护士们的意见；加班费照常发放，同时他建议有意愿参与的同事可以志愿组织一次工作坊来探讨这个问题并寻找处理加班的最佳解决方法。这个由德布洛克第一条博客引发的问题在几个小时之内就得到了自行修正，这也是自主管理组织中常见的现象。这次事件重新强化了建议流程，而并没有削弱它。

即便创始人和 CEO 遵守了建议流程，在倡导行动时，他们也必须谨慎行事。有这样一个案例，几年前，罗伯特·菲什曼认为时机已经成熟，RHD 可以考虑为成年的在押犯人提供服务。通常的行事流程一般是由 CEO 将项目指派给一个信得过的人，然后定期听取汇报。菲什曼的做法不是这样，他向所有的同事发出了邀请，希望感兴趣者和他一起来开会探讨这个话题，最终有 10 个人参加了会议。在颇有成果的商谈之后，他们选出其中一人作为"联络人"来领导这个提案。从那时起，项目就有了自己的生命。菲什曼需要接受的是，这个团队有可能将项目带到某个与他自己的意愿不同的方向（如果他亲自掌管这个项目的话）。

对自主管理组织中的创始人和 CEO 来说，与内在的控制欲做斗争恐怕是最艰难的挑战。一次又一次，他们必须不断记得要去信任。有个例子发生在 AES 创立的早期，丹尼斯·巴基回忆起当时一名同事骄傲地向他展示 AES 首个运营电站的 IT 系统：

> 他桌子上的一台计算机里安装了电站的控制面板，"丹尼斯，我从这儿就基本上可以查看和控制运营啦。我也可以给你搞一个，我们可以把今后每个进入商业运营的新电站都加进来。"我告诉他不用费事了，并建议他把自己的那套系统也删掉。这种中央控制系统会给工作场所带来巨大的负面影响。[3]

我认为这个案例非常有启发，可以让人见微知著。自主管理要靠信息的透明化才能真正奏效，而 CEO 掌握所有电站经营的实时信息有什么不对呢？原则上讲没有任何问题（只要其他人也能掌握同样的信息）。只不过自主管理提倡的是团队自己监控经营状态，而不需

> 对自主管理组织中的创始人和 CEO 来说，与内在的控制欲做斗争恐怕是最艰难的挑战。

要其他人来告诉他们要尽心尽力。很微妙但却很真实的一点是，如果团队知道 CEO 可以实时盯着他们的表现的话，他们心理上

那种主人翁的感觉就会被削弱。

对于进化型组织的创始人或 CEO 来说，最微妙、也可能是最具挑战的改变在于放下时不时会冒出来的那种上瘾的感觉，认为别人有了你才能让事情发生。提出合弄制的布赖恩·罗伯逊（Brian Robertson）承认自己以前的挑战就是，在他的自主管理公司中，每一个人都可以是英雄，而不仅仅是 CEO：

> 当我第一次办企业并担任 CEO 的时候，我意识到这种感觉有多么令人上瘾，每一天你都可以当英雄。与"你降临在公司，拯救了这一天"以及"啥事都靠你"的感觉相比，任何感受都算不了什么。合弄制的挑战和机遇就在于：现在我还是可以像以前一样当英雄，但现在其他人也都可以当英雄了。过去是我去拯救别人，那些绝大多数时候没什么力量的人唯我马首是瞻，现在可不一样，每个人都可以带领自己前进……这样就没有人再来当英雄去拯救其他人了。这是个很有意思的挣扎。它部分地解除了权力的成瘾特质，那种人上人的感觉……同时……对组织来说，英雄遍地该有多棒啊！好过只依靠塔尖儿上的那一个人。[4]

完整性的示范

如果创始人或者 CEO 躲在职业面具背后的话，员工也几乎不可能冒险把自己的真我完全展露给他人。我所研究的每一位公司的创始人和 CEO 都以他们各自独特的方式展现出强烈的道德权威感。他们通过呈现自己的完整性来邀请员工展露他们的完整性。雅音的创始人兼 CEO 塔米·西蒙以深度的会议签入为例来说明：

> 签入可以有不同的深度。大家可以说，"耶，相当不错，一切都很好！"但我发现需要有人能在会议室里将大家带到更深的层次。你可以用一些工具，但如果没有人能够将自己的深度带进会议，那就不会有任何的变化。这不需要很多人，有时候只是一两个人，我一向愿意当那个人。[5]

身体力行地展现谦逊、信任、勇气、坦率、脆弱，以及真实等品质的 CEO 也会邀请员工做同样的冒险。当初，若斯·德布洛克没有经过征询就自行变更加班费的计算办法，然后又当众承认自己的错误，从而把一个失误转化为一个公开展现脆弱和谦逊的机会。当让-弗朗索瓦·佐布里斯特在 FAVI 工厂跳上那个木箱时，也展示了类似的谦逊，他诚恳地告诉同事们自己不知道如何解决手头一个棘手的问题，他需要大伙儿的帮助（详见第 153 页）。

这些故事揭示了另一个美妙的青色悖论：脆弱和力量不是对立的，而是彼此增强的两极。德国的精神卫生医院网络海利根菲尔德（Heiligenfeld）流传着一个很棒的故事，联合创始人兼 CEO 乔希姆·加卢斯卡曾经用了个欢乐的方法化解了一个敏感问题。几年前，加卢斯卡挑选了一辆顶级的捷豹作为公司用车，这引起了一些同事的议论，他们觉得这样的炫富做派与公司文化不相符。当租约到期的时候，加卢斯卡顽皮地眨了下眼睛，说自己一直都知道这些议论，然后他把车买了下来，赠送给了公司。当时，海利根菲尔德正在进行感恩行动，同事们用感谢信的方式彼此表达谢意。于是，医院通过随机的方式每个星期选出一名收到感谢信的同事，该同事就可以在一周之内享用那台洗得干干净净、加满油的捷豹。每年52次，捷豹会交到不同的同事手里，由他们驾驶。这件事情变成了一个加卢斯卡接受反馈意见的象征，也表达了一种丰盛和欢乐的生活态度（这个对于丰盛的特殊表达已经结出了圆满的果实；捷豹车已经接近它的使用寿命，很快就会报废了）。

聆听宗旨的示范

领导者展现谦逊的一种方式就是通过提醒他们自己和别人，他们的工作就是服务于一个超越个人的宗旨。当我们把精力、时间和才华投入到工作中时，我们自然会期待自己的努力可以有所成就并得到认可。青色领导者认识到：如果个人和集体的成功都来自于对

> 当一个领导者深深地陷入小我之中，要关注更高的意图似乎是行不通的，因为小我的核心是恐惧；如果领导者忙于和支离破碎的小我作斗争，还怎么可能有余暇带着觉醒去领导他人呢？
>
> ——莎拉·莫里斯（Sarah Morris）

有意义的目标（宗旨）的追求，那将会很美妙，但是我们也得谨慎，不要把成功本身当成目标；同时需要经常提醒自己和他人，小心那些服务于小我而非灵魂、服务于组织而非宗旨的竞争性的驱动力。

这并不是说要在工作中达到无我。某些宗教和灵性传统认为，救赎之路只能通过灵性层面实现，它需要我们远离自己原

罪的肉身本能。这样的文化背景就容易产生一个普遍的误解，认为只有在无我的时候，在远离个人的需求和欲望的时候，我们才能追求更高的宗旨。为避免全然地为自己（服务于个人的小我），我们必须奋力做到无我以服务于这个更高的宗旨。青色的悖论思维邀请我们超越这种非此即彼的二元论：我们可以在服务于自己的同时为组织的更深层的宗旨而奋力拼搏。我们无须为了投身服务而拒绝自己的某些部分，而恰恰相反：当全部的真我被一个滋养我们使命和灵魂的更广阔的宗旨所赋能时，我们将最高效，也最愉悦。

CEO 用来示范远大宗旨的最简洁有力的方式是抛出以下的问题：

- 每次做决策时都可以问：**什么样的决定能最好地服务于组织宗旨？**
- 当在讨论角色变更时，需要问：**这个角色将如何服务于组织宗旨？**
- 签约新客户或者供应商时会触发这样的问题：**跟这个客户/供应商合作对实现组织宗旨有帮助吗？**

领导者每次问及这些问题时，其实都是在提醒自己和身边的同事，我们不需要给组织强加一个方向。如果我们能聆听到组织宗旨想要呈现什么给这个世界，并且当我们与组织的方向感合一时，工作就会变得更为愉悦和高效。

其余的都和别的同事一样

在传统的大型组织中，多数 CEO 都有着疯狂的日程表，会议的安排从早到晚，一个接着一个，经常提前几周就排满了。在这些成堆的会议里，他们首先得消化没完没了的书面纪要和汇报材料来了解背景信息，以便拍板或者批准所有的决策。在金字塔结构的组织里，任何需要人看清全局的决策必须在顶层做出，而很少有相反的情况出现。

这些现象都随着自主管理的崛起发生了巨大的改变。吞噬掉公司创始人或者 CEO 日程表的多数安排在进化型组织中都消失了。再也没有高管会议、指导委员会……几乎就没有什么固定会议。当我见到升旭液压的 CEO 艾伦·卡尔森的时候，我问他是不是可以让我看一下他的周日程表。那个星期他只安排了四次会议，其中有两次是跟我开的。

你可能会纳闷，那么青色组织的 CEO 都在做些什么呢？我们在前面讨论过的护持空间与行为示范的角色花了他们一些时间。其余的时候，他们就像别的员工一样会承担起任何有助于实现组织宗旨的角色。他们可以参与到项目里，领导一项行动计划，加入人才选拔的过程，调停冲突，或者拜访客户及监管单位。不管选择哪个角色，他们都要像其他人一样能增加价值，否则同事对他们的信任就无法长久。

至少，如果需要我认识的那些传统公司的 CEO 来证明自己在所担任角色上的价值的话，他们很可能会感觉到很尴尬，因为他们已经习惯了凭感觉挑选那些自己必须或者想要承担的角色。自主管理的组织如果要从外部聘任一名阅历丰富、富有经验的 CEO 或者其他管理者，往往会很棘手，这也是原因之一。然而，升旭液压还是以一个很有趣的方式聘请到了有经验的领导者。当联合创始人兼长期 CEO 鲍勃·科斯基临近退休的时候，克莱德·尼克松（Clyde Nixon）也正在找新工作，他担任竞争对手的 CEO，同时也是一位行业内的老熟人。科斯基邀请尼克松到升旭液压来工作一年，"到处转转同时看看自己想做什么"。尼克松没有被指定任何角色和头衔，他能为组织增加价值并受到现有同事的欢迎吗？他做到了，并且一年之后，大家决定由他来接任科斯基的总裁位置。

12 年之后，尼克松的继任者也是以类似的途径选拔出来的。艾伦·卡尔森当年在一家大型工业企业做得很出色，升旭液压因为看重他的营销才能而聘用了他。但很快，卡尔森就意识到其实升旭液压并不需要一位营销专家，企业订单很充足，只是无法按时发货。卡尔森发现自己多数时候是在恳请客户取消订单，同时又继续保持客户关系。公司亟须的是调整生产过程中的交货时间，而不是更好地营销产品。卡尔森觉得自己最好另外再找个营销的职位，但是尼克松建议卡尔森在找工作的同时，也可以参与到生产环节中，看看能否帮助改善一下目前的困境。卡尔森开始和负责运营的同事一起工作，推动公司采用了全新的制造系统，并解散了调度部门，升旭液压也开始能够准时发货了。卡尔森全心投入工作，完全没时间去找另一份工作。他由于善用自主管理的方法，甚至在没经验的新领域都能解决问题而声誉日隆，于是三年之后尼克松退休时，卡尔森就成为了新任 CEO。

建议流程中的领导力

进化型组织的创始人和 CEO 担任的角色似乎关系到组织内部牵涉面最广的问题。我们要不要上一个新的产品线？我们该搬迁办公室吗，或者是否建设新厂？是不是要引入新的薪酬机制？这些问题往往影响到相当多的同事，有时候甚至会影响每一个人。

传统组织中的 CEO 一般采用自上而下的方式做此类的决策，然后依靠经理们将决定层层下达。在青色组织中，CEO 则必须遵守建议流程，这意味着需要征询一大群人。那如何做到呢？小型组织的 CEO 只要走过去直接和同事交谈就可以了，就像 FAVI 的佐布里斯特一样。当组织发展到几百甚至上千人，又扩张到不同地理区域的时候，就再也无法走过去直接交谈了。比如在博组客，几千名护士分布在荷兰的四面八方，若斯·德布洛克或任何人都无法直接和所有相关人士面谈一项决定。但同时，建议流程又要求必须征询大家的意见。

德布洛克找到了一个既简单又高效的答案。他在博组客内网上把自己的博客变成了领导工具。他定期发布帖子，说些心里话，并不经过公关同事的润色（你可能已经猜到了，博组客并没有传播部门）。由于他在公司里备受尊重，德布洛克的帖子点击量很高。有天早上我去见他，当时共有 1900 名护士阅读了他前天晚上在家里写的帖子，等到了当天傍晚，7000 名护士里的绝大多数人都已经读过了。德布洛克发出的信息涉及方方面面，既有紧贴现实、很实用的内容，又有启发思考或鼓舞人心的观点。他分享关于公司可能走向的思考、他觉得需要做的决定，或者只是由于当天他经历的一次愉快会面所触发的对于博组客内涵的理解。短短几个小时内，帖子就会引来几十、有时几百条的评论。很快就会搞清楚，帖子是呼应了员工的内心还是触发了复杂的反应。不管在哪种情况下，帖子都能帮助全体员工更好地觉察他们是如何评估现实和未来可能性的。

发帖子的做法也促成了快速决策。如果德布洛克发现自己脑子里的决定将会影响到一大帮人，他就会发帖子分享自己的想法并请同事们做出回应。如果评论显示大家一致赞成，就可以在几个小时内做出决策；但如果出现明显的争议，该提案就会经过修改后再次征询建议。如果发现该决策还不够成熟，就会召集一个工作组来改进提案。

利用博客来领导要求领导者（博主）敢于呈现相当程度的坦白与脆弱，这会让传统组织的 CEO 感到不舒服。帖子一旦公布，就不能撤回了。批评和指责被公开了，大家都能看到，这些评论既不能删除也不能置之不理。帖子的发表就像是给了组织一个刺激；组织如何应对这样的刺激则是 CEO 鞭长莫及的。

在传统的透镜中所看到的风险，如果以一个进化-青色的视角来看，则是极其有效的。傍晚躺在家里的沙发上舒舒服服写就的博客在第二天下午就会变成一项决定，并且能得到组织里上千人的支持。对于行业的走势有想法或者担忧呢？发一条短博客，你就会知道组织的反应了。如果大家不同意这个想法，你不过只是浪费了 15 分钟的时间……然而你对于组织是怎么想的就有了新的洞察。当我们联想到现今大型组织的决策过程时（那些需要准备的 PPT 文档、指导委员会与高管会议上冗长的辩论、由上至下的决策传递中表现出的字斟句酌），我们就会为博客领导力的高效而欢呼。[6]

另眼看待 CEO 的角色

诺曼·沃尔夫（Norman Wolfe）在其著作《活态组织》（*The Living Organization*）中极具洞察力地指出工作场所中存在着三种不同的能量场：活动、关系和情境。他所谓的"活动"是指行动的能量，也就是"做什么和如何做"。"关系"是指由人际互动带来的能量，"我们说什么、怎么说，以及彼此间如何相互联系"。而"情境"指的是意义和宗旨的能量以及与一个更大的整体相联结所带来的能量。

在机器范式的视角中，"活动"就是一切。那么传统组织中领导者的能量自然就会聚焦在行动的领域，比如问题解决、决策制定、障碍排除等。按照我的经验，绝大多数的此类领导者会把"关系"场域看作是必要之恶，需要花些时间，因为有时候人际摩擦会令机器减速。而"情境"的能量场则完全不在他们的意识关注之内。

本书研究的先锋组织的创始人和 CEO 则相反，他们最关键的角色是护持空间，这完全是与情境的能量场有关的。青色领导力的躬身垂范涉及情境与关系两个能量场。在剩下来的时间里，青色领导者们才会关注活动的领域。然而，当他们关注活动时（比如，他们在建议流程中接受同事询问时，也会为自己的观点激情辩护），他们也会尽量对情境和关系的场域保持正念：自己的争辩将如何支持或者削弱进化-青色组织的三个突破性原则——自主管理、完整性和进化型宗旨。

我有机会在博组客小小的总部和若斯·德布洛克待了一天，当时被某种感受深深震撼到了，这种感受在我接触所研究的其

> 自信满满地奔向你的梦想吧！过你想要的生活。如果你能简化自己的生活，宇宙法则也会以更简洁的方式彰显。
> ——亨利·大卫·梭罗
> （Henry David Thoreau）

他组织时也隐隐约约产生过，但一直没有用语言表达出来：青色组织的生活是多么简单呀！大家也许还记得，博组客是一个急速扩张的有着 7000 多名员工的大型组织。7 年间，博组客在荷兰居家照护市场的占有率从空白增长到 60%，同时该组织还在探索许多新的方向，从国际扩张到青年服务、精神病居家关怀以及小型共住社区等。你可能会预想到这样的组织会因为增长和复杂而挣扎。然而，它的总部却只有 30 名员工，而且没有任何一个人看上去压力过大或者工作过量。办公楼里很安静，人人都在聚精会神地工作。我和若斯·德布洛克聊了好几个小时，突然意识到我们一次都没有被打断过。没有紧急的电话，也没有助理冲进来对他耳语，需要他立刻处理重大或紧急的事情。似乎所有的事情都在轻松自然地展开，如有神助。

区分情境、关系和活动三大能量场为合理地解释这种神奇

提供了一个框架。当情境能量场健康有力时，关系场域也会变得同样健康有力，随后，那些在其他环境里浪费人们时间与精力的事务（活动领域）也就消失了，再没有什么会阻碍工作的完成。在很多企业，人人都像陷在激烈的夺宝游戏之中，而博组客和其他青色组织却展现出另一种图景：感觉人人都像长了翅膀，轻柔却有力地飞向他们的目的地。有了恰到好处的情境与关系能量场，组织的运作完全可以变得简单许多。

董事会与所有权

组织要按照进化-青色理念运营，还有第二个必要条件：不仅仅是 CEO 要透过青色视角来看世界，董事会也需要如此。

营利或非营利组织的董事会都有权任命及解聘 CEO。戴着其他透镜看世界的董事会成员不大可能长期容忍青色的架构和做法，因为这对于他们来说完全不着边际。他们迟早会指派一位琥珀色或橙色世界观的 CEO 重新掌握控制权。

因此，董事会的搭建是需要组织创始人认真对待的事情。RHD 的董事会就由若干坚守其原则的董事组成，有些人从机构成立之日起服务至今。博组客却不是一开始就这样的：起初，德布洛克选用的都是专业人士（比如法务或者财务），但发现他们与博组客的运营方式格格不入，慢慢地，他们逐个被新的董事取代了，而这些新任董事则非常理解并支持公司的宗旨和做法；晨星和海利根菲尔德都是创始人 100% 全资拥有的公司；FAVI 属于家族企业，至少到目前为止，所有者还都支持这种非同寻常的运作模式。雅音只有一位天使投资人，他投资这个业务就是因为相信公司致力于传播灵性智慧的宗旨。

有两家本书研究的企业在率先按照新模式运营之后，又退回到传统的管理方式，原因都是由于董事会看待世界的方式与创始人不同而插手干预。

1973 年埃克哈特·文增（Eckart Wintzen）在荷兰创建了软件咨询公司 BSO/Origin，在接下来的 20 年间，他将公司的规模发展到 10000 名员工，在欧洲、南美洲和亚洲的 18 个国家中拥有分支机构。公司由完全自主管理的业务单元构成，基本上不存在总部和职能部门。1994 年，公司与飞利浦（Philips）的一个事业部建立了合资企业，两年后飞利浦又收购了 BSO/Origin 的大部分所有权。正如文增十年后在自己的著作中回忆的那样，两个世界真的是水火不容：

> 我成了一名董事，经常为维护原先的系统而呼吁，但不幸的是（当然，从他们的视角来看也并不意外）董事会中来自飞利浦的同事对自主管理的方式不断地强烈表示"无法接受"。在飞利浦的眼里，给员工授权去自主聘用合适的人才或者哪怕是发几张音乐会的票都属于"死罪"。记得有一次我们因为此类事情吵得脸红脖子粗。两个世界猛烈地碰撞在一起：一个是严格的财务流程并叫嚷着"核查、核查、再核查！"，另一个则高喊"信任、要信任！"。[7]

仅仅几个月的时间，随着传统管理模式的回归，文增眼睁睁地看着自己 20 年前成立的公司失去了它的魔力。

AES 是由罗杰·桑特（Roger Sant）和丹尼斯·巴基（Dennis Bakke）于 1982 年创立的一家发电及输配电的能源公司，它也有着相似的经历。1994 年之前是桑特担任 CEO，然后由巴基接任，AES 由最初的两名员工发展到在全世界 30 多个国家聘用 40000 名员工的跨国能源巨头。自 1991 年上市后，AES 就成为了华尔街的宠儿。当公司从成功走向成功的时候，董事们一直支持着 AES 彻底地去中心化以及基于信任的决策过程。然而巴基怀疑，"最初多数的董事之所以热爱 AES 的行事风格是因为他们相信这种模式抬升了股价，而并非他们真正认同这是运营企业的正途。"[8]

1992 年发生的一个意外事件证实了巴基的怀疑：多数董事还是紧守着他们命令–控制的世界观。AES 那时刚上市不久，一个同事向巴基反映，俄克拉荷马绿荫角（shady point）电厂的 9 名技师更改了水质监测结果，并把不准确的数据发给了美国环保局（EPA）。排放所涉及的河水实际并未受到影响，EPA 最终的罚款金额也不大。但是，媒体截获了一封巴基与全体员工分享这个消息的内部信件，投资人看到后有些反应过度，AES 的股价跳水了 40%。巴基还记得，就这一转眼的工夫，董事们和他身边的一些高级同僚已经准备把自主管理原则抛在脑后了：

> 股价下跌之后，我们行动反应的性质发生了巨大的改变。我们变得胆战心惊，关注的重点从信息披露转向损害控制，我们大部分的关注力也都聚焦在安抚股东方面。一

群律师下到电厂要去"保护资产"……公司几位最资深的员工和董事提出目前的运营模式有可能是问题的主要成因，听上去好像整个公司已经处于毁灭的边缘似的。他们一下子就跳到了结论，认为目前这种彻底的去中心化、缺乏组织层级以及非正统的运营风格导致了这场"经济"崩盘。当然，并不真的存在经济崩盘，只是股价下跌了。除此之外，我们一位资深副总裁向董事会汇报时建议公司的最高目标应该是"保护我们的资产"，而非"满足电力需求"。他的意思是我们应当采取防御式战略，由大批律师带队，注意避开有关法律、环境以及监管方面的纠纷。另外的一个讨论是关于在我和当时的五个电厂经理之间增加一位新的运营副总裁……面对律师的压力和一种可以理解的自信的丧失，（俄克拉荷马）电厂决定回归到一种"被验证过的"管理工业设施的模式，于是又重新设置了值班主任、电厂经理助理以及一个报告给电厂经理的新的环境职能部门（确保水处理的员工做正确的事）。这些措施使该电厂的人手增加了 30%。

在那段时间里，我感到不被理解和欣赏，也不确信在董事会里还能得到多少支持，看起来董事们喜欢我们价值观的缘由只是因为它能带来正面的媒体报道并得到员工的欢迎。我感到自己在孤军奋战，似乎只有我相信这些价值观本质上就是正确的。[9]

这个事件搞得巴基在接下来的 6 个月筋疲力尽，几乎是不停地和董事们沟通。最终，他勉强维持住董事会的信心，保住了自己的职位。董事们认为巴基走得太远，而他的结论却正相反：新的原则在公司里还没有扎下根。用他自己的话来说，他会坚决地"挑战每一项现存的或者被提议的组织设计和系统"，力争使其与 AES 的基本假设相一致。接下来的 10 年里，巴基致力于将自主管理深深地植入组织，对他来说，自己在一个层面上成功了：员工们成为了"快乐工作"的冠军。不过，在董事会的层面他却进展甚微：

> 有几条线索都说明了我想赢得董事会同事的计划实施得不怎么有效……哪怕有些董事告诉股东他们喜欢"放弃权力"，其实我能看得出要他们只提建议远比直接做决策要困难得多；另外，董事们经常建议我在提及我们的共享价值观和宗旨时是否能缓和一下"修辞"，特别是在写公司的年度信件和召开股东大会的时候。[10]

当互联网泡沫在 2001 年破裂的时候，峰值曾经到过 70 美元的 AES 的股价开始下滑。"9·11"恐怖袭击之后，更是下跌至每股 26 美元，到了 10 月份安然公司宣布破产时，所有能源厂商的股票恐慌性地跌破地板，AES 的股价一度跌到 5 美元的低点。AES 领导团队几年前所做的一些决定在经济崩盘时显示出了风险性和失误。原先公司大部分的增长是靠借贷来融资的，因为大家相信"借贷比股权融资更便宜"，这在债权融资崩溃之前的确是事实。AES 在 20 世纪 90 年代末也开始运营一些"批发型电厂"，也就是那些不依靠长期协议、给现货市场销售电力的发电厂，这些做法使得公司在电价动荡的时期变得更加脆弱。

很难将 AES 股价的下跌和公司的自主管理模式直接联系在一起，那些事后诸葛亮眼中被证明有风险的决策并不是由某些失控的叛徒做出的，而是经过董事会讨论后出台的。但这已经不重要了，董事们心怀恐惧，要求对组织进行大幅度改组，并集中处理所有的重要决策。一大堆的律师、咨询师和顾问被聘来帮助董事会进一步控制公司。在此期间，员工们依然忠诚于 AES 去中心化的运营模式以及践行此道的 CEO 巴基。迫于压力，董事会决定不撤换巴基，但要聘请一个联合 CEO，巴基要听他的指令行事。由于两人对几乎所有的事情都持相反的视角，他们之间的合作困难重重。在令人失望的 9 个月之后，巴基辞职了。没有了他的牵制，新领导团队可以随心所欲地将一些被验证有效的管理方法在 AES 中强制推行，几乎忘却了这是一个在 20 年前就开始尝试自主管理模式的先锋组织。

AES 和 BSO/Origin 的故事证明了进化-青色组织的做法在投资人和董事会持有不同思维范式的背景下是很脆弱的。以服从-琥珀色或成就-橙色的世界观来看，进化-青色组织的架构和做法显得极其愚蠢甚至是危险的。出于良好的意愿，董事会感觉他们有责任用传统的基于管控的机制来保护组织（还有他们自己）。

对于营利性组织而言，这意味着创始人在邀请别人投资自己的企业时要格外谨慎。在现今的法律体系下，股东即是组织的所有者，就可以在组织中推行与自己的世界观相匹配的组织范式，无论是红色、琥珀色、橙色、绿色或者青色。因此，希望创建青色组织的创始人就面临着两种选择：如果可能的话，尽量不依靠外部投资

> 尤其是在艰难的时刻，董事会成员往往倾向于委任与他们的世界观相一致的领导者，从而有可能以同样的角度来看待和解决问题。

人，只利用银行贷款以及自己的现金流来为发展提供融资，即便这可能意味着放缓业务的增长（这就是晨星、海利根菲尔德和 FAVI 的选择）；或者，他们必须精挑细选已经具备青色视角的股权投资人（雅音的塔米·西蒙选择的路径）。

限定性的法务框架

在当今的企业界，股东们拥有公司，作为公司所有者，他们可以自由地干预公司的事务。从绿色的视角看，股东只是众多利益相关者里的一部分，他们的权力应该受到其他利益相关方（雇员、客户、供应商、所在社区以及环境）的制约。从进化-青色的视角来看，股东的权力不需要被限制，而是会被组织的宗旨所超越。就像其他利益相关者一样，股东们越是愿意聆听组织的宗旨并追随其方向，他们的投资就越有希望得到良好的回报。

这种观点正面挑战了现行资本主义体制的基本假设，今天来探讨如何将其融入到法律的框架之中，似乎还为时尚早。很多试验还正在进行之中。比如说，合弄制已经草拟了一个董事会可以采纳的宪章，甚至对未来的股东们也具有约束力。它赋予了股东们一项处理财务事务的合法权利，但又可以防范他们

单方面地强力推行一项战略，或者将组织拉回到传统式管理的老路上。合弄制已经完成了一些基本的法务准备工作，从而确保其宪章符合美国企业法，并正在设法使其适应其他国家的法律体系。写作此书时，采用合弄制宪章的组织还为数不多，因此尚缺乏充足的宪章实践的经验，但尽管如此，合弄制已经让大家看到了充满希望的前路，那就是超越股东的视角，使组织的进化宗旨成为工作的重心。

最近一种名为 B 型企业的尝试引起了不少人的关注，它是明确包含了一个社会或者环境宗旨的营利性组织。户外服饰生产商巴塔哥尼亚（Patagonia）是 2012 年首家认证 B 型企业的加州公司。在我写这本书的时候，美国有 11 个州（其中包括加利福尼亚、伊利诺伊和纽约州）都已经通过了类似法案，同时另外 16 个州在准备相关的立法。在我们所熟知的营利性企业里（所谓的 C 型企业），公司的董事们仅对股东们负有信托责任。如果这些董事因为考虑环境或社会的利益而牺牲了股东的权益，那他们就是偏离了自己的信托责任，将面临民事诉讼。B 型企业的董事职责扩展到了非财务利益的层面，例如社会福祉、员工与供应商的关注点以及环境影响。换句话说，C 型企业是基于橙色股东的价值观，B 型企业则植根于绿色理念的利益相关者视角。B 型企业有一项特殊的条款，如果要变更企业的控制权、组织架构或宗旨，必须在董事会征得至少三分之二以上的投票支持。这些条款在某种程度上保护了那些希望融资但又害怕对其社会或环境使命失去控制的创业家。

　　我们的社会正在以整体的形式向进化-青色范式迁移，我相信我们将会看到越来越多的沿着合弄制以及 B 型企业的方向所进行的法律尝试。在本书的最后一章，我推测未来可能会出现一个更加意义深远的变革：在青色社会里，我们是否会以保管权来代替所有者的视角呢？这样的一个转变将会深刻地影响组织在法律上的所有权问题。只有时间才能告诉我们这种情景是否真的会出现以及如何出现。就目前而言，类似 B 型企业与合弄制宪章这样的创新给那些想把组织建立在更符合青色视角的法律框架中的领导者提供了有意义的途径。

必要但不充分

　　有一个"明理"的 CEO 和董事会是必要的，但还算不上是充分条件。在组织发展的圈子里有个普遍的信仰：如果我们可以让领导者提升觉悟，那就万事大吉了。这个见解似乎过于单纯了，觉醒的领导者并不会自动造就觉醒的组织，除非他们能够拥抱新的组织架构、做法和文化，从而改变组织中的权力分配、员工的表现方式以及组织宗旨的呈现形式（利用整合的四象限模型，我们可以很容易地发现，如果仅改变上部的两个象限而底部的两个象限仍然保持原状，那只是走了一半）。合弄制咨询公司 HolacracyOne 的员工黛博拉·博雅（Deborah Boyar）在一篇博文中对比了她在合弄制组织和其他机构中的亲身经历。她发现在那些机构中，领导者的觉悟程度似乎也不低，甚至有的更高，但组织的架构却相对滞后了：

最初被合弄制所吸引是因为萦绕我心头的一种挫败感：我曾与志同道合的人一起渴望通过有意义的方式改造组织的文化，但逐渐地，同时似乎又是无法抵挡的，我发现自己开始变得烦闷和无力，最终我们失败了，集体的能力居然限制了哪怕一小部分目标的实现，而当初这个崇高的目标就像磁石一般吸引了我们进行合作。无论取得了什么成绩，那种人与人之间的钩心斗角和冗长无效的会议都让我变得沮丧、失望与怀疑，并且抽干了自己和朋友身上的人力资本。

这种个人发展与组织能力之间的差距一次又一次地令我感到震惊。在我生活的不同场景中，这样的失败反复出现，每次的重演都会涉及那些和我有着类似世界观与目标并心怀最美好意愿的朋友，这让我十分困惑。作为妻子，我不仅亲身经历了这样的动荡，而且由于我的丈夫是一位知名的灵性导师，他也经常与其他灵性导师合作，所以我还从旁见证了类似的循环也发生在他们的身上——我认为他们中的大多数人能比我更好地应对这样的风暴。然而，即使是他们这些"高度发展"的人，也会在类似的权力、权威和效率的斗争中被风暴一次次地刮倒，甚至吞没。

渐渐地，我开始披上愤世嫉俗的铠甲来保护自己，从而远离伤害、愤懑与悲伤，虽然我们都想组织起来服务更高的宗旨，但这些尝试往往是有缺陷的。为什么这么多才华横溢、能力卓越的好人还是不能冲破政治和个性的泥沼呢？我当时的结论是：这个现象再次证明了人性的瑕疵，以及在我们的美好愿望与能力之间存在着脱节。我断定自己的期望值设得过高，因此决定培养自身更多的耐心与谦逊，同时完善人际技能。我担心自己会成为婴儿潮心智的坏榜样——对任何事情都希望唾手可得，却不愿付出时间和努力。尽管我身上还是有上述的特征，但这并不影响我在实践合弄制的过程中，特别是成为 HolacracyOne 的合伙人之后，所感受到的那种深刻的、如释重负的变化。

对于我生命的各个层面而言，加入 HolacracyOne 都具有极大的催化作用。在这个系统内，玩弄政治手段既没必要，也毫无用处。相反，人们期待我去关注并处理自己遇到的各种张力——而不是假装它们不存在或将其扫到地毯下面去。我也没有要成为别人的压力，人们看重我的与众不同；我不需要刻意去发展，但它却在自然发生；我不用变得完美，但是每天都在进步。我非常清晰自己的角色和权限，知道什么时候需要与其他角色互动并且整合他们的意见——当我不清晰的时候，我可以把张力提交给治理会议（专门处理治理型议题的会议）。在这里，一切都得到处理，没有戏剧化的场面，清晰而有条理，充满自我更新的创造力。组织氛围是积极和可持续的——不是因为我们这些人超级乐观，而是我们共事的系统本身是健康的，它释放了我们的能量，让大家如鱼得水、事半功倍。我感觉自己就像置身于一个健康的家庭环境，不过得再次重申，不是因为"家庭成员"在心理上特别健全（他们和我一样，只是正常的普通人），而是因为我们所践行的合弄制让我们在一个更高的清澈的空间里互动，远离了人性沉疴与政治斗争。

　　关于人类发展的脑神经科学研究中，近年来有不少学术兴趣聚焦在安全依恋方面。如果孩子在成长的家庭里可以自我表达、得到聆听、受到适当的约束，并能够尊重他人的空间与界限，那么他的安全依恋就会得到发展。在HolacracyOne，我渐渐对组织产生安全依恋。这是一段深入的具有疗愈性的心理及组织生活的双重体验。我感到自己越发的真实、安稳、身心合一；我被全情激发，心无旁骛，勇往直前，这是一种前所未有的感觉；我感到自己做决定时被完全授权，同时被邀请去主动获取工作上的支持；我感觉已被自己所服务的目标完全点燃。[11]

3.2章　创建进化型组织

无论你在做什么或梦想你能够做什么——马上开始!
勇气包含天赋、力量和魔力。

　　　　　　　　　　——约翰·沃尔夫冈·冯·歌德
　　　　　　　　　　(Johann Wolfgang von Goethe)

　　当阅读此书时,你可能正准备创办一家新的公司、非营利组织、学校、医院或者基金会,并且你正在思考如何将青色理念像把酵母揉进烘焙面团一样,从一开始就加到自己的组织中去。(如果你在运作一个既有的组织,并想知道如何沿着青色模式进行组织变革,在接下来的一章将会有更具体的阐述。)

　　创建一个组织可能让人热血沸腾,但也困难重重。好消息是:如果一开始就应用青色原理,则有可能更顺畅地驾驭组织的发展。

　　可以说,在所有组织发展的早期,都趋于非正式和自组织运作。但随着组织的壮大，每一次痛苦的组织蜕变往往会带来一层新的架构、层级和控制。相较而言，进化型组织却能保持持续、流动和有机地适应与成长。

经验显示，比起转变一家背负着原有范式的历史及包袱的现有组织，从一开始就按照进化型组织来运作要容易得多。从一张白纸开始，你可以深入倾听组织的宗旨，并且塑造相应的文化、做法、招聘策略以及其他因素。以下几个明显的问题需要引起重视：

●假设某一刻，你试着将自己（你的愿望、你的梦想）从组织中抽离出来，并且倾听正在成长的组织，它希望服务的宗旨是什么？

●组织希望长成什么样的形状？

●组织希望以怎样的步伐成长？

●组织由你作为单一创始人来运作还是多位联合创始人共同运作更好？哪种方式能够吸引其他联合创始人加入？

作为创始人，你的临在和意识状态将深刻影响组织运作的意识层面。因此，帮助你服务好组织的一个最佳方式就是用你相当一部分的能量来反思自己呈现的状态以及个人的光明与阴暗面，方法有很多，比如来自同事和朋友的反馈、辅导、教练、阅读、禅修、个人与灵性发展等，相信你可以找到最有效的途径。

在任何的初创组织中，选择恰当的联合创始人（如果需要的话）是一项非常关键的决策，对于进化型组织来说，尤其如此。他们带来的合适的技能与工作中良好的"化学反应"固然重要，另外两个关键因素对于想让组织按进化－青色范式运行也不可或缺，那就是他们对组织宗旨的共鸣程度，以及他们对进化－青色运作模式的接纳程度。准备好拿出充裕的时间来讨论这些话题，你对这些问题探讨的深度将为组织未来的日常沟通模式设立标准。事实上，你在组织启动前就开始塑造它的文化了。

　　一旦联合创始人或初创员工到位，你就应该开始确定组织架构、做法和流程。谁可以做出什么决定？谁可以决定动用公司资金？人们有个人指标要达成吗？达成这些指标后会有奖金吗？谁来评估谁？如何处理分歧？谁做最终裁决？

　　每一个问题可以在服从－琥珀色、成就－橙色、多元－绿色或进化－青色组织模式中找到相应的答案。一般来说，初创企业在早期是相当非正式的，团队会分享所有信息，可以就所有重要的决定进行辩论。但是如果你不保持警觉，传统的管理方法会很快蔓延开来，因为对大多数人来说，这是我们所知道的全部。如果你相信组织应该按照青色原则来运行，那么在每一次产生新方法或流程的需求时，你应该意识到这是一个岔路口：你既可以用传统的管理方法，也可以探索青色模式的运作。如果早期团队都能熟悉本书所列出的概念，当然会有帮助。更好的做法是，和早期团队约定单独的时间（甚至是两三天）来共同感受你想在新组织里推行的做法。本书 2.3 章、2.5 章、2.6 章的末尾（另见附录 4 的不同观点）分别用表格总结了在自主管理、完整性，以及进化宗旨等方面不同的青色实践，可以帮助你更好地探索。

有人会问，在公司的初创阶段上面的哪些做法最关键？我的回应是：对于每一次不同的创业，并没有固定的药方和万能钥匙。组织的宗旨和所在情境会设定出相应的优先级。通常的答案是：从倾听你感知到的需求开始。话虽如此，其实有些做法会自然而然地蹦出来，进入任何初创团队的视线。之所以在我的脑海里先出现这些做法，主要是因为它们从第一天起就与大家有关，并且它们似乎是基础性的：当组织在成长并要求更明确的架构与流程时，它们为将来其他进化-青色实践的落地生根创造了肥沃的土壤。

首要假设和价值观

由于目前的进化型组织尚处于发展初期，因此你所选择的大部分的实践将会非常地反传统。人们难免会质疑你的抉择，甚至告诉你这么做很愚蠢。本书所调研的组织发现，当他们不只是辩护或反对某个管理实践，而是能够更深入地探讨这些做法背后隐藏的假设时，辩论将会更加富有成果。如果你能清晰地表达出自己对周遭人和事持有的假设，你的生活可能会变得更简单。这里有一些例子可供深思：

- 你可能还记得 RHD 给机构定下的三个基本假设：每个人都有同样的价值；除非能被证伪，人性本善；管理好公司并非只有一种办法。

●晨星的运作模式基于两个核心原则：人们在一起工作时，应当不受强迫；每个人应当信守承诺。

●FAVI曾明确表达了三个基本假设：从整体上看，人是善良的（可靠的、自我激励的、可信的、聪慧的）；没有快乐，就没有绩效；车间一线创造价值。

实用小贴士：与你的团队探讨这些假设，而非仅限于自己思考。作为第一步，首先从揭示传统层级制组织模式（琥珀色/橙色）所隐含的假设开始：工人懒惰而不可信；资深员工无所不知；员工无法面对坏消息等。许多人发现这个练习打开了眼界，当他们意识到传统管理模式下的假设是如此的悲哀，他们会急切而充满激情地定义一套更积极的假设。

无论你定义出何种替代性假设，都将产生两个功能：首先，你和你的同事将更容易解释为什么你们选择背离传统管理手段的运作模式。其次，每次当你想引进新的做法或流程时，这些假设将成为一块试金石，让组织里的任何人，甚至资历最浅的同事，都可以轻松发问："我想知道咱们正在做的事情是否符合我们的基本假设？"

有关自主管理的三项实践

如果你希望将自主管理从一开始就植入组织，需要思考的第一个问题就是：你是否想采用一套现成的实践方案？如果是的话，那合弄制将是最自然的选择，因为它已经有许多正在实践的案例，也有不少文档记录，并且有咨询顾问、引导者和培训师可以帮助你。或者，你是否想开发自己的架构和做法？如果你有这个打算，那么，从第一天起你就应该考虑以下三种做法：

● **建议流程**（详见第 147 页）：从一开始就明确，只要咨询过所涉及的人员和该领域内的专家，组织中的任何人可以做任何决定。如果一名新员工请你批准某个决定，可以拒绝给予他所寻求的"同意"。需要明确在一个自主管理的组织中，没有人（包括创始人）可以"批准"一项决定。尽管如此，如果某项决策对你有相当的影响，或者你熟悉该领域的情况，你当然也可以分享自己的建议。

● **冲突解决机制**（详见第 167 页）：如果你是创始人或CEO，当两名同事产生分歧时，他们很容易将问题往上交到你手里。抵制住替他们解决问题的冲动，相反，这是构建冲突解决机制的良机，这样就能帮助他们用自己的方式来解决冲突（如果他们后来没能一对一地解决问题，并找你做协调人或仲裁会议的成员，你可以到那时候再介入）。

● **基于同侪**的评估与薪酬流程（详见第 183 及 193页）：谁来决定新员工的薪酬，又该基于什么流程？除非经过有意识的思考，不然你很有可能会采取传统的方式：作为创始人，你会和新员工谈判并确定一个薪酬方案（很有可能要保密）。为什么不从一开始就创新呢？告诉这些应聘者组织内其他员工的薪酬信息，让他们报自己能接受的数字，然后邀请相关的同事提出增减数额的建议。类似的，如果你选择将绩效评估流程也正式化，那么从一开始就采用基于同侪的机制会非常有意义。否则，人们会很自然地来找你这个创始人，让你告诉他们工作干得怎么样，从而在团队中制造出事实上的等级感。

有关完整性的四个做法

作为创始人，你的临在状态和行为方式将极大地影响其他人展现真实自我的意愿与程度。你越能袒露自我、越真实、越敢于示弱和诚实地面对自己的优势与弱点，别人在仿效你的时候就越有安全感。这对你来说可能是非常自然的。然而，总的来说，在创建一个新组织时，有一些做法可以帮助你和他人实现更多的完整性，以下就是值得借鉴的四项具体实践：

- **创建安全空间的基本准则**（详见第 223 页）：我们只有感到安全时，才会在他人面前全然展现自己。许多组织发现有一个做法很奏效，那就是事先定义一套价值观，并将其转换成具体的行为指南，让大家明确了解哪些行为在同事的社群中将受到鼓励，又有哪些是不能接受的。这些往往会以书面文件的形式发布出来，例如 RHD 的"权利和责任规定"，以及晨星的"同事原则"。根据过去在其他组织中好坏两方面的工作体验，一些初创组织发现在早期就起草一份完整的类似的文本非常重要。而另一些组织则倾向于一章接一章逐步地完善该文本，每次的增补将围绕当时所发生事件触发的新主题来进行。无论你选择哪种方式，确保不是由一个人（即便是作为创始人的你）来起草，而是源自集体的贡献（或许请一到数名志愿者牵头推动会更有帮助）。

●**办公室或工厂环境**（详见第 249 页）：办公场所往往显得单调，毫无生气。这在不经意地告诉我们：这是工作的地方，在这里你得用特定的受约束的方式来思考和行动。只要符合组织文化和宗旨，为什么不从一开始就打造一个多彩、诱人、温暖甚至离奇的工作空间呢？以团队的形式，花一天或一个周末来规划并重新装饰大家的工作空间吧。大胆狂野些——忘掉工作场所"应该"如何布置的成见。这将帮助同事们记住这个地方与众不同，因而也欢迎他们像这个空间一样大胆地展现出自己的独特之处。

●**入职流程**（详见第 263 页）：入职流程是相当关键的，新成员可以借此感受到欢迎并能了解新环境的运作方式。新员工在入职的第一个小时、第一天、第一周的最佳体验会是什么样的呢？哪些基础培训是组织里的每个人都应该体验的？自主管理、深度聆听、建设性的冲突处理、营造安全氛围还是一些现场技能……？

●**开会方法**（详见第 241 页）：在组织初创期，人们往往通过频繁的会议来保持一致和相互通气。为了避免典型的会议综合征（小我的表演、有些人的声音被其他人淹没），你可以整合运用一些行之有效的开会方法来邀请与会者保持自己的完整性。有的做法很简单，比如开场时的一分钟静默或来一轮感恩，也可以选择结构化的决策流程，就像合弄制和博组客采用的方式。

有关宗旨的两项实践

如果你将自己的精力投入到创建一家公司、非营利组织、学校或医院，那么完全有可能，该组织的宗旨与你自己的生命轨迹有着深刻的共鸣。与尽可能多的人，尤其你的团队，分享你的激情和个人故事。分享越多，你就越容易引发他人的反思，并且能帮助他们定义自己与组织宗旨的关系。

对于一些创始人而言，组织宗旨似乎是不证自明的，他们只是竭尽全力完成工作；他们忘记了讨论"为什么"，也就是每个人努力的背后深层的宗旨。也有走向另一个极端的陷阱：一些创始人像传播福音似的宣讲其宗旨，给人的印象就仿佛他们是唯一能够合法定义和谈论该宗旨的人。

作为创始人，如果你能够从一开始就认识到组织具有自己的生命和宗旨，可以不同于你个人的期待和渴望，那么你和宗旨之间的关系就是健康的。短期内，你可能是该宗旨的主要代言人，然而一旦有他人加入，他们应该能够感知到这个更宏大的宗旨，同时找到自己独特的方式来联结和表达。以下的两个做法会很有帮助：

- **招聘**（详见第 331 页）：招聘流程为应聘者提供了美妙的机会，来帮助他们深入探索组织宗旨将以何种独特的方式与个人的使命及渴望产生（或没有）共鸣。这些可以是极其深入（有时会感人至深）的对话。甚至在加入组织前，候选人也许就能够根据他所感受到的组织使命提出自己的见解。

- **空椅会议法**（详见第 306 页）：你一开始就可以引进"空椅"这个简便的做法。在每次会议结束时（或会议期间的任一时刻），某个同事坐到一个代表组织宗旨的空椅上来倾听问题，例如：此次会议很好地服务于组织了吗？

3.3章　转化现有组织

西方机械论的范式造成了全球危机，此时人类唯一的希望也许是需要一次彻底的内在转变并上升到一个新的意识水平。

——斯坦尼斯拉夫·格罗夫（Stanislav Grof）

本书所研究的大多数组织自成立之日起就一直在尝试替代性的管理方法，但其中的少数企业在转型为青色之前仍沿袭琥珀色或者橙色的运营模式。FAVI 曾是一家极其等级分明、控制意识很强的工厂，直到让·弗朗索瓦·佐布里斯特颠覆了这一切。AES 是一个特例：从一开始，它的运营管理就非常具有开拓性，随着 20 世纪 80 年代和 90 年代的大规模壮大，它收购了数十家传统运营的发电厂，而且都成功过渡到青色管理模式。还有一个例子就是合弄制咨询公司 HolacracyOne，它专门为现有组织提供自主管理的实践方法。

虽然这些只是为数不多的组织，但我相信它们的经验能够给正在关注组织转型的领导者提供一些关键的洞察和深思的素材。我毫不怀疑，未来随着越来越多的组织转变为进化-青色组织，我们将能提炼出更多关于帮助组织实现飞跃的理解和认识。

因此，如果你是属于一个现有组织，你能做些什么来帮助它采用青色的架构和做法呢？首先，你需要回头看看在 3.1 章里我们讨论的两个必要条件是否存在：

1. CEO 是否了解青色组织？他是否用青色滤镜来看待这个世界？他本人对于用青色的原则运营企业感到兴奋吗？
2. 董事会成员是否了解和支持青色组织的实践呢？

如果 CEO 并不支持，那任何人都不值得把时间和精力放在该项目上（相反的，你应该把精力投入到现有模式的"水平式"转化，使其变得更健康）。如果 CEO 急于开始，但董事会并没有站在统一战线上，那么该企业会经历一段艰难的时期，因为彼此的世界观会发生碰撞。你最好的选择就是，随着时间的推移，看看你可否让支持性的董事会成员取代现有的不支持者。我不赞成通过争论的力量去说服现有的董事会成员，其理由已经在 3.1 章里讨论过。

如果这两个关键条件都已到位，那就太好了：有多条道路都能通往进化-青色组织；经验似乎表明，如果 CEO 能坚持不懈，他无论如何都可以到达目的地。但从哪里开始呢？我们首先应该聚焦在哪里呢？

活性组织是增量变化的，因此与其马上改变一切，不如从进化型组织的三项突破之一（自主管理、完整性或进化宗旨）入手，再慢慢推行其他方面，

> 重新审视你被告知的一切……不要理睬那些侮辱你灵魂的话。
> ——沃尔特·惠特曼（Walt Whitman）

这样会比较行得通。很明显，这三个方面是相互促进的。例如，当一个组织学会了自主管理，在任何时候各岗位上的人都能积极主动地完成工作，从而使组织朝着宗旨迈进，而不需要自上而下的战略制定。因此，专注于一个突破点可能引起其他领域的变化。相反，如果同时进行三项突破，则有可能会打破该组织变化的自然节奏。

努力倾听最适合企业需求的是什么。也许首先需要探索一下宗旨，因为一旦所有同事与它产生共鸣，他们就会有能量来尝试自主管理和完整性；也许先从完整性着手也是对的，以此来建立足够的信任和培育内部的社群感，人们就会接受其他方面的变化；也有可能是率先打破层级制。只有你和你的同事才能感知到哪个是最佳的突破口。

引入自主管理

那些在现有组织中引入自主管理的领导者都跟我分享了相同的洞见：他们收到的来自中高层管理者与职能部门的反馈完全不同于一线员工的反应。当要把自主管理带入现有组织的时候，你也要有这个心理准备。

在层级制里处于较低级别的员工能很快地拥护自主管理。

大多数之前被给予极少的权力和决策空间的人会很享受这份能自由决定怎么用他们认为合适的方式开展工作的权力。许多进化型组织坚持认为，招聘到合适的人是非常重要的，要找到那些能够在自主管理模式中茁壮成长的人。然而像 FAVI、AES 和其他案例表明，即使没有事先筛选，任何工人群体的大部分人都会对自主管理表示热烈欢迎并成为其坚定的倡导者。丹尼斯·巴基叙述了每次 AES 接管世界某个地方的工厂时，人们都告诉他自主管理在那里是行不通的：

> 我和同事罗杰·奈尔（Roger Naill）经常结伴出差去参观 AES 在世界各地的工厂，尤其是去见那些最近刚被 AES 收购的工厂的员工们……每到收集问题和反馈环节时，我们听到的第一句话肯定是，"这听起来非常有趣，但在这里行不通，因为……"我们往往会听到，"这是一个发展中国家"，"我们在这里待得太久了，改变不了"，"这不是美国"，"这里还有工会"……当会议室里又开始重复这些对 AES 的处事方法有异议的声音时，罗杰·奈尔和我经常会相视一笑。我们已经知道，如果我们坚持往这些地方里输入具有 AES 风格的领导者的话，这些反对意见终将烟消云散……
>
> 我在世界各地陆续转化了几十个组织的运营方式，由此积累了一些宝贵的经验。大多数人会在一个被解放的工作环境下蓬勃发展。在年龄、性别、学历、政治倾向、工会成员、肤色和种族背景，甚至智商上的差别，对于人们

能否喜爱这种职场氛围并获得成功的影响并不大。[1]

当然也会有例外。有些人在工作中被指挥和控制了很多年，浑身是伤，以至于他们似乎已经无法适应没有老板的生活。自主管理的要求很高：人们必须为自己的行为和关系承担起责任；他们不能再屏蔽不利的信息和进退两难的决策；没有一个上司可以用来做挡箭牌，也无法再推卸责任。有些员工无法适应这种由于自主管理的自由所带来的责任，往往选择离开，再回到层级分明的传统型公司。

心理所有权

尽管大多数人最终会在自主管理的模式下蓬勃发展，但其转变也是需要时间的。在大多数公司里，位于较低层级的员工已经习惯于被告知要做什么。他们并不需要操心公司是否盈利以及相关的市场威胁与机遇：如果出现了糟糕的结果或者需要做出改变，上层就会介入并做出决策。而自主管理则依靠大范围的"心理所有权"（学者们给出的名称），不仅仅是高层的几个人而是每个人在他的工作中都承载着该组织的宗旨、文化、成果以及名誉等。

发展心理所有权需要一个过程，不会仅仅因为人们被赋予自主管理的自由，就一夜之间出现。我注意到，一些领导者相信员工一旦从规则、预算和管控中解脱出来，就会以某种方式开始自发地全速前进。如果员工有很强的心理所有权的意识，这种情况有可能会发生；如果没有，我不会对此抱有太大希望。

如果人们对组织及其宗旨投入的情感很少，并且将工作视为要尽量减轻的负担的话，这个时候他们得到的仅仅是自由，而不会承担随之而来的责任。如果人们长期工作在一个依靠上司的指标与压力来防止员工偷懒的系统中，那么当老板和指标被一下子移除以后，可能马上就会出现懈怠。

　　如果你感觉到员工们的心理所有权不多，那么就需要认真和创造性地思考如何帮助你的同事在工作、组织、宗旨和业绩当中投入更多的情感。在2.3章中，我们讨论了在自主管理的组织里，人们不会滥用他们的自由，因为工作和组织宗旨能激发他们的内在动力，同事之间的效仿和市场压力也发挥着一定的作用。这些都是帮助人们保持良好的工作状态（详见第183页）以及培养心理所有权的重要元素。

　　●**宗旨**：如果组织的宗旨不清晰，或者该宗旨不能激励到员工，就需要在转换到自主管理之前先处理这个问题（关于如何做到这一点将在后面讨论）。

　　●**效仿**：如何让同事们为了组织宗旨而对自己的工作和成就投入更多的热情呢？这里有个主意：挑战每个团队各自制订计划、设定目标并准备投资预算。让团队们提前知道会有一次大活动，现场需要他们互相展示计划（晨星的业务部门每年都举行这样的活动）。活动的最后会举行投票（比如每个团队有三张票可以投给他们认为最好的计划），同时需要给予团队足够的时间做准备，使他们能够在彼此面前大放异彩。小公司的团队数量可能太少了，不足以形成一个温和的竞赛氛围。在这种情况下，团队可以给老板或者董事会做演示。前期准备的时候，团队们要知道老板和董事会如果对他们的演讲印象深刻的话，就会同意切换到自主管理的运营模式（并及时交出他们自上而下的权力）。不管用什么方法，演示本身并不像准备阶段那么重要。在团队中，当人们开始梦想着哪些是可能的和现实的，并不断讨论自己的计划和目标的时候，他们的情感投入就会逐渐增加。几次会议下来，早期的热心分子极有可能会把那些疲沓的成员转化过来。

另一种创造效仿气氛的方法是信息的透明化。如果团队之间有共同的衡量指标，比如生产率是博组客的通用指标，那么只需要每月发布一下各团队的生产率结果就能起到竞争的效果。没有哪个团队喜欢长期排名垫底。很多时候，团队里的"抗体"自然会发生作用：如果一个团队表现不佳，这意味着可能哪里出了问题，这项工作本身也可能并不令人愉快。到了一定的时候，团队里就会有人站出来说话，用这样或那样的方式推动改变的发生。

• **市场压力**：在FAVI公司，专门供应某个车厂（例如沃尔沃）的团队每周都要听取负责销售的成员汇报获得了哪些订单以及竞争对手给出的报价是多少。由于和客户之间的联系如此直接，团队成员们知道如果自己不努力的话，可能就丢掉了工作——并不是因为被上司炒了鱿鱼，而只是因为客户会停止订货。在FAVI和博组客这样的组织中，几乎所有的团队都是面向客户的，来自于市场的压力能自然地激励员工承担自主管理的责任。当然，组织的流程越长（比如晨星或者 AES 的发电厂），这个方法的效果就越差，因为此时单个团队的绩效好坏不能直接反映在客户身上，而是取决于所有团队表现的平均水平。

在开始培养员工对工作与组织投入更多热情之前，必须落实一个前提条件：那就是他们必须信任想要引入自主管理的领导者。在大多数地方，工人已经本能地不相信高层领导想努力推荐给他们的那些变革。如果你对不信任你的工人自上而下地推行自主管理，他们很可能只要自由而拒绝责任，最终公司难免会失败。

只有当大家都说你不同于其他的领导，并认为你能真正关心他们的时候，人们才会追随你的领导，甚至在你即将尝试最疯狂的事情——例如放弃你自己的权力——的时候，他们仍然信任你。在 FAVI，佐布里斯特是在他加入公司后一年才开始着手变革。之前的那段时间里，他几乎每天都泡在车间和一线操作人员谈话，问这问那，表现出真正的兴趣。当被别人问及一些事情时，他就会用自己一贯特立独行的风格直言不讳地说出他觉得需要改变的东西。在这个过程中，员工逐渐开始信任他这个人以及他的变革意图。

每当 AES 公司收购了新的发电厂，都会从现有的电厂里派三四个人去接任关键岗位，其中一人将成为电厂总监（请牢记，有个充分理解自主管理模式的 CEO 是必要条件，而一位远在他方的电厂总监就类似于 CEO）。就像佐布里斯特一样，他们不会一开始就引入自主管理的做法，这些新任总监也会等待一段时间，先让一线员工亲眼目睹他们不同的领导风格并开始信任新领导者的意图。往往只需要一年，有时候是两年，他们就会引入整套的 AES 自主管理实践。

中高层管理者

许多中高层管理者以及职能部门的员工会把自主管理的引入视为一种威胁（至少在初期的时候），不要指望他们高喊着万岁接受自主管理。因为最好的情况是他们仅仅失去层级制的权力，而更可能发生的

> 你在推行自主管理时会遇到的核心问题就是：如何处理来自中高层管理人员以及职能部门的反抗。

是他们的职能将一并消失，他们需要到组织内部或者外头另找一份新工作。例如在 FAVI，内部曾经有五个层级，而今天，在自主管理团队的"上面"只有 CEO。可以想见，手头的权力和工作正遭受威胁的人们（而往往对他们来说，新的做法简直毫无意义）自然会强烈地反对改变。你要有心理准备，他们的反抗会是你在组织转化中最难啃的一块骨头。

FAVI 和 AES 可以提供一些妥善处理此类情况的洞见。在 FAVI，佐布里斯特当时作为从外部聘请的新任 CEO 与 4 个月后即将离任的 CEO 同时在职。佐布里斯特深知两个老板在一起工作可能会是一个灾难。他建议他的前任在交接期间依然担任全职，4 个月里，佐布里斯特没有做任何决策。他所做的一切就是四处走动，与人交谈，去熟悉员工和组织。有一天，他产生了

一个顿悟，触发他的是一名工人手里拿着一张纸站在库房锁着的门前，佐布里斯特问他在等什么，工人说他需要新手套，而更换手套的流程需要他的上级在一份文件上签字证明旧手套坏了需要换新的，现在拿着那份签名文件，他必须在库房门口等待库管来开门、收取签名文件并发放新手套。佐布里斯特感到困惑：为什么库房要上锁？为什么不能相信工人？他在脑海里进行了一连串数字计算。因为工人换手套的流程而使机器停工的时间，大概要额外花费公司相当于 10 双手套价格的成本。

在那一刻，佐布里斯特意识到问题不仅存在于库房，公司到处都缺乏信任：这体现在每天要求工人开始和结束工作时的打卡制度以及考勤记录钟里；体现在检查工人是否正确地完成了本职工作的质检员岗位上；体现在把工人和 CEO 完全隔离的五个管理层级上；体现在办公室建筑的结构里，透过他的办公室窗口可以俯瞰全厂；还体现在因为迟到和生产力低下惩罚员工的浮动薪酬制度上。

接管后的几个月里，佐布里斯特试图和他的高管团队讨论如何打破其中一些机制，但遇到了强大的阻力。在他完全接任CEO 职位 9 个月后，在圣诞节假期前夕，也是当年的最后一个工作日，他决定改变战术。佐布里斯特将所有的员工都聚集在工厂的一个角落里，他站在几个箱子上面，告诉大家公司控制员工的方式让他感到不够体面。假期结束后，工厂门口将没有考勤钟，浮动薪酬制度将变成固定工资制，也不会再用扣薪水的方式去控制人。库房将不上锁，每个人都可以自由领取所需要的物资，同时做好登记以便于重新采购。最后一项，经理餐厅将被关闭，所有人都在一起吃午饭。

说到这里的时候，经理们脸色苍白，而其他听众则一片寂静。他又补充道：

> 未来我们将如何运营？坦白说，我不知道。但我相信，你们值得和我们一起来换种工作方式，只是我现在还没有一个替代的模式。我提议，让我们以良好的意愿和信念，运用常识，边干边学。[2]

假期回来以后，经理们开始向佐布里斯特大声抱怨。现在他们手上的胡萝卜和大棒被拿走了，该怎样才能让员工遵规守纪呢？佐布里斯特明确表示没有回头路可走，并且他让这些经理前往预想中的下一步：团队要进行自主管理。很显然，这就意味着不再需要主管和经理了，并且一些职能部门的工作也会消失。同时，他也告诉人们公司不会解雇任何人，他建议经理们把自己的时间用在环顾四周，与工人交谈，并找到或创造一个自己能发挥所长的岗位，而无论他们找到什么职位，他们的薪水都不会被削减。如果实在找不到感兴趣的职位或者他们喜欢在其他公司里担任管理职位，公司也会给他们提供合理的离职待遇。最终，只有一名销售经理离开了公司，有几个人已经接近退休年龄，他们也找到了过渡的职位，一两年后就退休了。实际上，由于FAVI的业绩开始显著增长，这也帮助其他人顺利地找到了自己的新角色。

FAVI 的故事在几个方面都具有指导意义。当然，最终自上而下由 CEO 来决策实施自主管理这件事听起来像是一种讽刺，但如果仔细地观察，我们可以看到佐布里斯特精确地使用了自己的权力，他限制自己只做尽可能小的决定。首先，他没有自行定义重组计划，并将其强加于人，也没有裁定管理人员和职能部门员工将如何重新任命。其次，他没有决定谁去谁留，在设定的约束条件里（将不再有更多的管理角色），他允许人们去寻找最适合自己和工厂的职业方向。诚然，对于许多之前的经理人来说，这是职业生涯里相当难熬的一段时光，至少暂时如此。最后，很多人在自己的新岗位上蓬勃发展，他们发现肩上的重担卸下了不少，因为从此他们不再需要强压下属去循规蹈矩地工作，也不再需要为了得到上级的青睐而烦恼。

AES 在世界各地接管的发电厂跟 FAVI 之前一样等级分明，也许有过之而无不及。以哈萨克斯坦的发电厂为例，那里的管理级别曾经高达十层。照例，当 AES 完成收购之后，工厂会提供一笔慷慨的遣散费给那些去其他地方找工作的中层管理人员，因为电厂里根本没有足够的职位提供给这些过剩的管理者。像 FAVI 一样，AES 会先讲清楚未来将如何运营工厂，然后通过提供丰厚的待遇来帮助人们决定自己的未来，他们既可以自行在组织里找一个能产生附加价值的角色，也可以到其他地方谋职。AES 得出了跟 FAVI 几乎同样的经验：决定留下来的经理们一般都很喜欢没有层级的环境，特别是那些之前受到上下挤压的中层经理，既要让下属守规矩又要听从上面发号施令，而现在，当层级关系成为尘封的往事时，他们突然有种拨云见日的感觉。

　　如何应对中高层管理人员和职能部门的员工是转向进化型组织时必须直面的最具挑战性的问题。另一个关键问题则是如何选择最适合你所在组织的架构：是像博组客或者 FAVI 一样的自主管理团队？抑或是类似于晨星的基于个人合约的组织？还是合弄制那样的嵌套式团队？你所处的行业以及从事的工作类型很可能要求你做出有针对性的选择。在这里直接讨论不同架构的特点将需要很长的时间，但如果你想深入研究这个议题，你可以参阅附录 3，它列出了不同的组织架构之间的区别，还提供了一些问题让你和你的团队思考并发现哪种架构最适合组织的需求。

　　第三点涉及时机：你如何引进自主管理的做法？是以一种宇宙大爆炸的方式一气呵成，还是要逐步推进？你需要（或者不需要）强行推动多少？你能允许哪些事情有机地浮现出来？当然，这些问题并没有"放诸四海而皆准"的答案。每个组织的转变都是一段独特的旅程，都在召唤一种特别的方式。不过我们可以将这些做法大致分为三类，该框架也许能帮助你更好地思考组织转型之旅。我把它们分为创造性的混沌、自下而上的重新设计以及利用现成的模板。

创造性的混沌

　　在这种方法里，CEO 利用原有的职位权力以自上而下的方式去除一根重要的权力杠杆，比如撤销一个关键的职能部门（像规划部或生产计划部）或者一个管理层级（例如一线主管）。还可以像 FAVI 的佐布里斯特那样废除一项关键的管理工具，比如主管们可以用来控制操作工的考勤钟和浮动薪酬制度。混乱将接踵而来，而这正是你所希望的。该做法需要你信任自组织的力量能够掌控混乱（这种掌控的速度要足够快，从而在转型过程中不会过多地影响到客户和组织宗旨）。如果你觉得员工对他们的工作和组织已经拥有心理所有权，并且一线工人也信任你，他们就不会让这个机会白白溜走。他们会随机应变，以自组织的方式进入一个能让他们充分展现自己能力和才华的未来。即使你感觉到员工并没有达成一致的心理所有权，你还是可以像佐布里斯特那样选择放手一搏，特别是当你已经使尽浑身解数想获得中高层管理者的支持而颓然无果的时候。

自下而上的重新设计

另外一种较温和的途径是邀请员工一起来设计组织的未来。让团队成员来决定哪些新的架构可以更好地替代金字塔结构，应该引入哪些新的做法（例如建议流程、信息透明化、同侪评估等）。参与讨论的人越多越好。无论员工是数百人还是数千人，像欣赏式探询、未来探索以及流程设计这样的大型团体技术能够驾驭和利用组织内所有人的智慧。请一位经验丰富的引导师来支持你准备和运作这样的活动，绝对不是一件奢侈的事情。

采用该方法需要一些适宜的条件：一线员工要信任你并愿意探索自主管理的模式，同时中高层管理人员尽管不同意你的想法但还不至于暗中破坏。要奠定这样的基础需要做不少准备工作，有越多的员工提前了解什么是自主管理以及为什么新模式能使工作更令人兴奋和有意义，就越容易实现目标。公开地讨论它，邀请嘉宾来演讲，带员工去参观自主管理的组织，发放这本书或者参考书目里提到的其他书籍等，都是很好的形式。AES 参观发电厂的做法形成了巨大的影响，刚被收购的电厂工会领导人会被邀请花几天时间参观现有的 AES 工厂并体验"快乐工作"。工会领导人回到他们的工厂后总是津津乐道地极力倡导新的做事方法。当涉及中高层管理人员和职能部门的时候，在他们开始集体设计未来的工作之前，先给他们提供一些未来前景的明确信息也许是个明智的选择。例如，如果现有的角色消失了，他们如何能在组织内找到另一个角色？如果他们没有找到感兴趣的角色或者选择离开，公司又会提供什么样的帮助？

利用现存的模板（切换日）

第三种方法包括实施一套已被验证的现成的自主管理实践。合弄制就是这样的一种选择，它是一套简洁且互锁的自主管理方法，最初由三元软件公司（Ternary Software）创建，目前已经成为一整套可供其他组织采用的"组织操作系统"。其中包括了一部公司宪章以及详细的会议和决策方法，并有认证顾问能为你和同事们提供相关培训并协助引导会议，使大家逐步熟悉新的系统。采用一套现成的像合弄制这样的方法可以使组织的转化过程更加顺畅便捷。许多人在实践中反复检验创新的方法，并不断地提炼改善，从他们身上你可以获得持续积累的洞见。

准备实施合弄制的时候，你需要先定义嵌套圈子的初始结构，然后确定新的架构、流程和做法开始生效并正式取代旧系统的切换日（通常是该组织的创始人或 CEO 接受合弄制宪章的那一天）。初始结构不必是完美的，为了让事情变得简单，甚至可以从旧的层级制入手。通过合弄制的治理流程，该结构将会有机地进化并以最合适的方式适应于当下的情境和组织宗旨。

当然你也可以寻找其他的灵感来源。晨星的"自主管理学院"已经开始为那些希望了解其实践的人提供一个两天的培训课程。博组客已经发表了大量的介绍自身组织架构和做法的文献（迄今只是荷兰语版本），同时也对那些境外的医疗保健领域人士积极地提供了合作的机会。一般情况下，自主管理组织都乐于向真正决心在自己的组织中引进类似做法的人们分享其洞见与实践经验。

如果自主管理的公司收购了另一家依靠传统模式运营的组织，自然它就会自带一套自主管理的现成模版。为了节省时间也确保一致性，人们不必从头再来，而只需要让刚被收购的企业沿用现有的自主管理的做法就行了。AES 提供了一个有趣的洞见：该公司决定在世界各地的全部工厂都采用同一套的自主管理方法（例如建议流程和基于同侪的预算流程），然而 AES 却并不规范新收购的工厂实施这套做法的具体形式。它发现，文化背景和历史原因的差异要求每个电厂有一套独特的有针对性的做法。在某些环境里，AES 的做法被逐步推行。而在其他的情况下，这些变化被重新组合成一个正式的转换日（例如工人签订新合同的仪式当天）。为了与其经营理念保持一致，AES

也会选择一个时间点把蓝领工人的工资制度从时薪制切换到固定薪酬；在一些电厂里，工人们签署新合同的当天将成为一个值得庆祝的日子，这一天也标志着该工厂将全面实施 AES 的自主管理模式。

引入与完整性相关的做法

几乎可以肯定，引入与完整性相关的做法要比直接切换到自主管理容易得多，至少有以下两个原因：

● 当切换到自主管理时，你可以预见到那些将失去他们的权力甚至工作岗位的人的抵抗。而当引入一些与身心完整相关的做法时，有的人一开始可能会感觉不舒服，但如果你温和地邀请人们参与而不去强迫他们，你就不太可能会遭到真正的反对。随着越来越多的人开始摘下自己的职业面具，即便是开始感觉不舒服的那些人也极有可能会加入，并且会意识到他们很享受在工作中能展现更真实的自我。

● 鉴于自主管理包括一系列互锁的做法（如果组织里没有老板了，那你就需要一系列新的流程来处理冲突、传递信息以及决定工作角色与薪酬等），当涉及完整性的时候，你就能用自己感觉最适合组织的速度和顺序来引进这些做法。

引入与完整性相关的实践可以有逐步或全面的两种路径。

逐步引入完整性的实践

你可以选择逐步引入完整性的相关实践，每次尝试一种最切合当时情况的做法。比如在出席某些会议时，你可以建议大家尝试一下新的开会方法（一轮签入、一轮感谢或者一分钟的静默……），如果人们对这些做法表示欢迎，就可以在全公司进行推广。进行年度业绩评估的时候，你也可以建议改变以往的讨论形式，将其变成一种探询个人学习之旅以及使命的深度访谈。或者，如果你预见到公司很快就要聘用不少新人，这也许是重新思考入职流程的好时机。

在你准备引进这些做法之前，需要公开支持并树立榜样，让人们看到放下职业面具并且在工作中尽可能地展现真实的自己会是什么样子。还要跟大家多聊聊什么是完整性以及为什么你认为在工作中完整性很重要，如果你的同事们能了解到背后的动机，他们就会更拥护这些做法。讲故事总是比辩论更有力，尤其是那些个人的故事：你为什么热衷于创建一个同事之间能完整地展现真实自我的组织？为什么你觉得这对自己的生活很重要？你也可以把完整性和组织宗旨联系起来。为什么组织宗旨需要我们拥有完整性？例如，在医学领域有许多研究显示，患者健康状况的切实改善跟他与医生及护士的相处关系密切相关；也有研究表明，学校层面的信任关系（教师之间、教师与学生、家长与教师之间）被认为是与学习效果最相关的变量。[3]想想你所在组织的宗旨，你也许会找到完整性和宗旨之间更明确且令人信服的联系。

如果你富有激情且真实地讲述关于完整性的故事，它将在组织内深深扎下根。有些人会告诉你，你的故事让他们产生了共鸣。将这些同事变成拥护者，问他们哪些做法是组织可以引进的，然后由他们牵头来做。如果你认为有些做法是需要引进的，那就问问看是否有人愿意带头。如果有很多人拥护，这些做法会更迅速地渗透到组织的内部。

全面引进完整性的实践

你也可以邀请整个组织来反思完整性，并共同设计将完整性融入日常工作的具体做法。有很多大型的团体技术（欣赏式探询、未来探索、开放空间等，参见第 307 页）能够让几百甚至数千名员工同时参与进来。如果你还没有参与过类似的大型团体活动过程，你也许很难想象在大规模的团体里怎么可能把事情做得如此富有成效。使用上述的方法时，并没有利用自上而下的控制，而是凭借一些流程和规则来唤起集体智慧，从而实现看似矛盾的结果：通过自组织的力量，每个人都能参与进来，每个人的意见都产生影响，并最终形成非常切实的成果。当人们听到那些自己感觉最有意义的话语，发现他们的同事能共享彼此心里最深的关注，巨大的能量就在组织里得以释放。

一个虚构但现实的例子也许更有助于你体会如何展开这样的过程。想象一下，你在一个有着 500 名员工的工厂里工作，该工厂最近切换到了自主管理模式。转化的过程中一直都有不少挑战，人们的态度仍然经常透露出一些层级制的思维。你意识到，邀请人们充分地做自己可以帮助他们更自信地获得自由和承担责任。

　　找两天的时间，把机器停下来。你邀请 500 名员工聚集到一个大仓库，用欣赏式探询的方法举行为期两天的厂外工作坊，深入探询一个问题，"我们如何才能在工作中真正地做自己？"（当然，就像医院和呼叫中心一样，有些公司不能简单地关闭整体的运营；另一些公司很有可能分布在世界不同的时区，在这种情况下，有些聪明的办法可以设计以连续换班的形式让每个人都能参与其中。）

　　在外部引导师的帮助下，由 10 名志愿者组成的工作组已经在为这个项目做前期的准备。大多数同事已经在收到邀请时就听说了会议的主题，但真的不知道将会发生什么。第一天的早上，人们走进会场，里面散布着 70 张圆桌，每桌有 8 张椅子，他们被邀请随机坐下。引导师简要介绍了第一天上午的目标——探询完整性对每个同事来说意味着什么以及从个人和组织整体的角度来看为什么完整性如此重要。接着随即要求人们两人一组相互采访以下的问题：

　　● 回想一个你在工作中能完全做自己的时刻，就是那种你不需要表演或者努力成为另外一个人的时刻。跟我说一说这样的时刻。

　　● 那个时候你的感受如何？

　　● 那个时候，你有没有觉得你和同事（也可能是跟你的客户、你的妻子或丈夫、你的孩子）的关系是不一样的？那时候的气氛是怎样的？

- 完全做你自己是否改变了你工作中的一些事情？你是否觉得更有效率、更有创造力、更……？跟我讲讲这样的经历。

- 回想一下，具备什么样的条件就能够帮助你在工作中完全做自己？

在这些双人的访谈过程中，流淌出了数百个之前在很多场合下大家都没有分享过的有意义的故事。同事们发现彼此之间有了新的认识，并开始用新的视角看待对方。

双人访谈完成后，就要求围坐在一桌的 8 个人再次简要地分享他们故事里有趣的部分。完成以后，麦克风开始在屋子里传递，人们可以自愿举手与所有人分享自己的故事。在短短的两小时内，每一名同事都能听到很多完整性在工作场所里对个人意味着什么的分享——首先是从他自己和所访谈的对象那里，然后是从 8 人组里的另外 6 个人那里，最后来自于整个团体的一些自愿分享的故事。早上进场的时候，许多同事还在疑惑完整性这个主题是什么意思，通过集体讲故事的方式，该话题很快就成为个人的、富有意义的、彼此相关的事情。

午餐前，参与者们在 8 人小组里聚焦讨论访谈里的最后一个问题：具备什么样的条件能够帮助你在工作中完全地做自己？他们试图找到让完整性出现的常见因素。过了一会儿，麦克风再次在房间里传递，各小组会有一名志愿者来分享该组列出的条件。很多小组列出了一些类似的条件（例如信任、非评判、乐趣、彼此了解、有一个共同的目标等）。当人们对着麦克风讲话时，一位视觉记忆师将捕捉答案里的关键词，在一面巨大的白板上即兴绘画，不久，一幅关于邀请人们成为完整自己的工作场所的画面跃然而出，呈现在每个人的眼前。

午餐后，同事们将深潜入未来的"梦想"，在那里人人都可以完整地做自己。回到 8 人圆桌小组，他们将反思以下主题：

> 你睡得很深。5 年后，你醒了，当回到工作岗位，你的所见让你震惊。公司里的所有人似乎在和自己以及同事相处时都非常放松，并且充满热情与活力。没有人戴着假面具去伪装成另外一个人。每个人的才华都发挥得淋漓尽致，全身似乎充满了令人难以置信的活力。
>
> 和圆桌小组的同事一起讨论你的所见、所闻与所感。当小组里呈现出一个共同的画面时，找出一种方式把它传达给其他的小组，可以用任何你们愿意的方式：一个小品、一则故事、一幅画、一支歌或者是一首诗……但不能是一句一句的要点排列。

会场里充斥着能量、嘈杂的人声以及欢笑声。2 个小时后，引导师邀请十几个小组主动上台向同事们展示他们关于完整性的未来愿景。有些表演很有趣，有些非常感人，有些稍显笨拙，而有些几乎接近专业。每当一个小组在展示时，一个新的令人向往的未来画面就编织进了集体意识里。在展示过程中，视觉记忆师精选各小组的演示内容又创作出另一幅有关完整性未来集体梦想的超大壁画。

第二天早上，参会者回到相同的 8 人小组里继续探讨。这次要求每一组确定两到三个可以把他们前一天的梦想变为现实的举措。非常具体地，哪些措施可以创造一个环境让人们能够展现完整的自我？半个小时后，麦克风又开始在会场里传递，每一组依次跟所有人分享他们的创意。视觉记忆师捕捉着不同小组提出的大大小小的约百项举措，再次创作了一幅壁画。排列优先顺序的时候到了，所有与会者都拿到了三颗点状小贴纸，他们需要把小点贴在壁画上感觉最能激发自己的三个举措旁边。所有的人再次坐了下来，引导师帮助统计结果。其中的 20 个想法获得了多数票，引导师跟大家讨论后，把这些想法分为五大类：

● 能创造机会让人们更深入地彼此了解的主意（我们彼此了解得越多，就越容易做自己）。

● 关于定义一套价值观和准则让大家能在一个安全的空间里互动的倡导。

● 能把乐趣带进工作场所的创意——乐趣是丢掉所有过于严肃的职业面具的好办法。

● 有关完整性主题的个人及职业的培训。

● 关于改变办公室或工厂布局与风格的建议。

与会者中途茶歇回来以后，20 个翻页架（每个架子对应一个想法）已经在会场四周摆好了。引导师邀请大家用脚投票，站到自己认为最有激情想参与其中的翻页架旁边。等大家站好后，如果他们彼此还不认识，引导师就请大家在新的团队里向组员们介绍自己。接着，这些团队迅速投入到工作当中：他们必须想出一个"煽动性宣言"，用以说明如果他们的举措顺利实施，未来将会怎样，必须使用现在时态来表达，用日常的语言，而且用词要大胆。

午餐后，每个团队和相邻的两个团队分享"煽动性宣言"并获得即时反馈。当收集完反馈，团队就要制订行动计划并进行分工。过段时间之后，引导师让这些团队再一次向其他组展示自己的成果以获得反馈，帮助他们整合集体智慧后进行快速迭代。最后，当团队拟订完他们的计划，做好了分工，并确定好下一步行动计划之后，引导师要求他们思考最后一个问题：在全体同事面前，他们已经准备好做出什么样的承诺？麦克风又在组与组之间传递，"这是我们承诺要做的事情。在未来的几周里，你可以期待在我们的工作场所看到这些变化"。

时间到了当天也就是此次厂外工作坊的最后一个环节，所有人都在圆桌前坐下。这两天的主题是关于完整性的，是否有人想分享一下活动的感悟？一阵沉默过后，一位女士举手要了麦克风，她说这次从同事那里听到了那么多的动人故事，现在她开始用一种全新的视角来看待自己的同事和组织。还有一些人强调说他们在自组织的工作坊中感受到了巨大的能量。最后一个人站起来的时候，活动即将结束，但他的分享却留下了最浓墨重彩的一笔：他是来自财务团队的一名员工，他说现在意识到这些年来试图在工作中扮演别人是多么的痛苦，而一想到从现在开始他只需要在工作中做自己，他感到由衷的幸福。

当人们回家的时候，感觉某些东西已经被深刻地改变。实际上，工作坊的主题"如何在工作中更完整地展现自己"在两天的活动中人们就开始践行了。人们共享数百人的个人故事，并且他们越是听到其他人敞开了心扉，他们就越觉得可以放松地打开自己。在所创作的小品、诗词和歌曲中，他们已经冒险地秀出了自己可笑、笨拙或者古怪的一面。他们已经发展出了关于完整性的一系列通用词汇和图像。即使是最初的质疑者也能感觉到一些重要的事情已经发生，而且这并不是纸上谈兵，现在已经有20个计划即将启动实施，这会把完整性嵌入到日常实践中去。

引入与进化宗旨相关的实践

在探讨如何让进化宗旨成为组织内所有人的工作重心之前，我们得确保对这个概念没有误解。这并不只是制定一个也许很快就被遗忘的使命宣言（比如"我们致力于成为国内领先的饰品生产商，不断超越客户的期望，给员工提供令人兴奋的工作机会，并为股东提供丰厚的回报"）。下面是很多人一开始觉得很难掌握的部分：从进化型组织的角度来看，不是你认为组织应该是怎样的和应该怎么做（这是我们用机器范式去思考它，因为一台机器必须被指令要做什么）。相反，你和同事们要去共同感知你们的组织想要展现于世的独特宗旨。要将你的公司看作一个生命有机体，它有灵魂和自己的宗旨。你是否可以听见组织想要成为什么？用合弄制的语言来说，你是否可以与组织的"进化宗旨"共舞？

用最适合你的方式去聆听。可以是简单地在会议上静默地倾听并等待某些东西的浮现。或者你可以用特定的方法（如 U 型理论或欣赏式探询）来引领你逐步发现组织创造性的原动力。

> 在内心深处，每个人都渴望为了服务于世界上的某一个宗旨目的而工作。将组织宗旨目的作为决策重心的做法更容易被由衷地接受，尽管在一开始他们都会对这种方法感到陌生。

也许答案在一次会议中就可以呈现出来。也许要花半年、一年甚至更久的时间才能清晰地浮现。在这个过程中越多的人加入你们，就会有越多的耳朵在倾听，并且那些在倾听的同事会感受到个人与呈现出的组织宗旨之间的联结，接下来他们将率先拥护组织的追求。

一旦你感知到理解了组织宗旨在召唤什么，接下来的挑战就是将其融入到日常交流之中，并用它来为决策提供参考。作为一名领导者，你可以在日常谈话、电子邮件还有会议中反复提及组织宗旨，以个人的角度来分享它为何如此重要；询问人们组织宗旨对他们意味着什么；当同事们讨论一个重要的决定时，提醒他们围绕组织宗旨进行思考；你可以提倡在会议中使用空椅法，也可以尝试改变关于竞争、市场份额、增长或利润的讨论方式（如果组织的发展是为了实现其宗旨，那么竞争就不存在了。增长和利润不是最终的目标，而仅仅是相关的指标，显示了集体朝着组织宗旨努力之后的结果）。你可以使用现有的或者新的沟通渠道去传播——博客帖子、内部刊物的某个专栏、会议室海报、在全体大会上邀请客户分享他们的故事，这些仅仅是众多方法中的一些而已。你可以采取主动（或者更好的是，倡议其他同事采取主动）把组织宗旨融入到招聘、入职和年度考评流程里。

当宗旨已经在组织里扎下了根，当它已经与同事们产生共鸣并成为日常会话里的一部分，你可以开始倡导一些我们在2.4章讲到的更大的变革，例如重新评估营销和产品开发的流程。如果公司已经过渡到自主管理，就可以从预测和控制切换到感知和响应——取消目标管理，并按需要将计划与预算流程减少到最低程度。

在进化型组织的三项突破中，最容易获得同事支持的是那些与进化宗旨相关的实践。起初，对于有些人而言，听到组织可以拥有自己的创造性原动力和方向感的说法，还不一定很接受。但在内心深处，每个人都渴望工作是有目的并有意义的，所以大多数人都会愿意全身心地参与其中。

关于你的组织如何开启进化-青色运营模式的旅程，希望本章能提供一些可供思考的素材。FAVI、AES和合弄制的经验表明，在实践过程中这种转变不可能是有序和线性的。它本质上会是不断迭代的，时而倍感艰辛，时而又令人振奋。

还有一个建议：如果你在组织的转型中发挥着核心作用，那么尽量让自己保持正念的状态。别人会自觉或不自觉地从你的状态中获得什么样的信息呢？什么样的恐惧、渴望和需求在驱动着你？也可以考虑邀请组织内部或外部的某个人作为你的一面镜子，帮助你保持正念。你越是心怀信任、爱与关切，越是头脑清醒、意志坚定，组织的转型就会越容易。

FAVI、AES、合弄制以及其他先锋组织给我们提供了另一个特别的经验：如果 CEO 真心希望组织发生改变，并亲自呈现了适宜的状态，那么转变就一定会发生。可能最初会遇到一些对于自主管理架构和具体做法的阻力，特别是来自高层和中层管理人员的反抗。但可以预期的是，大多数人如果了解并信任 CEO 的意图，那他们将会抓住这个独特的机会，迎接组织的重生！

3.4章 结果

当今支撑大型人类组织的领导与管理思想对于组织成功的限制，就如同 16、17 世纪封建主义思想对经济成就的限制。

——加里·哈默尔（Gary Hamel）

企鹅是既奇特又有趣的生物。它们的腿短得看上去有些不舒服，走起路来不只是蹒跚，而是将整个身体倒向一只脚，然后再倒向另外一只脚，翅膀有时还会借着某种姿势来保持平衡。我们不禁会想造化是如何产生了这么笨拙的动物。但当企鹅从陆地跳入水中，则变成了另外一番景象。它们是极富才华的游泳健将，在水下如此迅速、灵活又欢快，能够以一加仑汽油的能量游动超过 4000 英里（相当于 1 升汽油游动 2000 公里）的距离。没有任何人类机器可以接近这个效能。

我相信就环境的力量而言，企鹅是一个很好的隐喻。我们所在的环境决定了*我们可以展现出多少与生俱来的潜能。人类在每次转换到一个新的意识阶段时发展出的新型组织模式（起初是红色，然后是琥珀色，再到橙色和绿色）都会释放我们的天赋和潜能。今天我们又一次站在了十字路口。尽管在过去的几百年间，现代组织为我们带来了前所未有的繁荣和平均寿命，但我感觉在这些组织里，人类在某种程度上仍然像陆地上的企鹅一样笨拙地蹒跚前行。我们的天赋与潜能受限于各种企业病：政治、内讧、官僚主义、各自为政、沟通不畅和抵制变革等。本书对先锋组织的研究显示，改变环境可以让工作变得流动、愉悦和轻松，如同企鹅在水中的生活状态一样。

过去，每一次新的组织模式变革都会带来组织绩效的巨大突破。进化-青色组织也会带来同样的变化吗？青色组织能否像企鹅的隐喻一样，比其他处于琥珀色、橙色或绿色的类似组织游得更快更远呢？

在尝试回答之前，让我们先暂停并且探索一下这个问题的来源。某种程度上，这个问题来自橙色而非青色视角。当今大部分商业书籍承诺能够帮助读者获得更好的结果（"提高收入、利润和市场份额的秘方"）。同样如果不仅是这里，本书在接下来的每个章节中都以此作为核心诉求，那么书的销量可能会比现在多得多。还记得吗？我们在 1.2 章里讨论过，在进化-青色之前的所有阶段中，人们的行为被外部激励所驱动。如在橙色阶段，成功通常是用金钱、利润和地位来衡量的。

---

* 或者说，极大地影响了。——译者注

　　在进化-青色组织中，人们转变为内在驱动——根据内在的价值观和假设做感觉正确的事情。我在访谈本书所研究的那些先锋组织的创办人与 CEO 们的过程中，证实了这一点：他们不会怀着获得更多成功的渴望而试用新的管理方式。创造一种新型组织模式的驱动力来源于内在，他们想要创造不同，想要在自己喜欢的环境中工作，也想按照个人的世界观来做事。传统的组织运营模式对于他们就是讲不通，这与他们的价值观以及他们深信的关于工作宗旨还有人们如何相互联结的假设相违背，为他们自己或组织赚钱从来都不是关键的驱动力。虽说有些事后诸葛亮，但他们都确信自己创造的新模式会被证明实际上生产力更高。当然这并不是说在进化型组织中效能不重要，它只是因为其他的理由而重要。当我们追求一个意义非凡的宗旨时，我们就需要有效率！从这个基于宗旨的角度来看，进化-青色组织能否真正从结果上带来又一次的突破呢？我们对这个问题怀有真正的兴趣。

　　这个问题之所以重要还有另外两个原因。第一，在青色范式刚刚兴起的世界里，准备创建进化-青色组织的领导人将面临强大的阻力。他们会被告知其选择是危险的，甚至是极其愚蠢的。其他先行者的出色表现（甚至效果极其好）可以带来一些内心的平静。而且，如果从整个社会而非单个组织来看的话，这个问题就显得十分紧迫。爱因斯坦曾说过一句非常著名的话：我们不能指望用制造问题的意识水平来解决问题。如果真是这样，我们就无法通过拥有现代化心智模式的组织来解决由现代化（全球变暖、人口过剩、自然资源损耗及生态系统崩溃）带来的即将爆发的危机。我们对于可持续性未来的最大希望将倚仗这样的一个想法：我们可以从根本上使用更加强有力的方式来解决当今的重大问题。

轶事性证据

从统计的角度讲，本书中的研究并没有为证明或反驳以下论断提供证据：进化-青色组织将实现人类整体绩效的又一次飞跃。从方法论的角度来说，上述的论断总是令人心生疑虑：你将选择怎样的组织作为进化型组织？谁是对照组？你如何提炼出组织模式（战略、技术、市场条件、人才、运气及其他）以外的所有因素？更关键的是：你如何定义成功？盈利性、市场份额还是股价上涨？这些都可以直接测量，但从进化-青色的视角来看，这些都是不太相关的指标。对于进化型组织而言，有意思的问题却是：组织的成就能在多大程度上体现其宗旨？这种变量无法用单一的可测量的数字来反映。

基于相当实际的理由，我担心针对这个话题将很难建立一个理论框架，以至于在这个领域的任何学术性的论断都是可疑的。我们不得不依靠轶事性证据和个人经验来提供答案。本书所研究组织的样本数量只有 12 个，因此无法让我们得出广泛的结论，但尽管如此，它们已经为进化型组织的确能够取得惊人的成果提供了有意义的轶事性证据。[1]本书讨论的第一个公司是荷兰的一家居家照护组织——博组客，让我们再回到那里。博组客最显著的特征之一就是其大规模的增长。该组织从 2006 年创建时的 10 名员工扩张到 2013 年 7000 人的规模，雇佣了荷兰全国社区照护行业三分之二的人员。在一个之前相当稳定的竞争性市场，护士们真的是直接抛弃了传统的服务机构，转投博组客。（这种趋势并没有减弱，在本书写作之时，每个月博组客都会收到 400 份想要跳槽的护士的求职信。）

博组客在财务方面的表现也令人惊喜。2012 年它产出了约占收入 7% 的盈余资金（如果博组客不是非营利组织，我们可以称之为"利润"）。这是非常可观的，因为其爆炸式增长成本非常高：每个新团队在盈亏平衡之前都需要花费该机构 50000 欧元的成本。如果只看那些成熟团队，博组客则有两位数的盈余空间——主要是因为其低廉的日常管理费用和高效的生产力。当增长放缓的时候，这样的非营利组织将非常"盈利"，从而让它有可能颠覆医疗保健行业中的其他领域。

对博组客而言，护理的质量才是真正重要的。增长和稳定盈收的意义在于能够帮助组织服务更多的客户。博组客为客户提供的护理服务的医疗效果是惊人的，2.2 章提到了安永公司（Ernst & Young）的一些研究结果：

> ● 因为帮助客户变得更加自主，博组客平均服务每个客户的时间比其他照护组织少近 40%（当你想到其他护理组织在以分钟衡量治疗"产品"的服务效率时，博组客的护士们却可以从容地喝着咖啡和客户、他们的家人以及邻居谈话，这是多么具有讽刺意味呀）。

- 病患需要照护的时间仅相当于通常的一半。

- 入院人数减少了三分之一，当病人确实需要入院时，平均住院时间更短。

- 社会保障的节约也是非常可观的。安永预计如果荷兰全部的居家照护都采用博组客模式，则社会保障支出将低于 20 亿欧元。按美国的人口比例计算，这个数字将会是 490 亿美元（如果考虑到居家照护只是全部健保成本的冰山一角，那这个数字还是挺可观的）。如果医院都按这种方式运营又会怎样呢？

调查显示，客户和医生对博组客所提供服务的评价远高于其他护理组织[2]，并且护士们对他们所在的组织也是赞不绝口，2012 年博组客连续第二年被评为荷兰"年度最佳雇主"。每当病患和护士以一种荣耀着永恒的人性关怀的关系相处在一起时，一个小小的奇迹就发生了。博组客发现了让这种奇迹在更大范围内夜以继日地持续发生的秘诀。

法国的黄铜铸件厂 FAVI 在 20 世纪 80 年代开始向进化-青色组织模式转变的时候有 80 名员工。其宗旨是在公司所在的相对贫穷的法国东北部创造有意义的就业机会，在这一点上它干得相当不错。所有它

> 太多我们所谓的"管理"实际上只是让人们的工作变得更加困难。
> ——彼得·德鲁克（Peter Drucker）

在欧洲的竞争对手都已经关掉工厂，并已将生产转移到中国，而 FAVI 不但逆势而动，还扩张到了现在的 500 多名员工。其财务表现也非常出色，要知道，FAVI 的主营业务是在竞争激烈的

汽车行业和中国供应商们在竞争。另外它了不起的地方是给工人支付了远高于市场水平的工资（通常的年景里，工人的薪水加上利润分成能够达到相当于17或18个月的工资水平），并且每年可以实现5%~7%的税后利润。这同时也证明了该公司在经济衰退时期非同凡响的韧性。当2008年金融危机演变为经济萧条的时候，2009年FAVI的收入锐减了30%。忠于其模式，但FAVI还是坚持了自己的风格，避免了裁员，并且仍然在萧条期努力达成了3.3%的净利润率。2012年市场对其汽车产品的需求再次大幅下降了22%，但FAVI当年仍以12%的现金流利润收官。

另外还有一个衡量成功的指标：FAVI因其无可挑剔的产品质量和信用而享誉于客户之间。自20世纪80年代中期开始，它没有延迟交付任何一张订单。几年前的一个故事体现了工人们对其业绩纪录的骄傲。有一天，因为一个小的技术故障，FAVI的一个小型工厂生产的零件可能会比承诺的交付时间晚几个小时（如果把长途卡车运输的时间也计算在内），这个团队于是就租用了一架直升机及时地送出了该零件。几个小时后，客户看到一架直升机降落在

> 自我是你损益表中隐形的一行。
> ——D. 马库姆 & S. 史密斯
> （D. Marcum and S. Smith）

自己工厂的场地上，迷惑不解的他打电话给FAVI的CEO让-弗朗索瓦·佐布里斯特，说厂里还有一些库存，其实真的不需要动用直升机。佐布里斯特回答说：租用直升机似乎看上去是一笔巨大的开销，但这是团队成员对自身工作所投入的承诺和自

豪感的一份宣言，为此花的每一分钱都是值得的。

如果按照上面描述博组客和 FAVI 的方式来罗列本书所研究的其他组织取得的成就，那将会花很长的时间，并且最终可能会显得冗长乏味。然而，这两家组织表现出来的真实的状况，在 RHD、升旭液压、海利根菲尔德、晨星和其他组织里面也同样存在。这些组织似乎同时都在加大马力前进。它们为员工提供了茁壮成长的空间；它们支付高于市场水平的薪资；它们每年都在增长并获得了可观的利润空间；在经济低迷时，即使它们选择不裁员也依然能够证明自己的生命力；也许最重要的是，它们都是辅助崇高的组织宗旨在世界上得以实现的载体。

我想强调一个明显的悖论：这些公司的盈利性都非常高，但它们实际上看起来（或者至少从橙色组织的视角来看）非常不在意利润。想想看，它们不会制定详细的预算，也不会在月底的时候将预算和实际进行对比；它们不设定销售指标，同事们也无须获得上级的批准就可以自由调用他们认为必要的任何经费。它们聚焦在需要做哪些事而非利润率，但却获得了一流的利润结果。以晨星为例，它的主营业务是西红柿加工，属于大宗商品市场，行业的利润相当微薄，但晨星却盈利良好，以至于从一辆卡车的生意成长为全球最大的西红柿加工巨头的过程中，全部都是依靠自有现金流和银行贷款，没有寻求任何的外部资本注入。海利根菲尔德也是依靠自身的盈利作为融资手段来成长为精神卫生医院网络的。升旭液压获得的毛利率在 32%～39%，净利率达到了惊人的 13%～18%，这更像是软件公司而非制造型企业的利润水平了。

　　所有这些证据都是个别的故事，并没有统计意义上的有效性；但毋庸置疑，它们显示了进化型组织至少可以取得与运营最好的传统企业一样的成就。无论其他人会怎样说，和自己的组织一起开始进化之旅的领导者并非是在愚蠢地冒险。相反，有很好的理由能够证实：通过拥抱进化-青色的架构和实践，领导者能够取得原本难以企及的成就。当然，这些突破是否能够推动我们在社会的层面实现一个可持续的未来，只有时间才能够说明一切。

突破性业绩的驱动力

　　怎样才能解释这些先锋组织所取得的惊人业绩呢？回答这个问题可以有多种不同的方法。我们当然能够指出进化型组织的三大突破：（1）当每个人而非只是高层的少数人都变得强有力的时候（自主管理），力量是倍增的；（2）人们在工作中能够更好地展现真实的自己（完整性），因此就能够更加智慧地运用力量；（3）当人们能够将自己的力量和智慧与组织的生命力融为一体时（进化宗旨），事情就会自然而然地发生。

　　另外一种看待该问题的方法就是从能量的角度来进行推理，因为生活中的一切最终都可以归结到能量。在向进化-青色的组织架构、实践及文化转型的过程中，许多之前被压抑或无法利用的巨大能量被释放了出来，而且进化型组织会以更清晰智慧的方式利用这些能量，将其导向建设性的结果。这个视角可以帮助我们清晰地解释这些组织取得惊人业绩的具体的驱动力。

释放之前未被利用的能量

● **通过宗旨**：当人们发现有比自己更高的宗旨时，个体的能量会被激发。

● **通过分权**：自主管理可以带来巨大的激励和能量。我们不再为老板工作，而是开始为了满足自己的内在标准而工作，这将是一个更高更费力的标准。

● **通过学习**：自主管理提供了持续性学习的强烈动机。学习的定义同时被拓展到除了技能，还包括内在发展和个人成长的整个领域。

● **通过更好地利用才能**：人们将不再为了获得职业上的发展而勉强担任不匹配自己才能的管理性岗位。流动的角色安排（将取代预定的职位描述）能够让能力更好地匹配工作角色。

● **在自我膨胀方面浪费更少的精力**：更少的时间和精力用于试图取悦老板、排挤竞争者获得升迁、保护小团体利益、争抢地盘、保持自己的一贯正确和表现良好、把错误归咎于他人等。

● **浪费更少的能量去合规**：在自主管理的情况下，老板和职能部门之前利用他们可怕的能力创造出来的无用的管控机制和汇报要求将彻底消失。

● **浪费更少的能量开会**：在金字塔架构中，每个层级都需要通过会议来聚集、汇总、过滤和传递信息，这是行政管理系统上传下达的方式。在自主管理的组织架构中，对于此类会议的需求几乎彻底消失。

以更加清晰智慧的方式利用和导引能量

●**通过更好的感知**：在自主管理的情况下，每名同事都能够感知到周围的现实并以此来行事。信息在到达决策者之前不会因为层层传递导致任何的损失或过滤。

●**通过更好的决策**：运用建议流程，合适的人在合适的层级上根据有经验的相关同事提供的建议做出决策。决策的形成不仅仅通过理性思维，也包含了情感、直觉和审美的智慧。

●**通过更多的决策**：在传统组织中，众多的决策堆积在高层，形成了一个瓶颈。而在自主管理的组织架构中，随时随地都在做出成千上万的决策。

●**通过及时的决策**：有个常讲的故事，渔夫感觉到池塘某个地方有鱼出没，而此时老板命令他去抓苍蝇，鱼就这样跑掉了。

●**通过与进化宗旨保持一致**：如果我们相信组织有其自身的方向感和进化宗旨，那些依据宗旨做决策的人在扬帆起航时就会有进化之风在背后助他们远行。

还有一种方法来解释进化型组织取得的成就：它们不是依靠人类意志的力量来驱动的，而是靠了更加强大的进化的力量，这是生命本身的引擎。进化是一个强大的过程，能够产生难以预测的美和复杂性，而这些并非通过宏大的设计，而是通过不屈不挠的小规模的并行的试验来实现的。进化不是一个自上而下的过程。每个人都被邀请、都被需要，共同来为整体做出贡献。在生命的生态系统中，每一个生命体（每个细胞、每个有情众生）都在感知它的环境、与其他生命和谐共处并探索新的道路。解决方案会被快速迭代；行不通的被快速舍弃，适用的会迅速在整个系统中传播。生命一往无前地召唤更多的生命、更多的美丽、更多的复杂性以及更多混乱中的秩序。当我们与生命同行并且不试图强加自己的意志时，我们就可以走得更远。

> 在一种范式中非常困难或是不可能的东西在另一个范式里也许会变得非常容易甚至微不足道。
>
> ——乔尔·巴克（Joel Barker）

迄今为止，我们一直都在沿用僵硬的模板运营组织，害怕进化的混乱无序与不受控的特性。或许我们已经准备好做一次大的跨越；准备放弃控制生命并将其塞进我们事先设计好的狭隘计划的企图；准备打开生命之门；准备邀请进化——这个生命释放出来的最强有力的过程——来驱动我们集体的事业。

3.5章 进化型组织与进化型社会

> 对于未来，我们唯一知道的就是它会有所不同。企图去预测未来，就像试着在夜晚没灯的乡间小路心怀忐忑地盯着后视镜开车。预测未来的最好方式就是去创造它。
>
> ——彼得·德鲁克（Peter Drucker）

在历史上，随着每一次意识的进化（从红外、品红色到红色、琥珀色，再到橙色、绿色），人类社会的基础也跟着转移：包括技术经济范式（从狩猎采集到园艺、农业、工业到后工业）、社会秩序与政治治理（从团伙、氏族到原始帝国、封建文明，再到民族国家、超国家机构），以及宗教−精神秩序层面（从神灵崇拜、制度化宗教到世俗主义）。举例来说，在向琥珀色转换时，人类进入了封建农耕文明及制度化宗教。到橙色时迎来了科学和工业革命，与此同时产生了自由民主、民族国家与世俗主义。最有可能的是，当我们向进化−青色社会转型时，我们可以再度期待人类文明基础的根本性改变，这将是一次涵盖经济、科技、政治与灵性的彻底变革。

有些学者已经设计出了衡量个人发展阶段的方法。他们所收集的样本显示，拥有进化-青色世界观的人群所占比例还是非常小，在西方社会有 5% 左右。然而，如果我们相信进化的过程始终有一个方向，人类意识正在适应愈来愈复杂的世界，那么大部分人转换到进化-青色的时刻终将会到来。

但在当今我们所生活的现实世界里，大多数人仍然是透过琥珀色、橙色和绿色的镜头来看待周遭的人和事物的。本书所探讨的这些组织是全新的未知领域里真正的开路先锋，它们让人看到了未来的可能性。在今天描绘进化-青色组织，就像面对20 世纪初戴姆勒、奔驰及福特的车型来描绘现在的汽车一样困难。早在那个时候，有先见之明的人已经预见到未来是属于汽车的，因为当时的车型已在很多方面超越了马车。然而随着汽车数量的增长，开始出现了动态的发展，即汽车的增加推动了社会基础设施的改变（柏油路、高速路、加油站、郊区和大型购物中心），这些变化又影响了汽车的设计（更长的里程性能、防风防雨功能、更好的悬挂以及防撞安全性）。进化型组织的发展也会如此吗？假如社会上大部分的人都转化到了进化-青色阶段，进化型组织的模式是否会进一步演变，从而超越目前这些先行者所能做到的呢？

推测未来是件棘手的事，我最好还是遵从德鲁克的话："对于未来，我们唯一知道的就是它会有所不同。"但我发现自己很难抗拒这个诱惑。我相信至少在股东关系及组织边界这两个特别的领域，已经有相当多坚实的理由预示着进化-青色组织的模式将会演化出超越本书第二部分所描写的状况。

进化-青色社会的可能面貌

许多思想家（未来学家、经济学家、生态学家、神秘主义者）都试着预测过社会可能（一定）会如何演变。有些人的推测是基于已经发生影响的趋势（例如资源枯竭），有些人则根据我们已经知道的进化-

> 愈来愈多的人了解到：这不是个危机，而是一个周期的终结。
> ——让-弗朗索瓦·佐布里斯特

青色人群的世界观及行为方式（比如说，对消费主义的新态度）来进行预测。预测的程度从相当确定到纯属猜测，当然还有唐纳德·拉姆斯菲尔德（Donald Rumsfeld）*所谓的"未知的未知"，而这很可能会干扰最合理的预测。现在，让我们来看一下最合理且被广泛认同的预测，什么是未来进化型社会的可能面貌呢？

零增长与闭环经济

越来越多的人开始接受这个曾经备受争议的观念：未来召唤一个经济零增长的社会。一个资源有限的星球无法承载无限的增长（经济学家、神秘主义者兼和平运动者肯尼斯·博尔丁Kenneth Boulding 曾打趣说，"任何相信在有限的世界里可以追求

---

* 美国国防部前部长。——译者注

永久的指数型增长的人，不是疯子，就是经济学家"）。不论我们对石油或天然气挖掘得是否够深，总有一天它们会枯竭，并且我们也在迅速甚至是加速耗尽其他重要的矿产资源。例如，据预测人类将分别在 12 年、15 年、30 年内耗尽现有勘探储量的银、锌和镍。尽管土地和淡水资源在持续减少，我们却仍然不断对其进行着污染。我们别无选择，最保险的方法就是设想未来社会（以及进化型组织）以理想的闭环经济来运作，即零浪费、零污染以及 100% 可回收。

替代性消费

零经济增长并不意味着没有增长。这个时代的悲剧是我们错把增长当成繁荣。进化型社会的 GDP 可能是零甚至是负增长，然而在情感、关系以及精神上都将更为丰盛。在这些领域里，我们可以追求增长却不用担心撞了南墙。

基于我们对进化-青色人群的了解，我们可以安心地预测当青色社会回望当今世界时，会发现惊人的盲目消费。现今的许多产品广告都在利用我们小我的恐惧：买这个产品你就会更受欢迎、更成功并且更美丽。当人们更多地由内在而非外在驱动时，可以合理地推测很多产品将失去市场。我发现下面的游戏既好玩又富有洞察力：当我走过一个购物中心或坐在电视机前看广告时，有时我会问自己："哪一个产品仍会在进化-青色社会中出现？"如果你试着做这种练习，你可能会发现答案令人吃惊。（我发现很有讽刺意味的是，广告或购物中心本身可能也在牺牲者之列。）在向进化-青色转型时，某些产业很有可能会整体消失，因为只有这样才能帮助我们减少生态足迹。我们也很有可能见证其他领域的活动如雨后春笋般地发展起来，比如那些注重我们身心灵健康的"高触感"服务。

现有产业的重生

新的世界观还将改变某些最基本的人类活动，包括食物的生产方式、孩子的教育、对病患的照顾、正义的传授等。集约农业会被一些先进的有机农业所取代。在教育领域，目前对学习的狭隘定义（分析性的左脑）将被涵盖身体、情感、人际关系、自然以及精神等领域的全人教育所取代。今天绝大多数的中小学和大学仍然采用批量生产的模式来塑造学生，未来这很有可能会被彻底再造，届时学生们将参与共创属于他们自己的独特学习旅程。我们可以合理地推测，医院和医疗体系也将发生根本性的转变，因为它们在医疗保健中融入了心灵的维度并整合了最好的传统及替代疗法。司法部门及监狱系统目前依然大多卡在琥珀色阶段，甚至有些还处于红色阶段。青色的司法系统会是什么样的呢？也许到那时，犯错不会招来惩罚，而是要求当事人做出修复，并将之视为一份成长的邀请。

替代性货币体系

我们目前以钱生息的方式需要持续性的增长才能维持其价值。许多有前瞻性思维的经济学家相信，一个零经济增长的社会必须发明出零息或负息的新货币（其中一些已经在小规模地试验）。货币体系对我们今天的生活方式具有如此根本性的作用，以至于我很难想象将来会有完全不同的货币形式。零息货币的社会或经济会是什么样子？或是负息，甚至金钱在不使用的时候就没有价值那又会怎样？在进化-青色阶段，对丰盛的信任取代了对匮乏的恐惧。这是否意味着我们将进入到一个世界，在那里，从个人层面上我们不再继续大量贮存财富来防患未然？我们可以想象一个社会，在那里感到安全并非由于藏匿的资产，而是因为相信在公民关系的坚实网络中我们会照应彼此的需要？这样的经济制度能否协助我们不会为未来担忧，而是能全然地生活在当下？

> 真正的富裕不在于储备大量的现金或食物……而是能归属于一个社区，在那里我们可以把物品给别人，同时当我们需要的时候也可以从别人那里获得。
>
> ——帕克·帕尔默

保管权

所有权的概念一直是红色、琥珀色、橙色和绿色社会的重要支柱之一，而它在青色社会里可能会被重新检验。在一个闭环的经济世界里，拥有土地、原料或者机器等寻常的物品对个人或组织是否仍然有意义？一台机器是由各种有价值的原材料所造就的，而这些原材料又是从地球中萃取并使用了大量的能源精炼而成。然而要将其制造成一台有生产力的设备还需要花费更多的能源及人类的精工巧思。当不需要它的时候，一家工厂可否能简单地决定丢弃或是让它在尘封的角落中锈蚀？该工厂是否真的可以声称拥有这台机器？我并不是建议要回到采用公共所有权的氏族及部落年代。在进化的过程中，很难从过往的范式中发现答案，但我们或许能借鉴保管权的概念发明某种超越集体和个人所有权的新理念。一家工厂只要能善用该机器，就可以获得专有使用权，这个权利也伴随着机器保养的责任；当不再需要它时，哪怕还要支付些费用，也要确保将机器转交给下一个保管人以使它再度被有效利用。

全球社区

　　未来的能源价格是个很大的未知数。自从工业革命以来，廉价的煤炭、石油和天然气推动着人类惊人的增长与繁荣。不幸的是，我们变得如此依赖化石燃料，以至于将很快耗费殆尽这些资源。总而言之，短短 200 年间，我们将用完历经数亿万年化石作用所形成的能源储量。有些人相信人类的智慧终究能

及时地突破瓶颈，从而持续地获取源源不断的低廉能源（比如核聚变或更加高效地获取风能、太阳能及地热能）。

> 社区并不只是创造富足——社区本身就是富足的。如果我们能从自然世界学到这个等式的原理，人类世界就有可能发生转化。
>
> ——帕克·帕尔默

其他人则预见未来能源成本将大幅提高。而在这种情况下，由于我们无法负担运输成本，所以在更大范围内会再次需要人工劳动力，经济活动和食物生产也将会大量本地化。曾因（成就-橙色）工业社会的到来而被逐渐侵蚀的社区生活有可能会被重新塑造，以此回应能源危机的需要以及进化-青色人群对深度与有意义的人际关系的渴望。与此同时，通过现有的科技（互联网及社交网络）或是尚待开发的科技（世界通用的即时翻译？增强现实感的视频会议？心灵感应？），我们可以远距离与他人互动而不需要旅行，友谊与兴趣网络有可能真正地走向全球化。

这将会产生一个奇怪的悖论：未来的社会也许会变得既更为本地化，又更加全球化。

工作的终结

自工业革命以来，机器逐渐取代了人力和马匹。我们正面临工作消解与创建的新浪潮，这不仅冲击着常规的工作，也影响到了认知及创意型工作。先进的机器人与人工智能（包含机器学习、语言翻译、语音模式辨识软件）似乎已发展到了引爆点，甚至许多中等收入的职业也开始被淘汰。

旅行社已被自动化的网站大量地取代，银行职员也被 ATM 自动柜员机所取代。律师们开始坐立不安，因为聪明的算法目前已能自动搜索案例法，评估手头问题，并对结果进行总结；软件已经展现出比律师或专职助理更加低成本且彻底地完成法务审查的能力。在美国经过 13 年的大学教育和实习，放射科医生每年赚的钱能超过 30 万美金，现在也是类似的处境。自动模式识别软件可以用很低的成本完成更多的肿瘤切片扫描及 X 光影像。先进的无人驾驶汽车技术在未来将很有可能让我们不再需要货车及出租车司机（如果我们还有驱动发动机的燃料）。

社会可能会进入一个新的阶段，我们需要愈来愈少的工人去生产及发送所有消费的产品及服务。以零售为例：现在的网站已经可以凭借算法来建议我们购买许多我们可能会喜欢的东西而不需要人工介入。仓库很快可能将完全自动化，并且由自动驾驶的卡车在当天完成包裹的递送。有些人惋惜工作的消失，然而这种视角却无法看到进化所带来的意义。迄今为止，绝大多数的人为了谋生，不得不做一些让人很难兴奋的工作。历史上第一次，我们可以展望未来所有人，而不只是少数的幸运儿，可以自由地追随个人的使命，活出充满创意的自我。

进化型民主

众所周知，民主是在橙色与绿色的世界观中涌现出来的。进化-青色的社会治理将尽一切可能发动更多公民的参与以深化民主的进程（比如在行政与立法的各层级政府机构中运用众包的技术），并且我们也许会找到一些方法，能将人类的决策建基于世界进化的方向之上；同时，我们还可以找到方法来倾听周遭的世界正在召唤什么，而不是把人们的需要简单地投射给这个世界（这是民主的基本前提）。

灵性重现魅力

传统（琥珀色）社会固化的宗教信仰体系受到了现代（橙色）科学与唯物主义的挑战。作为回应，不少人带着过度的情感与狂热紧抓着传统的世界观，导致我们今天在世界各地经历了许多宗教、教派以及种族的暴力事件。有的人将此解读为宗教复兴的信号，然而从发展的角度来看，这些也许只是当社会进入下个新阶段时琥珀色力量逐步衰减的征兆。

在进化-青色阶段，人们既不满足于宗教的教条（琥珀），也不会止步于现代（橙色）过于唯物主义的视角。他们往往通过个人的体验和修炼来寻求合一与超越。这也为青色社会提供了一种不同的视角，即通过去宗教化的灵性来疗愈过往宗教带来的分裂，并让现代性的物质化世界重新展现出新的魅力。

崩溃还是渐变？

只有时间可以告诉我们这些预言能否以及何时成真。对于以进化-青色的镜头看世界的人来说，虽然目的地看上去很诱

> 成长有其自然的速度，这是一种与宇宙扩张相协同的速度。我们目前对增长的需求不仅无法持续，还会引发大自然平衡机制的失调。我们能否有意识地促进这个平衡，还是只能让宇宙来平衡我们？
> ——诺曼·乌尔夫（Norman Wolfe）

人，但我们如何能够抵达才是更加伤脑筋的事。我们会毫发无伤地通过这个过渡期吗？还是会遇上船难，撞上一次文明的崩溃？对于人类

而言，面对如此完美风暴般的复杂困境是史无前例的，任何一个困境本身都足以造成人类生命的普遍衰退：气候失调、动植物以及人类赖以生存的生态系统的加速破坏、土地退化、海洋酸化、稀缺资源（化石燃料、矿产与地下水）的耗竭、化学污染、核战争，以及全球性的传染病。这些都是定时炸弹，有许多引爆的时间最长也只有二三十年。与此同时，据预测世界人口至少还要增加 20 亿，从而给上述困境增添了更大的压力。

大规模灾害的发生已经显而易见。贾里德·戴蒙（Jared Diamond）在他的著作《大崩溃》（*Collapse*）里回顾了那些由于人为的环境恶化最终造成社会崩溃的案例。玛雅文明曾经盛极一时，公元 900 年时至少有 300 万人，而当 1524 年科尔特斯（Cortez）* 抵达时已丧失了其 99% 的人口，锐减至 3 万人。复

---

* 西班牙探险家。——译者注

活岛由一个人口稠密而繁荣的社会演变成不适宜居住的不毛之地。我们想知道，复活岛的岛民们怎么会如此地滥伐森林以至于剥夺了自己的未来？然而再一次，仅仅经历了一个多世纪的现代化生活，95%的大型鱼类、75%的森林以及50%的石油就消失了。

我们已经没有太多的时间了。我们的惯性思维倾向于把趋势认为是线性的，因此我们往往无法理解形势的紧迫性。人类在地球上的需求增长就像我们的经济，如同复合利率一样呈现出非线性的指数型增长。要体验在非线性的指数变化里时间是如何变短的，不妨想象把一滴水放到你的掌心中，然后每一分钟让水量加倍，6分钟的水量就足以注满一个妇女缝纫时手戴的顶针，那要多久能灌满一整个体育场呢？只要50分钟！而就在5分钟前，该体育场还有97%是空的，让人感觉仍有大把的时间去寻找解决方案。当然我们没有立刻将GDP翻倍，但以目前的增长率计算，中国每10年的GDP及所消耗的资源就会翻一番。这个星球无法承担目前我们的需求，更不用说是这种持续翻番的速度了。

越来越多的人认为，光凭技术本身并不能拯救我们，而是需要一种意识上的转变。能有足够多的人及时完成这个跨越吗？我们可以抱有一些希望，因为实际上意识的增长速度也是指数型的，人类以更快的速度移动到下个阶段：每个新范式的半衰期似乎愈来愈短（参考第51页的图）。千禧一代也带来了新的希望：以前，人们大多要到40或50岁左右才会转移到进化-青

色的世界观，而愈来愈多的千禧一代在 20～30 岁时就已经转变
了。看起来我们已经越来越做好准备并且渴望改变。在小范围
内，荷兰的居家照护组织博组客给我们带来了充满希望的案
例——荷兰的整个居家照护行业在不到 10 年间就由橙色顺利转
变为青色。这更加证实了哈佛经济学家肯尼斯·罗格夫
（Kenneth Rogoff）所言不虚："系统通常维持的时间比我们想的
要久，但最后它们崩溃的速度也快得超出我们的想象。"

青色社会中的进化型组织

本书第二部分所描述的进化型组织模型源自一些在琥珀色
与橙色所主导的世界里努力实践的先行者们。让我们暂时假设
之前对未来青色社会的预测已经部分实现了。那么青色社会能
否唤起进一步的创新，并且超越我们今天所观察到的先锋组织？
至少在两个领域内，我相信组织模式可以进化出超越性的形式。

股东关系

如同第 2 章所述，进化型组织模糊了营利与非营利的界限。
两者都服务于进化宗旨，并且最终它们都有可能吸引剩余基金
（利润）。不同的是：非营利机构会将所有盈余投入于达成更多
的进化宗旨，而营利组织则可能将部分的盈余返还给投资者。

现在让我们想象一个不同的社会和货币体系：人们不试图
积累财富，并且所有权让位给了保管权。在这样的环境下，非
营利与营利组织的界限变得完全模糊了。我只能推测所有权结

构（或更精确地说是保管权结构）意味着什么。看起来可能会像这样：也许所有组织都有保管人，而不是今天的股东（营利机构）或捐赠人（非营利机构）。保管人可能会为他们真心喜爱的某个宗旨贡献现在不需要的余钱。未来将没有自动分红，而可能形成一种默契，即当某人遭遇难关时，组织可以尽其所能，按此人的贡献比例或其投资所产生的盈余来支持他。这种方式在组织间也同样适用，它们可以分配多余的资金给其他有相同宗旨的组织。最后，这种保管人体制将在人与组织之间交织出相当紧密的有弹性的网络，能够做到在彼此需要的时候相互支持。过往营利与非营利的二分法以及投资者与捐赠人的概念将会消失。

宗旨与渗透型组织

当今的组织都是相当局限的单元，很容易在其四周筑起一堵墙以示区分。只要取得了资产、办公室、工厂和工资单上的所有员工，你就拥有了一个组织。目前传统的组织以及本书所研究的先锋组织都是如此，然而我不知道当人类转型到青色社会时是否还将适用。

有案例表明，越多的人在生命中拥有个人的核心宗旨，就会产生越多的渗透型组织。今天的全职雇员是标准的合约关系，它绑定了员工与组织。这个安排非常缺乏弹性，但它给雇主与员工提供了一种掌控未来的安全感。即便工作并不令人满意，不过它还是能按时发工资，这在不确定的时候可不是件坏事。

当人们转移到进化-青色阶段，通常已经调服了自己想要控制未来的需要而学会信任未来的丰盛。与追求真正的意义相比，全职雇佣带来的安全感变得不再重要。他们已经准备好（有时是积极开心地）成为自我雇佣者、自由职业者或是做兼职。他们重视可以根据生活中的不同承诺分配个人时间的弹性。进化－青色组织能够更轻松地包容这种弹性。如果需要减少工作时数，只要你有办法移交之前自己对同事的承诺，就完全不需要经由人力资源部或是管理层批准。如果你想要回来并工作更多的时间，你也可以与同事们探讨有什么新的角色或承诺是你能胜任并且可以为组织带来额外的价值。

人们也许不只是减少或增加他们全职工作的时间。他们可能会在雇佣（全职或兼职）和自由职业之间转换；或者可能在其他的时间选择做志愿者，捐赠资金，甚至暂时不加入任何组织，等过段时间再回来；当然也可能会是某种上述形式的组合；另外还有人们花钱去当志愿者的例子。[2] 当人们可以参与这么多不同的能力活动时，组织的界限就变得模糊了。

组织间的边界也可能变得更具有渗透性。现今，同行业的公司之间彼此会保持一定的距离，视对方为竞争者。即使在非营利机构也有竞争的意识心态，因此当它们的宗旨需要彼此合作时也会困难重重。这样的竞争意识让它们无休止地纠缠于治理及权力问题，费尽了心力。什么样的架构可以协调大家的付出？选举权该如何分配？谁的理念会占上风？谁又当上哪个委员会的主席？

比起服务于组织，进化型组织更看重服务于宗旨，这就为组织间的跨界协作打开了新的可能性。如同天空中的鸟群，人们可以暂时合力共事，然后再解散。某个组织可能会因为一个项目而加入另一个组织；一个团队可以决定临时或是永久地转入另一个组织；某公司可能和另一个组织分享或者转赠自己的智力资本及某些资产。

博组客在跨国扩张的初期，便很好地展现了这种灵活性。一年前，一名在荷兰博组客工作的瑞典护士决定返回家乡，她请求博组客帮助自己在那里成立一支团队。这个荷兰组织就在瑞典设立了一个非营利的分支机构作为组建团队的法人实体。来自欧洲、亚洲、美洲十几个国家的人也曾找到博组客，请求协助他们依照荷兰的成功模式在当地设立机构。若斯·德布洛克往往是上述洽谈过程的第一联络人，他总是非常热心地提供协助。当地机构是悬挂博组客或是其他的旗帜对他来说都不是问题，因为宗旨优先，比权力及治理的安排更重要。德布洛克展望了一个围绕共同宗旨而结盟的护士网络，无论参与其中的法人实体有哪些：

> 合作伙伴做得越多，我们就越能扮演引导的角色。他们可以使用我们开发的IT系统并根据自身的环境进行调整。对我而言最重要的是，我们埋下了将来会长出美好事物的种子。若是能涌现出全球性的护士网络，我觉得是一件非常美妙的事。在这个网络中世界各国的护士都可以互相交流。每一个国家都有自己的专长，全世界的护士都能用互相能理解的术语来思考。他们想为患者提供最好的服务。[3]

可以想象，未来人们聚在一起的本质将是进化的宗旨而非组织。一个特定的宗旨会吸引人们，而组织则根据当下的需要来流动并改变其排列组合的方式。人们以不同的身份（全职、兼职、自由职业或志愿者）联结在一起，而组织间的联合或解散将取决于哪种方式在当下可以最好地服务于宗旨。届时，组织的界限可能会很难被追溯，甚至组织这个概念也变得不那么重要了。

创造未来

推测未来可能是有趣的，不过德鲁克的话也有其智慧：**预测未来的最好方法就是去创造它**。由于研究者和心理学家的努力，我们能够更好地把握正在涌现的意识新阶段，从而帮助我们去创造不同的未来。在进化-青色阶段，我们超越小我而寻求完整性，将内在生命（情感、直觉及灵性）看作可贵的学习领域；我们用内在而非外在的标准来定义什么是一种好的生活；我们视生命为一个逐渐展开的旅程，尝试着将生活建基于对丰盛的信任，而非对匮乏的恐惧；我们也将通过对极性与悖论的推理来超越现代性的非此即彼的思维模式。

这样的世界观势必会催生出新的工作方法。许多人感知到目前我们的组织运作模式是非常局限的。我们将创造出更好的方法，因为有太多的生命以及人类潜能在等待盛放。大约 20 年前，玛格丽特·惠特利（Margaret J. Wheatley）与迈伦·凯尔纳-罗杰斯（Myron Kellner-Rogers）合著了一本预言未来组织方向的书《一条更简单的路》（*A Simpler Way*），里面有这样一段：

> 有一条更简单的路径来组织人类的努力，它只是需要一种新的存在方式，要求我们无所畏惧地存在于这个世界，在其间玩耍并发挥创意。存在于可能性的追寻，愿意学习并能享受惊喜。
>
> 这条用来组织人类努力的更简单的路径需要一种信念，即相信世界本身是有序的。世界会寻求相应的组织，不需要我们人类去组织它。
>
> 这条更简单的路径召唤出我们最好的可能性，它让我们更乐观地从不同的角度去了解人性；它认为我们是充满创意的；它承认我们对意义的追求；它让我们不要那么严肃，但对工作及人生更有使命感。它没有把游戏与存在的本质相分离……
>
> 我们被教导着看到的这个世界异化于我们的人性。我们被教导着把世界看成一台巨大的机器，但我们发现里面没有人。我们的想法也变得愈发奇怪，我们把这个关于世界的图像转而投射到自己身上，竟然相信我们同样也是机器。
>
> 因为我们无法在头脑创造的机器世界里发现自我，所以我们在世界上的体验就是疏离与恐惧……恐惧导致控制，我们想驾驭和控制一切。我们试过了，但还是无法停止恐惧。错误威胁着我们，失败的计划摧毁了我们，无情的机

械化力量要求绝对的服从。几乎没有空间留给人文关怀。

但这个世界并不是机器。它是活生生的，充满了生命及生命的历史……即使我们曾通过机器的隐喻进行了尝试，但生命依然无法从这个世界上抹去……

在这个世界上，倘若我们可以展现出完整的人性，那我们会有能力做些什么？如果我们可以自由地玩耍、实验及探索，可以对失败无所谓，那我们又能创造什么？如果停止结构化这个世界的尝试，我们可能会成就什么？如果我们按照生命的自然倾向去组织彼此的合作，我们又可能会成就什么？如果我们发现了一条更简单的路，我们将会成为谁？[4]

这本书在深思的是，如果我们能够根据生命和大自然给予的启迪而不是机器的模板来打造组织，那将会创造出什么样的可能性呢？感谢这些不同凡响的先行者——博组客、RHD、晨星、海利根菲尔德、AES、FAVI，以及合弄制等组织（仅列举了其中的一部分）的创始人，如今我们向前跨出了一大步：因为我们已经拥有了如何将这些思考付诸实践以及如何塑造真正有灵魂的组织的洞见。也许是第一次，那些能够创造使命感与活力的组织架构、实践与文化同时汇集到了一起，并且我们幸运地掌握了它们。

当然，一切还都刚刚开始，本书绝不可能完整回答关于这种新的组织模式的所有问题。当更多的人和组织开始追随先锋们的脚步时，他们会进一步地拓展边界、发明新的做法以及试验新的方向，所有这些都将丰富和完善我们对新模式的理解。

　　许多人想帮助建立更多的进化型组织，这本书希望能成为一份鼓舞人心的指导手册，但这并不意味着书中的建议是规定性的，你不是在阅读

> 我们自己就是我们一直在等待的人。
> ——纳瓦霍部落巫医
> （Navajo Medicine Man）

一张必须严格执行的架构与做法的清单。我已经不再相信现在还需要用设计机器或建筑的方法（客观地说是从外在的角度）来构思或塑造我们的组织。我们可以从这些先行者身上获取灵感，从而在组织里唤起一种新的存在方式和新的运营模式。这些先行者的实践证明，我们完全可以创造出更多产、更有灵魂和使命感的公司、非营利机构、学校和医院，在有些时候我们甚至可以转变整个产业。我们在这里呈现的是一个等着被效仿和扩散的现实，而不是某个理论模型或乌托邦式的想法。我希望先锋们的实例会启发和鼓舞你与更多的人一起加入他们的行列。

　　这是一个非同寻常的时代，有时候我都迫不及待地想看到未来会带来什么。借用惠特利与凯尔纳–罗杰斯的话，我只是好奇：在这个世界上，倘若我们可以展现出完整的人性，那我们将有能力做些什么？

——附录——

附录 1 研究问题汇编

前面的引文部分精要阐述了为呈现本书内容所用的研究方法，我们以不同的深度分析了 12 家组织，从而了解了它们在管理与合作领域中的开拓性实践。所设计的研究问题分成两个部分：第一部分包含 45 个与基本的商业实践及流程相关的问题，用来了解这些先锋组织的日常运营；第二部分涵盖了 27 个关于过去与未来的问题——新型组织模式产生的条件以及持续按照新模式运营的关键因素。

研究问题（第一部分）：架构、流程与实践

针对以下的每一个实践与流程（共 45 个）：你感觉自己所在的组织处理这些问题时在哪些方面（包括行动或意图）不同于行业内的其他组织？

关键组织流程

1. 宗旨与战略

例如：用什么样的流程来确定宗旨与战略？参与人员都有哪些？谁会来感知何时需要回顾宗旨与战略？……

2. 创新（产品开发、流程开发、研发）

例如：有哪些培养创新的做法与流程？参与人员都有哪些？谁来筛选和决定哪些创新能够获得关注和融资？……

3. 销售

例如：销售策略是什么？由谁负责？目标和激励措施是什么？……

4. 市场营销与定价

例如：应用了哪些市场营销理念和做法？对客户需求的理解如何？如何确定所提供的产品或服务？如何定价？……

5. 采购与供应商管理

例如：谁负责采购？供应商选择标准是什么？与供应商是怎样的关系？……

6. 运营（生产、制造、后台支持部门……）

例如：应用了哪些运营的做法及方法论？在成本、质量、持续改进、外包方面所强调的重点是什么？……

7. 环境足迹

例如：如何分析和追踪对环境的影响？为了减少组织对环境的影响，相关的决策是如何做出的？……

8. IT

例如：IT 系统是如何支持组织宗旨的？选择了什么样的平台和架构体系？……

9. 售后

例如：售后如何支持组织宗旨？由谁负责？……

10. 组织学习与变革

例如：组织学习的实践有哪些？用以支持组织拥抱变革吗？……

11. 预算与管控

例如：如何制定和跟踪预算？有哪些管控和审计措施？如何进行风险管理？……

12. 投资

例如：年度投资如何排序和审批？管理层的哪一级可以使用多大额度？……

13. 融资与筹款

例如：组织是如何得到资金的？在出资人参与组织宗旨方

面有哪些做法？集资和组织目标之间的利益权衡的决策实践有哪些？

14. 报告和利润分配

例如：用于追踪组织业绩是否良好的最主要的指标与底线有哪些？向谁汇报哪些内容？在利益相关者之间进行利润分配的流程是什么？……

15. 执行委员会与董事会治理

例如：在执行委员会和董事会层面有哪些治理、会议和决策的做法？……

人力资源

16. 组织架构

例如：总体的架构是怎样的（单元、层级、汇报线等）？中央职能部门的规模与角色如何？……

17. 项目团队与任务小组

例如：采用哪些项目或团队管理的做法？谁决定项目组成员？如何在不同的项目之间分配资源？……

18. 招聘

例如：招聘的做法有哪些？谁负责招聘？标准是什么？……

19. 上岗

例如：新同事在加入组织、了解组织宗旨与他们的工作角色方面是如何获得支持的？……

20. 培训

例如：提供哪些培训？哪些是必修的，哪些是可以开放申请的？谁是教员？……

21. 教练与辅导

例如：谁是教练，谁又是被教练者？有什么样的预期？使用什么样的培训和模型？……

22. 团队与建立信任

例如：团队中的信任程度如何？如何支持团队发挥最佳状态？……

23. 反馈、评估和业绩管理

例如：有什么样的反馈文化和做法？谁为谁提供反馈？有哪些正式和非正式的评估机制？谁负责进行评估？良好或不良绩效的后果是什么？……

24. 继任计划、升职与轮岗

例如：变更工作职责的流程是什么？谁来做出决策？同事们如何为他人在准备工作职责变更时提供支持？……

25. 灵活度

例如：有什么样的职业灵活度可以兼顾家庭以及学习？……

26. 头衔与职位描述

例如：在头衔和职位描述方面有哪些做法？谁负责确定这些内容？……

27. 目标设定

例如：制定目标的做法有哪些？它们是针对个人还是团体？谁负责确定这些目标？谁来跟进？……

28. 薪酬、激励与福利

例如：有哪些关于薪酬的做法？谁来决定薪酬水平？使用了哪些个人或团队的激励措施？用于确定激励的标准是什么？……

29. 非财务性的认可

例如：有哪些认可个人和团队贡献的做法？……

30. 解聘与裁员

例如：解聘低绩效员工的流程是怎样的？如何解聘不符合组织价值观或宗旨的员工？谁来决定？个人和组织是如何从解聘过程中学习的？一旦发生裁员，一般会怎么做？……

31. 离开组织/校友

例如：当有人离开组织的时候，通常的流程和做法是什么？与前同事会保持什么样的关系？……

日常生活

32. 办公空间

例如：办公空间的设计原则有哪些？与自然及社区的关系是什么？有哪些便利设施？氛围如何？……

33. 工作时间与工作-生活的整合

例如：在工作时间方面有哪些做法？人们能够远程工作吗？在家办公呢？有人这么做吗？……

34. 社区建设

例如：组织内部同事间的社区建立情况如何？组织如何与所处的外部社区建立联结？……

35. 会议

例如：定期举行的关键会议有哪些？会上如何进行决策？会议期间会分派特别的角色吗？有哪些特定的开会方法？……

36. 决策制定

例如：制定决策的机制是怎样的？谁可以决定哪些事情？能接触到什么样的数据和洞见？……

37. 冲突解决

例如：解决人际冲突的做法有哪些？如何将冲突呈现出来？……

38. 失败的处理

例如：处理个人和集体失败的做法是什么？如何从失败中学习？……

39. 领导力与管理风格

例如：对于领导行为有什么样的期待？什么样的行为被认为是"失职"？……

40. 员工协同

例如：围绕组织宗旨与目标，在同事之间创建协同性的做法是什么？……

41. 内部沟通

例如：谁可以获得哪些信息？信息如何从高层传递到一线？又如何从一线传递到高层？内部团体之间如何沟通？……

42. 外部沟通

例如：会和谁分享哪些信息？沟通的基调是怎样的？谁能代表组织发言？……

43. 文化与价值观

例如：用于定义/更新价值观和文化的流程是怎样的？保持和传递这些内容的做法有哪些？如何持续追踪它们是否仍然存活于组织之中？……

44. 仪式、静思会与庆典

例如：会庆祝哪些事情？谁来庆祝？这些仪式和静思会的目标是什么？以什么频率和谁一起举办？……

其他

45. 其他没有提到的重要做法和流程

研究问题（第二部分）：涌现与恢复的条件

历史与意图

1. 能给我讲一点组织的历史吗？

2. 你如何确立组织的宗旨？它为世界提供了什么？

3. 让你的组织以目前的方式运营的意图是（或曾经是）什么？

4. 组织关键的假设和价值观是什么？

5. 你目前确立的组织运作模式与你个人的宗旨、意图和价值观之间的距离有多远？

涌现与恢复

6. 在你的组织中，你认为是哪些关键条件促成了新运作模式的涌现？

7. 创造这种运作模式的关键时刻和转折点有哪些？

8. 在所有让你的组织变得与众不同的流程与实践中，哪些是最重要的？

9. 目前运作模式的恢复力或脆弱性如何？

10. 什么原因可能会造成这种运作模式的瓦解？什么原因可能会让组织重新退转到更加传统的模式？

文化

11. 你如何描述组织的文化？

12. 它在组织内部的认同度如何？你希望有怎样的认同度？

13. 你觉得组织内主导的情绪/情感是什么样的？

14. 组织内是否发展出了一些特定的语言？

15. 哪类人可能不符合你们的文化？

把握张力：你们如何处理张力……

16. 追求宗旨相对盈利/可持续性。

17. 高层领导力相对下属的主动性。

18. 降低风险相对鼓励信任与自由。

19. 计划与控制相对感知与调整。

20. 个人自由决策相对集体智慧协作。

21. 专业技能与知识相对授权于一线决策者。

针对创始人/CEO 的领导力问题

22. 你是如何对待 CEO 这个职位的？——高高在上的孤独、

肩负的责任重担、革新的需求以及你投射出的阴影？

23. 你如何保持良好的状态？你如何处理自我意识？

24. 你觉得组织模式在多大程度上依赖于你作为领导人的状态？

25. 你在组织之外是否存在一个由志趣相投的同伴组成的人际网络呢？你拥有哪些参照对象或榜样？

附录 2　超越进化 - 青色

在进化的阶梯上，始终有一部分人所处的发展阶段会高于大多数人。从比例上说，已经超越进化 - 青色阶段的人可谓少之又少。因此，我们关于这些阶段的知识是相当朦胧模糊的。可供研究的主题较少，同样，研究人员的数量也很少：许多对人类意识阶段有过研究、思考并且著书立说的学者止步于青色甚至更早阶段的探索。比如，似乎可以很公平地说，服从 - 琥珀色与弗洛伊德著作中的最高阶段相一致；皮亚杰理论中的"形式运算"属于最终阶段，其认知与成就 - 橙色相吻合；虽然马斯洛后来暗示有可能存在一个更高级的自我超越阶段，但他广为人知的需求层次金字塔的顶端就是青色的"自我实现"。只有少数的研究者探索过那些超越进化 - 青色的阶段，理由可能很简单：一个人必须在某种程度上亲身体验过这些阶段，才能清晰地理解并将它们写下来。

我们所知道的是，随着发展维度（也就是整合理论中的"路线"）的不同，这些更高的发展阶段也变化各异。我们对超

476

越青色的灵性发展维度相对了解更多，这是因为东西方的灵性
传统（尤其是东方）都已经在该领域探索了成百上千年。对于
其他的维度我们知之甚少，比如心理、认知以及道德。针对那
些研究过更高阶段的学者，肯·威尔伯和珍妮·韦德曾批判性
地回顾和总结了他们的工作。我邀请有兴趣的读者在阅读以下
的段落内容之外，还可以研读他们的作品以加深自己的理解，
具体请参考书单。

超越型意识[1]

那些已转变到进化-青色的人开始觉察到自我只是他们自身
的一部分（因此有些传统称之为"小我"）。如果自我只是他
们觉知中的一个对象，那么是谁在觉知呢？应该是他们身上一
个更深层的部分——灵魂或者"大我"。这个领悟促使处于青色
阶段的人们去追寻完整性，整合包括大我、小我在内的不同部
分的自我。有时候，通过禅修或者纯粹是好运，他们可以体验
到甚至超越大我的高峰体验；他们融入绝对、自然或上帝，与
之合为一体。

这种高峰体验可以发生在任何阶段。转化到超越型意识的
人开始积极地寻求类似的体验。他们开始敏锐地意识到，不仅
仅是自我，就连灵魂和大我也是一种建构。最终只是——
"空"。它意味着失去最后的焦点，也展现了分离的终极幻象。
在这个阶段，个人的发展与灵性的追求交织在一起，该人群往
往透过规律的日常禅修、瑜伽、交替呼吸技术或其他方法的帮

助来进入意识的非常规状态，从而去体验对于分离与时空的超越，以及合一的状态。沿着灵性的维度，不同流派的灵性传统对自我超越的路径都做了详细的描述。举例来说，有些佛教传统把该阶段细分成 27 个次阶段。威尔伯在对比了许多不同的传统之后，将超越型意识归纳成三大类——通灵的、精微的与因果的，相应地，意识分别体验到与自然、神性和绝对的合一。通过练习，可以更容易地进入这些超越型的意识状态，并将它们融入日常觉知之中。

进化-青色的局限性

当站在某个特定的阶段并回顾之前所有的意识阶段时，每个阶段都会呈现出它的局限性。有时，我会被问到，"进化-青色世界观有什么局限？"延展出的问题是，"如果有一天，进化-青色组织也像今天的组织模式一样显示出了局限性，那么这些局限性会是哪些呢？"我相信一个合理的推测是：对于身处超越型意识阶段的人来说，进化-青色组织的做法（本书第二部分所描述的）看起来似乎只是建立在现实的其中一个层面上，即觉醒意识中的真实体验层面。他们其实还可以突破这种限制，去创建直接作用于能量与灵性世界的组织实践，从而能够花费更少的力气并借用更多的恩典来帮助实现组织的进化宗旨。

全一意识[2]

人类的发展会有一个终结点吗？绝大多数的灵性与神秘传

统似乎认为当我们的意识融合于绝对本身（有不同的称谓，如：上帝、合一、万物的本体、空……）时，的确存在这样的一个终结点（当然，它也可能是某种全新事物的开端）。它是佛教的涅槃、瑜伽的三摩地、禅宗的顿悟、苏菲派的我灭，以及基督教的天国。全一意识代表着觉悟，它拥有清晰的洞见和纯粹的慈悲心。在不同的传统中，进入该阶段的人均显示出他们完全超越了二元性。与那些拥有超越型意识的人不同，他们不再非此即彼地存在于无形或有形、物质或精神，以及觉醒意识或其他变化的状态之中，而是同时与两者共存。他们既生活在时间的限制之中，又踏入了永恒，他们用超越时空的意识之眼观察当下的现实。秘而不宣的传统坚信，这样的存在是所有人类潜在的真正的状态，只要我们放下执著，接受宁静，融入已然的存在与永恒的全一。

附录3　进化型组织的架构

　　所有的组织在进化-青色阶段兴起之前都是金字塔结构，原因很简单：层级制的上下级关系自然就垒成了金字塔，不可能有其他的形式。在自主管理的组织中，同事间的承诺代替了层级关系，金字塔最终被颠覆，成为了历史。但如果认为没有了层级制，自主管理的组织就是简单的扁平化和无结构，那也是错误的。自主管理的组织究竟是如何架构的呢？与单一的金字塔模式不同，自主管理的组织能采用不同的形式来适应自身的经营环境。从本书对于先锋组织的研究中，我们可以推导出三大类架构（也许还有其他架构尚未浮现）。这篇附录描绘了这三类架构，并探讨了某些特定环境可能需要某种特定的架构，而非其他的类型。

1. 并行团队

　　这是我在研究中最常遇见的架构。FAVI 把 500 名车间工人组建成 21 个自主管理的"迷你工厂"；RHD 依靠自主管理的"单元"来运营；博组客将 7000 名护士分成几百个 10~12 人的团队，各自服务于一个特定的社区。这种模式非常适合于工作可以被拆分到不同的团队，并且每个团队拥有高度的自主性，也不需要太多的跨团队协作，团队们能够并行工作。在这种模式下，成员在团队内定义他们的角色，彼此做出共同的承诺。团队需要自行安排工作计划、确定投资需求、制定预算（如果需要的话）、跟踪财务及非财务业绩指标、招聘人员、确定培训需求等。

在理想状态下，每个小组都是完全自主的，自始至终心怀宗旨并完成所有的任务；在这种情况下，组织里的每一个人拥有看到实现整体目标时的满足感，而不像在大型组织中或者当工作变得非常专业化时，只能看到整体的一小部分。在实践中，通常会需要一些人或团队相对局部地聚焦于协调与支持的工作：

● **团队教练**：在进化型组织里，没有中层管理人员。但团队经常感到需要外部人员支持他们解决问题。在博组客，他们被称作区域教练；在 RHD，就是那些枢纽负责人。

● **支持团队**：对某些任务，没必要每个团队都重复设置类似的岗位。例如，在 FAVI，绝大多数的迷你工厂都面向客户——奥迪团队、大众团队、沃尔沃团队、水表团队；但也有几个团队是支持其他团队的，如铸造团队，它属于价值链的起点，为所有客户团队提供铸件。让每个团队自行铸造并配备铸造设备，显然既不现实也不合理。RHD 拥有负责培训（它的"迷你大学"）、房地产、薪酬等专项的单元，以支持所有的一线单元。

● **支持角色**：自主管理模式将专业知识向下推入团队之中，而非向上集中在一个职能部门，但对于某些特定的专业领域或者出于协调的目的，创建一个支持角色是有意义的。例如，在 FAVI，有一位工程师专门帮助所有的团队互相交流创新与最佳实践。创始人和首席执行官所参与的角色之一，也属于此类：他们为所有团队的进化-青色实践支撑起空间。

2. 个人合约的网络

这个模型由加利福尼亚的晨星公司首创。在该模型中，和前面的"平行团队"一样，投资预算和财务结果在团队中设定和讨论。晨星称之为"业务单元"，每个业务单元对应食品加工的某一步骤（如番茄准备、切块、装罐、包装）或者支持服务（如蒸汽生产、IT）。

虽然角色和承诺并不在团队的层面进行讨论，但紧密协作的同事之间会有一系列的一对一讨论，这些承诺随即在书面文件中被正式记录下来。例如，在晨星，每个同事都会准备一个叫做"同事理解备忘录"的文件，里面记录了他们已经认同的不同角色和承诺。

3. 嵌套式团队

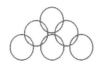合弄制是由费城的三元软件公司（Ternary Sortware）首创的一种自主管理的方法，现在，它已经演变成拥有完整文件的操作模型。它依赖于嵌套式团队的架构。与第一种模式类似，团队（在合弄制里被称为"圈子"）完全自主地进行讨论，决定如何在团队中分配角色，以及成员彼此之间做出何种承诺。但在团队与支持架构之间的关系上，有一个非常重要的不同之处：在第一个模式中，所有团队并行工作，用最少的支持架构；而在合弄制中，圈子即是嵌套结构的一部分。

让我们设想一个采用合弄制架构的 7000 人的制药公司。组织的总体宗旨是"帮助个人和社区健康地生活"。在博组客运行有效的方法未必适用于一个制药公司，你不能把 7000 人简单地拆分成 10 人一组的 700 个团队，并行做同样的工作。10 人的团队不可能开发出一系列的药品，获得美国食品药品管理局（FDA）的审核，并销往全球。对一个制药公司而言，你需要更大规模的专业化，而合弄制的嵌套结构允许这样的专业化。这如何做到呢？公司的总体宗旨（帮助个人和社区健康地生活）由顶层的圈子负责，下一层的子圈则负责实现总体宗旨的一个具体部分。例如，有个子圈负责研发，它的具体目标可能是"开发帮助个人和社区健康生活的新药"。这个子圈还可以进一步将目标分解为便于管理的部分，并创建自己的子圈。例如，

一个子圈可以深入到"开发治疗癫痫的开创性药物"这样的具体目标。如果这个目标仍然太过复杂，以至于合理规模的团队很难加以管理，它可以被再次分解。

　　如果你觉着这还是像一个传统的金字塔结构，你可能既对又不对。的确，子圈的层层叠加逐渐会触及更大的问题，因此，这里有一个包含不同目标、复杂度和范围的层级结构。"底部"的研发圈子感知到需要开发一种治疗癫痫的药物，这是一个比顶层圈子的宗旨"帮助个人和社区健康地生活"更狭窄的目标，然而，它并不是关于人或权力的层级结构。在合弄制系统的实践里，癫痫药物研发团队完全有权在其特定目标范围内做出任何决策，无须向上汇报，决策也不会被上层圈子的成员推翻。某个人可能会在整个组织的不同圈子里承担多个角色，在人和"架构中的位置"之间没有一对一的对应关系。

　　圈子和子圈之间是由一个双向链接来结合在一起，而非通过上下级关系。子圈选择一位代表进入主圈子参加其所有的会议，主圈子也派一名代表参与子圈的讨论。有精心设计的会议流程来确保每个人的关注点被聆听到并采取行动，没有谁的声音高过其他人。因此产生的架构允许复杂的宗旨可以被分解为更小的部分，它包含了不同目标、复杂度和范围的层级结构，但并没有关于人或权力的层级。

什么样的架构是最适合的？

　　三种结构或者可能的变形或混合，哪一个最适合你的组织？

在很多情况下答案很直接：组织从事的活动的规模和类型，自然会调用到某种类型的架构，就像周围的地形会决定湖的形状。

小型组织

第一看规模。如果你的组织比较小，例如只有十几名员工，那么三种类型的架构本质上可以归结为一件事：组织作为单一的自主管理的团队来运营（在第二个模式中，角色和承诺不是在小组中讨论，而是一系列一对一的会谈。由于规模小，与整个团队共同讨论可能更有意义）。这种架构可以适用于任何行业的所有类型的公司——建筑公司、咖啡店、设计公司、地方博物馆、日间照护中心、私人诊所、小型咨询公司、无家可归者收容站，以及初创企业等。根据工作性质及其流动与稳定的程度，可能多少会有角色的重新调整和方向转变。这将决定需要讨论角色、承诺和宗旨的团队会议召开的频次。

当组织变大，比如说超过 20 名员工，凭借单一的团队来运作就会变得不切实际。对于大型组织来说，所谓的"价值链"（商业术语）的长度就成为了选择最佳架构的决定性因素。居家照护有一条非常短的价值链。一个独立的护士就能执行完所有的任务——了解客户、阅读处方和进行医疗干预等，这些可以在一小时或更短的时间内完成。而制药公司则有一条很长的价值链，往往涉及数千人，要花费数年，这是一个漫长的医药研发过程（计算机仿真、实验室测试与临床试验）；药品分子结构必须获得监管部门的审批；必须建立定价策略；每个国家需要为产品上市做准备；以及全球销售人员需要培训才有能力向医生介绍有关产品。

短价值链

如果价值链较短，那么第一种模式（拥有极小的中央职能部门的并行自主管理团队）将会是个自然的选择。并行团队可以同时执行类似的工作任务：例如，FAVI 为不同的汽车生产商生产变速箱拨叉的迷你工厂，或者 RHD 独立运营的庇护所和关怀项目。短价值链的好处在于整体目标不需要被分解成子目标（除了一些支持团队）。几乎每一个人都是能够感知到整体目标并为之努力的团队的组成部分，同时每个人都能看到自己的工作如何让客户感到满意。

幸运的是，大多数行业都有一个相对较短的价值链，例如：

● **零售**：商店可以很容易地通过自主管理团队来运营。小型商店整体可以作为一个单一的自主管理团队运作。像超市这样规模较大的零售商，则可以把商店分成若干团队，就像全食超市一样。商店的各个团队由少量的中央或区域支持团队来协助，比如物流、采购与营销等。

● **服务业**：服务行业几乎所有的公司（如维修服务、餐饮、清洁和安保服务等）都可以采用自主管理团队的模式来服务某个特定的地理区域。专业服务机构（如律师事务所、IT 和管理咨询以及广告公司）通常已经按照地理区域与专题来划分部门或单位，那就可以很自然地转变为自主管理团队。

- **制造和装配**：许多制造业组织（如汽车供应商、玩具制造商以及服装生产商）都拥有较短的供应链，那就可以应用 FAVI 的并行团队模式。

- **农业**：大农场可以使用并行团队的模式，并按照地理区域、作物类型或牲畜类型来划分。

- **学校**：规模大的学校可以分解成更小的自治单元，最好拥有专用教室和教师办公室，就像 ESBZ 一样，在迷你学校里创造一种社区的氛围。

- **医院**：医院可以组建成自主管理团队。大多数的医院单元会自然而然地分成医生加护士的不同的团队（如骨科团队、心脏科团队、急诊室团队等），并配有若干个支持服务团队（实验室、维护保养等）。

- **基金会与非营利组织**：如 RHD 这样的大型非营利机构也倾向于按照地理、活动或客户类型自然分组。

- **公共服务**：就像非营利组织一样，几乎所有的公共服务部门均可以容易地基于地理、活动以及客户类别划分成团队。

长价值链

当价值链比较长时，采用并行团队的模式就不太现实了。你不能把一家银行或制药公司分割为迷你银行和迷你制药厂（尽管价值链中的某些部分是可能的：一个医药销售队伍和一个银行的分支机构可以作为并行的自主管理团队）。在这种情况下，一个基于个人合约或嵌套式团队的架构则更为合理。

晨星的个人合约模式非常适合连续的、相对稳定的作业流程，比如化工行业、食品加工或长装配线中的流程。流程中的每一个主要步骤往往只涉及少数几个人，因此不需要嵌套结构。通过个人合约，员工可以与他们的上下游同事建立明确的协议。有些行业的价值链不仅长而且深，在价值链的某些步骤中涉及大量的人和复杂的任务（例如制药公司的研发或大型零售银行的营销）。消费电子公司、大型媒体机构、银行、保险公司、汽车制造企业以及航空航天企业都有着长而深的价值链。对于该类型的公司，合弄制的嵌套式团队结构可能会特别适用，因为它可以把一个整体目标逐级分解成更简单和易于管理的次级目标。

下页的图表总结了三种架构原型最适合哪种情况。在寻找最适合你所在组织的自主管理架构时，关键是要了解组织内的同事们在没有管理者的情况下该如何最自然地去协调他们的努力。该图表提出的主题（组织的规模、价值链长度与深度）可以帮助你思考，但你所在组织的其他具体因素也可能产生重要的影响。与组织里不同部分的同事多花些时间共同探讨一下那些关于最合适架构的问题，酝酿一段时间，答案会自然涌现。你也不必非得找到一个完美的解决方案才开始行动。你可以从一个还算可行的架构开始，并且相信依靠组织的自组织力量可以将其进化到最符合需求的架构，并随着环境变化保持不断的进化。

小型组织 —————— ○　√ 在任何一个行业的小型组织，可以作为单一、自主管理的团队运作

短价值链的大型组织 —————— ○○○○　√ 零售
√ 服务行业
√ 某些制造业
√ 学校
√ 医院
√ 公共服务机构
√ ……

长价值链的大型组织

　持续、稳定的流程　√ 化工行业
√ 食品加工
√ 某些制造业（如长装配线）
√ ……

　深价值链　√ 银行/保险
√ 制药
√ 汽车
√ 航空航天
√ 消费电子
√ ……

附录4 进化型组织的架构、实践与流程概览

下面的表格对比了进化-青色组织与成就-橙色组织（当今管理思想的主要参照体系）的架构、实践和流程。

架构	橙色实践		青色实践
1. 组织架构	• 金字塔层级架构	→	• 自组织团队 • 按需配置教练（不为利润负责，没有管理权），同时帮助数个团队
2. 协调	• 通过每个层级的固定会议（自高管团队向下）来协调，往往会造成过多的会议	→	• 没有高管团队会议 • 通常在需要时才进行协调并召开会议
3. 项目	• 使用复杂机制（项目经理、甘特图、计划表、预算等），企图掌控复杂性，按照优先顺序分配资源	→	• 极度简化的项目管理 • 没有项目经理，人们自主安排项目人员 • 最低限度的（或者完全没有）计划和预算，有机地优先排序

架构	橙色实践	青色实践
4. 职能部门	• 臃肿的中央职能部门，包括 HR、IT、采购、财务控制、质量、安全、风险管理等	• 大多数的职能由团队自己承担，或者由志愿性的工作团队承担 • 留下来的少量职能员工仅承担顾问的角色

人力资源

架构	橙色实践	青色实践
1. 招聘	• 由经过训练的人事专员面试，关注的是应聘者与职位描述的符合度	• 由未来的同事面试，关注的是和组织与宗旨的符合度
2. 入职	• （主要是行政管理方面的入职流程）	• 人际技能和企业文化方面的大量培训 • 采用轮岗项目帮助员工深度融入组织
3. 培训	• 由人力资源部设计培训方向与课程 • 主要是技能类和管理类培训	• 关于培训的个人自由与责任感 • 高度重视全员参与的通用培训
4. 职位头衔 & 工作描述	• 每个职位都有头衔和工作描述	• 没有职位头衔 • 以灵活又细分的角色代替固定的职位描述
5. 个人宗旨	• （帮助员工明确个人宗旨并非组织的工作）	• 利用招聘、培训和评估探索个人和组织宗旨的结合
6. 灵活度与时间承诺		• 坦诚讨论个人工作时间与生活中其他重要承诺之间的关系 • 在完成所承诺工作的前提下，工作时间高度灵活

7. 绩效 管理	• 聚焦于个人绩效 • 由上级领导评估 • 评估讨论是为了客观反映过去的绩效	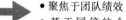	• 聚焦于团队绩效 • 基于同侪的个人评估流程 • 评估讨论转向个人学习旅程和使命召唤
8. 薪酬	• 由层级制中的上司决策 • 个人激励 • 采用精英原则，薪资差距大		• 与伙伴对标自设基本薪资 • 没有奖金，取而代之的是平等的利润分享 • 更小的薪资差距
9. 任命 & 升职	• 激烈争夺稀缺的升职机会，导致内部政治和功能失调的行为 • 孤岛式：每个经理都是其领地的国王		• 没有晋升，基于同伴认可的流动的角色再分配 • 每人都有责任指出自身职权范围之外的问题
10. 解聘	• 老板有权（由人力资源部批准）解聘下属 • 解聘主要涉及法律与财务的流程		• 解聘是冲突调停解决机制的最后一步 • 在实际中，极少发生 • 关怀与支持，把解聘转化为学习的机会

日常生活

1. 办公 空间	• 标准化的、没有灵魂的专业性建筑 • 相当多的地位标志		• 自主装饰，温暖的空间，对孩子、宠物和自然开放 • 没有地位标识
2. 会议	• （会议很多，但缺乏会议管理流程）		• 特定的会议流程，避免任何人自我膨胀，确保每个人的声音都能被听到
3. 决策	• 汇集到金字塔上层 • 上级领导可以推翻下级的任何决策		• 完全去中心化的分权式、基于建议流程（或合弄制决策机制）

4. 冲突	• (往往掩盖冲突，没有冲突解决的做法)	➡	• 定期发现和解决冲突 • 多步骤的冲突处理流程 • 每个人都接受过冲突管理的培训 • 文化将冲突限定在冲突方和调停者的范围内，外人不会被牵扯进来
5. 信息流	• 信息即权力，只在需要知道的基础上分享 • 对外部世界保守秘密是心照不宣的默认设置	➡	• 所有人都可以实时获得所有信息，包括公司的财务和薪酬信息 • 完全透明化，邀请外人提建议，以便更好地实现宗旨
6. 价值观	• (价值观往往成了挂在墙上的标语)	➡	• 价值观清晰，并转化成具体的行为准则，以营造安全的环境 • 开展关于价值观和行为准则的讨论，已成为惯常做法
7. 静思空间		➡	• 静心室 • 集体禅修与静默练习 • 集体反思 • 团队督导和同侪教练
8. 情绪管理		➡	• 有意识地感知何种情绪可以服务于组织的宗旨
9. 社区建设		➡	• 用讲故事的做法来支持自我表露和社群建设

主要组织流程

1. 宗旨	• （没有如何聆听宗旨的相关做法；竞争下的自我保护是决策的关键要素）	➡	• 组织被看做是一个拥有自身进化宗旨的生命体 • 竞争的概念无关紧要。视"竞争者"为实现宗旨的一部分而接纳 • 聆听组织宗旨的做法： 　-每个人都是感应器 　-大型团体流程 　-禅修，引导下的视觉化练习等 　-响应外部的鼓动
2. 战略	• 战略路径由高层领导者绘制	➡	• 战略有机地从自组织员工的集体智慧中浮现
3. 创新与产品开发	• 由外及内：用客户调研和市场细分决定产品 • 必要的话就创造客户需求	➡	• 由内及外：提供的产品由宗旨来定义 • 以直觉和美感为导向
4. 供应商管理	• 基于价格和质量选择供应商	➡	• 选择供应商还会考虑与公司宗旨的匹配
5. 采购与投资	• 权限与层级相关 • 投资预算由高层经理控制	➡	• 任何人可以通过建议流程使用任何数目的资金 • 同事之间对团队投资预算的挑战
6. 销售与市场	• 适应细分消费者的品牌定位（由外及内） • 指标和激励驱动下的销售团队	➡	• 营销的主题很简单：这是我们呈现给这个世界的产品/服务（由内而外） • 没有销售指标

7. 计划、预算与控制	● 基于"预测和控制" ● 痛苦的中期计划、年度和月度预算流程 ● 规则是严格执行计划，必须解释偏差和弥补差距 ● 设立雄心勃勃的目标以激励员工	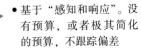	● 基于"感知和响应"。没有预算，或者极其简化的预算，不跟踪偏差 ● 可执行的方案和快速迭代，而非寻求"完美"答案 ● 持续感知实际的需求 ● 没有指标
8. 环境和社会活动	● 成本作为外在的标准：前提是不会花费太多 ● 只有高层才能启动此类计划，并且要产生财务成果		● 诚实作为内在尺度：什么是正确的事情 ● 广泛的全员的积极行动，每个人都在感知应该做的正确之事
9. 变革管理	● 采用全套变革管理工具，以帮助组织从 A 点转变到 B 点		●（"变革"不再是一个相关的话题，因为组织在不断地自主适应与改变）
10. 危机管理	● 顾问小组召开秘密会议支持 CEO 制定的自上而下的决策 ● 只是在决策制定完毕后，才开始沟通		● 每个人参与其中，允许最好的回应方案从集体智慧中浮现 ● 如果需要暂停建议流程，暂停的范围和时间将被事先确定

注　释

引文　一个全新组织模式的出现

1. "雄性的人、绵羊、山羊和猪比雌性拥有更多的牙齿。"亚里士多德《动物史》2.3 章。

2. 心脏和内脏中的神经系统分别有 1 亿和 4000 万个神经元，而头部的大脑大约拥有 850 亿个。

3. 小型组织的运作往往基于非正式的流程和做法，而人数超过该数量的组织将很有可能产生伴随层级制而来的棘手问题。

1.1章　变化中的范式：过去与现在的组织模式

1. "反应"这一术语来源于韦德（Wade）。该阶段对应着盖博瑟（Gesbser）的"远古期（Archaic）"、洛文杰（Loevinger）和库克-格鲁特（Cook-Greuter）的"前社会"及"共生"阶段、格列夫（Graves）的"AN"、螺旋动力学的"浅褐色"、皮亚杰的"感知运动阶段"及其他。

2. "魔幻"这一术语来自盖博瑟。该阶段对应着洛文杰和库克-格鲁特的"冲动阶段"、格列夫的"BO"、螺旋动力学的"紫色"、皮亚杰的"前运算阶段（符号）"、韦德的"幼稚阶段"及其他。

3. 该阶段对应着洛文杰和库克-格鲁特的"自我保护阶段"、凯根（Kegan）的"唯我性（Imperial）阶段"、托伯特（Torbert）的"机会主义者"、格列夫的"CP"、螺旋动力学的"红色"、皮亚杰的"前运算阶段（概念）"、韦德的"自我中心阶段"及其他。

4. 根据维基百科，"头狼"在灰狼群里凶猛的统帅概念已经被专门研究狼的生物学家和研究者所质疑，所谓的狼群的"头狼"只是繁殖后代而已。这一发现引发了有趣的讨论。我们之所以把"统帅"投射到雄头狼在狼群中的角色，可能是因为我们人类一直是这么运作的。研究人员最近才开始看到狼群更微妙的关系，这可能意味着我们人类本身准备接受更复杂的世界观。（当然，也有可能是：来自多元-绿色范式的研究人员不想看到头狼在狼群里的表现，因而把他们的多元立场投射给了头狼。）

5. "服从"这一术语由洛文杰、库克-格鲁特及韦德率先使用。该阶段对应着盖博瑟的"神话期"、洛文杰和库克-格鲁特的"服从阶段"、格列夫的"DQ"、螺旋动力学的"蓝色"、凯根的"人际的自我阶段"、托伯特的"外交官"及"专家"、皮亚杰的"具体运算阶段"及其他。

6. 在认知方面，琥珀色阶段的抽象思维能力远高于红色阶段。在神经系统方面，边缘系统（该系统主要是处理情绪）还有一个强大的优势，即它的左半部分可以进行合理化。例如，琥珀色本身对归属及融入的需求将会合理化理性思维与团体规范之间可能产生的矛盾。

7. 肯·威尔伯，《万物简史》（波士顿：香巴拉出版，1996年），第273页。

8. "成就"这一术语源自韦德。该阶段对应于盖博瑟的"心智期"、洛文杰和库克-格鲁特的"自我-觉察阶段"和"认真负责阶段"、凯根的"法规性自我阶段"、托伯特的"实干家"、皮亚杰的"形式运算阶段"、格列夫的"ER"、螺旋动力学的"橙色"及其他，该阶段经常被称为"现代性"。

9. 肯·威尔伯，《万物简史》，第185—186页。

10. 该阶段对应着洛文杰和库克-格鲁特的"个人主义阶段"、托伯特的"个人主义者"、韦德的"亲和"、格列夫的"FS"、螺旋动力学的"绿色"及其他，该阶段经常被称为"后现代"。

11. 我们经常会从悠远的历史中发现思想往往领先于时代，正如古希腊时期的民主就领先于当时人类发展的重心。为了开花结果，这些想法必须耐心等待人类的进化赶上它们，以便获得合适的"文化温床"，正如美国哲学家理查德·塔纳斯所说：

> 为什么哥白尼革命发生在16世纪？为什么是哥白尼？
> 为什么17世纪早期出现了开普勒和伽利略？为什么在哥白

尼之前就已经有许多人假设了日心宇宙和行星地球，而却要等到那时才发生？在欧洲的中世纪，古希腊、印度以及伊斯兰文化环境里早就有这样的证据。我认为这表明范式转变的程度不仅仅取决于某些额外的经验数据，以及使用了新概念的杰出理论；范式转变的程度其实取决于一个更大更广的环境，它使得一粒潜在的强大的思想种子落在了一个完全不同的土壤之中，于是这个生命体——新概念框架破茧而出，在一个新的文化和历史的摇篮中长成了"胚胎"。

理查德·塔纳斯，狄恩·雷丁，"范式转变的时机"，*Noetic Now*，2012（1）。

12. 在企业领域，工人合作社未能起到任何有意义的推动作用，盛行的实践往往是橙色和绿色的组合。经常被作为成功案例引用的是蒙德拉贡联合公司（Mondragon），该公司位于西班牙巴斯克地区的蒙德拉贡镇（约250个子公司，拥有近10万名员工，营业额大约150亿欧元）。所有的合作社均由员工完全持股。老板是选出来的，工资差距比其他地方小（但差距仍然有9∶1或更多），临时工没有投票权，这也造就了一个双层的内部社区，里面某些人拥有比另外一些人更多的平等。

在教育领域，有些学校的模式中没有成年人相对于儿童的权威结构，其中最著名的是夏山（Summerhill）学校，成立于20世纪20年代，是英国的寄宿学校，采用自由民主的教育方式，学生拥有与成人一样的投票权，推行因材施教。

在机构的领域，许多超越国家的机构——联合国、欧盟和世界贸易组织及其他——最高层做决策的机制沿用绿色原则（至少部分），如不同成员国采取民主或全体通过的方式投票以及轮值主席制。这些绿色决策原则最终难以得到维持，富裕或较强势的国家要求更多的投票权，最终也会得到更多（甚至通常是隐秘而不是公开的投票权）。这些机构的职能部门则往往以琥珀色组织的形式运营。

13. 这种做法由于塞氏企业（Semco）而闻名于世，当时里卡多·塞姆勒（Ricardo Semler，塞氏企业总裁）在他的畅销书《塞氏企业》（*Maverick*）中描述了这家巴西制造企业的实践。戈尔公司（W. L. Gore，因 Gore-Tex 面料而闻名）践行该做法已有几十年之久。目前，这种做法已开始流行于硅谷及其他地方的科技创业公司。英语培训公司快乐（Happy）用一种混合式的方式引进了该做法：每个员工有两位经理。一位由上级任命，负责内容（方向设置、决策）；另一位由员工自己挑选，负责管理（教练、挑战、支持）[详见《快乐宣言》（*The Happy Manifesto*），亨利·斯图尔特著]。

14. 第一次重要的研究始于 1992 年，当时哈佛商学院的两位教授约翰·科特（John Kotter）和詹姆斯·赫斯克特（James Heskett）在他俩合著的书《企业文化与经营业绩》（*Corporate Culture and Performance*）中调查了这种关联。在长达 11 年的研究期间，他们发现建立了强大的商业文化并赋予经理/员工权力的公司获得了优于其他公司的业绩：销售收入增长（4 倍）、股价提升（8 倍）和净利润增长（超过 700 倍）。

拉金德拉·西索迪亚（Rajendra Sisodia）、贾格迪什·谢斯（Jagdish Sheth）和戴维·沃尔夫（David B. Wolfe）在 2007 年的研究也给出了相同的结论。他们《友爱的公司》（*Firms of En-dearment: How World-Class Companies Profit from Passion and Pur-pose*）一书可以说定义了绿色组织模式。作者所研究的"友爱的公司"在过去的 10 年间为股东赚取了超过 1025% 的累计回报，而同期的标准普尔 500 指数（S&P 500）只有 122%。从方法论的角度来看，应对这些结果有所保留。该结果存在着一个明显的选择性偏差，因为只有比同类表现优异的超常的公司才被精心挑选作为样本，而标准普尔 500 指数的基准并没有因为行业、规模或其他标准而调整。此外，组织模式以外可以影响优异业绩的其他标准（如专利、创新的商业模式和资产利用率）也没有被排除在外。拉金德拉·西索迪亚最近与约翰·麦基（John Mackey）合著了一本书，其中用一整章来描述了类似的研究，有兴趣的读者可以参阅。

任何一项试图把某种组织模式概括为优于另一种的研究必然会引发方法论上的讨论（原则上，人们大可质疑股东回报或增长作为衡量成功的主要指标是否合适，而大多数研究都使用这些指标）。也许最终亲身的体验比学术论断更重要。任何接触过美国西南航空公司或康泰纳零售连锁店（The Container Store，美国的一家售卖储存及整理工具的零售公司）等组织的人都确信在价值驱动型公司里，被授权的员工的平均表现比传统公司的同行要好很多。

15. 2006 年的斯坦福商业案例达维塔（DaVita）很值得一读，该案例能给想要深入了解绿色组织原则及实践的读者提供很多细节性描述。

1.2章　关于发展阶段

1. 较为确定的是，接触发展理论并了解意识的进化阶段能帮助人们实现跨越式的成长。研究表明，内省活动如禅修也可以帮上忙。

2. 这是一个我们在政治领域里司空见惯的现象：专制统治者推行红色或琥珀色范式的运作，往往觉得有必要在嘴上宣传一下（橙色-绿色的）民主理念，但在根本上并没有内化民主的原则和做法。当民主威胁到他们的权力时，他们将会用符合自身范式的手段进行回应（恐吓民众并继续掌权），而不是采取顺应民主理念的做法（走下权力的舞台并祝贺胜利者）。

1.3章　进化-青色

1. 该阶段对应着盖博瑟的"整合"、洛文杰的"整体阶段"、库克-格鲁特的"建构-觉知"、凯根的"个人间的平衡阶段"、托伯特的"战略家"及"炼金师"、格列夫的"GT"、螺旋动力学的"黄色"、马斯洛的"自我实现"、韦德的"真实"及其他，这个阶段经常被称为"整合阶段"。

2. 也许有些过于简化：软弱者会被利用（红色），异教徒需要被带回到唯一正确的道路上来（蓝色），傻瓜就是那些不知道如何玩成功游戏的人（橙色），或不宽容的人不会给任何人表达的机会（绿色）。

3. Parker Palmer, *Let Your Life Speak*: *Listening for the Voice of Vocation* (San Francisco: Jossey-Base, 2005), S.

4. 肯·威尔伯把意识阶段和意识状态做了关键的区分。状态是指短暂的、意识的经过类型，而阶段则是人们成长所达到的更持久的结构。状态包括清醒意识、做梦、睡眠、改变的意识状态（由禅修、催眠、心理剧或药物等引发）和神秘体验的高峰状态（威尔伯通常用粗重、精微、因果、见证和不二来分类）。状态和阶段有时会被混淆，因为描述巅峰体验状态的语言通常与最高阶段的语言相类似，但它们是意识的两个不同属性（在威尔伯的整合模型中，还有象限、路线和类型分别是第三、第四与第五属性）。某个处于服从-琥珀色阶段的人有了一次高峰神秘体验，这就是说：高峰状态并不会驱使这个人绕过橙色、绿色、青色以及更后期的发展阶段而直接登顶。这个人仍然处于琥珀色的阶段，当他或她再次处于清醒意识状态时，自己会很清楚这一点。威尔伯和库姆斯已经找到的证据表明，每一个阶段都可以经历任意一种状态。例如，人们可以在任何阶段做禅修和其他改变意识状态的练习。处于青色及后期阶段的人群对于定期练习非常态的意识有很大的兴趣，因为这样就能够进入全方位的人类体验。

5. David Rooke and William R. Torbert, "Organizational Transformation as a Function of the CEO's Developmental Stage,"

Organization Development Journal，April 2005.

6. Clare W. Graves，The Never Ending Quest（Santa Barbara：ECLET Publishing，2005），371.

2.2章　自主管理（架构）

1. Jos de Blok and Aart Pool，*Buurtzorg: menselijkheid boven bureaucratie*（Den Haag：Boom Lemma Uitgevers，2010），20.

2. 同上，第20页。

3. 同上，第21页。

4. 德布洛克曾写过一篇备忘录，谈到他所工作的照护组织应当如何采用护士自主团队的架构。根据他那时的估算，职能管理部门将从13个减少到3个，需要撤销的也包括他自己所在的部门。不出所料，这篇备忘录并未受到当时执行团队的欢迎。

5. 该方法由荷兰 Instituut voor Samenwerkingsvraagstukken 的 Ben Wenting 和 Astrid Vermeer 共同开发并教授。

6. Annemarie van Dalen，*Uit de schaduw van het zorgsysteem：Hoe Buurtzorg Nederland zorg organiseert*（Den Haag：Boom Lemma，2010），66.

7. 同上，第73页。

8. 生产率由收费总小时数（即根据医生处方照护病人的时间）除以团队中所有护士的总合同小时数来定义。团队通常每个月自己计算本团队的生产率。

9. 佐布里斯特被任命的故事值得一提，简直就像电影里发生的一幕，颇具喜剧性。FAVI 的所有者麦克斯·鲁索（Max

Rousseau）是一个非常有意思的人物，他还拥有其他几家工业公司。20 世纪 70 年代末 80 年代初，佐布里斯特曾为鲁索的另一家公司工作。他偶尔与 FAVI 的冶金部门打交道，所以对 FAVI 亦有所了解。一天，鲁索把佐布里斯特叫进他的办公室。他把一枚金色的美元硬币放在佐布里斯特手中，说道，"我并不迷信，但你可能需要一些运气"。他没有再做更多解释，随即起身让佐布里斯特跟他走出办公室，那里有一架直升机在等着他们。佐布里斯特很了解鲁索，也没问这一切到底是怎么回事。一小时之后，他们到达 FAVI。鲁索让大家停下所有的机器，聚集在直升机旁边。每个人都到齐之后，他指着 FAVI 当时的 CEO 说，"多米尼克要求退休"，然后指着佐布里斯特说，"这是他的接班人"，然后就爬上直升机飞走了，留下刚被提拔而又十分困惑的佐布里斯特继续琢磨他突然的任命。

10. 有些组织会采取另一种办法：他们用金钱数字说话，但是培训所有的操作工熟悉会计词汇。两者殊途同归，意图相同：确保每个人都理解，并且能为财务讨论和权衡利弊做出自己的贡献。

11. Jean - Frangois Zobrist, *La belle histoire de FAVI：L'entreprise qui croit que l'Homme est bon*, Tome 1, Nos belles histoires（Paris：Humanisme & Organisations, 2008）, 93.

Linda Hill and Jennifer Suesse, Sun Hydraulics：Leading in Tough Times（A）, case study（Cambridge：Harvard Business Publishing, 2003）.

12. 升旭液压在正常年头里的毛利率一般位于 32% ~ 39% 之间，净利润在 13% ~ 18% 之间。

Dennis Bakke，*Joy at Work*：*A Revolutionary Approach to Fun on the Job*（*Seattle*：*PVG, 2005*），*47-48*.

13. 同上，第 19-20 页.

14. Alex Markels，"Blank Check," *The Wall Street Journal*, April 9，1998.

2.3章 自主管理（流程）

1. Bakke，Joy at Work，82.

2. 同上，第 98-99 页。

3. 同上，第 44-45 页。

4. 同上，第 72 页。

5. Zobrist，La belle histoire de FAVI，318.

6. Bakke，Joy at Work，101-102.

7. Shari Caudron， "Meditation and Mindfulness at Sounds True," Workforce，June 2001.

8. Gary Hamel，"First, Let's Fire All the Managers," Harvard Business Review，December 2011，http：//hbr. org/2011/12/first-lets-fire-all-the-managers，accessed April 11，2012.

9. 同上。

10. Brian Robertson，"Dialog：The History of Holacracy," Holacracy Community of Practice，October 2011，www. holacracy. org/resources，accessed Febuary 24，2012.

11. 同上。

12. Brian Robertson, interviewed by Jeff Klein, En * theos Radio, "It's Just Good Business," March 9, 2012, 2012, http://www. entheos. com/radio/shows/ItsJust－Good－Business, accessed April 12, 2012.

13. 该系列最简版的实践来源于一份名为"合弄制章程"的文件。该文件可以从合弄制网站 www. holacracy. org 下载。

14. 在合弄制的专门用语里，不采用团队这个词，而应该用"圈子（circle）"。这个词体现了人和角色的分离：团队是人的集合，而圈子是角色的集合。

15. 合弄制将"张力"中性地定义为现状和预期之间的不一致。

16. 感兴趣的读者可以从合弄制网站 www. holacracy. org 上寻找并研读"合弄制章程"以及其他资料。

17. 丹尼尔·平克（Daniel Pink）的著作《驱动力》（*Drive*）中提供了有关这个主题的非常好的研究概述。

18. 隔了一个月，晨星在 2 月份前往加利福尼亚蒙特雷的海滨度假村举行了为期两天的活动。每个部门都面向全体员工做 20 分钟的年度计划演讲，并有 10 分钟的提问时间。最后，通过集体投票来对各部门计划书的质量进行排名。该公司的员工发现，这样的跨部门信息交流活动非常有助于员工了解其他部门的动态，也能确保每个团队的计划都可以受益于他人的见解，并且促使每个团队都拿出最好的计划。

19. O. J. Mason and F. Brady, "The Psychotomimetic Effects of Short-Term Sensory Deprivation," Journal of Nervous and Mental Disease, October 2009, http：//www. ncbi. nlm. nih. gov/pubmed/19829208, accessed March 13, 2013.

20. 塞氏企业（Semco）从 20 世纪 90 年代开始就引入了白领员工自主定薪的制度。塞氏企业的所有者兼 CEO 里卡多·塞姆勒（Ricardo Semler）厌倦了和经理们不停地以讨价还价的方式来决定他们的工资。于是，他决定让每个人设定自己的工资（不同于 AES 的做法，该公司的员工不需要向同事征求意见）。这种做法听上去极其冒险，却取得了不错的效果。只有极少数的人把自己的工资提高到离谱的水平。如何能做到这一点呢？塞姆勒给出了一系列的解释：在塞氏企业，所有的薪酬信息都公开，所以任何自我意识膨胀的人都会面对同事们的质疑；CEO 和高层领导都同意把他们的工资设在行业中较低的水平；而且经历过巴西经济繁荣与萧条的人都知道，当遇到严重的经济危机需要裁员的时候，那些拿了不合理高薪的人将首当其冲。但是还有一些更深层的原因也在发挥作用：当有人掌握大权凌驾于自己之上或者主管采用家长式管理时，我们更容易感受到不公正的待遇并且会要求更多。而当同伴信任我们可以作出正确的决定（我们也同样相信他们的能力），我们会更诚实地评价自己的成绩。在塞氏企业的案例中，当公司处于经济萧条时，员工多次愿意暂时调低他们的薪水来帮助公司渡过难关。如果降工资的决定来自于老板，员工可就没那么乐意接受了。

21. "达成一致"（冲突解决）的流程创造了空间和时间来深入探讨员工和委员会之间对于绩效评估的分歧，并帮助双方达成一致。

22. 塞氏企业发明了一种很有创意的不固定工资的计算方法来保护公司渡过经济危机（在过去的几十年中，巴西时常处于这种状态）。员工可以选择一种风险工资的计算办法。他们的工资将被减掉 25%，但如果公司业绩好，他们的薪酬可以达到原来的 125%。如果公司业绩不佳，他们只能拿到原来的 75%。因为好年头比坏年头多，愿意承担风险的员工更喜欢这样的计算方法。这种方法使得部分劳动力成本可以随着订单量而浮动，从而保护了公司，并在经济衰退的时候降低了裁员的风险。

23. "Fortune 50 CEO pay vs. our salaries，" CNNMoney，http：//money. cnn. com/ magazines/fortune/fortune500/2012/ceo-pay-ratios/，accessed March 25，2012.

24. Bakke，Joy at Work，123.

25. CPP 是一家由 40 个员工组成的实行自主管理（没有层级，没有岗位描述，决定都通过建议流程做出等）的德国公司，活跃在高端活动组织和电影制作领域。它采取了一种较激进的薪酬方法，即所有员工的薪酬相同（我们也可以称之为"不同工同酬"）。这就意味着有些人会拿到比在其他地方工作少得多的工资，如一个非常有经验的电脑动画专家。而另外一些人则可以得到比在其他地方多得多的收入，如一个负责搬运设备的舞台管理员。虽然，这个公司多年来非常成功，但是它也意识到这个薪酬结构带来的极大挑战。这个组织必须要格外小心地保持公司特有的文化氛围，否则它最好的人才就会跳槽到给得起更高工资的地方。并且这个公司也发现几乎不可能从市场上招聘到一个拥有高价值专业知识的专家（如 3D 渲染）。不过 CPP 公司相信这种挑战已经转化成了优势——出于必要，员工把自我学习变成了一种艺术形式，不断地吸收最新的技术知识以保持顶尖水准。

26. Hamel, "First, Let's Fire All the Managers".

27. 同上。

28. Brian Robertson, "The Irony of Empowerment", Holacracy Blogs, October 28, 2010, www. holacracy. org/blog, accessed November 2, 2011.

29. Gary Hamel, What Matters Now（San Francisco：Jossey–Bass, 2012）, 176−177.

2.4章　身心完整（通用实践）

1. Brian Robertson, "Holacracy：Empowerment Built In," Holacracy Blogs, January 16, 2013, www. holacracy. org/blog, accessed January 20, 2013.

2. 类似的效果也出现在把婴儿带进学校的课堂之后。加拿大教育家玛丽·戈登（Mary Gordon）开创了一个课程，把母亲（或父亲）和他们的婴儿带到孩子们的常规课堂中，效果是惊人的，现在这门课程已经推广到加拿大、美国、英国、新西兰等国家数以千计的课堂。一篇《纽约时报》的文章写道："粗暴的孩子开始笑了，破坏性强的孩子专注了，害羞的孩子开朗了。婴儿就像是软化心灵的磁石……'同理心不能教会，但可以被引导'，戈登常常这么说，而且不仅仅是针对孩子们。'不过最令我惊讶的是不仅让孩子们提升了同理心，同时还在教师中也产生了效果。'她补充道，'对我而言，这实在是太棒了。因为教师极大地影响着孩子们的行为。'科学研究通过随机对照实验显示出极为显著的'主动性攻击'（那些欺负弱小孩子的蓄意且冷血的攻击）以及'关系攻击'（像说闲话、排斥、陷害）行为的下降。" 2010 年 11 月 8 日《纽约时报》戴维·伯恩斯坦（David Bornstein）"用婴儿同欺负作斗争"。更多信息，请登录 www. rootsofempathy. org。

3. Parker Palmer, A Hidden Wholeness (San Francisco: Jossey-Bass, 2009), 58-59. The second paragraph as published in the book is replaced here by a paragraph written by Parker Palmer for the essay "Teaching with Heart and Soul, Reflections on Spirituality in Teacher Education," www. couragerenewal. org/parker/writings/heart-and-soul, accessed October 21, 2012.

4. Robert Fishman and Barbara Fishman, The Common Good Corporation: The Experiment Has Worked! (Philadelphia: The Journey to Oz Press, 2006), 11.

5. 同上，第 24-26 页。

6. 同上，第 26-27 页。

7. 同上，第 vii-viii 页。

8. 同上，第 165 页。

9. 同上，第 165 页。

10. 摘自 2013 年 2 月在德国巴特基辛根（Bad Kissingen）与作者的谈话。

11. 海利根菲尔德（Heiligenfeld）所经营的医院有四家位于巴特基辛根，另一家位于瓦尔德明兴（Waldmünchen），两地相距 200 英里。员工们在同一时间通过一块巨大的双向视频会议显示屏举行会议。

12. 我未曾读到过任何关于"Intervisie"的英语资料。但帕克·帕尔默（Parker Palmer）开设的"Circle of Trust ©"课程，其灵感取源于古老的贵格会（Quaker）的实践经验，几乎采用了完全一样的原则和步骤。感兴趣的读者可以从帕尔默的（*A Hidden Wholeness*）一书中了解到更多信息。

13. Parker Palmer，"On the Edge：Have the Courage to Lead with Soul," Journal for Staff Development, National Staff Development Council, Spring 2008.

14. 细心的读者可能已经发现了关于角色和心灵的讨论中显得自相矛盾的地方。合弄制主张要将角色和心灵分离（即不再用职位来定义自己的身份）。这个分离是必不可少的第一步。只有这样我们才可以从另一个角度出发，重新将角色和心灵联结起来。正如帕克·帕尔默鼓励我们去做的一样，即把所有的自我都注入角色中去。

15. 摘自 2013 年 5 月 10 日与作者的谈话。

16. 摘自布赖恩·罗伯逊（Brian Robertson）的采访记录。

17. 摘自 2013 年 3 月 14 日与作者的谈话。

18. Fishman and Fishman, The Common Good Corporation, 15.

19. Yvon Chouinard, Let My People Go Surfing: The Education of a Reluctant Businessman（New York: Penguin Books, 2005）, 161.

2.5 章　身心完整（人力资源流程）

1. Tami Simon, interviewed by Jeff Klein, Entheos radio, "It's Just Good Business," April 27, 2012, http://www.entheos.com/radio/shows/Its － Just　Good － Business, accessed October 3, 2012.

2. Charles A. O'Reilly, Hidden Value: How Great Companies Achieve Extraordinary Results with Ordinary People（Boston: Harvard Business Review Press, 2000）, 162.

3. Bakke, Joy at Work, 101.

4. Colleen Kaftan and Louis Barnes, *Sun Hydraulics Corporation*, case study（Cambridge: Harvard Business Publishing, 1991）, 5.

5. De Blok and Pol, Buurtzorg, 67.

6. Fishman and Fishman, The Common Good Corporation, 54－55.

7. 摘自 2012 年 4 月 9 日与作者的对话。

8. Rob LeBow and Randy Spitzer, *Accountability: Freedom and Responsibility Without Control* (San Francisco: Berrett-Koehler Publishers, 2002), 208.

9. 摘自 2012 年 5 月 22 日 Terry Chadsey 与作者的电邮。

10. Hill and Suesse, *Sun Hydraulics*.

11. Bakke, *Joy at Work*, 185-186.

2.6 章　倾听进化宗旨

1. 我开始好奇是否也有书名能概括其他的范式。韦尔奇的《赢》（*Winning*）概括了橙色；《以爱领导》（*Lead with LUV*）这本书描写了西南航空公司的实践，书名恰当地概括了绿色组织的模式。对青色而言，诺曼·沃尔夫（Norman Wolfe）的《活态组织》（*The living Organization*）可以摘得桂冠。

2. 2013 年 4 月 9 日与作者的谈话。

3. "Interview with Tami Simon, Sounds True Founder," YouTube video, interview by Lisa Spector on June 25, 2010, posted by "ThroughaDogsEar," June 19, 2011, http://www.youtube.com/watch? v=LbWEdmQw9PY.

4. Yvon Chouinard, Let My People Go Surfing, 3.

5. 同上，第 31 页。

6. Tami Simon, interviewed by Diederick Janse and Ewan Townhead, podcast series "Waking up the Workplace," episode "Even Sages need a Business Plan," April 14, 2011.

7. 罗伯逊访谈。

8. Brian Robertson "Outvoting the Low Voltage Light," blog post, July 9, 2012, http：//holacracy. org/blog/outvoting – the – low–voltage–light, accessed November 4, 2012.

9. Judi Neal, "Spreading Spiritual Wisdom：Business Leader Tami Simon, CEO of Sounds True," electronic document (Louis-ville, Ken.：BrownHerron Publishing, 2003), 4–5.

10. 一个有趣的想法：我们能利用诸如通灵或系统排列等技术直接联结到组织的宗旨，让它对重要决策提供指导吗？这个想法在组织环境中仍是一个未知领域，也许会产生意想不到的突破。

11. 这个仪式要用到美丽的鹅卵石。90 个同事一起静坐一会儿，将他们的祝福注入手中握着的鹅卵石中。然后，同事们开始四处走动，把鹅卵石放到他们觉得可能需要祝福的地方。

12. 罗伯逊访谈。

13. 在组织中经常听到的一句话就是，人们应该一直争论到决定出台，决定一旦做出了，决定就是决定，每个人都要照办。允许人们在任何时候重新审查任何决定听起来像是制造混乱的秘方。当"小我"当道时，这种说法是对的：当决策被看作是部门之间的胜败之战，或者担心该决策将如何影响一个人的地位或职业前景的时候，那么人们将会为了他们自己的利益而重新审查决策，而不是为了推进组织的宗旨。合弄制和博组客设计的决策流程可以很清楚地防止小我趁火打劫。他们通过一些规则很清楚地定义了什么是"可行的"解决方案以及什么样的

"反对"是有效的，这样就很难去合理化一个满足个人或个别部门的决策，从而可以尽量关注整个组织。

14. Margaret J. Wheatley and Myron Kellner-Rogers, A Simpler Way（SanFrancisco：Berrett-Koehler Publishers, 1996）, 73.

15. Hill and Suesse, Sun Hydraulics.

16. 2013 年 1 月 29 日与作者的对话。

17. Casey Sheahan, interviewed by Jeff Klein, En * theos Radio, "It's Just Good Business," February 17, 2012, http://www. entheos. com/radio/shows/Its-Just-Good-Business, accessed October 3, 2012.

18. 情绪和情感很容易被混淆，把它们做些区分会很有帮助。情感是由一个特定事件所引发——比如，某人说的话，让我很生气。而情绪是我们在生活中带着的情感，通常是无意识的，并会持续很长一段时间。情绪不由特定事件触发，隐藏于背景之中，它会让我们戴上有色眼镜来看待发生在自己生活中的事件。如果我带着愤怒的情绪，就会倾向于把事件解读为批评或威胁。如果不是带着愤怒而是满怀信心和感恩，我们也会给相同的事件一个完全不同的解释，从而导致我们作出不同的决策和采取不同的行为。学习觉察和管理我们的情绪是一项非常有效的个人与组织实践。

19. 贝丽尔健康公司（BerylHealth）是一个凭借绿色原则与实践而蓬勃发展的好例子。联合创始人兼首席执行官保罗·施皮格尔曼（Paul Spiegelman）和贝丽尔的员工合写了两本书

（*Smile Guide* 和 *Why Is Everyone Smiling?*），这两本书能很好地指导文化驱动型公司的创建。

20. 在某种程度上，所有这些书都在批评橙色的领导与管理风格。他们强调授权、文化和宗旨的重要性。尽管这些书的标题相当橙色，但内容和建议却至少部分来源于绿色视角。在2002 年平装版的介绍中，《基业常青》（*Built to Last*）的作者分享说他们不能占有书名所带来的好评，因为那是编辑灵光一闪给取的名字。我很好奇其他书的"橙色"名字是否也是他们编辑的杰作，目的就是吸引大量橙色商业书籍的读者来寻找更好的方法玩成功游戏。

21. Wheatley and Kellner-Rogers, A Simpler Way, 35.

2.7 章　共同的文化特征

1. 源自鲍勃·科斯基（Bob Koski）的一段访谈视频，由一名升旭液压的操作工采访（升旭液压的内部资料）。

2. Brian Robertson, "Differentiating Organization & Tribe" blog post, August 28, 2013, http://holacracy.org/blog/differentiating-organization-tribe.

3.1 章　必要条件

1. Fishman & Fishman The Common Good Corporation, 58-60

2. 同上，第 31 页。

3. Bakke, Joy at Work, 55-56.

4. "Holacracy Distributes Heroes," YouTube video, posted by

Holacracy One，January 7，2013，accessed June 16，2013.

5. 2013 年 3 月 14 日与作者的会谈。

6. 当然，技术平台没那么重要。可以是博客或者其他任何媒体。几年前，克里斯·鲁弗觉得晨星需要一个新的战略方向，于是他写了一份备忘录发给了全体同事，邀请大家参加全公司大会（不同的地点通过视频会议参与）。他在会上分享了他对公司新的战略方向的看法及其理由，并且他邀请每个人在会后与他直接联系，可以提任何问题、表达关注、做出评论以及提供建议。

7. Eckart Wintzen and Robert Jan Pabon，Eckart's Notes（Rotterdam：Wintzen，2007），184.

8. Bakke，Joy at Work，207

9. 同上，第 68-70 页。

10. 同上，第 208 页。

11. Deborah Boyar，"Living Holacracy：The Tip of the Iceberg," blog post，August 12，2012，http：//holacracy. org/blog/living－holacracy－the－tip－of－theiceberg，accessed August 22，2013：

3.3 章　转化现有组织

1. Bakke，Joy at Work，176-177.

2. Zobrist，La belle histoire de FAVI，38.

3. Anthony S. Bryk and Barbara Schneider，Trust in Schools：A Core Resource for School Reform（New York ：Russell Sage Foun-

dation，2002）.

3.4章　结果

1. 当然，我们应该注意存在着选择偏见的可能性。虽然我是按照研究标准（其运营的原则与实践明显地受到进化-青色范式的启发，规模超过100名员工并采用新模式运营了至少5年以上）对所有组织进行了研究，也极有可能是那些非常成功的组织才吸引了我的注意力。

2. For instance A. J. E. de Veer, H. E. Brandt, F. G. Schellevis, and A. L. Francke, "Buurtzorg：nieuw en toch vertrouwd—Een onderzoek naar de ervaringen van cliënten, mantelzorgers, medewerkers en huisartsen," Nederlands instituut voor onderzoek van de gezondheidszorg（NIVEL），2008.

3.5章　进化型组织与进化型社会

1. A. M. Diederen，"Metal Minerals Scarcity and the Elements of Hope," The Oil Drum：Europe, March 10, 2009, http：//europe. theoildrum. com/, accessed March 20, 2012.

2. 人们付费成为志愿者的案例来自于一家非营利的教育机构——人类计划（Mankind Project, MKP）。MKP成立于1984年，当时，一位海军陆战队前军官瑞奇·托西（Rich Tosi）和比尔·考斯（Bill Kauth，社工、心理治疗师兼作家）以及大学教授罗恩·赫林（Ron Hering）共同创办了一个叫作"野人冒险"的男性周末体验营（Wildman Adventure）（后来改称为"新勇士训练历险营"）。整个周末体验营设计成一个包括入营与自我考验的两天的通关历程，在传统的男子汉形象面临瓦解之际，通过这种方式来激发男性健康的阳性能量。事实证明周末体验营非常受欢迎，以至于一再举办，最终还催生了一场运动。人类计划（MKP）目前是一家伞形组织，由分布在 4 大洲 8 个国家的 43 个互联的中心组成。将近 50000 名男士参与其中，一次周末体验营的费用大约为 650 美元。对许多人来说，参加周末体验营是一次意义深远的体验，因此很愿意选择回来当志愿工作人员。一个周末体验营通常会有 20~32 名参与者，还有 30~45 名工作人员（也就是每个参与者配 1.5 名工作人员，这是相当高的比例）。少数资深的工作人员会被派遣到世界各地主持培训，他们会有适当的酬劳，除此之外，绝大多数的工作人员都是自费参与，并无偿地付出自己的时间及精力。他们的贡献能让参与者的费用维持在一个合理的范围，还能为参与者提供补助金。2010 年，超过 2700 名的男性工作人员加入周末体验营（多数是志愿者，但是志愿者的名额很快就满了）。自费做志愿者？对这些人来说，是有意义的。他们在自己参与周末体验营时发生了个人的转变，作为工作人员不但让他们有机会回报于此，还深化了学习成果并加深了他们在这个使命驱动型社群中的归属感。人类计划（MKP）为未来可能越来越多出现的角色的流动性提供了一个很好的案例。参与人类计划（MKP）的男士们不断地转换角色：从长期志愿者、离开一段时间或担任领取酬劳的工作人员，到成为志愿或领取酬劳的管理者。

3. "Buurtzorg Nederland verovert Buitenland," Zorgvisie Magazine, June 29, 2012, http：//www. zorgvisie. nl/Home/Nieuws/2012/6/Buurtzorg － Nederlandverovert － buitenland － ZVS014262W, accessed November 26, 2012.

4. Wheatley and Kellner－Rogers, A Simpler Way, 5－7.

附录2　超越进化–青色

1. "超越"这个术语借用自韦德。它对应于威尔伯的"靛蓝色"、"蓝紫色"和"紫外线"、马斯洛的"自我超越"、托伯特的"讽刺家"、库克–格鲁特的"统一阶段（Unitive）"及其他。

2. "全一意识"这个术语借用自韦德。它对应于威尔伯的"明光"。

附录3　进化型组织的架构

1. 如果精确地使用合弄制的术语，圈子和团队所指的是两个不同的对象。合弄制总是很小心地区分人以及人所担当的角色。在合弄制中一个"团队"指的是人组成的团体，而"圈子"则是指角色的组合。

参考书目

接下来将会列出一些精选的书目，供有心深入探索相关主题的读者参考。

进化-青色组织案例

有些先锋组织的创始人写了一些非常耐读的书，其中记录了不少关于他们自身旅程以及他们所尝试的组织实践的一手信息。

Bakke. Dennis. *Joy at Work：A Revolutionary Approach to Fun on the Job.* Seattle：PVG，2005.（About AES）

Chouinard，Yvon. *Let My People Go Surfing：The Education of a Reluctant Businessman.* New York：Penguin Books，2005.（About Patagonia）

De Blok，Jos，and Aart Pool. *Buurtzorg：menselijkheid boven bureaucratic.* Den Haag：Boom Lemma Uitgevers，2010.（About Buurtzorg）

Fishman, Robert, and Barbara Fishman. *The Common Good Corporation: The Experiment Has Worked!* Philadelphia: The Journey to Oz rress, 2006. (About RHD)

Rasfeld, Margret and Peter Spiegel. *EduAction: Wir machen Schule.* Hamburg: Murmann Verlag, 2012. (About ESBZ)

Wintzen, Eckart, and Robert Jan Pabon. *Eckart's Notes.* Rotterdam: Wintzen, 2007. (About BSO/ Origin)

Zobrist, Jean-François. *La belle histoire de FAVI: L'entreprise qui croit que l'Homme est bon.* Tome 1, Nos Belles Histoires. Paris: Humanisme et Organisations, 2008. (About FAVI)

绿色组织案例

接下来的精选案例主角是那些运营原则、架构、做法与文化都深受多元-绿色范式影响的组织。当今绝大多数组织的运营模式属于服从-琥珀色或成就-橙色，有些领导者感觉在目前的情形下青色范式或许离得太远了，但多元-绿色范式似乎是可行的，他们也许会在这些卓越的绿色组织案例中得到启迪。

Blanchard, Ken, and Colleen Barrett. *Lead with LUV: A Different Way to Create Real Success.* Upper Saddle River: FT Press, 2011. (About Southwest Airlines)

Cohen, Ben, Jerry Greenfield, and Meredith Maran. *Ben & Jerry's DoubleDip: Lead with Your Values and Make Money, Too.* New York: Simon & Schuster, 1997. (About Ben & Jerry's)

Conley, Chip. *Peak: How Great Companies Get Their Mojo from*

Maslow. San Francisco：Jossey－Bass，2007.（About Joie－de－Vivre hotels）

Johnson，Judy，Les Dakens，Peter Edwards，and Ned Morse. *SwitchPoints：Culture Change on the Fast Track for Business Success.* Hoboken：Wiley，2008.（About culture change at Canadian National Railway）

Nayar，Vineet. Employees First，Customers Second：Turning Conventional Management Upside Down. Boston：Harvard Business Press，2010.（About HCLT）

Parker，James F. . *Do the Right Thing：How Dedicated Employees Create Loyal Customers and Large Profits.* Upper Saddle River：Wharton School Publishing，2008.（About Southwest Airlines）

Pfeffer，Jeffrey. Kent Thiry and DaVita：Leadership Challenges in Building and Growing a Great Company. Case study. Stanford：Stanford University，2006.（About DaVita）

Spiegelman，Paul. *Smile Guide：Employee Perspectives on Culture，Loyalty，and Profit.* Dallas：Brown Books Publishing Group，2012.（About BerylHealth）

Stewart，Henry. *The Happy Manifesto：Make Your Organization a Great Workplace.* London：KoganPage，2012.（About Happy—downloadable for free at happy. co. uk）

组织理论、管理、领导力与内在生命

这里有一些发人深省的关于组织理论、管理及领导力的书。

很惭愧，该清单只是领域内浩如烟海的著作中很少的一部分，属于个人的选择。我特别喜欢惠特利（Wheatley）与凯尔纳-罗杰斯（Kellner-Rogers）合著的《一条更简单的路》（*A Simpler Way*），该书诗意地畅想了如果我们从生命与自然中获取灵感，而不是使用机器的隐喻，那组织将会有什么样的变化。帕克·帕尔默（Parker Palmer）的作品总是能从进化-青色的视角提供关于生命的深入的个人探索。这些书完全属于"青色"范畴，其他一些清单上的书所探讨的角度大多来自多元-绿色或成就-橙色，但也是蛮有意思的，因为它们深刻地影响了管理领域里的诸多讨论。

Arbinger Institute. *Leadership and Self-Deception*: *Getting out of the Box*. 2nd ed. San Francisco: Berrett-Koehler Publishers, 2010.

Barrett, Richard. *Liberating the Corporate Soul*: *Building a Visionary Organization*. Boston: Butterworth-Heinemann, 1998.

Benefiel, Margaret. *Soul at Work*: *Spiritual Leadership in Organizations*. New York: Seabury, 2005.

Block, Peter. *Stewardship*: *Choosing Service Over Self-Interest*. San Francisco: Berrett-Koehler Publishers, 1993.

Carney, Brian M., and Isaac Getz. *Freedom, Inc.*: *Free Your Employees and Let Them Lead Your Business to Higher Productivity, Profits, and Growth*. New York: Crown Business, 2009.

Collins. James C. *Good to Great*: *Why Some Companies Make the Leap…and Others Don't*. New York: HarperBusiness, 2001.

Drucker, Peter F. *The Essential Drucker*: *Selections from the Management Works of Peter F. Drucker.* New York: HarperBusiness, 2001.

Hamel, Gary. *The Future of Management.* Boston: Harvard Business School Press, 2007.

Hamel, Gary. *What Matters Now*: *How to Win in a World of Relentless Change, Ferocious Competition, and Unstoppable Innovation.* San Francisco: Jossey-Bass, 2012.

Hock, Dee. *One from Many*: *VISA and the Rise of Chaordic Organization.* San Francisco: Berrett-Koehler Publishers, 2005.

Lebow, Rob, and Randy Spitzer. *Accountability*: *Freedom and Responsibility without Control.* San Francisco: Berrett-Koehler Publishers, 2002.

Logan, David, John King, and Halee Fischer-Wright. *Tribal Leadership*: *Leveraging Natural Groups to Build a Thriving Organization.* New York: Collins, 2008

Mackey, John, and Rajendra Sisodia. *Conscious Capitalism*: *Liberating the Heroic Spirit of Business.* Boston: Harvard Business Review Press, 2013.

Kofman, Fred. *Conscious Business*: *How to Build Value Through Values.* Boulder: Sounds True, 2006.

Morgan, Gareth. *Images of Organization.* Publications, 1997.

O'Reilly, Charles A., and Jeffrey Pfeffer. *Hidden Value*: *How*

Great Companies Achieve Extraordinary Results with Ordinary People. Boston: Harvard Business School Press, 2000.

Palmer, Parker J. *A Hidden Wholeness: The Journey Toward an Undivided Life.* San Francisco: Jossey-Bass, 2004.

Palmer, Parker J. *Let Your Life Speak: Listening for the Voice of Vocation.* San Francisco: Jossey-Bass, 2000.

Pfluger, Gernot. *Erfolg ohne Chef: Wie Arbeit aussieht, die sich Mitarbeiter wunschen.* Berlin: Econ, 2009.

Semler, Ricardo. *Maverick: The Success Story Behind the World's Most Unusual Workplace.* New York: Warner Books, 1993.

Senge, Peter M.. *The Fifth Discipline: The Art and Practice of the Learning Organization.* New York: Doubleday/Currency, 1990.

Sisodia, Rajendra, David B. Wolfe, and Jagdish N. Sheth. *Firms of Endearment: How World-Class Companies Profit from Passion and Purpose.* Upper Saddle River: Wharton School Pub. , 2007.

Taylor, William C. , and Polly G. LaBarre. *Mavericks at Work: Why the Most Original Minds in Business Win.* New York: William Morrow, 2006.

Torbert, William R. *Action Inquiry: The Secret of Timely and Transforming Leadership.* San Francisco: Berrett-Koehler Publishers, 2004.

Wheatley, Margaret J. , and Myron Kellner-Rogers. *A Simpler*

Way. San Francisco：Berrett-Koehler Publishers，1996.

Wolfe，Norman. *The Living Organization：Transforming Business to Create Extraordinary Results.* Quantum Leaders Publishing，2011.

关于人类发展阶段

这里只是大量的关于人类发展阶段的著述中的一小部分。对于不太熟悉此概念的读者，我特别推荐威尔伯的《万物简史》（*A Brief History of Everything*）和韦德的《心智转变》（*Changes of Mind*），这两本书对该领域作了很好的介绍以及扎实的综述。

Beck，Don Edward，and Christopher C. Cowan. *Spiral Dynamics.* Oxford：Blackwell Publishing，2006.

Cook-Greuter，Susanne R. "Ego Development：Nine Levels of Increasing Embrace." S. Cook-Greuter：1985.

Feuerstein，Georg. *Structures of Consciousness：The Genius of Jean Gebser：An Introduction and Critique.* Integral Publishing，1987.

Fowler，James W. *Stages of Faith：The Psychology of Human Development and the Quest for Meaning/San* Francisco：Harper & Row，1981.

Gilligan，Carol. *In a Different Voice：Psychological Theory and Women's Development.* Cambridge：Harvard University Press，1993.

Graves，Clare W. *The Never Ending Quest.* Santa Barbara：ECLET，2005.

Kegan，Robert. *In Over Our Heads：The Mental Demands of Modern Life.* Cambridge：Harvard University Press，1994

Kohlberg, Lawrence. *The Philosophy of Moral Development: Moral Stages and the Idea of Justice.* San Francisco: Harper & Row, 1981.

Loevinger, Jane. *Ego Development: Conceptions and Theories.* San Francisco: Jossey—Bass, 1976.

Piaget, Jean, and Barbel Inhelder. *The Psychology of the Child.* New York: Basic Books, 1969.

Wade, Jenny. *Changes of Mind: A Holonomic Theory of the Evolution of Consciousness.* Albany: State University of New York Press, 1996.

Wilber, Ken. *A Brief History of Everything.* Boston: Shambhala Publications,

Wilber, Ken. *Integral Psychology: Consciousness, Spirit, Psychology, Therapy.* Boston: Shambhala Pub lications, 2000.

致　　谢

　　非常多的人为本书的创作作出了贡献。毋庸置疑，我尤其需要感谢本书中提到的那些开拓性公司的创始人和员工们。他们所取得的成就不断地让我惊叹。对于他们中的大多数人，推动他们探索新型管理方式的动力（至少在最初）并非是要证实某个观点，而是非常自发地以一些更加符合自身价值观和信念的方式来做事。然而他们的创新具有普遍的意义，它们都指向未来更好的工作方式。如果这些创新能够大规模推广，那就可以帮助我们更快速、更省力地跨入下一个意识阶段。

　　本书第二部分和第三部分中出现的许多组织的创始人和员工（还有其他很多我调研过但最终未能包含在本书中的）都从他们的工作和家庭生活中抽出时间来帮助我理解其工作场所的原则、架构、实践、流程和文化等方面的细节。没有他们慷慨地贡献时间，我不可能完成此书。

　　我同样非常感谢那些对此话题感兴趣的朋友和专业人士，一路以来他们主动地阅读我的手稿。Eric Meade 用他重要的澄清和挑战性的问题帮助我改进了第 1 章中关于发展理论的内容；Diederick Janse 帮助我客观地看待绿色组织的突破，并为本书中的其他部分提供了很多有洞察力的评论。Bernadette Babault、Claudia Braun、David Puttick、Diego Cuadra、Joëlle Méric、Koen De Witte、Mollie Treverton、Nadine Thevenet、Natalyia Higbie、Norman Wolfe 和 Terry Chadsey 则通过与我分享他们对于已阅读部分的感受（有时候几乎是逐字逐句的）提供了很棒的反馈。通读他们的评论、兴奋、问题和疑问，像是被给予了一把通往我的读者的头脑的神秘钥匙（这是每个作者所梦想的！）。这帮助我更好地理解哪些会行得通，避免了很多误解，也澄清了大大小小的许多观点，从而让本书得以改进。其他朋友也通读了原稿早期的版本并为我反馈了一些整体印象。研究和写书是一个漫长的过程，他们广泛而热情的反馈给了我很大的鼓励，并帮助我在过程中始终保持高昂的精神状态。

相对于其他人，Jessica Epstein 和 Elizabeth Goolsby 为本书的原稿花费了更多的时间，他们极其耐心又煞费苦心地为每一页进行了文字编辑和校对。他们的辛勤工作和认真谨慎为本书带来了数不尽的精细改进，我对此非常感激。知道他们非常严谨地校对文本的每一个细节，也让我对他们非常放心。

我还要感谢 Lars Van Tuin 将我介绍给了博祖客，Mark Hollern 建议我研究 RHD，以及 Christophe Mikolajczak 让我第一次关注到了晨星。还有 Margaret Benefiel、Michael Bischoff、Judi Neal 和 Chuck Palus 都花时间帮助我试图识别一些适合本书研究的备选组织。

最重要的是要感谢 Hélène、Raphaël 和 Noémie。我很走运，因为 Raphaël 和 Noémie 毫不在意我对于推进这个项目的渴望。他们不时邀请我加入他们的游戏和奇幻世界，使得我在写作本书之外能够接地气地生活。Hélène 用她的爱、鼓励和兴趣给了我无尽的支持。有她在身旁，每件事情都变得更加有趣，甚至是写书。在研究过程中，我亲眼目睹了在那些让人感觉安全的工作社区，在那里人们可以发挥全部的潜力并发展出独特的个性。而在我的家中，我每天都能感受到这样的社区，这真是一份让我充满感激却又难以言表的礼物。

中文版书评

　　这本开创性的著作给管理的进化提供了一个发展观。正如U型理论一样,《重塑组织》以人类意识进化的视角来观察领导力。该书的伟大贡献来源于 12 个实例研究,用一组崭新的管理流程与做法集中展现了人类合作的进化之道。之所以选择这些组织,绝非仅仅看重其出类拔萃的业绩表现,而是因为它们组织进化的持续性和规模化。《重塑组织》同时也升级了管理者与领导者的管理语境,让他们在回应颠覆性的时代挑战时,超越传统思维的束缚。而正如那些敢吃螃蟹者的领先实践所证明的,进化之道并不是简单照搬或移植已有的流程和做法——这样做往往无功而返,而是必须修炼内功,从源头入手,实现组织的集体意识从"自我"向"生态"的精微转化,这也是 21 世纪的管理基石。

——奥托·夏莫博士,麻省理工学院知名学者,

U 型理论创始人

把人组织起来，是一件从古至今不知道难倒多少英雄汉的事情。举个时髦的例子，互联网传送信息很方便，传送物体也还不算太难，但你要通过互联网来组织人，把人的服务通过互联网传送过去，那就是一件不太容易成功的事情。人不是物体，他有自己的思想，而且会按照自己的思想自主行动。几千年专制统治，导致了中国社会组织基因的缺乏，带来今日中国组织、中国企业里的各种返祖性乱象。《重塑组织》里描绘的各种后现代组织美景，目前虽不能至，但心向往之。

——肖知兴　领教工坊联合创始人、
北大汇丰领导力研究中心主任

人类为了更有效地合作生存，发明了组织，然而"机器"一样的组织正在异化和压抑人的灵性。这本书从根本上对组织提出了我们从未意识、也没有勇气提出的质疑，并且对人类组织方式的进化做出了新的探索。

——杜葵　企业家教练、人众人教育集团前总裁、
中国青年创业国际计划前总干事及创业学院院长

聆听进化的足音

多年前，我的一位隶属于美国肯·威尔伯整合社群的心理学家朋友推荐此书的英文版给我，阅读后我激动不已，但同时也像许多时候读到一些英文好书一样，一种跨文化直觉又让我觉得书中的思想可能距离中国人还颇为遥远。多年后的今天，参加我所讲授的新人本整合心理学课程的学员陆维东告诉我他牵头翻译了一本关于进化型组织的书，一问，居然就是这一本！这种巧合让我有种奇妙的感觉：或许，介绍这样一种思想的时候已经到了？

这是一本颇难定位其类别的著作，一本关于组织管理的书？一本心理学的书？一本关于灵修的书？还是一本关于社会进步文化变迁的书？这本书乍看起来最适合的读者无疑是各种组织的领导者。但我想的却是，将其推荐给心理学人、心理咨询师以及无数带着不同动机参加各种心理学学习甚至身心灵课程的广大读者，尤其是他们当中那些既渴望精神境界的提升，又希望能够影响甚至改变我们周遭环境和文化的"理想主义者"。这是一本打破了专业分工的壁垒，并能触动人类完整心灵（虽然它往往已被现代社会多元化的碎片信息切割得支离破碎）的书。它奠基于一些心理学的理论，直指人的内心；但它并非只是探讨个体的心理，而是让我们看到了人类的心灵在历史长河中发明出的不同组织形态里被塑造的波澜壮阔的画面。对于大多数心理咨询师的知识储备而言，这些画面时常是匮乏的。更重要的是，当今天的国人普遍因为现代性带来的各种问题而鲜有人提到进化时，此书给我们带来一个久违的好消息，那就是人类的心灵意识与文化在现代性的社会中正在不断地进化；进化，只要人类尚存，将永远不会落下帷幕。这不是理论的臆想，而是实际存在的事实，而这本书就是关于这些事实的描述。

翻开这本书，读者就能看到肯·威尔伯这个惯常被理解为超个人心理学理论家写的前言，也许你会感到诧异，威尔伯怎么会给一本关于企业组织的书写序？这时你就要了解到，近十几年来，威尔伯的理论早已改换了名称，成了"整合学"，并且其中一个蓬勃发展的领域，恰恰就是组织的管理！威尔伯的思想在心理学界似乎不再像当初那么热，然而他却被大量的企业领导人、组织研究者、教练经常地谈论。在威尔伯已经变成一位长者的今天，他所继承发展的马斯洛的自我实现、组织管理中的 Y 理论等人本主义思想已经呈现出一幅崭新的画面，并且已经踏踏实实地落地于本书实证研究的不同国家不同行业的十二个组织之中。

当一些极富意义的新生事物悄然诞生的时候，也许我们大多数人还都不能即刻意识到，此时往往需要一些先锋的洞察者将它们提炼出来指给人们看……我想，莱卢成功地完成了这个工作。多少年之后，在中国的大地上，进化型的青色组织是否也会遍地开花呢？让我们静心聆听，那由远及近的进化足音。

——韩岩　澳大利亚注册心理学家

众译后记

　　一年前，好友徐莉俐（U 型理论中国社群的发起人）向我推荐了 *Reinventing Organizations*（下文简称 *RO*），一读之下，我心潮澎湃，不能自已，仿佛追寻多年的基于人性的管理与组织之道就近在咫尺，颇有'众里寻他千百度，蓦然回首，那人却在灯火阑珊处'的感觉。个人的意识进化与组织进化的交联、人类组织模式的发展历程、进化-青色组织的鲜活实践以及进化型组织的创建之道，作者均剥茧抽丝、娓娓道来，行文之间既有沉潜探微的深度，又有众山尽览的视野。激赏之余，便萌生了转译的心愿。

　　U 型理论的社群向来活跃，学友们对组织与社会的创变怀有极高的热情，一听说要翻译此书，稍加了解之后便纷纷要求参与，经过了试译的遴选，很快就组建了近十人的众译团队。莉俐又联系了麻省理工自然流现研究院（U 型理论的大本营）在欧洲的同事 Julie Arts，有了这位比利时老乡的推荐，再加上 U

型全球社群的影响力，作者 Frederic Laloux 没过多久就答应了我们中译的愿望，并在国内出版社的选择和翻译过程中赋予了众译团队相当自由的空间。

不久，远在意大利的郭佳也通过 Frederic 找到我们，原来她也有意翻译此书，还正在欧洲参与 Liberated Company（"自由企业"，是发源于法国企业界的另一股组织进化潮流）的相关工作。郭佳同时给我们介绍了迪卡侬在进化型组织方面的探索，并称 RO 是这家法国运动品牌连锁巨头实践组织进化的"圣经"，真是让人备受鼓舞。很自然地，迪卡侬中国的一些伙伴们也加入了众译团队。

接下来的场面就略微有点"失控"了（哈哈），两位热心肠的众译伙伴"自主"地在一个名为"意启翻转组织"的微群里再次贴出了众译召集令，于是呼啦啦又冒出了另外近 30 位志愿翻译的伙伴。说实话，一开始这让我有点头疼，好像不需要这么多人吧，近 40 人的众译团队该如何协调呢？好在前期有合弄制的学习经验，加上伙伴们的确热情高涨，我们就决定把 2.3、2.4、2.5 三章划出作为子项目来让这 25 位想"翻转组织"的伙伴们单独"玩"，由郭佳和陈韵两位伙伴牵头。事实证明，他们玩得很嗨，相当"自组织"，也玩得漂亮，完成的译稿文采斐然，信达雅兼备，让人赞叹。

当然，总共 36 人参与的工作清单也实在是不短（能否申请吉尼斯世界纪录呢？嘿嘿）……

初译的分工如下：陆维东（前言、参考书目、赞誉）、成彦

（引文、1.1章）、洪勤璇（1.2章、3.3章）、何璐婕（1.3章、2.7章、附录2）、杨立（2.1章、附录3、附录4）、何育红（2.2章）、子项目（2.3章、2.4章、2.5章）、王亮（2.6章）、李姝（3.1章）、周昱（3.2章）、毕聪敏（3.4章、附录1、致谢）、毛乐民（3.5章）。

初复校分工是：穴志强（初校：引文、1.1章）、毛乐民（初校：1.2章、3.3章）、成彦（初校：致谢、1.3章、3.4章、附录1；复校1.2章）、何育红（初校：2.1章、附录4）、杨立（初校：2.2章）、子项目（2.3章、2.4章、2.5章）、李姝（初校：2.3章、2.6章、2.7章）、方宗贤（复校：2.7章）、郭佳（初校：3.1章）、毕聪敏（初校：3.2章；复校：3.3章、3.5章）、洪勤璇（初校：3.5章）。

2.3、2.4、2.5三章子项目的初译分工为：2.3章（郭佳、孙瑜、唐剑宇、李婷、李卫红、王晓初、申健、李帅、陈敏、陈婧、廖浩、叶青）；2.4章（朱晓平、陈婧、陈韵、唐剑宇、庄文广、廖浩、陈敏、李帅、陈利兵、黄喆、罗涛、徐潇涵、李卫红、叶青）；2.5章（李婷、李卫红、赵世坤、赵德旻、崔琪、许晓明、方宗贤、李莹、罗涛、黄喆、陈利兵）。另外孙瑜初译了引文的注释、1.2章的注释以及2.6章附表；方宗贤初译了1.1、1.3与2.6三章的注释。

子项目的初校分工如下：2.3章（李姝、李婷、崔琪、廖浩、孙瑜、陈婧）；2.4章（朱晓平、郭佳、陈敏、罗涛、陈利兵、黄喆）；2.5章（方宗贤、孙瑜、许晓明、唐剑宇）。承担复校工作的伙伴是：方宗贤（2.3章）、陈婧（2.4章）、孙瑜（2.5章）。然后由方宗贤、李卫红、孙瑜和郭佳四位伙伴通读了全部三章，再次进行了校对润色。

全书由陆维东终校。

整个众译的过程正如洪勤璇伙伴所说，"这不仅仅是一次翻译，也是一次共创之旅。我们众译着《重塑组织》，同时又在大半年的时间里实践书中所讲的进化型组织。众译团队赋予每一个成员以力量，从自愿申领翻译任务、个人初译、互校，再到赏析译文并投票推举出复校及全书终校的人选，其间还有不时的在线讨论和语音会议，每个人都清楚自己的角色，我们在不断地进步，并且充满了主动性，最终达成了共同的目标，真是不可思议！"

好书也要找到合适的"婆家"，很庆幸能与东方出版社合作出版这部译著。在近一年的配合中，责任编辑申浩女士始终非常尊重和理解众译团队的建议，灵活而耐心地协调着各种出版事务，给众译项目组提供了宽松友好的外部氛围（这对有点完美主义倾向的项目召集人来说是种很好的平衡）。管理编辑部崔雁行主任从一开始就对"进化型组织"的主题相当感兴趣，他的重视和支持让我们对合作的前景信心倍增。

对于优秀管理类外版书的引进一向充满热情的领教工坊（国内最有影响力的企业家私董会机构）慷慨地资助了额外的众译稿酬，让伙伴们能够更加踏实愉悦地潜心翻译，相信这本书的主题也呼应了领教工坊全心服务中国民营企业家的宗旨。

从一开始，参与众译的伙伴们就达成了共识：《重塑组织》的翻译只是一个起点，而研究、传播与实践进化型组织才是真正的关键。因此，我们在众译团队的基础上很自然地成立了"进化组织研习社"，希望通过这个开放的平台联合志同道合的企业家、机构领导者和专业人士，共同促成更多的进化型组织在这片土地上开枝散叶，让越来越多的国人能享有真实绽放的组织生活，从而使整个社会变得愈加健康与祥和！

《重塑组织：进化型组织的创建之道》

众译项目组　陆维东　执笔

注：进化组织研习社的外联电邮 RO2017@ yeah. net；其微信公众号为"进化型组织"。

【附：部分众译伙伴的感言】

　　一次偶然的机会，让我邂逅了 *Reinventing Organizations* 的众译项目，由此结识了一群行进在身心完整探索之旅的小伙伴。众译过程美妙无比，一群来自四面八方、各行各业，本不相识的人，"合弄"着翻译这本关于进化型组织的书，践行着"自主管理"的模式：在众译过程中，成员有进有出，"领导链接"（项目召集人）根据众译的进度，随时基于意愿、特长调整着工作安排，随时共创"规则"……书中关于我们对人性的假设深深地触动了我，"如果你以怀疑的视角看待他人（X理论），使用一系列管控、规则与惩罚措施，员工会努力适应这个游戏规则，而你也会感觉自己的想法被证实了。反之，如果你带着信任去看待他们，他们将用负责任的行为回报你的信任"。这让我对管理实践换了一个完全不同的假设，我所在的公司正巧新成立了一个员工安全委员会，我决定让他们采用"自主管理"的模式，由他们自己定义权责利，成员是志愿报名的，通过选举的方式产生了他们的领导——"协调员"，几个月过去了，这个自主管理的小团队运行良好，工作很有成效。我相信未来会有越来越多的进化-青色组织。

——方宗贤　德资企业总经理

　　25个人一起翻译这本书的2.3、2.4及2.5三章，彼此并不都认识，只是共处在同一个微信群，我们决定践行书中所写的进化-青色组织。其间给我留下较深印象的一件事是：众译子项目组成立之初，我曾借鉴提出过一个规则，"任何译者都可以随时决定退出"。这个规则曾受到质疑，既然承诺就要担当，负责到底。我也不知道到底要维护还是修改这个规则。直到初译即将截止的时候，有个人提出来实在太忙做不完，想转一部分给其他人，这让我又想到那个可以随时退出的规则。我思考了好一阵，相信无论我们多想负责任，生活中总有负不起责任的时候，于是我就在微信群里表达了这个观点，但很快有人提出来愿意额外承担这个伙伴做不完的翻译。两个月后，到最后一轮翻译校对时，这个退还部分翻译的伙伴又有时间和精力了，就重新报名参与进来；并且当有一天众译小组发现进度滞后，而又决定维持所承诺的截止日期时，这位伙伴很令我吃惊地说，"那我马上改签机票，提前结束休假，回家翻译去！"当时我非常感动，意识到这正是自由带来责任……

——郭佳　自由企业的陪伴者

　　历时几个月的众译，对于我来说就是一次"正念感知"的探索和践行。我感知到联结——"联"是联动整合，"结"是聚众合力，有这么一群素不相识却志同道合的人，通过翻译一部管理类的精彩好书，改变或升华了自己对于管理的理解。我们可以无比自豪地说："这不单单是书籍内容的精彩，也是社群联结的力量以及思维方式的变革！"社群联结力量的强大无法估量。在众译过程中，我们"和而不同"，就像置身于没有层级和去中心化的组织，每个人都积极发表意见，每个人都充分用心聆听，每个人都逐渐获益成长。在不断校对和精练译文的过程中，有意无意间我们形成了具有共同价值观和精神追求的共同体，"进化组织研习社"就这么自然而然地诞生了，没有指定的管理层级、不受地域限制、来自不同企业，研习社的每一个人都像被激活的细胞，具有无限的创造力；每一次共同阶段性目标达成而派生出的使命感和成就感，使得我们兴奋于个人和组织的共同成长，这样的践行带来的精神激励是多么精彩！

——孙瑜　迪卡侬大中华区副总裁　关爱团队成长协会会长

我一直对"打造高效能的幸福团队"这个主题有浓厚的兴趣，所以有机会参与翻译这本书是很有缘分的一件事……我已经迫不及待地开始用这本书里的内容进行尝试。这不是一本只有道没有术，或者只专注于技法而缺乏内功的书。透过翻译和实践的过程，我开始觉察到自己的变化，开始注重与周围人的联结，这也让我感受到越来越多的幸福。

——何璐婕　引导师、团队教练、组织进化顾问

有不少先锋企业在探索更加敏捷的新式组织形态，但这些探索往往像是在"摸着石头过河"，没有可借鉴的经验和实践，也缺乏理论指导，更多的是依靠老板意志和企业家精神，前进的道路往往是迷茫、曲折和高成本的。作为一名从事组织设计

咨询工作多年的顾问，从客户那里听到、看到了企业推进组织变革的痛苦，也深感现有组织理论在面对新时代新变化时的捉襟见肘。偶然惊喜地发现了 RO 这本书，就像在黑夜里暴风骤雨的大海上瞥见一座灯塔，它一下子照亮了"人类组织"这艘大船颠簸前进的航程。兴奋之余，我立即向作者写了邮件，希望能够获准将这本书翻译和引荐给广大中国读者。隔天，作者 Frederic Laloux 就回复了我的邮件。首先他对我的请求表示感谢，并告诉我，翻译这件事已经有人捷足先登了。在"这瓢冷水"之后，他又说，这些人为翻译这本书还组成了一个快乐的"自组织"，他希望我也能够参与进去并贡献我的力量。他认为，"基于自主管理的精神，每个人都能够为组织贡献他/她独特的才能"。就这样，我非常开心地加入了这样一个推广并自我践行"进化–青色组织"的众译团队。感慨于过去几个月和团队在不同时空的云协作，用《易经》中的"同人卦"卦辞作为小结："同人于野，亨。利涉大川，利君子贞。"

——穴志强　美世咨询大中华区合伙人
组织变革与人才效能资深顾问

我曾经历的不同组织，有些令人愉悦与向往，而有些则令人痛苦和厌恶。一直以来，我并不清楚最渴望经历什么样的组织，更不知道该如何优化自己所在的组织。这本书帮助我洞悉多种类型的组织，并帮我找到了优化组织的方向。这本书不仅丰富了我的知识，更点亮了我的心灵。我很乐意把这本好书推荐给广大的读者朋友。

——陈利兵　毛毛的爸爸

偶然的机会，和一群互不相识但美好的伙伴们共创这本书的翻译。正如进化型组织会不断地生长、自我进化，参与这本书的众译，于我自己又何尝不是一种生命的探索和生长呢？书中一个个鲜活的案例，翻译中一次次阅读、推敲和资料的查阅，以及微信群中伙伴们的一次次碰撞与鼓励，直到上交一份完整的译稿，这是一个多么令人欣喜的进化之旅！我相信组织与个人在成长中都不仅仅是为了寻求利益回报，不断的自我觉醒，怀揣着组织和个人的愿景，真诚、和谐、热情地投入工作，获得物质和精神的双重回报，才是人们内心的真实渴望。读完这本书，你会和我一样迫不及待地想要实践了吧？

——陈敏　趋势科技中国研发中心高级经理

2016 年 3 月的一天，在"意启翻转组织"的微信群里，看到一个众译书的召集令，我从未翻译过书，英语也不太好，但当我看到这本书的试译章节时，我感觉到灵魂被碰触，这正是我在寻找的组织的实践。当再通读全书的时候，我感觉到这是一本描述组织如何从"小我"蜕变到"灵魂"的书，这跟我所探索的个人蜕变引领组织转型有着完美的契合。开始的时候我就在自己心里发了一个小小的誓愿：我要参与翻译这本书，并且要把这本书中所描述的组织实践带给这个世界的很多企业。

——李卫红　敏捷教练

参与 RO 的翻译，于我是一个偶然而又美好的故事。U 型理论学习群里一招呼，一群陌生人因为对 RO 的热情或好奇会聚在一起。从众译流程到出版决策，我们都践行着进化-青色组织的建议流程。为了按时交稿，有几个周末每天都在电脑前工作七八个小时，肩膀手腕难免酸痛，但心里一直带着欢欣在想：未来是青色组织的！做我想做的事，每个细胞都会张开双臂拥抱它，心流无时不在，创造力与幸福感共生。进化-青色组织可以给它的成员带来如此感受，还会离我们很远吗？

——何育红　企业学习与发展负责人、
组织发展顾问、领导力教练

近几年，在面对组织中千姿百态、活生生的个人和团队时，我虽然从事了多年的人力资源及组织发展变革工作，仍常常感到：所谓先进的绩效管理、人才管理、变革管理的方法、流程与工具，到一定程度都显得那么隔靴搔痒、治标不治本，管理和人性的博弈与角力在持续地演变和升级。到底有没有一种"无为而治"的智慧，让管理"损之又损"，减少职场中人们的焦虑、压力、倦怠与争斗，并能提升人们的职业幸福感呢？有幸参与了 RO 这本书的众译，众译团队自组织的实践以及书中世界各地先锋组织的实践案例，让我豁然开朗，生发了学习、研究、实践和推广进化型组织的激情，期望能陪伴和支持中国先锋组织的青色进化。

——杨立　朵妈　企业组织发展负责人、
团队与组织进化引导者

"团队只有被赋予了提建议的机会以及创造和实施的权力，才有可能成功"，作为一名团队发展教练和职业引导师，可以说我全部的工作就是围绕这个主题开展的，并且和客户一起不断地体验着其中的甘苦。所以不难理解我读到这本书时的兴奋，并立即决定加入众译小组，因为我迫不及待地希望客户看到他们的梦想团队是可以打造出来的……十几个分布在全球各地不同时区的人，都有自己的工作和生活，我们没有老板，没有头衔，没有绩效指标KPI，有的是平等、建议、自由讨论、开放的倾听、欢迎、赞赏、鼓励、激发、等待与包容……所以几十万字的书稿，不同的语言风格，不一样的理解，不同的时间表，都成了贡献而不是障碍。回想当初，我有过焦虑、有过担心，甚至怀疑……在伙伴的共同努力与陪伴下，这些都已烟消云散，书稿高质量完成，不可思议！

——李姝　团队发展教练、职业引导师

从小到大，我总是在尝试着做一些改变，这种性格和想法也深深地映射到我的工作中……执著的探索让我经手的产品饱含温度，让体验触碰灵魂；在团队的管理中也会持续地关注人，激发人的善意。有过头破血流，也有过感动成河，好在未曾停歇。直到在"意启翻转组织"社群里遇到了RO，那一刻我的内心生发出强烈的共鸣：这本书里提到的实践案例，不就是我一直在探索的梦想吗？激动！我要参与翻译，哪怕只是其中的一小部分。事实证明，这是2016年里我最正确的选择！众译团体看似松散，实则井然有序，自组织的伙伴超出预期地完成了各自认领的任务。其间，我们主动地协调进度，召集语音会议；我们坦诚谅解临时出状况的伙伴，接过剩余的任务。直到现在，我仍旧感受着团队中真诚的善意和满满的正能量。感谢RO和伙伴们，让进化之旅的探索更加美好。

——陈婧　运营服务体验设计探索者、引导师

　　2015 年在进化教练和 U 型理论的学习中有幸结识了莉俐和维东两位非常有能量的伙伴，今年年初从他们那里得知将要众译 RO 这本书，对个人和组织发展感兴趣的我就随心而动，"举手参加"，没想到借此结识了 30 多位对组织进化感兴趣的伙伴。众译团队的自组织模式便是在践行书中的理念，对我来说也是一次非常棒的体验。翻译过程中时而与作者产生深深的共鸣，时而有摩拳擦掌、跃跃欲试的冲动……恰逢我所在的企业正在经历一场管理变革，其间这本书给我带来许多有益的启发。我坚信进化型的青色组织是组织发展的必然趋势，期待能有更多的朋友早日在这种心向往之的进化型组织中工作，发挥自己更大的潜能！

——毕聪敏　新奥集团海外业务管理总监、ICF 体系进化教练

　　人类已踏入意识觉醒的新阶段，人与人之间的合作方式正在悄然改变，组织乃至社会的进化也变得势在必行。《重塑组织》属于这个时代，它不仅是组织进化领域的扛鼎之作，同时也将掀起一场颠覆传统管理理论与实践的革命。非常高兴，也十分感恩能有这次机会和众译伙伴们一起共创出该书的中文版，从而有益于国内的组织和同道，希望促成更多的进化型组织在这片土地上开枝散叶，也让越来越多的国人能享有真实绽放的组织生活！

——陆维东　正念领导力教练、组织进化顾问

图字：01-2016-5381

Reinventing organizations
Copyright © 2014 by Frederic Laloux
Simplified Chinese edition copyright © 2016 People's Oriental Publishing & Media
Co., Ltd (Oriental Press)
All right reserved.

图书在版编目（CIP）数据

重塑组织：进化型组织的创建之道／（比）弗雷德里克·莱卢（Frederic Laloux）
著；进化组织研习社 译. —北京：东方出版社，2017.1
书名原文：Reinventing Organizations：A Guide to Creating Organizations Inspired by the
Next Stage in Human Consciousness
ISBN 978-7-5060-9468-9

Ⅰ.①重… Ⅱ.①弗… ②进… Ⅲ.①组织管理学 Ⅳ.①C936

中国版本图书馆 CIP 数据核字（2017）第 018409 号

重塑组织：进化型组织的创建之道
（CHONGSU ZUZHI：JINHUAXING ZUZHI DE CHUANGJIANZHIDAO）

作　　者：[比] 弗雷德里克·莱卢
译　　者：进化组织研习社
审　　校：陆维东
责任编辑：申　浩
出　　版：东方出版社
发　　行：人民东方出版传媒有限公司
地　　址：北京市朝阳区西坝河北里 51 号
邮　　编：100028
印　　刷：北京联兴盛业印刷股份有限公司
版　　次：2017 年 5 月第 1 版
印　　次：2020 年 4 月第 9 次印刷
开　　本：880 毫米×1230 毫米　1/32
印　　张：17.875
字　　数：300 千字
书　　号：ISBN 978-7-5060-9468-9
定　　价：88.00 元
发行电话：(010) 85924663　85924644　85924641